CINE COMUNITARIO ARGENTINO

CINE COMUNITARIO ARGENTINO

Mapeos, experiencias y ensayos

Andrea Molfetta (organizadora)

Molfetta, Andrea Celia

Cine comunitario argentino : mapeos, experiencias y ensayos : 2005-2015 / Andrea Celia Molfetta ; compilado por Andrea Celia Molfetta. - 1a. ed. volumen combinado. - Ciudad Autónoma de Buenos Aires : Andrea Celia Molfetta, 2017.

Libro digital, PDF

Archivo Digital: descarga

ISBN 978-987-42-6534-0

1. Cine Argentino. 2. Análisis Cinematográfico. 3. Cine Contemporáneo. I. Molfetta, Andrea Celia, comp. II. Título.

CDD 791.43

Dirección editorial: Andrea Molfetta

Edición: Leandro González de León, Sabrina Sosa

Corrección: Sabrina Sosa

Diseño de tapa: Leandro González de León

Imagen de tapa: Sabrina Jones

Textos: Jorgelina Barrera Pignone, Cecilia Fiel, Leandro González de León, Ana Karen Grünig, Iván Mantero, Andrea Molfetta, Diego Moreiras, Gonzalo Murúa Losada, Alejandro Olivera, Cristina Siragusa

ISBN: 9789874265340

Las opiniones y los contenidos incluidos en esta publicación son responsabilidad exclusiva del/los autor/es

Compaginado desde TeseoPress (www.teseopress.com)

Este libro está dedicado a Fernando Birri, a lxs realizadorxs y talleristas del cine comunitario y a todos los colectivos y redes de nuestros queridos barrios.

Índice

Prólogo 13
  Ana Mohaded

Introducción 17

1. Antropología visual del cine comunitario en Argentina. Reflexiones teórico-metodológicas 29
  Andrea Molfetta

2. De mapas y cámaras. Antropología visual y mapeo colectivo, metodologías que visibilizan las experiencias y estrategias del cine comunitario y social de Córdoba 53
  Jorgelina Barrera Pignone

3. De la vanguardia a la resistencia. La teoría del Tercer Cine revisada por el cine comunitario 77
  Andrea Molfetta

4. Colectivo y comunitario. Voces y economías del cine como resistencia al neoliberalismo en el Gran Buenos Aires Sur.. 105
  Andrea Molfetta

5. La productora Cinebruto, las películas de José Campusano y la experiencia del Clúster Audiovisual de la Provincia de Buenos Aires.. 131
  Alejandro Olivera

6. Trabajo, comunicación y democracia. Cooperativas de comunicación audiovisual del Gran Buenos Aires Sur.. 159
  Leandro González de León

7. La cámara enfoca donde los pies pisan. El trabajo de Cine en Movimiento.. 191
  Cecilia Fiel

8. Taller-de-Cine y Cine-Taller. Jugar con las palabras para construir cine(s) 217
Cristina Siragusa

9. De los talleres audiovisuales a la creación de una Comisión Audiovisual en la Red Villa Hudson. Reflexiones sobre el derecho a la comunicación 245
Iván Alejandro Mantero Mortillaro

10. De Lo último que se pierde y lo que se encuentra sin esperarlo en el camino. La experiencia del CENMA UPN 8 – Villa Dolores, Córdoba 289
Diego Moreiras

11. Gestión cultural local. Estudio de caso: las políticas culturales del Partido de Berazategui (2005–2015) 319
Alejandro Olivera

12. Redes comunitarias-redes digitales. De los festivales de cine en el Conurbano a los festivales online 361
Gonzalo Murúa Losada

13. INVICINES, el cine de los invisibles. Subjetividades políticas en pantalla para pensar el audiovisual comunitario en Córdoba 405
Ana Karen Grünig

14. Cine comunitario y revolución molecular 427
Andrea Molfetta

Agradecemos al CONICET
(Consejo Nacional de Investigaciones
Científicas y Técnicas).

Prólogo

ANA MOHADED[1]

El cine y las acciones comunitarias tienen un largo historial de amoríos. Generalmente clandestinizado, invisibilizado, ninguneado, no por ser cine, sino porque sus protagonistas, problemáticas, prácticas, miradas, voces, perceptores e incluso gran parte de sus hacedores, pertenecen al campo de lo no consagrado para las carteleras.

La agenda pantallística se cocina con otras variables y con otros actores. Aunque a veces sucede – como ahora-, que la cantidad, calidad y vitalidad del cine comunitario le hacen pestañar, porque permiten visibilizar las fallas y los huecos de los estrellatos, habilitan la discusión de las desigualdades y resaltan la apropiación concentrada del derecho colectivo a la creación de la cultura.

El arte, la comunicación, el amor político, son necesidades básicas que nutren nuestra construcción como seres humanos plenos, aunque se desconozcan en las tablas del positivismo mercantilista. Son materia prima para el ejercicio de derechos. Y el cine, cuando se emparenta con la acción comunitaria, no se anda con chiquitas. Ese concubinato es pretencioso y busca objetivos sublimes. Algunas veces arremete con la forma y el contenido, pero si se pone difícil con estos asuntos -que a lxs críticxs les encanta- no

---

[1] Magíster en Ciencias Sociales, Licenciada en Dirección de Cinematografía, Licenciada en Comunicación Social. Ha sido Directora del Departamento de Cine y TV de la Facultad de Artes de la Universidad Nacional de Córdoba, donde es docente e investigadora. Co-dirige el Programa de Estudios sobre la Memoria en el Centro de Estudios Avanzados de la UNC. Es realizadora documentalista. La mayoría de sus obras son de producción y circulación no comercial, con especial enfoque en el tema de derechos humanos, luchas sociales y memoria de la historia reciente.

importa, porque su palpitar reverbera con los modos del hacer y del compartir, esencia de esta relación de amantes que excede ampliamente los formatos. En ese pantanal disfruta de la complicidad y sufre las complicaciones de lo "sub".

Como toda acción con protagonistas mixturadxs en lo comunitario, colectivo, solidario, es difícil de encasillar y definir. El cine comunitario rompe las costuras y los moldes, se corre quisquilloso de las lupas que quieren analizarle con cuadros preconcebidos, "este sí", "este no". No hay cine comunitario puro, siempre anda por territorios barrosos y esquivos. Para empezar, rompe el esquema verticalista de los roles que impone la industria, aunque juegue o decida hacerlo con ellos, en su factura está claro que es una herramienta, no una metodología. A su vez, rescata el hacer colectivo, interdisciplinario y colaborativo de la producción cinematográfica, y la pone en valor, pero subrayando no el resultado sino el proceso, no la obra final sino el movimiento que se genera en su quehacer.

En sus metodologías de producción y en los circuitos de circulación se mueve con y entre cuerpos rebosantes de colores, que si se maquillan no es para engañar sino para soñar mejor; se despliega en escenarios plenos de luz propia, aunque a veces no cuenten ni con alumbrado público; se empodera de las tecnologías, sean estas cámaras y micrófonos de primera o de quinta –lástima que siempre tienen nombres de multinacionales- adosándoles trípodes de producción casera, carros de *travelling* hechos con sillas de rueda o carritos de supermercado, cañas de pancartas devenidas en boom, pantallas lumínicas reflectantes que fueron envoltorios de regalos o cajas de telgopor; instala mesas de animación en salitas de cuatro con cajones de manzanas; claquetea rodajes con técnicxs excelentes, formadxs en universidades públicas o en talleres barriales. Ni que hablar de las proyecciones en envidiables salas de competencia internacional o en escuelas ranchos no acustizadas, con paredes/sábanas/pantallas improvisadas, y espectadorxs exigentes sentadxs en el piso esperando que anochezca para ver y reconocer esas otras miradas que les miran sin ponerles las barreras de los que espectacularizan tan tan tan bien que enceguecen la vista.

El cine cuando se hace acción comunitaria no tiene remedio. Corcovea, sueña, cae, vuela, marcha, canta, coge, goza, sufre, crea, ama, suda olores indomables en la pelea cotidiana de las prácticas colaborativas, con recursos esquivos, enfrentándose a los mercaderes del sistema capitalista que se creen dueños legítimos de lo que se apropian vía explotación y guerras. Sus procesos tienen siempre un sustrato educativo, democratizante y contrahegemónico.

Hacer cine comunitario es producir actos políticos que desafían los vaciamientos de la posverdad. Hacer un libro sobre cine comunitario también, y tiene su contaminación de arranque. No puede ser un libro de escritorio, elaborado en la soledad de la reflexión introspectiva, no puede pensarse alejado de los conflictos del país, territorio y/o colectivo que lo ha gestado y parido, no puede alejarse del barro inclasificable que se le pega en las escenas o en los créditos y se huele cuando se produce y comparte. Para hacer un escrito de estas experiencias hay que "mapear" su dispersa y rizomática territorialidad y su intermitente temporalidad, hay que conectarse con los protagonistas colectivos, tomar mate y mirar cine juntos, hay que trabajar con estrategias que den cuenta y se hagan cargo de estas prácticas que lidian siempre con los bordes, en márgenes de difícil legitimación artística, comercial, económica, legal y académica.

Este libro/acto político, que transitó por diversos barrios, provincias, con metodologías sospechadas de subjetividad, muestra en sus textos la marca del cine comunitario: es incompleto, pero desea y anuncia que va por más; propone, logra sentido y también se le pueden rascar miradas equívocas, pero sostiene verdades embarradas de las contradicciones vivificantes del hacer político. Fue proceso colectivo y ahora inaugura un circuito de circulación, si no de cine comunitario, si del reconocimiento de su existencia, de su dignidad y legitimidad para ser "objeto de estudio", "fenómeno para el análisis", "sujeto de la crítica", "derecho para reclamar", y, sobre todo, expresión, arte, espacio lúdico, experiencia solidaria y contrahegemónica para compartir.

Introducción

Desde el 2015 dirijo el proyecto de investigación "El cine que nos empodera: mapeo, antropología visual y ensayo sobre el cine comunitario del Gran Buenos Aires y Córdoba (2005-2015)". El objetivo fue estudiar la compleja dinámica intersubjetiva, social y cultural de la producción audiovisual comunitaria del Gran Buenos Aires Sur y el Gran Córdoba, entendiendo esta en su valor político, en el período de gestación y vigencia plena de la Ley de Medios. Generalmente protagonizada por colectivos de producción, formación que empodera al precariado (Standing, 2011) esta investigación fue diseñada en tres etapas, cada una de ellas practicando un abordaje metodológico distinto, que buscan en la matriz interdisciplinaria la clave para la comprensión de la complejidad y riqueza del cine en los suburbios de estas dos capitales argentinas.

La hipótesis central que tomamos como punto de partida dice que la práctica cinematográfica es una estrategia de visibilidad, reconocimiento y auto-legitimación que empodera a los sectores sociales donde se hace cine y comunicación comunitaria. ¿Cómo? Generando en grupos ya organizaos en otras luchas sociales una transferencia de saberes técnicos y artísticos, a partir de la cual surge una producción emancipada de contenidos. Estos contenidos hacen apropiaciones estéticas singulares, producción simbólica que entendemos como acción política en el horizonte de la revolución digital y la Ley de Medios Audiovisuales. Este sentido político se profundiza cuando observamos que la práctica cinematográfica de los movimientos sociales es central dentro de la articulación de otras prácticas comunitarias vinculada a la salud, la economía solidaria, el medio ambiente, la educación y la participación popular, desenvolviendo una relación de resistencia/colaboración frente al

Estado y la industria. A los que tantas veces se vanaglorian pregonando la muerte del cine, los primeros resultados de esta investigación apuntan una dinámica en la que el audiovisual se esparce como agua por donde encuentra espacio, es absorbido dentro de otras prácticas, y constituye una cinematografía que, aunque no esté en los circuitos comerciales o artísticos, y viva apenas en *youtube*, es cine. El "cine de los nadies" – parafraseando a Galeano.

De esta forma, la primera etapa del proyecto se dedicó a la organización y producción de un Mapa Colectivo de la producción y el consumo cinematográficos del Gran Buenos Aires y el Gran Córdoba. El objetivo fue construir y fortalecer redes colaborativas entre los productores, hacia un movimiento social de la cultura. En el caso cordobés, contribuimos a potencializar la formación de una red que estaba latente y que surge, luego, después del primer taller de mapeo, cuando nace la Red de Cine Social y Comunitario de Córdoba. Por otra parte, en segundo lugar, los talleres de mapeo colectivo nos permitieron hacer una selección de los núcleos que estudiamos con mayor atención en la etapa siguiente de la investigación.

La segunda etapa consistió en el desarrollo de una etnografía audiovisual de los núcleos de producción más representativos de cada región, investigando las relaciones y condiciones de trabajo, las prácticas puestas en juego con y a través del cine, los impactos subjetivos, inter-subjetivos, culturales y sociales de esta práctica cinematográfica. Formamos un copioso archivo de entrevistas etnográficas a todos sus protagonistas, así como un archivo de observaciones participantes de actividades y eventos en los que converge este sector.

En la tercera etapa, iniciamos el análisis y sistematización de los datos, generando una cantidad de textos que reunimos en este volumen. La información recabada fue tanta, que tomamos la decisión de trabajar en dos volúmenes: uno dedicado a los procesos de producción y exhibición del cine comunitario, y un segundo, dedicado al análisis semio-pragmático de las filmografías producidas en estos contextos, en el sentido de un análisis que va de los aspectos textuales al estudio de lo que hacemos con esos textos, es decir, su dimensión pragmática como hecho discursivo.

Estos tres tipos de análisis, mapeo, etnografías y ensayos, nos permitieron desenvolver un estudio socio-antropológico y estético del cine comunitario producido en estos diez años en los dos mayores conurbanos argentinos, y así nacieron, a modo de estudios de caso, un conjunto de artículos y documentales sobre el tema, así como para brindar un diagnóstico amplio y crítico del sector con el objetivo de colaborar y fortalecer los movimientos sociales de la cultura en las periferias, como también para ofrecer una crítica al diseño de políticas públicas, privadas y civiles para la cultura.

En el Gran Buenos Aires (GBA) y el Gran Córdoba (GC) existe una nueva cadena de productores audiovisuales, organizaciones civiles ligadas al cine, varios festivales propios de la región, así como una ya frondosa cinematografía que alcanzó a legitimarse en los principales festivales de nuestro país, como los casos de Raúl Perrone (Premio BAFICI) y José Celestino Campusano (Premio en Mar del Plata) que son, respectivamente, de Ituzaingó y Florencio Varela. Entre las organizaciones, se encuentra el Clúster Audiovisual de la Pcia. de Buenos Aires, numerosas ONGs (como Culebrón Timbal y Cine en Movimiento), el FECICO – Festival de Cine del Conurbano-, innúmeras pequeñas empresas productoras y cooperativas audiovisuales, haciendo que el sector del cine comunitario protagonice uno de los ciclos más fértiles de su historia, hecho que creemos está vinculado directamente a la explosión del cine nacional, la revolución digital, el crecimiento económico estable de ese período y la aplicación plena de la Ley N° 26.522

de Servicios de Comunicación Audiovisual, que da marco y consolida una oportunidad de emancipación audiovisual nunca antes vista para estos sectores de la población.

El estudio de las condiciones de producción y exhibición de este sector comunitario requirió un trabajo empírico especial frente a la falta de producción académica sistematizada sobre el tema, y requirió así un conjunto multidisciplinar de perspectivas y métodos, que permitió un proceso de abstracciones inductivas y abductivas en dirección a una crítica epistemológica y a una epistemología crítica, motivo por el cual decidimos focalizarnos en los estudios de caso. En esta crítica epistemológica, apuntamos una crítica de la invisibilización de las políticas tecnológicas, que develase la condición no neutral y politizada de los "usuarios amigables" de los aparatos y sus técnicas, que contribuyeron grandemente a las producciones conurbanas.

Nuestra hipótesis afirma que este cine desenvuelve una práctica de empoderamiento a través de una estrategia de emancipación que parte de la apropiación del acto de enunciar, fabricando representaciones de la realidad con patrones estéticos y comunicacionales propios, ajustados a sus propios intereses, una re-territorialización del paisaje audiovisual, protagonizando así una verdadera resistencia a la industria del espectáculo y de la información tanto local como transnacional. Por otra parte, muchos de estos núcleos de producción cinematográfica se organizan en colectivos que a su vez se vinculan en redes colaborativas regionales, lo que representa una incursión en nuevos modos de la economía solidaria aplicadas al cine, y esto trajo impactos estéticos también. En este sentido, el GBA y el GC representan regiones que sufrieron dramáticamente el surgimiento del precariado que, en estos últimos diez años, ha construido o intentado construir soluciones nuevas en materia de producción cinematográfica. Nos recuerda Guy Standing que "Lo que caracteriza al precariado no es su nivel salarial o de ingresos monetarios recibidos en determinado momento, sino la falta de apoyo comunitario en tiempos de necesidad"[1]. El precariado es un colectivo heterogéneo y en expansión de inmigrantes, trabajadores sobrecualificados o infracualificados, madres solteras, jóvenes procedentes de áreas deprimidas, desempleados de larga duración. Su principal nexo de unión es su exposición extrema a los caprichos del mercado y al abandono del Estado.

La situación de este precariado se agudiza con la crisis económico-institucional del 2001. Esta crisis nos deja, diez años después, experiencias de auto-organización que incluyen lo comunicacional, lo económico y micropolítico, construyendo un sector cinematográfico comunitario caracterizado por la toma de iniciativas, la auto-gestión, los colectivos de la economía solidaria y una estrecha vinculación con las organizaciones de base. Definitivamente, el cine de los conurbanos surge en un contexto diferenciado y con características propias respecto a otros espacios de producción nacional, más dependientes del estado o del sector privado del cine y la televisión.

En las experiencias comunitarias que estudiamos, la potencia de los colectivos hace que el concepto de capital económico no sea el central de esta ecuación operada desde la cultura audiovisual. En primer lugar, porque la solidaridad de las redes trabaja en el sentido de un capital negativo generando intercambios de servicios y trueques que desmonetizan la experiencia. En segundo lugar, porque los colectivos tienen la potencia política para generar un capital cognitivo vinculado tanto a los saberes organizacionales como a la producción autárquica de las narrativas a partir de la transferencia de saberes técnicos y artísticos, generando en estas periferias un impacto social importante en la posibilidad ofrecida a la población de contar sus historias y pensamiento y, mucho más especialmente en el carácter formador y multiplicador de RRHH de estas experiencias del cine.

---

1   El precariado, otra vez. Recuperado de http://bit.ly/IVG1yG

En lo organizacional, los colectivos trabajan en red, con fuerte base en los movimientos sociales, y usan las redes sociales (feisbuc, telegram, etc.) para comunicarse. Por otro lado, estos colectivos y organizaciones del cine comunitario argentino realizan una puesta en valor de sus propias estéticas, haciendo de esta práctica audiovisual un trabajo de gran impacto cultural, que supera el circuito del audiovisual comunitario para influenciar el escenario estético televisivo y del cine industrial argentinos.

En definitiva, difícil de recortar en cuanto objeto de estudio por sus múltiples aristas e impactos, la experiencia de los colectivos cinematográficos de los conurbanos desborda el sentido estético del cine, porque transforma su espacio de arte en un espacio estratégicamente atravesado por otras políticas sociales de corte autogestivo y no, en curso. Esto nos demuestra el sentido profundo por el que podemos denominarlo de "cine comunitario": su lenguaje, sus prácticas y procesos de producción y exhibición encuentran raíz y destino en "lo común". Estas narrativas, así como sus modos de producción y consumo, adquieren características estéticas y enunciativas propias, y proyectan su influencia en otros espacios audiovisuales (cine de autor, series televisivas y la misma televisión).

Los colectivos de producción cinematográfica comunitaria se transforman así en espacios para la generación de multiplicadores sociales que fortalecen no solamente una red de comunicación comunitaria, sino que hacen del cine comunitario un espacio diferenciado tanto del activismo de los medios libres en las periferias, ya que el cine comunitario surge vinculado a las esferas de la movilización política por el derecho a la comunicación, a la salud, al medio ambiente y la educación, es decir, a las políticas de inclusión social. Si los medios libres encarnan una lucha de resistencia frente a los grandes medios, el cine comunitario ofrece este enfrentamiento de modo transversal, poniéndose en el centro de otras políticas que exceden el ámbito de lo comunicativo o expresivo, y apuntando a funcionar como voz y respaldo de las minorías sociales, cuestión que podemos percibir por el amplio abanico de instituciones que coparticipan en su producción: escuelas, centros culturales, hospitales y dispensarios, presidios, sociedades de fomento, comedores escolares.

Por último, la producción comunitaria hecha en colectivos y redes surge como estrategia de resistencia y/o coparticipación frente a las políticas del Estado y al sector privado de la comunicación, fuertemente capitalista, promoviendo una genuina *revolución molecular*[2]. En este sentido, la revolución molecular genera espacios de vida y nuevas condiciones de experiencia de lo cinematográfico tanto para lo colectivo como también para lo personal, así como despliega su potencia tanto en lo simbólico, como en lo material.

Es por todo esto que la vigorosa producción audiovisual del sector comunitario adquiere una importancia inusual que merece nuestra mayor atención, ya que de él viene surgiendo lo que hay de más innovador tanto en la televisión abierta (productores de miniseries y unitarios) como en el cine industrial. Rosendo Ruiz (De caravana, 2010), Raúl Perrone (P3ND3J0S, 2013) y José Celestino Campusano (Fantasmas de la ruta, 2013) innovan no solamente en materia estética, al introducir un paisaje y una dramaturgia propios de las geografías del GBA y el GC, cuanto en materia de diseño de producción, articulando desde las pequeñas empresas periféricas una manera de hacer cine que se relaciona poco o nada con el circuito del cine industrial – y aunque este mismo lo legitime con premio y buena críticas. Al mismo tiempo, el cine de autor asume en este contexto una condición de periférico, ya que la producción central de lo comunitario es colectiva

---

[2] "La idea de **revolución molecular** habla sincrónicamente de todos los niveles: intrapersonales (lo que está en juego en el sueño, en la creación, etc.), personales (las relaciones de auto-dominación, aquello que los psicoanalistas llaman Superyo) e interpersonales (la invención de nuevas formas de sociabilidad en la vida doméstica, amorosa y profesional, y en las relaciones con los vecinos y con la escuela)" Op.Cit. p.65.

y lucha específicamente por un cine sin autor, en el que *el proceso fílmico es más importante que el producto final*. Y es este conjunto de despliegues y producciones que nuestro proyecto quiso estudiar, para contribuir al estudio de las singularidades culturales de las periferias de estas dos grandes ciudades argentinas.

Nuestro proyecto de investigación estudió y sigue estudiando, con mapeos colectivos, antropología visual y semio-pragmática, tanto las prácticas y procesos culturales vinculados al cine comunitario, como sus estéticas – cuestión que, como ya afirmé, resta específicamente para publicar en nuestro segundo volumen, en el que también desenvolveremos un abordaje comparativo entre las dos ciudades. El análisis buscó identificar y medir las características y el impacto de esta actividad en un sentido amplio que va de la democratización mediática a la producción de valor simbólico local; de la reproducción de saberes y competencias que se hacen a través de la práctica cinematográfica, a su cruzamiento con otras políticas sociales, en un amplio y diversificado proceso emancipatorio que sucedió en el cine de los suburbios de Buenos Aires y Córdoba.

Como nos plantea Marcelo Expósito (2010):

> Puede que la perspectiva del proyecto de articulación entre arte y política heredado de la experiencia de ciertas vanguardias históricas haya dejado de ser la construcción del socialismo. Pero basta con dirigir la mirada al actual estado de las cosas y de la subjetividad social para entender que el horizonte de esa articulación no puede sino seguir siendo el de contribuir al proceso de una emancipación colectiva.

Y este proyecto quiere estudiar esta perspectiva emancipatoria del cine de las periferias de estas dos capitales.

Por todos estos motivos, y a partir de los estudios que nos llevaron a la redacción de este conjunto de artículos, podemos enarbolar aquí las siguientes hipótesis originales que, hoy, son tesis:

I

En el cine comunitario del GBA y GC, narrarse a sí mismo, contar las propias historias y usar el dispositivo fílmico como "técnica de sí" (Foucault, 2003) es un acto de resistencia (Comolli, 2009), empoderamiento y liberación de la diversidad socio-cultural, en un contexto de dominación globalizante ejercido por la industria del espectáculo y de la información. De este modo, estas *prácticas cinematográficas* realizan una revolución molecular (Guattari y Rolnick, 2005) protagonizada por un precariado (Standing, 2011) y orientada a la intervención y reforma del mapa de voces, narrativas y medios del cine nacional.

II

El cine comunitario del GBA y GC desenvuelve en sus experiencias una serie de prácticas culturales que desbordan la esfera de lo estético para politizar al cine, ya que lo convierte en un espacio estratégico convergente y transversal para un conjunto de políticas sociales que van de lo subjetivo a lo social, y lo trascienden, como el fortalecimiento de lazos de identidad y pertenencia, la apropiación crítica de valores globales y nacionales, la abertura de espacios expresivos para la diversidad social, la ampliación y articulación de las funciones sociales del cine con otras esferas públicas.

III

En el período estudiado, se da un cruzamiento de condiciones que potencializan las prácticas expuestas arriba en el Gran Buenos Aires y en el Gran Córdoba. La revolución del digital, los movimientos sociales pós-2001 y la Nueva Ley de Medios de Comunicación Audiovisual crearon condiciones históricas excepcionales para el surgimiento de una producción cinematográfica que hoy influye estéticamente tanto a la televisión digital abierta (TDA) como al cine industrial (independiente o comercial) construyendo un nuevo paisaje mediático-audiovisual dentro del cine nacional.

IV

Estas producciones comunitarias construyen representaciones de las problemáticas del GBA y GC caracterizadas estilísticamente por un fuerte realismo. En la ficción, hace una apropiación del cine de géneros (policial, melodrama y suspenso), y producen una "estética cruda" vinculada a la tradición del realismo socialista, del grotesco y del cine "gore". Ya en el documental, se destaca la producción de un cine expositivo, de tesis, pensado para ser de gran efectividad narrativa-informacional, y que compite con la televisión en el sentido de buscar atender las necesidades comunicacionales del contexto social.

Referencias bibliográficas

Comolli, J.L. (2007). *Ver y Poder. La inocencia perdida*. Buenos Aires : Editorial Aurelia Nieva.
Deleuze, G. (1983). *A Imagem-Movimento*. SP: Brasiliense.
Deleuze, G. (1990). *A Imagem-Tempo*. SP, Brasiliense.
Deleuze, G. (1992). Conversações. RJ: Editora 34.
Exposito, M. (2010). *Los nuevos productivismos*. En http://eipcp.net/transversal/0910/exposito/es
Geertz, C. (2005). *La interpretación de las culturas*. Barcelona: Ed. Gedisa.
Geertz, C. (1987). *El antropólogo como autor*. Barcelona: Paidós.

Guattari, F. y Rolnik, S. *Micropolítica. Cartografías del deseo.* Bs. As.: Tinta Limón: Traficante de Sueños, 2005.

Odin, R. (1983). Du spectateur fictionnalisant au nouveau spectateur. En IRIS n° 8, *Cinéma et Narration II*, 1988, pp-121-139. (Trad esp. «Del espectador ficcionalizante al nuevo espectador: enfoque semiopragmático». En Objeto Visual n° 5, 1998, pp. 135-156).

Piault, M.H. Antropologia e Cinema. *Catálogo da 3a Mostra Internacional do Filme Etnográfico*, 23 de Agosto a 1 de Setembro, 1996.

Standing, G. (2011). The Precariat: the new dangerous class. London: Bloomsbury, 198 pp.

1

Antropología visual del cine comunitario en Argentina

Reflexiones teórico-metodológicas

ANDREA MOLFETTA[1]

Introducción

Los estudios de cine en Argentina poseen una fuerte tendencia hacia los análisis textuales, cuestión que es fruto de tradiciones científicas muy establecidas en los principales centros de investigación de nuestras universidades. Sin embargo, creemos que hay una cantidad grande de fenómenos contemporáneos que protagonizan los más interesantes casos de expansión del audiovisual en nuestro contexto, y que prueban que el cine, lejos de morir, se filtra y multiplica en innumerosos nuevos territorios, generando nuevas prácticas artísticas y comunicacionales, protagonizando procesos sociales cuyo estudio, necesariamente, debe

---

[1] Escritora e investigadora del CONICET. Fundadora y primera presidenta de la AsAECA (Asoc. Argentina de Estudios de Cine y Audiovisual). Fue profesora visitante de universidades argentinas y brasileñas. Autora de los libros Arte electrónica en Buenos Aires (1966-1993) y Documental y Experimental: los diarios de viaje de los videoartistas sudamericanos en Francia (1984-1995). Trabaja en la Sección de Antropología Social de la UBA y es directora del Grupo de Investigación DocSa/Estéticas y Políticas del Cine Sudamericano. / andreamolfetta@conicet.gov.ar

desbordar el enfoque textual y utilizar técnicas y metodologías de estudio pertinente que los describan, analicen e interpreten.

En particular, nuestra investigación estudia el cine comunitario producido tanto en el centro como en las márgenes de la cultura audiovisual legitimada, y del cual consideramos que provienen las principales innovaciones en términos estéticos y de modelos de producción del cine argentino de estos últimos años. Advertimos, concretamente, el amplio uso de la noción de *cine comunitario* presente en la contemporaneidad, y que va de las consagradas obras de Campusano y Perrone[2] – oriundos de Florencio Varela y de Ituzaingó, respectivamente[3] -, a la profusa colección de cortometrajes producidos en las periferias de nuestras dos mayores ciudades, y que son, al mismo tiempo, narrativas periféricas respecto a las obras autorales.

La riqueza estética y el potencial político del cine comunitario es difícil de percibir si nos limitamos a su análisis fílmico-textual, en crisis dentro de la teoría fílmica desde inicios de los años '80. Las críticas al análisis textual del film provienen tanto del pos-estructuralismo – según el cual este tipo de análisis no puede alcanzar el sentido del cine sin abrirse, por ejemplo, a la intertextualidad –, como de los estudios culturales, según los cuales los textos no son objetos auto-determinados e independientes, suprimiendo los contextos y llevándonos a un tipo de análisis sub-politizado del mismo (Stam, 2003). Incluso la neo-narratología fílmica critica los análisis textuales (Aumont y Marie, 1989), argumentando que un abordaje así es de

---

[2] Filmografía de José Celestino Campusano recuperada de http://www.cinenacional.com/persona/jose-celestino-campusano [Consultada el 01 de abril de 2017], y la de Raúl Perrone, en http://www.cinenacional.com/search/node/perrone [Consultada en abril de 2017].

[3] Florencio Varela e Ituzaingó son dos ciudades localizadas en el llamado segundo cordón del Conurbano de la ciudad de Buenos Aires, en el sur y oeste, respectivamente.

interés exclusivo de quien estudia apenas relatos, disecando e ignorando la unidad orgánica del texto audiovisual a su contexto socio-cultural, reduciendo el texto a sus esqueletos y suprimiendo el análisis de las condiciones de producción, distribución y consumo, lo cual, en su conjunto, promueve un análisis a-historizado del cine.

Es curioso el modo como los propios narratólogos empobrecen el análisis textual al desconocer el origen mismo del concepto de *texto*, que Barthes (1970, 2009) planta en el corazón de la lingüística pos-estructuralista con el libro *AZ*. En este libro, profundiza la noción de *texto*, nacida a partir de la deconstrucción del concepto de *obra de arte*. Esta última habla de un objeto orgánico en sí mismo, semánticamente cerrado, objeto dentro del cual está el sentido. Ya la noción de *texto* – que refiere a "tejido" -, nos lleva a comprender que un filme no es un relato sino una malla que tensiona dos puntas de la práctica social del signo audiovisual, entrando de lleno en el campo de la socio-semiótica para trabajar los dos problemas centrales de los estudios de cine en los años '60: el sujeto y la ideología. La vida social y política del cine, el devenir de sus modos de producción acorde a los cambios técnicos y a la geografía política y económica del lugar donde se lo produce y recepciona, los caminos de la recepción y hasta los trabajos de la interpretación de sentido en ambas puntas del texto fílmico, pasan a estar atravesados por esta delimitación amplia del hecho cinematográfico. Esto excede absolutamente el análisis textual narratológico y nos conduce al análisis y comprensión del sujeto histórico que hace y ve cine, a las implicancias estéticas y políticas a ambas puntas del texto, y a un estudio crítico del uso del dispositivo audiovisual dentro de los fenómenos sociales.

Los problemas de la cultura cinematográfica no atañen solamente a los objetos artísticos producidos, sino a los sujetos participantes de su producción, a través del estudio de las prácticas y procesos realizados para fabricar películas. Esto lleva el problema de las ideologías a la estructura material de la producción de discursos y, aún más, a una comprensión politizada del trabajo artístico tanto del autor, como del receptor. Por este motivo, el perjuicio de los análisis mal llamados de textuales – porque en verdad son análisis de relatos – es doble: se reduce el "texto" al "relato" y, por ende, se pierden de vista de los aspectos pragmáticos de la comunicación audiovisual, que exceden tanto lo sintáctico cuanto lo semántico. Así, el análisis textual reduce el estudio del cine a las cuestiones sintácticas, temáticas (semánticas) y de puesta en escena, como al estudiar los aspectos políticos, se refieren a ellos apenas como una descripción complementaria del contexto, de las políticas cinematográficas, sin construir una relación orgánica de estos aspectos al interior del hecho cinematográfico. Dicho en otros términos, al hablar de historia o de lo político en los filmes analizados, los análisis textuales trazan una dicotomía entre objeto y contexto, sin buscar en el interior mismo del hecho cinematográfico y del relato la potencialidad política del dispositivo en sus diversos usos sociales, lo que permitiría un análisis materialmente fundamentado – y orgánico – de sus discursos. En este mismo sentido, tanto la teoría socio-semiótica de Bajtin, con su concepto de *cronotopo*, como la semio-pragmática de Odin, buscan un tránsito fluido entre las estructuras materiales del signo y su significación socio-cultural, rompiendo el binarismo esquemático que hace aparecer al contexto apenas como paño de fondo del cine, cuando en verdad se presenta tanto en las estructuras del lenguaje, como en sus usos y prácticas. Cuando los abuelos de los talleres de cine de UPAMI, en Berazategui, filman *Crece desde el pie* (2015)[4], no realizan apenas un *racconto* ficcionalizado de la lucha que llevaron adelante para la construcción de su centro de jubilados, sino que ponen en marcha una serie de prácticas y procesos que les permiten reafirmarse como grupo social en un entramado de relaciones con la municipalidad, el PAMI, la

---

4   Disponible en https://www.youtube.com/watch?v=--GhCIJENVg

asociación civil Cine En Movimiento, los vecinos y hasta sus propios familiares, que los asisten fielmente en todo el trabajo de producción audiovisual, incluyendo a los nietos. No solo cuentan una historia, sino que al contarla, promueven prácticas artísticas y procesos sociales que renuevan la potencialidad política del grupo, tanto en lo personal (luchando contra un perfil del "jubilado" como alguien fuera del sistema social), como en lo grupal, ya que, filmando fortalecen sus vínculos de pertenencia entre sí, sus familias y vecinos, propagando su acción inspiradora a otros grupos sociales de su mismo barrio.

En este sentido, una antropología del cine es necesaria para satisfacer la evidente necesidad de estudiarlo no tan solo como una colección de películas y, dentro de ellas, de relatos y enunciaciones, sino como trabajo de la cultura, describiendo y analizando sus actores, prácticas y procesos. Al mismo tiempo, el abordaje antropológico nos sitúa de pleno en los estudios de campo, otra de las necesidades que surgen con la crisis de los análisis textuales, productores de verdades universalizantes, que descuidan la singularidad de los contextos tanto a nivel regional, nacional o incluso ciudadano. A modo de ejemplo, y yendo a nuestro estudio de caso, no ha sido el mismo cine comunitario el que se produjo en Córdoba y Buenos Aires[5], debido tanto a las características diversas de las organizaciones de base de cada contexto, como a las necesidades y demandas diversas que se canalizaron a través del uso del dispositivo cinematográfico en cada ciudad. Al mismo tiempo, fueron muy distintos los procesos de implementación de la Ley de Medios en cada provincia, y esto debido a las configuraciones políticas

---

[5] Para tener una referencia de las cinematografías que estudiamos, invitamos al lector a conocer las páginas del Festival *Invicines* – Festival del Cine Social de los Invisibles (Córdoba), http://invicines.blogspot.com.ar/, así como las de las organizaciones Cine en Movimiento y Clúster Audiovisual de la Pcia. de Bs. As., para el panorama bonaerense, http://www.cineenmovimiento.org/ , y http://capba.weebly.com/, respectivamente.

de cada región. A su vez, esto llevó a que el cine comunitario cordobés y bonaerense desenvuelva distintos tipos de relaciones con el resto del campo cinematográfico en cada contexto. Así, un estudio de campo permite pensar en una investigación aplicada y de impacto, que nos permitió contribuir en cada provincia de modos diversos, incentivando tanto las articulaciones inexistentes, como la reunión de sectores antes atomizados atrás de intereses comunes. De este modo, al finalizar el estudio de cuño semio-pragmático y antropológico, estaremos desenvolviendo uno de tipo comparativista (Paranagua, 2002) que permita hacer una crítica a los procesos de cada territorio.

Singularizar los enunciados, los contextos y los sujetos es imprescindible para caracterizar la diferencia que el hecho artístico introduce en relación a las tradiciones, y cuando nos referimos a los sujetos no hablamos apenas de quienes realizan, sino también de los que están en la otra punta del texto, los públicos. A esta altura, se torna evidente que la comprensión del hecho cinematográfico debe exceder el estudio del relato y proyectarse, incluso, al estudio de los circuitos de exhibición y de los públicos intervinientes, en suma, a la recepción – es decir, al estudio de las interpretaciones que se hicieron de los textos fílmicos, tanto en medios de comunicación como entre los espectadores en sí. Al mismo tiempo, realizamos un esfuerzo interdisciplinario para vincular las metodologías provenientes de la teoría fílmica con las herramientas de la antropología visual, en particular, la etnografía audiovisual, incluyendo la entrevista etnográfica, la observación participante y observación diferida de y sobre el cine comunitario de ambas ciudades.

En síntesis, y por todos estos motivos, justificamos el hecho de que nuestro trabajo desenvuelva una antropología del cine comunitario con herramientas metodológicas tanto de la antropología visual como de la semio-pragmática del cine[6]. Esto porque consideramos como definitorios del hecho cinematográfico tanto los elementos textuales como los extra-textuales o de campo, incluyendo los usos (prácticas) y procesos en la singularidad de sus contextos. Para nuestro equipo, el estudio del cine comunitario incluye las condiciones de producción y recepción de estas filmografías, las características de los actores de estos procesos (sus prácticas, interrelaciones y procesos), así como las derivas de sentido y el impacto social que desatan en sus respectivos y singulares contextos, y en la cultura en general.

El contexto de la investigación: el recorte de objetos y métodos

En nuestro país, desde la promulgación e implementación de la Ley de Medios de Comunicación Audiovisual (Ley 26.522) en el año 2009, tuvimos un fuerte apoyo del Estado a las prácticas cinematográficas conocidas como *cine comunitario*[7], y que se dan en el seno de grandes articulaciones sociales y culturales producidas colectivamente por sectores específicos del precariado (Standing, 2009) de las dos mayores ciudades argentinas, Córdoba y Buenos Aires. Organizaciones de base (comedores barriales, centros de jubilados, centros de excombatientes de Malvinas, agrupaciones culturales, de estudiantes, etc.), articuladas a través del accionar de asociaciones civiles e instituciones estatales

---

[6] En este texto presentamos apenas la contribución proveniente de la antropología visual. Los análisis semio-pragmáticos de los filmes que hemos recabado se encuentran en elaboración y serán tema de otros ensayos.

[7] Este apoyo estatal incentivó un movimiento independiente de la cultura audiovisual comunitaria, que consideramos heredera de los movimientos de video popular en América Latina. Con el apoyo del Estado, se sistematizaron y regularizaron las intervenciones, se adquirieron equipos y saberes de cómo articular estos esfuerzos independientes dentro de las nuevas posibilidades que abría la Ley de Medios como vía para saltar del cine comunitario a la comunicación comunitaria (sea radial o audiovisual).

(escuelas, psiquiátricos, PAMI[8], municipios, universidades), promovieron un amplio proceso de alfabetización audiovisual en los barrios que, con el tiempo, generó un proceso de profesionalización dentro del campo audiovisual, inclusive constituyendo PyMES[9] y cooperativas de comunicación. El principal objetivo de este proceso comunitario del audiovisual fue ampliar la pluralidad de voces en el contexto de diversificación del mapa mediático argentino promovida por la Ley, y permitir que no solamente los cineastas y productores profesionales accedieran como productores a estos nuevos espacios, sino la población en general, organizada comunitariamente. El de la Ley de Medios 26.522 fue un proceso amplio, de profunda vocación federal, pero también preocupado especialmente por las grandes periferias urbanas que son el territorio del precariado, ya que se interpretó y usó el dispositivo audiovisual como una herramienta capaz de promover y aglutinar procesos de inclusión social que, transversalmente, vincularon el combate a la pobreza con políticas de salud y educación, trabajo, tercera edad, jóvenes, entre otras. Es por este motivo también que se torna necesario un abordaje antropológico de la práctica cinematográfica comunitaria, porque en ella se centran una diversidad y complejidad de procesos que hacen de este campo de la producción audiovisual un espacio muy diferenciado respecto a otros espacios del cine, sea artístico o industrial. Al mismo tiempo, ya en el contexto del cine de autor, surgen con fuerza las poéticas de Campusano y Perrone, que llaman poderosamente la atención por su vinculación profunda a temas, estilísticas y modos de producir enraizados a sus territorios, lo que también nos llamó la atención sobre estas experiencias como origen de una renovación estético-estilística proveniente de los márgenes del cine más legitimado.

---

[8] PAMI – Instituto de Servicios Sociales Para Jubilados y Pensionados.
[9] PyMES – Pequeñas y Medianas Empresas.

Es casi inexistente la producción bibliográfica que referencie esta experiencia histórica reciente del cine comunitario, abruptamente amenazada con la asunción de la derecha tradicional en el país desde diciembre de 2015, quien retiró casi todo apoyo y autarquía del AFSCA. Por este ineditismo, las técnicas etnográficas se mostraron necesarias y pertinentes para iniciar los trabajos, y sus frutos arrojaron a la luz toda la complejidad de factores económicos, políticos, culturales y sociales que participan aún hoy de este fenómeno, así como sus interrelaciones, conflictos y sinergias.

Al mismo tiempo, el cine comunitario de estas dos ciudades mantiene relaciones complejas con otros sectores de la producción audiovisual, cuestión que vemos reflejada en la multiplicidad de sentidos que abraza su misma denominación, y que desarrollaremos específicamente un poco más abajo. Estos sentidos tensionan el campo que va *del cine a la comunicación comunitaria*, y problematizan su definición no solamente en términos temáticos, como en sus concepciones sobre los modos de producción que lo vinculan tanto a la actividad *amateur*, como a los pilares de la economía social y solidaria (ESS) o al desarrollo del sector privado. Esta complejidad de sentidos del audiovisual comunitario nos forzó a un recorte de las experiencias que tomamos específicamente como objeto, por número e importancia en su desarrollo. Decidimos así trabajar con las experiencias más vinculadas con el cine que con la comunicación comunitaria, ya que concebimos que el espacio de la comunicación comunitaria adviene como un estado posterior y más avanzado de estos procesos iniciales de alfabetización. Por toda esta complejidad, las técnicas de la etnografía audiovisual se mostraron las más pertinentes y productivas para el caso, porque nos permitieron precisar términos y recortar el objeto, a posteriori. Por ejemplo, en las entrevistas no-dirigidas (Guber, 2009) pudimos apreciar las oscilaciones y alcances en los usos de las nociones de *cine comunitario* y *comunicación comunitaria*. A pesar de estar interrelacionadas

– no podemos pensar la comunicación audiovisual comunitaria sin un conocimiento del lenguaje del cine -, y por tratarse del estudio de la etapa inicial de los seis años de este gran proceso de tentativa de diversificación del mapa mediático argentino es que decidimos concentrarnos en las experiencias vinculadas con el *cine comunitario*.

¿Por qué Córdoba y Conurbano Sur? Nuestra investigación ha realizado estos estudios en Córdoba y en el Conurbano Sur de Buenos Aires, por tratarse de los dos mayores núcleos poblacionales, y en los cuales el cine comunitario ha producido, en los últimos 10 años, sus filmes y procesos más relevantes. Para esto, constituimos un equipo con investigadores de ambas provincias, ya que se mostró necesario tanto un conocimiento previo de los territorios y sus experiencias, así como contactos iniciales con los actores de estos procesos. En el caso específico del Conurbano porteño, fue menester reducir el territorio por una cuestión de volúmen y de recursos humanos disponibles, y porque identificamos la mayor cantidad de experiencias en los partidos de la zona sur: Avellaneda, Lanús, Lomas de Zamora, Quilmes y Florencio Varela.

De este modo, la etnografía nos trajo como primer resultado el recorte del objeto de estudio, sus casos y los contextos donde íbamos a estudiarlos. Comenzamos a partir de contactos personales que hicimos participando en encuentros del sector. En Córdoba, generalmente promovidos por organizaciones de base y asociaciones civiles (casas de cultura barrial, centros de jubilados, asociaciones de vecinos, dispensarios, medios independientes, hospitales), siendo notoria la ausencia de las universidades como agentes intermediarios con la base; ya en el Conurbano bonaerense, el cine comunitario está usualmente promovido y apoyado por organismos del Estado – especialmente las universidades UNAJ, UNLa y UNQUI[10] -, asociaciones civiles (CAPBA y CEM) y redes vecinales, en escuelas, sociedades de fomento y universidades[11].

Entrevista etnográfica, observación participante y mapeos colectivos: tres técnicas eficientes en el estudio de campo del cine comunitario

La *entrevista etnográfica* (EE), también conocida como *entrevista no-dirigida*, fue la herramienta que utilizamos para comenzar a introducirnos en el campo. Es decir, siempre estuvimos presentes con la cámara, desde el primer paso, motivo por el cual el conjunto de los actores supo desde el comienzo que nuestra metodología sería ésa, apuntando a la producción colaborativa de conocimiento y generando vínculos de confianza que, con el tiempo, rendirían grandes frutos.

Muchos han denominado la EE como *entrevista antropológica* (Agar, 1980; Spradley, 1979; Guber, 2009), otros, de *entrevista informal* (Kemp, 1984; Ellen, 1984) o de *entrevista no-directiva* (Thiollent, 1982; Kandel, 1982). Optamos, siguiendo a Guber (2009), por la denominación de *entrevista etnográfica*, porque funcionaron efectivamente como marco significativo de las *observaciones participantes* (OPar)

---

[10] Universidad Nacional Arturo Jauretche, Universidad Nacional de Lanús, Universidad Nacional de Quilmes, respectivamente.
[11] Notablemente, identificamos una gran diferencia vinculada a las tradiciones políticas de cada provincia, y muy en particular por el alineamiento de estas provincias respecto al Estado Nacional, principal impulsor de las políticas para la inclusión por la comunicación popular. En estos seis años, la provincia de Buenos Aires estuvo gobernada por Daniel Scioli, del Frente para la Victoria (FPV), mientras que Córdoba, por Juan Schiaretti, que si bien integra las filas del Partido Justicialista, se enfila junto a De La Sota como disidencia del FPV, por lo menos en políticas para la comunicación.

y diferidas (OD)[12] que hicimos de las prácticas y procesos del cine comunitario en ambos contextos. No consideramos que las EE tengan valor de referencia o información simplemente, porque han funcionado como *preformatividad* de las OPar. Es decir, utilizamos la EE como relación social en la que trabajamos las mutuas reflexividades – del entrevistador y del entrevistado – a través de enunciados y verbalizaciones que, al ser filmadas, se almacenan como OPar y para la OD. Por otra parte, ya dentro de una perspectiva constructivista, entendemos que la EE es una técnica de investigación en la que dos discursos construyen la realidad, ya que se ponen en juego dos repertorios y sendas competencias meta-comunicativas. Es decir, lo que dicen ambos proviene de competencias recíprocas forjadas en experiencias distintas. En el caso del entrevistado, de su propia vida dentro del cine comunitario, y en nuestro caso, del estudio previo de las redes, prensa, participación en festivales y jornadas por la comunicación comunitaria, etc. Es decir, afirmar esto significa reconocer los límites de la EE: cuando planteamos las preguntas, establecemos nosotros mismos el marco interpretativo de las respuestas, revelando y proyectando nuestros propios contextos en las respuestas de los sujetos entrevistados, y por este motivo se ha tornado tan importante la OD. A modo de ejemplo, en muchas ocasiones nuestros conocimientos sobre la estética e historia del cine terminó incidiendo en el pensamiento de los informantes, como en el caso del discurso de Campusano, quien al enterarse de nuestra hipótesis sobre el cine comunitario como nuevo Tercer Cine, revisó y comenzó a

---

12 Entendemos por Observación Participante a la realizada con la presencia de la cámara en campo. Ya la observación diferida (OD) es la observación a posteriori que hacemos del material, y a partir de la cual aprehendemos, reflexivamente, los contextos interpretativos y prácticas tanto propios como de los observados. Ya la observación proyectiva (OPro) es la OD realizada por los propios actores y, a su vez, filmada. También conocida como videoelicitación, es una técnica muy interesante que funciona como profundización de las OPar y las OD, por el nuevo caudal de informaciones y puntos de vista que se obtienen sobre el campo.

adoptar en sus charlas dentro del CAPBA conceptos expresados en el manifiesto del '68, así como adhirió poderosamente al mote "comunitario" para argumentar sobre su estética, factor notoriamente ausente antes del 2015 – fecha de inicio de nuestras interacciones con su grupo-

Al ser aplicada al estudio de nuestra propia sociedad, otro de los límites importantes de la EE refiere al hecho de necesitar sostener una duda sistemática sobre nuestras propias creencias y certezas – lo que algunos compañeros de equipo identificaron erróneamente como falta de claridad respecto de los recortes del objeto y que, en verdad, era una duda metódica sostenida frente al momento inicial del trabajo de investigación-. La EE exige un trabajo firme sobre la auto-reflexividad con la que nos cuestionamos e identificamos los propios marcos interpretativos, lo que contribuye a diferenciar ambos contextos – del investigador y del informante-, así como aprender a leer, en el material audiovisual resultante y durante la OD, cómo cada una de las partes interpreta la relación que se da entre ambos a través de las verbalizaciones y gestualidades. Los entrevistados, en nuestra experiencia, y a partir del cambio político de finales de 2015, han cambiado sus actitudes frente a nosotros: algunos (los menos comprometidos políticamente) sostuvieron la confianza, mientras que otros escatimaron la información o la ofrecieron de forma difusa y confusa, en actitud de desconfianza – muy especialmente aquellos actores que habían tenido relaciones muy directas con el Departamento de Proyectos Especiales del AFSCA[13], responsable por organizar el FOMECA, Fondos de Fomento Concursables para Medios de Comunicación[14]-. Con las EE, descubrimos proyectos audiovisuales en curso que, a su vez, acompañamos con OPar, generando una abultada e inédita colección de

---

13 AFSCA – Agencia Federal de Servicios de Comunicación Audiovisual.
14 En otro capítulo, explicaremos las distintas etapas de la entrevista etnográfica, y analizaremos especialmente distintos casos, para evaluarla tanto como técnica de investigación como a partir de la efectividad del conocimiento que pudimos producir.

documentos de campo sobre el cine comunitario de los años 2015 y 2016 en ambas provincias, material que este año comenzamos a editar y sobre los cuales estamos escribiendo a todo vapor[15]. Al mismo tiempo, volvíamos sobre algunos actores con nuevas EE para profundizar y precisar datos, debido a que la técnica así lo exige[16].

La observación participante (OPar) y la observación diferida (OD), consideradas ambas como técnicas del *cine de exploración etnográfica*[17] (Ardevol, 1994, 1996, 1998; France, 1999) sostiene la introducción de la cámara en el campo desde el comienzo del contacto con el contexto investigado. La presencia permanente de la cámara crea un campo nuevo del que participan el conjunto de los envueltos, tal como en el caso de la entrevista. Y por este mismo motivo precisamos de la *teoría socio-antropológica reflexiva* para aprender a distanciarnos de nuestros propios puntos de vista – audiovisuales en este caso-, y colectivos, ya que no se trata de una EE punto a punto. Del mismo modo que la EE tiene dos momentos, el de abertura y el de focalización, la OPar y la OD poseen un segundo momento, aún no realizado por nuestro proyecto, que refiere a la *observación proyectiva* (OPro) o *videoelicitación* (VE), en la cual los propios sujetos se observan en las representación audiovisuales obtenidas con la OPar, así como son filmadas sus reacciones nuevamente en OPar, gracias a lo cual se incorporan muchas nuevas informaciones sobre el campo.

Hasta el día de hoy, aplicamos la OPar para registrar tanto los *talleres de mapeo colectivo* (TMC), como numerosos procesos de producción audiovisual, encuentros y eventos

---

[15] Preveíamos la edición de nuestro libro a finales del corriente año.

[16] La EE tiene dos etapas, una de abertura – que es la que acabo de relatar – y otra de focalización, en la que se busca la precisión conceptual, a través del contraste de nociones, buscando sistematizar las relevancias con preguntas más cerradas.

[17] Tanto para Ardevol, como para France, el *cine de exposición etnográfica* se opone al *cine de exploración etnográfica*. Mientras el primero comunica acerca de prácticas y procesos culturales, el *cine de exploración etnográfica* tiene como objetivo su observación.

del cine comunitario tanto en Córdoba como en el Conurbano sur de Bs. As. En estas observaciones, pudimos apreciar las relaciones e intercambios que se producían entre los actores, y cómo éstas fueron mudando a lo largo del trabajo de campo.

Tanto en el caso porteño, como en el cordobés, la realización de los TMC consolidó los vínculos colaborativos entre los actores, agilizando intercambios en términos de servicios técnicos y saberes profesionales. A modo de ejemplo, en el caso del TMC realizado en Bernal en 2015, dos asociaciones que se desconocían entre sí – a pesar de que trabajan en el mismo territorio-, como son Cine en Movimiento (CEM) y el Clúster Audiovisual de la Pcia. de Bs. As.(CAPBA), estrecharon lazos, y al día de hoy algunos de sus miembros colaboran en sus respectivas iniciativas, lo que fue generando una malla o red de intercambios de prácticas que consolida el campo del cine comunitario como tal en esos territorios. A pesar de que ambas asociaciones utilizan la noción de *cine comunitario*, cada una la practica en un sentido diverso, aunque se enriquecen mutuamente en el intercambio. CEM comprende el cine comunitario como "un espacio para la construcción de la soberanía audiovisual de América Latina y el Caribe"[18], así como afirma que "hacer cine es mucho más que hacer cine", refiriéndose al impacto social de las prácticas audiovisuales comunitarias ya aludidos más arriba. Trabajan entre vecinos que son inicialmente analfabetos audiovisuales, es decir, se vinculan con un grado de amateurismo que localiza lo comunitario en la base social como un todo, canalizando, a través de este cine, las demandas de una subjetividad personal y socialmente entendida. Por ejemplo, los excombatientes de Malvinas de Quilmes, con el cortometraje *Podría ser hoy* (2013)[19], o Abuelos En Acción, de Berazategui, con el cortometraje *Sin turno*

---

18 Recuperado de: http://www.cineenmovimiento.org/index2.html
19 Recuperado de: https://www.youtube.com/watch?v=p7a3f8s9MkY

(2015)[20]. Interpretamos estos filmes como manifestaciones de lo que concebimos como *revolución molecular* (Guattari, 1978). Según esta, los antiguamente conocidos como "actores de un cine de la pobreza" pasan a ser enunciadores de sus propias historias, contribuyendo a un proceso de pluralización de las voces del espacio audiovisual, cuestión que tratamos específicamente en otros trabajos[21].

Ya en el caso del CAPBA, trátase de una asociación que reúne profesionales del campo audiovisual y de otras profesiones que de él participan, como actores, técnicos, agentes de prensa, músicos y diseñadores. Su presidente en el 2015, José Campusano, define al cine comunitario como un cine hecho por quienes "(…) integramos a la comunidad en materia de contenidos, de personificación, de producción y, posteriormente, de difusión, todas nuestras películas son de orden comunitario", y sigue afirmando que "(…) sería un aporte que surja un cine comunitario de alta gama y desde las entrañas de las comunidades"[22]. En esta perspectiva nombra las experiencias de Rosendo Ruiz en Córdoba, Gustavo Gzaint en Neuquén, y Pablo Almirón en Corrientes. Para Campusano, el *cine comunitario* se refiere tanto a un modelo de producción cercano a una cooperativa de crédito (en este caso, intercambio de equipos, horas de trabajo y saberes), como a una relación orgánica entre el origen de las anécdotas, los actores y lugares donde filmarlas y proyectarlas.

También realizamos OPar de distintos eventos en ambos territorios: reuniones del CAPBA, talleres de CEM y de Kilombo Audiovisual Comunitario, jornadas en universidades (Audiovisión Coopera/UNLA y Jornadas del AFSCA/UNQUI), reuniones de la Red de Cine Comunitario y Social en Córdoba, de la APAC (Asoc. De Productores

---

[20] Recuperado de: https://www.youtube.com/watch?v=jSH3ARpaoxQ
[21] Ver en la bibliografía.
[22] Recuperado de: http://www.telam.com.ar/notas/201412/89354-cine-el-perro-molina-campusano.html

Audiovisuales Cordobeses), así como de las redes PAC (Productoras Audiovisuales Comunitarias) y FOCUS (Red Nacional de Productoras Comunitarias). Por último, cabe mencionar que también hicimos OPar sobre los TMC que hicimos en cada ciudad, dos veces en cada una (Bernal, septiembre/2015, Lanús, mayo/2016; Córdoba, septiembre/ 2016 y noviembre/2016). Estas OPar serán sometidas a OD y OProy a lo largo del presente año[23].

A través de estas EE y de OP fuimos tejiendo una red de actores e instituciones participantes que nos permitieron, al finalizar el primer año de trabajo de campo, organizar los Talleres de Mapeo Colectivo (TMC). Un TMC es, según el Colectivo Iconoclasistas[24], un "espacio de creación itinerante que se despliega en tres dimensiones de saberes y prácticas: artísticas (poéticas de producción y dispositivos gráficos), políticas (activismo territorial y derivas institucionales) y académicas (pedagogías críticas e investigación participativa)"[25]. Un TMC entiende que la producción de conocimiento es, sí y solo si, colaborativa. A través del trabajo conjunto, los actores vinculados por una misma problemática – en nuestro caso, los caminos del cine comunitario en ambas ciudades -, trabajan sobre mapas a gran escala, pudiendo intervenir en estos libremente. Decidimos trabajar con la técnica de *multimapas*, según la cual atribuimos un mapa a la *producción* de cine comunitario, y otro a su *exhibición*. Diseñamos un menú de siglas relativas a cada mapa: para la producción, siglas para identificar locaciones, donde comprar insumos y equipos, estudios de grabación y edición, radios comunitarias, etc. Ya para el mapa de la

---

[23] La colección de filmes, entrevistas, EE y OP están reunidas en un canal *Youtube*, resguardando el pacto de confidencialidad que asumimos al realizarlas.
[24] Integrando cartógrafos experimentales y diseñadores gráficos que crearon esta herramienta, el colectivo desenvuelve una labor contundente por todo el mundo, con énfasis en las problemáticas latinoamericanas, desde hace más de 10 años. Puede consultarse el manual de TMC en http://www.iconoclasistas.net/
[25] Recuperado de: http://www.iconoclasistas.net/

exhibición, siglas referentes a pantallas comerciales e informales, espacios de proyección ocasional o regular, festivales, características técnicas de las exhibiciones, finalidad de las exhibiciones, etc.

Al mismo tiempo, el Colectivo Iconoclasistas, pone a disposición un inventario de íconos para representar distintas problemáticas sociales, dependiendo del interés de los que coordinen los TMC. Así, tomamos una series de íconos que nos parecieron pertinentes para representar a qué problemáticas se vinculaban lo procesos y prácticas del cine comunitario, a saber, ambientales, de inclusión social, políticas de jóvenes, movimientos de ocupación territorial, tercera edad, educación, economía social y solidaria. A futuro, las informaciones que reunimos con los mapas serán volcadas en distintas herramientas cartográficas digitales y colaborativas que están siendo desarrolladas por la UNLa y la UNDAv, tarea que realizaremos al finalizar el proyecto, aún en curso.

En nuestras experiencias de TMC, lo primero que surgió fue la percepción de un territorio en común, ya que la mayoría de los grupos de cine comunitario trabajaban aisladamente. Esta atomización no era percibida por ellos mismos, y a lo largo del trabajo de investigación, impulsada por el equipo, se fue generando la necesidad de construir una red de actores que permita fortalecer el sector rumbo a nuevas metas, sobre todo a partir de la virada política de final del 2015. Concretamente, dos semanas después de la realización del primer TMC en la ciudad de Córdoba, nació la Red de Cine Social y Comunitario Cordobés, sobre las bases del Colectivo Invicines. Ya en el caso porteño, se propuso crear un circuito de exhibición propio del Conurbano, así como se percibió la necesidad de organizar un foro que fortalezca los vínculos existentes y promueva al sector a través del establecimiento de nuevas relaciones con otros sectores del cine, más profesionalizados y, en especial, con las secretarías de cultura y/o comunicación de las municipalidades, que detectamos como prácticamente ausentes en estos procesos.

Conclusiones

Sobre las metodologías, podemos afirmar que la aplicación de la EE, la OPar y OD, así como los TMC fueron eficientes y se mostraron pertinentes para el caso, trayendo un tipo de resultados que definen nuestro presente proyecto como investigación aplicada o de impacto socio-cultural.

Sobre la noción de *cine comunitario* en sí, pudimos ver que aparecía difusamente en algunos actores al comienzo, ya que se utilizaba indistintamente "cine" o "comunicación" comunitarios. A lo largo del trabajo, pudimos percibir que la noción de *cine comunitario* aparece necesariamente en el inicio de un proceso social que se propone la *comunicación comunitaria* como objetivo mayor. Por otra parte, los procesos de alfabetización y producción audiovisual, así como la adquisición y transferencia de saberes técnicos y artísticos a través de las prácticas del cine comunitario, están atravesados por otras prácticas y procesos sociales vinculados a la cultura, la salud colectiva, la educación, la tercera edad, el trabajo, etc. Estas prácticas y procesos suceden entre actores diversos que pertenecen tanto a los municipios, como a las escuelas, universidades y todo tipo de organizaciones sociales de base (sociedades de fomento, asociaciones de vecinos, centros de jubilados, centros de excombatientes de Malvinas, etc.), diluyendo el carácter artístico/industrial del cine comunitario, que así se para, firmemente, en el terreno del accionar comunitario, donde se hace cine porque este funciona, en cuanto dispositivo, como máquina enunciativa que potencializa políticamente a todos los que intervienen, dando lugar inclusive al surgimiento de nuevas instituciones[26].

Evidentemente, se trata de un proceso abruptamente alterado a fines de 2015 por el giro político hacia la derecha tradicional en nuestro país, pero que ha dejado en las bases sociales una riqueza de experiencias que hoy, sin el apoyo del Estado, continúan buscando continuidades, con fuerte desarrollo a partir de los conceptos de la economía social y solidaria. Casos como el CAPBA, como la Red Villa Hudson (ambos de Florencio Varela), diversas cooperativas audiovisuales comunitarias (Mil Volando, de Avellaneda; El Maizal, de Berazategui), o el caso de Altroqué Cine, en Córdoba, recurren al Estado, pero ya no a través de la flamante ENACOM[27], sino con recursos humanos, técnicos y financieros de otros sectores estatales, como las universidades, el Ministerio de Desarrollo Social de la Nación, el Ministerio del Trabajo, Empleo y Seguridad Social de la Nación, las Secretarias de Industrias Creativas, o el Programa Puntos de Cultura, demostrando un dinamismo que se recusa a abandonar al Estado como soporte sustancial de sus actividades, porque se lo considera el principal responsable por la garantía del derecho a la comunicación.

En términos de exhibición, el caso cordobés partió de un festival (*Invicines*[28]), para generar la Red de Cine Social y Comunitario de Córdoba, que aglutina a todos los que, en su momento, enviaron sus películas a dicho festival desde todo el país. Sin embargo, el TMC realizado en esa ciudad arrojó el asombroso resultado de descubrir inmensas regiones de la ciudad donde el cine estaba absolutamente ausente, tanto en términos de producción como por la ausencia de salas, sean formales o informales. ¿Por qué una

---

[26] Por ejemplo, en la Red Villa Hudson, a partir de los talleres de cine dados en la escuela secundaria, nace la idea de fundar el centro de estudiantes.
[27] Ente Nacional de Comunicación, creado para absorber y subordinar, restando autarquía, al AFSCA y a la AFTIC.
[28] http://invicines.blogspot.com.ar/

política pública para la cultura audiovisual deja vacantes tantas regiones de la ciudad, inclusive las más densamente pobladas? Ya en el caso bonaerense, el TMC demostró la ausencia absoluta de festivales especializados y locales para esta producción comunitaria después de la interrupción del FECICO- Festival de Cine del Conurbano[29], que tenía una sección especial para la cinematografía de este territorio. Al mismo tiempo, mostró la presencia de numerosos festivales municipales (Festival Nacional de Cortos Di Chiara; Cine Con Riesgo, FECIVAR), pero ninguno específico al cine comunitario, lo que hizo nacer el *I Festival Inter-Barrial Audiovisual*-FIBAV, que tuvo su primera edición en mayo del 2016, aglutinando en una semana toda la producción local. Lo interesante de la propuesta del FIBAV es que extiende su convocatoria a todos los miembros de la *Red Latinoamericana de Cine Comunitario*, demostrando una perspectiva poscolonial en la cual las periferias se buscan y encuentran a través de las nuevas tecnologías, en una batalla que no es nacional, sino transnacional y regional. Una batalla que, hoy más que nunca, es cultural y no ha sido ganada aún.

En todos estos sentidos, un estudio textual del cine comunitario nunca podría hablarnos de esta riqueza de prácticas que atraviesa la producción de esos relatos, y es por este motivo que investigamos haciendo una antropología visual de él.

---

[29] La última edición del FECICO se realizó en el 2014. Recuperado de https://www.facebook.com/fecico

Referencias bibliográficas

Ardevol, E. (1994). *La mirada antropológica o la antropología de la mirada: De la representación audiovisual de las culturas a la investigación etnográfica con una cámara de video.* Tesis doctoral presentada en la Universidad Autónoma de Barcelona.

Ardevol, E. (1996). Representación y cine etnográfico. *Quaderns de l'ICA*, (10).

Ardevol, E. (1998).Por una antropología de la mirada: etnografía, representación y construcción de datos audiovisuales. *Revista de Dialectología y Tradiciones Populares del CSIC.*

Aumont, J. y Marie, M. (1989). *L'analyse des filmes.* Paris: Nathan Cinema.

Barthes, R. (1970; 2009). *S-Z.* Buenos Aires: Siglo XXI.

France, C. (1999). Cinema e antropologia. Traductor: Maria Francisca Marcello. Campinas: Papirus.

Guber, R. (2001). *La etnografía. Método, campo y reflexividad.* Buenos Aires: Norma.

Molfetta, A. (2016). Precariado, Ley de Medios y Tercer Cine: el cine comunitario del Gran Buenos Aires y los abuelos de Berazategui. *Revista Culturas* (10), UNL [En prensa].

Molfetta, A. (2016). O cinema comunitario do Grande Buenos Aires Sul e o caso dos avos do PAMI. En Sobrinho, G. A. (org). *Cinema em Redes. Tecnologia, estética e política na era digital.* Campinas: Editora Papirus.

Odin, R.. (2005). A questão do público. Uma abordagem semio-pragmática. En Ramos, F. P. (org.). Teoria Contemporânea do Cinema*: documentário e narratividade ficcional.* São Paulo: SENAC: vol. II. 2.

Paranaguá, P. A. (2002). *Le cinéma en Amérique latine: le miroir* éclaté, *historiographie et comparatisme.* Paris: L'Harmattan, Collection Images Plurielles.

Stam, R. (2003). O mal-estar da interpretação. En *Introducao a teoría do cinema.* Campinas: Papirus.

Standing, G. (2012). *Precari. La nuova classe esplosiva*. Firenze: Il Mulino.

2

De mapas y cámaras

Antropología visual y mapeo colectivo, metodologías que visibilizan las experiencias y estrategias del cine comunitario y social de Córdoba

JORGELINA BARRERA PIGNONE[1]

> La cámara es un instrumento teórico que se puede tocar con las manos (Ardèvol, 2006).

Quiero empezar mi reflexión con esta frase de Elisenda Ardèvol porque en ella habita una parte fundamental para entender y abarcar el estudio del cine comunitario. Y porque esta autora ha desarrollado un trabajo de investigación en el campo de la antropología visual que es el pilar para plantear el abordaje de esa disciplina en el marco de la investigación del cine comunitario que realizamos estos años.

---

[1] Licenciada en Diseño Gráfico UBA, Magíster en Antropología y Comunicación Audiovisual de la Universidad de Barcelona, documentalista, Co-directora y fundadora del Archivo Audiovisual Observatorio Sur (www.observatoriosur.com) donde realiza trabajos de investigación y programación, este proyecto está asociado al Museo Etnográfico de la Universidad de Buenos Aires. Actualmente desarrolla investigaciones en torno a la antropología audiovisual. Doctoranda de la Facultad de Ciencias Sociales - UBA. / j@observatoriosur.com

> Se entiende por antropología visual el uso de las técnicas audiovisuales en la práctica antropológica. Ya sea como instrumento de investigación o como forma de documentación e ilustración en la transmisión de conocimiento antropológico. La antropología visual articula la experiencia del etnógrafo en el campo a través de la cámara (Ardèvol, 2006, p.11).

Cuando Andrea Molfetta comenzó a dar forma al proyecto *El cine que empodera*, enmarcó la antropología visual como una de las metodologías troncales para llevar a cabo el trabajo de campo y el curso de la investigación. Teniendo como principal premisa que la cámara acompañaría el proceso de la investigación desde el comienzo del trabajo de campo en los núcleos del Conurbano bonaerense y cordobés.

En el momento de decidir qué metodología utilizar para nuestra investigación debemos tener presente la relación con el objeto de estudio. Optar por la metodología de la antropología audiovisual implica haber tenido en cuenta las características del objeto en relación al medio visual en que se desarrollará el trabajo.

Hay realidades que se adaptan o que tienen en sus bases la cualidad para desarrollarse en un medio audiovisual. Dentro de esta metodología hay diferentes vertientes desde donde desarrollar la investigación. Al incluir la cámara en la exploración etnográfica, se debe tener en cuenta si la realidad socio cultural tiene en sus características formales (contexto, lugar físico y disponibilidad del grupo) una impronta o cualidad visual, desde donde ser analizada para luego definir qué características tendría ese medio audiovisual desde el que obtendremos los datos para el conocimiento de la realidad observada (entrevistas, observación participante, cine directo, observación diferida, etc.).

En el caso de este proyecto la introducción de la cámara fue pertinente dado que los grupos y colectivos entrevistados y registrados durante el trabajo de campo estaban acostumbrados a la presencia de la cámara. En la mayoría de los casos la cámara es su herramienta de trabajo. Pero es un estar habituado al "detrás de cámara" que con la entrevista etnográfica y la observación participante se invierte, generando así una nueva postura del entrevistado "frente a la cámara".

Este texto describirá los diferentes momentos abordados por la metodología de la antropología audiovisual en el contexto de la primera etapa de la investigación, que consistió en la realización de mapeos colectivos[2] para reflejar la producción y la exhibición cinematográficas del Gran Córdoba. Estos mapeos permitieron fortalecer las redes colaborativas entre los productores y realizadores[3].

La antropología audiovisual de los mapeos nos permite desentramar los recorridos por los que la imagen fílmica participa en las diferentes etapas de la investigación. Específicamente me refiero a "las cámaras" que, por un lado nos acercan, a través de la imagen fílmica, los territorios donde se desarrollan prácticas de vinculación entre universidad-territorio, realizador-comunidad y por otro, a la instancia de reflexividad-colaborativa entre los investigadores y directores-productores de cine social y comunitario.

Comenzaré dando una introducción y descripción del campo de la antropología audiovisual en general y de los aportes que nos da en el trabajo de la investigación sobre el cine comunitario en Córdoba. Me centraré en la experien-

---

[2] La técnica del mapeo colectivo desarrollada por el colectivo Iconoclasistas, recuperado de www.iconoclasistas.net. El mapeo colectivo, "o recurso cartográfico crítico para procesos territoriales de creación colaborativa" es una técnica cartográfica colaborativa y grupal, en la que se estimulan y activan distintas formas de comprender y señalizar el territorio del GBA a través del uso de variados tipos de lenguaje, como símbolos, gráficas e íconos, que impulsan la creación de collages, frases, dibujos y consignas que los distintos protagonistas sociales van sumando al mapa.

[3] En la ciudad de Córdoba se realizaron dos talleres de mapeo colectivo. El primero se realizó en el Centro cultural Paseo de las Artes- Casa 13 en el mes de septiembre de 2016. El segundo se realizó en el centro cultural Casa Revolución en el mes de diciembre de 2016.

cia cordobesa porque participé registrando con la cámara el segundo mapeo y luego realicé las ediciones de los dos talleres de mapeo.

En primer lugar es importante tener en claro la distinción entre una antropología del cine y una antropología audiovisual o fílmica. La primera se refiere al estudio y análisis de películas (textos audiovisuales) ya sean de ficción o documental y al análisis de prácticas y procesos audiovisuales de la producción a la exhibición para el desarrollo de una investigación de las que se obtienen nociones de conocimiento socio-cultural. Se utiliza la producción ya existente como material empírico para investigaciones particulares.

Una antropología audiovisual o fílmica -para este proyecto en particular- parte desde el comienzo del planteo de la investigación pasando por todas sus fases. Es parte y se hace parte de toda la investigación. Y en el caso particular de *El cine que empodera* hay una doble implicancia relacional, por un lado la antropología audiovisual forma parte de la metodología de la investigación, y a su vez el objeto de estudio se enmarca en la imagen fílmica. Es a través de la práctica y la teoría de una antropología fílmica (trabajo de campo con la cámara y el desarrollo de textos fílmicos como documentos para el análisis desde la antropología audiovisual) enmarcada en una antropología del cine (un análisis semio-pragmático de las filmografías producidas en estos contextos).

Así la antropología audiovisual interviene a partir de la primera etapa de la investigación, en primer lugar realizando Entrevistas Etnográficas (E.E.) que permitieron armar una red de contactos. A partir de allí se genera un material de campo para un primer análisis y toma de decisiones para continuar con la selección de colectivos y actores más representativos del cine comunitario de la periferia de Buenos Aires y de Córdoba, convocando a estos a participar de los Talleres de mapeo colectivo (TMC). Para el registro de los TMC se aplicó la técnica de representación de Observación participante (OPar).

Desde estas primeras intervenciones y acercamiento al campo y con la territorialización de la práctica cinematográfica definida en los TMC, se siguió profundizando con las E.E. de grupos y actores para luego continuar con las observaciones participantes, "en la que se realizará una etnografía audiovisual de los núcleos de producción más representativos de cada región, investigando las relaciones y condiciones de trabajo, las prácticas puestas en juego con y a través del cine, los impactos subjetivos, culturales y sociales de esta práctica cinematográfica" A. Molfetta[4]. Y así alcanzar la segunda etapa donde la antropología audiovisual interviene como generadora de un tercer nivel de contenidos para su análisis a través de la Observación diferida.

Como ejemplos de estas intervenciones y acercamiento al campo podemos hablar del caso de Invicines[5], cuyos integrantes fueron contactados para una entrevista etnográfica y luego participaron de los dos mapeos realizados en la ciudad de Córdoba. Por otro lado está el caso del Colectivo de Cine comunitario de Unquillo, que participó en el primer mapeo como primer acercamiento y luego previo al segundo mapeo se realizó una entrevista etnográfica a los integrantes para obtener precisiones sobre el funcionamiento y trayectoria del grupo.

Hay una particularidad que se da en el transcurso de estas etapas donde la imagen fílmica y los procesos de filmación circulan, y en ese intercambio, circulación y manifestación de la imagen se destaca la presencia de la cámara como herramienta que nos permite observar desde distintas perspectivas aportando así diferentes niveles de análisis que van de lo macro a lo micro.

Para ser más correctos hablaría de la presencia de "las cámaras en plural". Diferenciando las "cámaras etnográficas" (herramienta de los antropólogos cineastas) y las

---

[4] Proyecto de Investigación "El cine que empodera: mapeo, antropología y análisis del cine del Conurbano porteño y cordobés (2004-2014)".
[5] Recuperado de http://invicines.blogspot.com.ar/

"cámaras comunitarias" (herramienta de los directores y productores del cine comunitario). Porque en el transcurso de la investigación se tuvieron en cuenta los registros de las cámaras en los mapeos, a su vez esos registros nos acercaron a la definición de los territorios de la producción y exhibición. Esos territorios plasmados en los mapas nos muestran en qué sectores de Córdoba operan las "cámaras comunitarias" reflejando el entramado de producciones audiovisuales del entorno socio cultural de cada barrio. Podemos tener información macro al mirar el mapa en su totalidad y un acceso a lo micro si nos detenemos en cada núcleo plasmado por cada participante del mapeo.

La **figura 1** nos describe gráficamente los tres niveles de manifestación de la imagen fílmica en el contexto de la investigación *El cine que empodera*:

1° nivel. La observación participante de los mapeos colectivos de la producción y exhibición del cine comunitario nos refleja el territorio audiovisual de los conurbanos. Y esos registros también nos muestran los actores participantes del mapeo – agentes intermediarios y responsables de las prácticas de vinculación entre el territorio y universidad, territorio y centros de salud, territorio y organizaciones barriales, etc.-. Allí se produce un diálogo, un intercambio mediado por la presencia de la "cámara etnográfica" frente a los cineastas que trabajan con las "cámaras comunitarias".

Es importante destacar esta instancia de la O.Par del mapeo, en el momento en que la cámara registra sus cuerpos, sus gestos, sus movimientos, su *auto-puesta en escena*, según De France (Comolli, 2002):

> Noción esencial en cinematografía documental, que designa las diversas maneras cómo el proceso observado se presenta por sí mismo al cineasta en el espacio y en el tiempo. Se trata de una puesta en escena propia, autónoma, en virtud de la cual las personas filmadas muestran de manera más o menos ostensible o disimulan ante los demás, sus actos y aquello

que los circundan, en el curso de las actividades corporales, materiales y rituales. La auto-puesta en escena es inherente a todo proceso observado.

Los cuerpos reflejan otra categoría de datos visuales, y es donde la metodología de la antropología audiovisual interviene para acercarnos a un análisis o microanálisis del *flujo de manifestaciones sensibles*, De France (Ardèvol, 1995) afirma que,

> La descripción fílmica y la observación de la imagen ofrecen al lenguaje la materia para un análisis en detalle de las relaciones entre escena y bastidores, entre lo que las personas filmadas desean esconder, entre lo que esas personas consideran como esencial y lo que arrojan a lo accesorio.

Los actores participantes del mapeo se muestran y "posan" frente a la cámara para manifestar con gestos y palabras su práctica. Nos muestran cómo participan, explican, describen su quehacer cinematográfico, cómo defienden y definen su territorio particular dentro del cine comunitario y cómo se relacionan con sus pares en el entorno del mapeo. Esa "cámara etnográfica" que los mira, los interpela, refleja a los constructores de las producciones del cine comunitario. Visibiliza a los actores responsables de generar transformaciones en el entramado socio-cultural a través de la práctica cinematográfica. Refleja los cuerpos acostumbrados a trabajar "detrás de cámara".

2° nivel. La información contenida en los mapas refleja el territorio ocupado por la producción y la exhibición del cine comunitario en Córdoba. Los mapas reflejan las realidades socio-culturales que miran las "cámaras comunitarias", cuyo valor político se encuentra en las prácticas culturales desarrolladas por cada colectivo. Luego del primer TMC los actores participantes proponen, como una cuestión importante y necesaria, formar la Red de cine social y comunitario. Esta red visibiliza la gran mayoría de las producciones de cine comunitario de Córdoba y facilita el intercambio entre los colectivos para futuros proyectos conjuntos.

Aquí podemos ver cómo la investigación no solo interviene para generar datos para un núcleo interesado, sino que crea una instancia de intercambios de conocimiento y usos de los materiales que surgen de las distintas técnicas y metodologías aplicadas en el trabajo de campo.

3° nivel. A partir de la información que surgió de la observación participante de los mapeos y las auto-puesta en escena de los directores y productores, el equipo de investigación realizó una segunda "ronda" de entrevistas etnográficas a directores y productores para dar comienzo a una segunda etapa de observación participante.

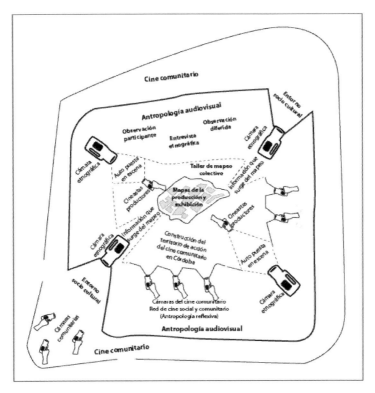

Barrera, J. (2017). Ilustración de los niveles de manifestación de la imagen fílmica en el contexto de la investigación. [Figura 1].

Fotografía del Primer Mapeo Colectivo en Córdoba.

De cámaras en la investigación

La introducción de la cámara en la investigación para algunas autoras implica no solo un instrumento de elaboración de datos sino que comporta la transformación de la práctica antropológica. Así lo expresan Ardèvol y De France al diferenciar entre el cine de exposición etnográfica y el cine de exploración etnográfica. El cine de exposición etnográfica procura comunicar a cerca del comportamiento humano, y el cine de investigación explorativa tiene como objetivo explorar el comportamiento humano. La cámara en el proceso de exploración etnográfica, cobra importancia para todo el proceso de investigación, por lo tanto, como lo expresa Ardèvol (2006), la faceta explorativa del cine etnográfico se define como una metodología de investigación en la que la cámara se introduce desde el inicio en el trabajo de campo como instrumento de la observación participante[6]

Es en la instancia explorativa donde nos detendremos para reflexionar acerca de la experiencia del trabajo de campo a fin de fundamentar las diferentes fases del trabajo de campo y el posterior análisis de datos. De esta manera la cámara en los mapeos colectivos se posicionó:

> (…) como un elemento de transformación en la práctica antropológica, tanto en el plano metodológico como en el teórico: en el diseño de la investigación, durante el trabajo de campo, en el tratamiento de los datos, en el planteamiento de hipótesis y en la elaboración de las conclusiones (Ardèvol, 2006, p.202).

Entendemos que la filmación o la grabación etnográfica forma parte del proceso de investigación y es aquí donde se define la actividad del etnógrafo o etnógrafa visual.

Los datos registrados comportan un material que puede ser analizado utilizando diferentes técnicas de la antropología visual, como la Observación diferida[7](OD), esta ha sido de gran utilidad dado que el equipo de investigación no pudo participar en su totalidad durante las grabaciones de los mapeos. Por tanto, al acceder a las grabaciones

---

[6] Prácticas cotidianas en los límites del espacio urbano y rural en Catalunya: el caso del centro social okupado Can Masdeu. En Jorgelina Barrera (2008). Informe final de investigación etnográfica (p.83), subsidio del Instituto Catalán de Antropología ICA con antena de l'Inventari del Patrimoni Etnològic de Catalunya, Barcelona.

[7] La observación diferida es un concepto desarrollados por John y Malcom Collier en su obra *Visual Anthropology: Photography as a Reseca Method* (1986). De France se refiere a este concepto como uno de los responsables de la modificación de la relación entre lenguaje y observación. La observación diferida para este trabajo fue importante porque permitió desarrollar un microanálisis de los mapeos y analizar cada intervención de los participantes.

realizadas por otros integrantes del equipo, estas me permitieron acceder a las experiencias de campo de las que no había participado.

Esto favoreció a comparar los mapeos y las interacciones de los participantes, sus reacciones, su comportamiento, sus propuestas de prácticas cinematográficas que luego se verían reflejadas en el informe general y en las etnografías audiovisuales. Así la metodología de cine de investigación explorativa se adapta a los objetivos de la investigación en el sentido que permitió presentar y explorar una serie de situaciones, que pueden ser comparadas y analizadas con el fin de obtener una visión amplia del proceso de territorialización de las prácticas cinematográficas y paralelamente una visión de cada núcleo de producción de cine comunitario en particular, a través de las etnografías visuales. En este sentido, la cámara contribuye a la elaboración teórica ya que durante la grabación, y a través del material grabado, se obtiene la descripción etnográfica.

Según lo expuesto en los párrafos anteriores, la utilización de la cámara en el trabajo de campo comporta un instrumento metodológico que permite analizar el comportamiento y las prácticas de los grupos y a su vez el comportamiento y los procesos etno-observacionales por los que transitan lxs antropologxs cineastas.

Segundo Mapeo Colectivo en Córdoba

De mapas en la investigación-filmación

Mi experiencia de trabajo de campo comienza con la OPar del segundo mapeo en la ciudad de Córdoba. No participé en el primero, pero a través de la OD de los registros realizados por las investigadoras del equipo, accedí a la información necesaria para grabar el segundo mapeo.

Es importante reconocer que la primera experiencia fue enriquecedora tanto para la investigación como para los actores participantes, porque de ella surgió la Red de cine social y comunitario y por tanto esto denota la aproximación a una instancia muy desarrollada como lo es la teoría socio-antropológica reflexiva[8], donde se comparten los saberes y resultados de la investigación.

Así los actores participantes colaboran activamente generando otro nivel de información. De esta interacción se obtienen datos con otro nivel de "detalle". Se alcanza otro

---

[8] Para una explicación de la teoría socio-antropológica reflexiva (Guber, 2001).

nivel de compromiso por parte de los colectivos que participaron en el primer mapeo, porque se establece un diálogo directo para la construcción y delimitación conjunta del territorio audiovisual cordobés.

Los objetivos principales de la Red de cine social y comunitario destacan la importancia del relevamiento de las producciones de cine comunitario surgidas en los últimos años y estos objetivos acompañan lo planteado desde el proyecto de investigación.

A través de estos intereses compartidos se alcanza un estadio de conocimiento más "denso", porque se realiza una aproximación desde dos dimensiones metodológicas, primero desde la OPar de los mapeos y en segundo lugar se aborda desde el punto de vista de la teoría socio-antropológica reflexiva: entendiendo el trabajo de campo, como instancia reflexiva de conocimiento. Según Guber (2004):

> Si caracterizamos al conocimiento como un proceso llevado a cabo desde un sujeto y en relación con el de otros sujetos cuyo mundo social se intenta explicar, la reflexividad en el trabajo de campo es el proceso de interacción, diferenciación y reciprocidad entre la reflexividad del sujeto cognoscente -sentido común, teoría, modelo explicativo de conexiones tendenciales— y la de los actores o sujetos/objetos de investigación (p.87).

Y según Ardèvol (2006):

> entendiendo el trabajo de campo como un proceso de comunicación, en el que la máquina no es un instrumento mecánico, sino un actor más, que interactúa con los sujetos e interviene creativamente en la relación entre el investigador y el grupo social estudiado, contribuyendo a la creación del contexto de la investigación (p.243).

Diario de campo de la Observación participante del mapeo Cordobés

Diciembre, Córdoba capital. Una ciudad familiar y extraña a la vez. Familiar porque soy cordobesa y en los últimos años he frecuentado esa ciudad, y extraña porque mi infancia y adolescencia transcurrieron en el sur de la provincia, un pueblo muy alejado de Córdoba capital. Esta primera distinción entre la ciudad y el interior de la provincia, en mí resuena para dar una primera reflexión de lo que puede surgir en relación a los planteamientos de la distinción del cine y el cine comunitario del conurbano. Hay puntos de contacto y puntos lejanos. Territorios compartidos, cercanos y territorios que producen prácticas y experiencias narrativas, estilísticas que solo son dadas por el trayecto recorrido durante la creación de la pieza fílmica.

Y poniendo un poco en imágenes lo comentado anteriormente: durante el mapeo Matias Deón y Mariela Lario integrantes de Cine comunitario Unquillo[9] plasmaban su experiencia en los bordes del mapa, hacían un esfuerzo por introducir información de un territorio que no estaba impreso, esos bordes coloreados por estos participantes nos hablan de lo floreciente que pueden ser los territorios "periféricos" "aislados", casi como la distinción entre los diferentes cines.

Existen otros cines que surgen de los márgenes para contar historias de los márgenes invisibilizados. Como el cine comunitario que hace visible la producción de un nuevo territorio donde lo importante no es tan solo el producto

---

[9] La localidad de Unquillo está ubicada en las cercanías de las sierras chicas a pocos kilómetros de la ciudad de Córdoba. La actividad realizada por este colectivo se centra en las prácticas de producción audiovisual desde un funcionamiento de toma de decisiones desde la horizontalidad y con una impronta narrativa que destaca la vida cotidiana en relación a diferentes problemáticas de la comunidad de Unquillo (salud, educación, género, etc.). Este colectivo está integrado por estudiantes y egresados de la carrera de cine y por vecinos de la localidad de Unquillo.

final de la experiencia fílmica sino el proceso de esa experiencia, porque desde lo comunitario se llega a completar un recorrido de la práctica cinematográfica que fortalece lazos, que empodera. Un cine que empodera los territorios de los márgenes en todos los sentidos de la palabra.

Matías expresaba lo siguiente en las conclusiones finales después del mapeo respecto de las periferias:

> [...] dos cosas, una con lo que ha salido, con la dificultad de mapear aquello que está de alguna forma desterritorializado o que circula en otros espacios que no son espacios físicos, salió la otra vez y ahora volvió a salir. Y la otra, me agarra otra vez esta cosa de chovinismo pueblerino, esta cosa de… pucha…no entramos, tuvimos que ponernos al costado del mapa. Pusimos la experiencia de los compañeros de Cuesta Blanca y también al costado del mapa. Entonces creo [...] es algo que no es menor en la historia de nuestro país la relación entre la periferia y la centralidad. Entonces creo que sería importante que eso también esté reconocido gráficamente.

Son las dos de la tarde, llego a la Casa Revolución cargada con parte del equipo para realizar el registro del mapeo. Esa sensación de familiaridad y extrañeza con la ciudad la hago extensiva para mi reencuentro con la grabación del mapeo.

Después de un largo período de no grabar con la cámara, esta experiencia de campo me llevó al reencuentro con distintos mecanismos y estrategias que hacen posible la generación de imágenes, de puestas en escena que nos hacen descubrir nuevos territorios de relaciones. Y por otro lado la extrañeza se hace extensiva para esta aproximación fílmica porque no había participado en el primer mapeo.

Sabemos ya que el cine documental, la práctica de la antropología audiovisual, señalan un camino que se recorre a través de los imprevistos, improvisaciones que se dan en el campo. Así fui conociendo y sacando conclusiones a medida que aproximaba la cámara en el contexto del mapeo… Este productor ya conoce a tal… porque están hablando de tal proyecto, algunos se mantienen expectantes porque no conocen a nadie... hay reencuentros de realizadoras que descubren la proximidad de ideas respecto al cine comunitario... y así fui recreando mi propio mapa de relaciones durante la grabación.

A las tres de la tarde estaba previsto que comience el mapeo. La sala en la que transcurrió la reunión no tenía mesas. Dos grandes mapas de Córdoba capital y alrededores se extienden sobre el piso de la sala principal del Centro Cultural Casa Revolución. Un trípode, dos cámaras de video y un grabador de sonido ya están dispuestos para registrar el segundo taller de mapeo colectivo del cine comunitario cordobés. Marcadores de diferentes colores y listados con las referencias comienzan a ser distribuidos para que los protagonistas nos cuenten cómo se extiende y configura su experiencia con el cine social comunitario.

Poco a poco los mapas se ven rodeados de ojos atentos, los recuerdos comienzan a fluir, las manos sostienen los elementos que quedarán como marcas de esas experiencias recordadas. Pronto surgen los encuentros relacionales entre las distintas experiencias en el territorio, algunas muy próximas, otras lejanas y novedosas se visibilizan en el gran mapa. Surgen los encuentros entre los productores, las realizadoras, algunos descubren las proximidades por compartir el mismo territorio; viejos vecinos y a su vez desconocidos... Los mapas allí extendidos destilan información en muchos niveles, y no solo para el equipo de investigación sino también para las participantes.

Se encienden unos reflectores. Ubicamos una cámara fija sobre un trípode en unos de los vértices de los mapas, esta cámara no tendrá operador hará una grabación sin interrupciones. Ubicamos un micrófono en medio de los mapas. Los primeros pasos para la construcción del espacio investigación-filmación estaban en marcha.

Los participantes del mapeo comienzan a circular alrededor de los mapas. Estos contienen la información del primer mapeo. Algunos de los participantes ya habían pasado por la experiencia anterior y son los responsables de la organización de la Red de cine social y comunitario, por tanto este mapeo ya dejaba entrever una relación consolidada con intereses comunes de parte de los integrantes del equipo de investigación y los directores y productores.

Esto reafirma lo expresado en la presentación del TMC por Molfetta (2016): "El territorio es un espacio socialmente construido entre todos, es por eso que la propuesta de hacer un mapeo surgió como una metodología apta para acercarnos, comprender y conocer cómo se construye el territorio de acción del cine comunitario en Córdoba" [10].

---

[10] UBA-CONICET, (Productor). (2016). *Filme socio-antropológico. Segundo Taller de Mapeo Colectivo* [HD]. Córdoba.

Reflexiones finales

En el trabajo de montaje se priorizaron los momentos en que los actores participantes de los TMC desplegaban su gestualidad ante los mapas, en los momentos donde la memoria se hacía presente para completar con información gráfica sus experiencias de las prácticas del cine comunitario y en el trayecto final del montaje se dio lugar a las conclusiones y puesta en común de la experiencia del mapeo. De los dos filmes socio-antropológicos que surgen de la experiencia en Córdoba se puede considerar que el cine comunitario cordobés tiene en sus bases la particularidad de conjugar en un mismo actor las diferentes disciplinas que hacen posible la realización cinematográfica. Como lo expresa Cristina Siragusa (2016) en el comienzo del primer TMC:

> Una de las características de Córdoba es que en un mismo sujeto hay como tres o cuatro pertenencias. Hacer cine en Córdoba no es solo estar en un lugar, sino es estar en distintos lugares. Porque Córdoba ha generado en distintos momentos espacios de encuentro asociativos para poner en juego cuestiones que tengan que ver con demandas, luchas, búsquedas

para concretar prácticas de cine en Córdoba. En ese marco cada uno de ustedes se ha puesto distintos "ponchos" para pelear distintas batallas. Hoy nuestra batalla es simplemente ponerlos en común, cosas que no sabemos que están sucediendo y a veces suceden en el barrio de al lado.

En el segundo TMC surge la necesidad de reflexionar sobre la noción de cine comunitario. ¿A qué procesos y prácticas está vinculada esta noción? De esta pregunta surgen algunas reflexiones en torno a la relación entre universidad-territorio, el cine comunitario en Córdoba tiene una marcada intervención en los barrios próximos a la Universidad, donde hay un floreciente número de estudiantes de cine y es en ese contexto en que el cine comunitario interviene: en el entramado que se da entre la necesidad de lxs estudiantes de cine de proponer procesos de alfabetización a través de talleres de cine. Siragusa (2017) realiza un seguimiento de distintos casos, entre ellos se destaca el proceso de creación de la película *El chavo* en el marco de un taller de cine infantil[11]:

> Desde el punto de vista procesual se advierte un movimiento transversal que amalgama una instancia pedagógica de acercamiento, enseñanza y apropiación del lenguaje cinematográfico (con énfasis en el enseñar-a-hacer), una práctica dialógica de (re)conocimientos de mundos de vida (entre los universitarios-talleristas y los niños) y un acto académico en el que se insertó un pensamiento político de lxs estudiantes acerca del modo de concebir al cine que nutrió el espacio de la Universidad introduciendo temáticas y estéticas que recuperaron el ejercicio del arte comunitario.

---

[11] Siragusa cristina, 2017. El taller comenzó en el año 2014 en el Centro Cultural del barrio Villa El Libertador (Córdoba, Argentina) como parte de un proyecto de extensión universitaria concebido como una experiencia de cine comunitario.

Es a través de este tipo de experiencias que la noción de cine comunitario va ganando territorios tanto emocionales, en cada actor participante de estos procesos, como los territorios en el sentido de lugares de pertenencia donde lo comunitario florece en algunos casos con pequeños impulsos porque suelen ser territorios ya germinados por una trayectoria histórica muy arraigada. Una historia colmada de luchas a veces ganadas otras perdidas, pero donde los procesos comunitarios siempre estuvieron presentes. Un ejemplo de ello es el barrio Villa El Libertador como territorio impulsor de experiencias comunitarias desde los años sesenta y setentas.

Después de todo el trayecto recorrido con... las cámaras y los mapas... podemos concluir que estos dispositivos nos acercaron a un doble juego de la imagen. Por un lado en la cartografía filmada vemos los cuerpos en acción reflejando las prácticas desarrolladas en otro tiempo (2005-2015) que se expanden en el espacio (territorio del conurbano cordobés) y por otro las imágenes "estáticas" que quedan plasmadas en el mapa y que nos permiten un análisis interpretativo de aquellos "movimientos" surgidos en el espacio-tiempo de las producciones del cine comunitario.

En este entramado la antropología audiovisual se ofrece como herramienta metodológica, y nos lleva a plantear y a preguntarnos cómo reflejar esa experiencia a través del trabajo de campo con cámaras que registren las diferentes propuestas de producción, distribución y difusión. Así la filmación del mapeo colectivo surge como una estrategia que observa nuestro objeto en todas sus dimensiones. Nos permite ver las corporalidades, las gestualidades, las interacciones entre los actores implicados (productores, directoras, realizadores), observar las interrelaciones entre los diferentes grupos y a su vez tener una puesta visual de la expansión de su trabajo en todo el territorio.

En el mismo acto (puesta en escena) descubrimos cómo se fue construyendo el cine que empodera, vemos a estos actores plasmar en el mapa su quehacer, devolviéndonos así una imagen mapeada de su actividad y su expansión en el espacio y el tiempo.

Referencias bibliográficas

Ardèvol, E. (1996). El vídeo como técnica de exploración. En: M. García; A. Martínez Pérez (Eds.). *Antropología de los sentidos: la vista* (pp. 79-104). Madrid: Celeste Ediciones.

Barrera, J. (2008). Prácticas cotidianas en los límites del espacio urbano y rural en Catalunya: el caso del centro social okupado Can Masdeu. (Informe final de investigación etnográfica) Subsidio del Instituto Catalán de Antropología ICA con antena de l'Inventari del Patrimoni Etnològic de Catalunya, Barcelona.

Comolli, J.L. (2002). *Filmar para ver. Escritos de teoría y crítica de cine*. Buenos Aires: Simurg.

De France, C. (1995). Cuerpo, materia y rito en el cine etnográfico. En E. Ardévol y L. Pérez Tolón (Eds.). *Imagen y cultura. Perspectivas del cine etnográfico* (pp. 221-254). Granada: Biblioteca de Etnología.

Geertz, C. (2005). *La interpretación de las culturas*. Barcelona: Catalunya. Gedisa Ed.

Grau, J. (2001). *Antropología social y audiovisuales: Aproximación al análisis de los documentos fílmicos como materiales docentes*. Barcelona, Catalunya: Ed.Publicacions d'Antropologia Cultural, Universitat Autónoma de Barcelona.

Guber, R. (2001). *La etnografía, método, campo y reflexividad*. Bogotá: Grupo Editorial Norma.

Guber, R. (2004). *El salvaje metropolitano*. Buenos Aires: Paidós.

Molfetta, A. (s/f). Proyecto de Investigación "El cine que empodera: mapeo, antropología y análisis del cine del Conurbano porteño y cordobés (2004-2014)". Director: Dra. Andrea C. Molfetta (UBA-CONICET). Proyecto con aval y subsidio de CONICET (PIP 0733). Período: 2015-2017.

Filmografía

UBA-CONICET. (Productor). (2016). *Filme socioantropológico. Primer Taller de Mapeo Colectivo [HD]*. Córdoba.

UBA-CONICET. (Productor). (2016). *Filme socioantropológico. Segundo Taller de Mapeo Colectivo [HD]*. Córdoba.

3

De la vanguardia a la resistencia

La teoría del Tercer Cine revisada por el cine comunitario

ANDREA MOLFETTA[1]

Introducción

Este trabajo de investigación se inscribe en la perspectiva de los Estudios Culturales (EC), entendidos como un campo interdisciplinario que explora la producción y difusión de sentidos en las sociedades actuales, y en nuestro caso, el sentido de una práctica audiovisual. Esta producción de sentido es entendida como una forma específica de proceso social, que corresponde a la atribución de sentido a la realidad, al desarrollo de una cultura, de prácticas sociales compartidas y a un área común de sentidos. En el concepto de *cultura* caben tanto los sentidos y valores que surgen y se comparten en grupos y clases, como las prácticas realizadas para expresarlos, en las que están contenidos, y por esto

---

[1] Escritora e investigadora del CONICET. Fundadora y primera presidenta de la AsAECA (Asoc. Argentina de Estudios de Cine y Audiovisual). Fue profesora visitante de universidades argentinas y brasileñas. Autora de los libros Arte electrónica en Buenos Aires (1966-1993) y Documental y Experimental: los diarios de viaje de los videoartistas sudamericanos en Francia (1984-1995). Trabaja en la Sección de Antropología Social de la UBA y es directora del Grupo de Investigación DocSa/Estéticas y Políticas del Cine Sudamericano. / andreamolfetta@conicet.gov.ar

analizamos, aquí, tanto los contenidos, como sus formas, así como las prácticas que el cine comunitario realizó para producirlos. Así, los EC examinan las prácticas culturales y sus relaciones con el Poder, comprenden la cultura – en este caso, audiovisual – en toda su complejidad, incluyendo el contexto político y social donde esta se manifiesta. Los EC son tanto objeto de estudio como lugar para la crítica y la acción política; trabajan para reconciliar la división del conocimiento por disciplinas y, por último, se comprometen con una evaluación crítica y una línea de acción política para su objeto de estudio. De este modo, este texto combina conceptos de la teoría del cine y de la teoría social con resultados obtenidos a partir de los métodos de la antropología visual, el mapeo colectivo y la historia, para analizar el trabajo y los sentidos del cine comunitario (CC) en este territorio.

En términos metodológicos, la investigación de campo se basó en las técnicas de la antropología visual, haciendo una etnografía de los grupos de cine y de las asociaciones civiles que impulsan el CC, a través de fotografías, observaciones participantes y entrevistas, para luego aplicar una técnica de la cartografía experimental, el Taller de Mapeo Colectivo. Propuesto por el colectivo Iconoclasistas[2], con el taller de mapeo generamos un punto de convergencia grupal del saber sobre el sector, compartimos experiencias y datos, y pudimos hacer una primera aproximación a la complejidad de esta problemática del audiovisual, pensando líneas de trabajo a futuro, demandas comunes y propuestas. El Mapeo Colectivo nos permitió el cruce de datos geográficos, sociales, económicos, culturales, históricos, políticos, cinematográficos, para hacer la selección de los casos que estudiamos después. En este capítulo, ensayamos sobre las continuidades y rupturas que el CC representa respecto al ideario y experiencias del Tercer Cine.

---

2   El Manual de Mapeo Colectivo se encuentra disponible en goo.gl/FpAF5B

En la Argentina, entre los años 2005 y 2015, el CC se encontraba en crecimiento, impulsado por la expansión de la cultura digital y amparado en la Ley 26.522 de Servicios de Comunicación Audiovisual (2009), tornándose su propagación en el objetivo de la militancia de numerosas agrupaciones y colectivos del cine y la comunicación que, a su vez se organizaron en redes – locales[3], nacionales[4], regionales[5] e internacionales[6]. Específicamente, estudiamos el cine comunitario del Conurbano Sur de la ciudad de Buenos Aires, geografía conocida como "primer y segundo cordón"[7]. Elegimos esta región por constituir un territorio de características homogéneas que ofreció diversos casos representativos que registramos, entrevistamos y comparamos en el transcurso del trabajo de campo. La región posee una de las mayores densidades poblacionales del país, en la cual el CC es un paliativo a los desafíos que plantea la pobreza y la precarización de la vida[8]. Esta producción se visibiliza en pequeños festivales[9] y muestras, sitios de Internet, canales de *Youtube* y espacios informales de exhibición. A modo de ejemplo, la asociación civil Cine en Movimiento[10] (CEM) ha auxiliado la producción de cerca

---

3   Caso de la Red Colmena, red de cooperativas de comunicación audiovisual.
4   Caso de la Red FOCUS, red nacional de productoras audiovisuales comunitarias.
5   Caso de la Red Latinoamericana de Cine Comunitario.
6   Caso de la misma Red Latinoamericana, pero en expansión a escala mundial, a través de los reportes continuos en la herramienta https://territorioaudiovisual.crowdmap.com
7   Se localiza hasta 30km de la Ciudad Autónoma de Buenos Aires, comprendiendo los partidos de Avellaneda, Quilmes, Berazategui, Florencio Varela, Lanús y Lomas de Zamora.
8   Para un mapa de este territorio e indicadores culturales: Base UNTREF. [Consultado el 19 de septiembre de 2017]. Recuperado de goo.gl/TUvag7 /; y el SINCA – Sistema de Información Cultural de la Argentina, que se organiza por regiones. [Consultado el 19 de septiembre de2017]. Recuperado de http://www.sinca.gob.ar/
9   Sobre el tema de los festivales, Gonzalo Murúa Losada ha escrito la ponencia "Nuevos Cines de Presentación", en *V AsAECA*, UNQUI, 2016. [Publicado en actas].
10 http://www.cineenmovimiento.org/ [Consultado en septiembre de 2017].

de 300 cortometrajes en 10 años; sin embargo, toda esta cinematografía no aparece en las estadísticas oficiales del INCAA, motivo por el cual quisimos visibilizarla, estudiando sus modos de producción, estéticas e impactos subjetivos y sociales.

Veamos esta definición de CC:

> (…) es expresión de comunicación, expresión artística y expresión política. Nace en la mayoría de los casos de la necesidad de comunicar sin intermediarios, de hacerlo con un lenguaje propio que no haya sido predeterminado por otros pre-existentes, y pretende cumplir en la sociedad la función de representar políticamente a colectividades marginadas, poco representadas o ignoradas (Gumucio Dagrón, 2012, p.19).

Grupos de adolescentes de Florencio Varela[11], de abuelos jubilados de Berazategui[12] y Florencio Varela[13], de excombatientes de Malvinas en Quilmes[14], de estudiantes del secundario en Villa Hudson[15] (F. Varela), o de trabajadores de cooperativas en el Barrio Nueva Esperanza[16] (Lomas de Zamora), se reúnen a partir de talleres de cine, formando grupos para hacer sus primeras películas. No hay un autor, sino colectivos de realización. En estos contextos, el CC pasa a ser un dispositivo que transforma las condiciones de vida en el sentido de plasmar una estrategia de visibilidad y auto-legitimación que los empodera, en primer lugar, al reunir estas poblaciones en grupos con objetivos expresivos, generando una producción parcialmente emancipada de contenidos en los que enuncian sus propias experiencias, paisajes y valores.

---

[11] goo.gl/8rRsXy [Consultado el 19 de septiembre de 2017].
[12] goo.gl/LmHDPS [Consultado el 19 de septiembre de 2017].
[13] Talleres UPAMI de la UNAJ.
[14] goo.gl/w5sHqV [Consultado el 19 de septiembre de 2017].
[15] goo.gl/5BM3uz [Consultado el 19 de septiembre de 2017].
[16] https://goo.gl/TXVD6D[Consultado el 19 de septiembre de 2017].

Por eso, podemos decir que el cine, lejos de morir, se expande como el agua, tiene nuevas formas de producción, espacios y, claro, nuevos realizadores/comunicadores, en un sentido que nos llevó a enarbolar la posibilidad de interpretarlo como una deriva de la experiencia del Tercer Cine (TC) en su batalla por la transformación social. ¿Qué hacen estos vecino/realizadores cuando filman CC? ¿Qué otras prácticas atraviesan hoy el proceso audiovisual comunitario? ¿Cómo se auto-perciben sus realizadores? ¿En qué tradición(es) estética(s) se inscriben?

El CC que estudiamos es producido en los territorios donde hay una lucha pre-existente por la inclusión social: políticas de vivienda, de trabajo, de género, contra la violencia, para los jóvenes, para la tercera edad, etc. Así, podemos decir que el CC aparece como impulso y estrategia dentro de otras luchas. Al mismo tiempo, en el trabajo de campo que desarrollamos entre 2015 y 2016, vimos que el CC es producido y exhibido en los mismos barrios donde se lo produce – sociedades de fomento, escuelas, plazas, centros culturales, centro de jubilados, universidades – y raramente en otra geografía-. Así, tenemos un cine democratizado, capilarizado en comunidades socialmente movilizadas y atomizado – por el desconocimiento de los grupos entre sí -, que expresa una multiplicidad de otras prácticas y es un eslabón para desencadenar nuevas transformaciones locales.

El Cine Comunitario como deriva del Tercer Cine

"El hombre del Tercer Cine (…) opone, ante todo, al cine industrial, un cine artesanal; al cine de individuos, un cine de masas; al cine de autor, un cine de grupos operativos; al cine de desinformación neocolonial, un cine de información; a un cine de evasión, un cine que rescate la verdad; a un cine pasivo, un cine de agresión; a un cine institucionalizado, un cine de guerrillas; a un cine espectáculo, un cine de acto, un cine acción; a un cine de destrucción, un cine simultáneamente de destrucción y de construcción; a un cine hecho para el hombre viejo, para ellos, un cine a la medida del hombre nuevo: la posibilidad que somos cada uno de nosotros". (Solanas y Getino, *Por un Movimiento hacia el Tercer Cine*, 1969)[17]

El *Manifiesto por un Tercer Cine* concibe la existencia de tres tipos de cine: el industrial (Primer cine), el cine de arte o autor (Segundo cine) y el Tercer cine, pensado como herramienta de combate al neocolonialismo. Sus principales características son: su realización colectiva, un lenguaje experimental de ruptura con el modelo de representación institucional de Hollywood, el uso del *cine-proceso* como herramienta para el cambio social, y la puesta en marcha de un proceso activo por parte del espectador, que llamaron de *cine-acto*. En este, el filme se ofrece al debate en la sala de exhibición como punto de partida de una discusión histórico-política a la que se le sumaba el análisis de otros elementos propios del lugar y momento de exhibición (recortes de diarios, panfletos y libros). Allí, los espectadores podían proponer cambios a la película a partir de discusiones, ofreciendo el relato fílmico como una estructura abierta a la participación dialógica de cada exhibición, tal como sucedió con la película *La Hora de los Hornos* (Grupo Cine Liberación, 1968). De este modo, el *cine-proceso* se desplegaba hasta la recepción, momento en el cual trabajar por una concientización del público en torno al problema del colonialismo – y por la descolonización-.

De las características enumeradas arriba, el CC abandonó tres de importancia estratégica y estructural: la experimentación del lenguaje, el *cine-acto* y el objetivo político

---

[17] Apuntes y experiencias para el desarrollo de un cine de liberación en el Tercer Mundo. Recuperado de goo.gl/MNe5bF [Consultado el 19 de septiembre de 2017].

nacional/transnacional[18]. Sin embargo, y no sin variantes, se conservaron las estrategias grupales de producción, una circularidad entre productores y público focalizada en lo barrial, y un sentido político dado al proceso fílmico como herramienta para la transformación social. ¿Qué balance podemos hacer de esto? ¿Podemos pensar en un cine de voces emancipadas sin un lenguaje nuevo, replicando el lenguaje hollywoodense? ¿Podemos hablar de un Nuevo TC regresando a la exhibición como espectáculo, sin una intervención directa del público? Desde nuestro punto de vista, el CC no piensa una liberación/descolonización, sino una resistencia, lo cual significa visiones políticas muy diferentes, ya que los contextos socio-económicos son muy distintos.

Existen continuidades y rupturas, no sin matices, entre el TC y el CC. La principal continuidad está en los modos colectivos de producción y exhibición, en la generación de un cine situado y funcional a un contexto singular, y en una politización de la práctica fílmica, en este caso al servicio de los procesos socio-culturales de inclusión, cuestión que lleva al CC a valorar *el audiovisual como proceso, y no como producto*[19], justamente como lo afirmaba el Grupo Cine Liberación en su manifiesto.

Las rupturas del CC respecto al TC son muchas, profundas y sintomáticas de nuestro tiempo. En primer lugar, no es producido por un grupo de cineastas con formación especializada, sino por vecinos asistidos por especialistas; el CC abandona la experimentación con el lenguaje, al replicar la sintaxis y los géneros cinematográficos clásicos;

---

[18] En otro texto, "Cine comunitario y revolución molecular", despliego con profundidad el cambio en la noción de "revolución" practicada en ambos momentos de la cinematografía sudamericana.
[19] "Insertar la obra como hecho original en el proceso de liberación, ponerla antes que en función del arte en función de la vida misma, disolver la estética en la vida social" (Solanas y Getino, p.4.).

desaparece el *cine-acto*[20] y la exhibición vuelve al espectáculo, donde el receptor es pasivo – aunque se trate, generalmente, de una recepción circular, es decir, protagonizada por los mismos realizadores, sus familias, vecinos y allegados. Por último, el CC despliega un sentido revolucionario de la práctica fílmica, pero en el campo de la subjetividad – personal o socialmente entendida -, ya que produce nuevos enunciadores, pero no aspira a un cambio socio-político y cultural de escala nacional – mucho menos, continental- como es la descolonización. Entendemos que el CC ya no es el militante de una revolución continental descolonizadora, llevada adelante por cineastas profesionales, sino una *revolución molecular* (Guattari, 1978), múltiple, singularizante, practicada por cineastas *amateurs*, eventuales, que no ambiciona cambiar un sistema político y económico a escala nacional, regional o mundial, sino una transformación en términos de resistencia, de escala barrial. El objetivo político del CC es multiplicar las voces, como resistencia dentro de un sistema socio-económico caracterizado como semiocapitalismo global o, en términos de Guattari (2004), *Capitalismo Mundial Integrado*[21], del cual no ve salida posible sino este camino de generación de pequeños poderes locales o territorializados que transforman las condiciones de vida.

---

[20] "(…) fuimos estableciendo que lo más valioso que teníamos entre manos era: 1. El compañero participante, el hombre-actor cómplice que concurría a la convocatoria. 2. El espacio libre en el que ese hombre exponía sus inquietudes y proposiciones, se politizaba y liberaba. 3. El film, que importaba apenas como detonador o pretexto. De estos datos dedujimos que una obra cinematográfica podría ser mucho más eficaz si tomara plena conciencia de ellos y se dispusiese a subordinar su conformación, estructura, lenguaje y propuestas a este acto y a esos actores. Vale decir, si en la subordinación e inserción en los demás principales protagonistas de la vida buscase su propia liberación" (Solanas y Getino, Op.Cit, p.13).

[21] En *Plan para el planeta*, Guattari entiende el Capitalismo Mundial Integrado como una fase avanzada de capitalismo, en la cual ninguna parte del planeta escapa del mismo, así como todos los aspectos de la vida están bajo su gobierno, incluyendo las subjetividades.

Hoy, el CC es el espacio audiovisual de los "invisibles"[22], una cinematografía que narra la historia y el cotidiano de los excluidos que adquieren la oportunidad de autorepresentarse, generando un espacio de resistencia a los grandes dispositivos audiovisuales con el fin de desestigmatizar personas, territorios y culturas. A continuación, desplegaremos esta comparación con mayor detalle.

Profundizando la comparación

Serán cuatro los aspectos desde los que haré la comparación de estos dos momentos del audiovisual sudamericano: 1) las tecnologías y modos de producción, 2) los modelos expresivos, 3) el sentido político dado al audiovisual, y 4) la recepción.

Tecnologías y modos de producción

Para comenzar, la base tecnológica ha crecido, aunque las transformaciones técnicas pongan siempre en marcha nuevos modos de excluir. En los años '60 – '70, una parte creciente de la población podía tener una cámara de 8 o 16 mm, aunque no en forma masiva. En la era de las *laptops* y la telefonía móvil, vivimos una democratización tecnológica aún parcial, impulsada por programas gubernamentales de inclusión digital (*Conectar Igualdad, Núcleos de Acceso a la Comunicación*, entre otros), así como por el mismo mercado de bienes telefónicos y digitales, accesibles al precariado durante el período estudiado. Es decir, si el TC se refiere al dispositivo cinematográfico, el CC es un fenómeno pleno de la era *audiovisual*, que expande su esfera de producción y exhibición a plataformas transmediáticas. Sus producciones van del cine hecho con celulares a la elaboración de

---

22 Referencia implícita al Festival de Cine Social *Invicines*, de la ciudad de Córdoba, Festival de Cine de los Invisibles. Recuperado de http://invicines.blogspot.com.ar/

series web – en el caso Campusano-; así como la exhibición comunitaria utiliza tanto un modelo clásico vinculado a la sala y al festival, como el canal *Youtube* y la proyección en espacios informales.

En cuanto a producción, debemos hablar en primer lugar del rol del Estado. Mientras el TC trabajaba de modo completamente independiente del Estado nacional[23], el CC trabajó (por lo menos en el período estudiado) con recursos provenientes desde diversos espacios del Estado, motivo por el cual la auto-sustentabilidad, aunque deseada como objetivo de diversas políticas públicas para la comunicación comunitaria, fue raramente obtenida a través de la formación de cooperativas y pequeñas empresas.

El CC se organiza a partir de colectivos de trabajo, al igual que el TC – grupos Cine Liberación y Cine de la Base, por ejemplo -, pero estos no son especializados en el cine, sus miembros provienen de distintas áreas laborales, generalmente se reúnen por su origen territorial y el hecho de compartir otros espacios de lucha, a los que se suma el cine. Son grupos asistidos por los cineastas profesionales que integran diversas asociaciones civiles con las que interactúan. A la vez, el CC construye redes, una estrategia eficiente para oponerse a los modelos de producción del primero y segundo cine. El CC practica el asociativismo, el cooperativismo y el mutualismo, optimizando las posibilidades de socialización dadas por Internet y poniendo en marcha mecanismos de la economía social y solidaria[24]. Rompen así con el individualismo, mientras transfieren saberes técnicos y artísticos para sostener la precarización del trabajo cinematográfico, fomentando la cualificación con vistas a un posible futuro empleo en el área. Por otra parte, es indisociable comentar la exhibición como parte

---

[23] En concreto, ni siquiera los integrantes de Cine Liberación producían de modo absolutamente independiente, sino vinculados a recursos de origen partidario.

[24] En otro texto, "El cine comunitario como resistencia al neoliberalismo", profundizo esta cuestión.

del circuito productivo audiovisual, ya que estas películas se exhiben en los mismos contextos de origen, sin ambiciones económicas, sino con objetivos sociales vinculados al fortalecimiento de los grupos que los producen, sin distribución ni metas monetarias por tratarse, como afirmamos al comienzo, de un cine cuyo principal objetivo es el proceso y no la generación de un producto comercial.

Tomaremos un caso para realizar esta comparación con mayor detalle. Uno de los más destacados es la asociación civil Cine En Movimiento (CEM)[25], uno de los colectivos más antiguos, sólidos y productivos del territorio que estudiamos. Co-dirigida por Ramiro García e integrada por más de 10 realizadores y comunicadores, pone en marcha talleres de CC con recursos estatales de diverso origen, en instituciones y espacios de toda la Argentina y América Latina. Así, ya no tenemos los colectivos de realizadores del TC, sino colectivos que se comportan como agentes intermediarios de la cultura de los vecinos, desplazando el foco de su labor hacia la alfabetización audiovisual y la experiencia de compartir colectivamente un hecho expresivo. En nuestro ejemplo, el PAMI ofreció talleres de cine para adultos mayores[26] impartidos por CEM en el Centro de Jubilados "Abuelos en Acción", de Berazategui, de los que resultó un primer cortometraje, *Mi verdad* (Mañas y Estrada, 2013)[27]. La discusión del argumento, el aprendizaje de técnicas, el rodaje, el montaje auxiliado y, en especial, el estreno y las proyecciones siguientes en barrios, constituyen las partes del proceso de alfabetización y transformación social que es el principal objetivo del CEM. Como declara García en un reportaje realizado en septiembre del 2014, "(…) el proceso es el principal objetivo del proyecto

---

[25] www.cineenmovimiento.org
[26] En los mismos años 2014/15, otros talleres de cine para adultos mayores fueron ofrecidos por el PAMI en colaboración con la UNAJ, desenvolviendo el programa UPAMI.
[27] Recuperado de https://www.youtube.com/watch?v=C1J6rOryDuU [Consultado el 20 de septiembre de 2017].

(...)", punto que profundizaré más abajo. A pesar de esta rica experiencia, el grupo de abuelos no se dedica específicamente al quehacer audiovisual, que aparece inserto en una serie de otros procesos que asumen colectivamente, como la transformación de un terreno baldío en una plaza o la oferta de otros talleres y actividades de recreación.

Del TC sobrevive el carácter grupal, hoy en día más diversificado y menos especializado, tanto en grupos de alfabetizadores como de realizadores *amateurs* y ocasionales. Hay una diferencia central que radica en la participación, o no, del Estado, ya que el CC se apoya casi exclusivamente en esto, fruto de un estímulo políticamente sostenido. Por otra parte, el destinatario de estas filmografías es, generalmente, el mismo grupo que la produce y sus allegados y vecinos, caracterizando una circularidad fuerte entre realizadores/público que marca un trabajo peculiar de territorialización audiovisual que denomino de *cine situado*.

Los modelos expresivos

Mi Verdad, cuenta la historia de un hombre solo a quien una amiga rescata, en un lenguaje clásico y nada arriesgado fruto de un grupo principiante. El centro del drama es la solidaridad que encoraja al protagonista a perseguir su sueño, que es bailar. El argumento cobra notoriedad, hay un mensaje que los abuelos de Berazategui querían dar con simplicidad y eficacia: lo eligieron, discutieron, escribieron, filmaron y proyectaron. Querían filmar sobre la importancia de la amistad a esa edad, sin cuestionamientos expresivos. El *bonus track* del DVD muestra a realizadores y protagonistas afirmando el deseo de seguir filmando, y adelantan temas posibles que les son completamente inherentes a las características del grupo: la creación de los nietos, la ocupación del tiempo libre, etc. Los vecinos cuentan anécdotas basadas en hechos reales, ejercen el derecho a la comunicación de sus problemáticas singulares, muestran paisajes e historias que luchan contra la estigmatización que los medios masivos producen sobre la vida cotidiana de los adultos mayores. Semánticamente, el CC representa las demandas y ofertas de grupos recortados en los cuales los temas de índole nacional y revolucionario no existen. Lo revolucionario, en este caso, es la práctica fílmica en sí[28], que fortalece los grupos a partir de sus vínculos de pertenencia y a partir e la puesta en marcha de una posibilidad nueva de expresión grupal, en la que la gente, la historia y el paisaje local son los protagonistas.

Es decir, hay un segundo aspecto, que es el *enfrentamiento del CC a la industria espectáculo*, por romper con los paradigmas mediáticos, aunque este sea parcial. El corto problematiza las estigmatizaciones sobre el Conurbano, aunque reproduzca la sintaxis clásica y las condiciones espectaculares en el acto de la recepción, cuestión que retomaré más adelante. De este modo, la batalla cultural que protagonizan se libra en una lucha contra los conglomerados de la comunicación, para lo cuales las fronteras nacionales ya no tienen, prácticamente, sentido.

El filme *Mi Verdad* expresa un dilema íntimo y las relaciones del personaje, en clave melodramática. Ya no es un TC al servicio de la discusión de una problemática histórica y nacional compleja a través de un lenguaje experimental que genera un análisis en retrospecto, como *La Hora de los Hornos* (Solanas y Getino, 1968)[29], sino un cine de comunidades de vecinos, que precisó de un grupo especializado de cineastas solo para asistirlos, prescindiendo de análisis y síntesis históricas para la confección del guion, así como de saberes técnicos profesionales, como el dominio del montaje, sonido, etc. El CC del Conurbano produce historias mínimas, en las que la población se expresa, se siente espejada y reactiva circuitos culturales barriales a través de los

---

[28] "Una cinematografía, al igual que una cultura, no es nacional por el solo hecho de estar planteada dentro de determinados marcos geográficos, sino cuando responde a las necesidades particulares de liberación y desarrollo de cada pueblo" (Solanas y Getino, Op.Cit., p.8).
[29] Recuperado de https://www.youtube.com/watch?v=glEN7FOLsJI

cuales la experiencia cotidiana se ve transformada por el trabajo de hacer una película. Estas narrativas realizan el sueño que expresó Benjamin en *El Narrador* (1936), en el texto "El derecho a ser filmados". El autor reclama respecto al poco porcentaje de población que tiene derecho a narrar su historia en el cine tal como era conocido por su tiempo, a diferencia de la literatura y la narrativa oral, más democráticas. En el cine comercial y de arte (primero y segundo cine, respectivamente), pocos filman y miles lo consumen. El CC, por el contrario, lucha contra esta desigualdad y pone a nuevos sectores de la población, generalmente por debajo de la clase media, casi siempre invisibilizados, en el centro de la producción, las historias y las pantallas. En todo caso, el cineasta profesional en estas asociaciones civiles abandona el trabajo en una obra propia, para dedicarse a la multiplicación de las voces, desplazando el camino para hacer una revolución: si en los años '60 se creía hacer a partir de las películas y un lenguaje nuevo, hoy el camino está en la transferencia de saberes básicos del cine y la asistencia a grupos no profesionales para que realicen su experiencia audiovisual.

El sentido político dado al audiovisual comunitario

Ha cambiado el eje de lo que entendemos como político de este cine, y es necesario comprender en qué sentido, entonces, podemos afirmar que el CC es un cine político. Hoy lo político no está ni en la sintaxis, ni en la semántica audiovisual – el lenguaje y su sentido -, sino en la pragmática fílmica. Ya no se trata de un cine de propaganda, instigador y persuasivo, convencido de que con su divulgación prenderá fuego la conciencia de las masas y las auxiliará en la batalla por la descolonización. El CC es un cine de temática social, pragmáticamente politizado al sumarse a otras políticas de inclusión que promueven la multiplicación de los enunciadores, abandonando este objetivo en el plano de la innovación estética o de contenido. El CC del Conurbano sur usa los géneros narrativos de la cultura de masas, en particular, el melodrama, y resulta instigante y angustiante pensar qué y cuánto hemos perdido cuando abandonamos la invención de un lenguaje propio y el objetivo de la descolonización, al calcar las soluciones expresivas de la cultura de masas. "Hoy los jóvenes filman como Hollywood, sin culpas" – afirmaba un escéptico Paul Leduc en el centro del Programa Roda Viva, de la TV Cultura, en 2007[30]. Resta pensar que, para América Latina, la hibridez y el mestizaje son parte ya de una marca cultural, a lo que habría que responder sobre el modo en como son apropiados estos modelos. Puedo afirmar que se lo hace sin el menor cuestionamiento formal, introduciendo anécdotas y paisajes propios del lugar donde lo producen, engrosando las experiencias del mestizaje en esferas micro-políticas de la producción cultural.

El *cine-proceso*, tan importante para el cine político desde los años '60, siguió siendo practicado en los movimientos de video popular latinoamericano de los años '80 – '90 y, hoy, en el CC, trazando una continuidad histórica en la lucha por la democratización audiovisual en todo el continente. Esta noción expresa el pragmatismo con que los cineastas de las vanguardias políticas de los 60s pensaron un proceso revolucionario a nivel continental, a través de un proyecto pedagógico influenciado por las teorías de la liberación[31]. En medio de las Nuevas Olas de los años '60, el TC propone pensar el dispositivo audiovisual como herramienta de transformación social, proponiendo una práctica centrada en los procesos de conciencia histórica, capaces de propagarse en acciones políticas hacia otros campos de la lucha social. Hay un punto clave que TC y CC comparten: la multiplicación de los enunciadores. Sin embargo, mientras el primero rompe la autarquía del autor, abriendo

---

[30] Recuperado de https://goo.gl/sgUuTu [Consultado el 21 de septiembre de 2017].
[31] Fundamentalmente, las teorías de Paulo Freire sobre una pedagogía de la liberación.

el proceso creativo a la instancia de la recepción en un proceso de conciencia histórico-política, el CC tiene por objetivo multiplicar las instancias enunciativas, más allá de compartir, o no, una conciencia política e histórica revolucionaria que alinee los diversos grupos atrás de una transformación social del país. El CC cala tan profundamente como el Capitalismo Mundial Integrado, porque libra su batalla en el campo mismo de la subjetividad, generando nuevos agenciamientos o máquinas enunciativas grupales. Visto así, con contextos históricos y objetivos políticos tan distintos, se torna difícil pensar una continuidad, aunque es evidente que la misma se libra culturalmente en ambos casos, y frente a un enemigo común: los medios masivos. Ha cambiado la estrategia – no la lucha, que continúa – y esto es lo importante.

Para conceptualizar la transformación social que el CC lleva adelante introducimos el concepto de *revolución molecular* (Guattari, 1978). Este concepto nos permite comprender las nuevas luchas anticapitalistas, frente al fracaso de las revoluciones socialistas del siglo XX, que el autor califica, por oposición, de "molares". La noción de *revolución molecular* rompe con la visión lineal y etapista del concepto marxista-leninista de revolución que pensaba el TC. Este autor nos dice que:

> La problemática del cuestionamiento del sistema capitalístico[32] ya no es del dominio exclusivo de las luchas políticas y sociales a gran escala o de la afirmación de la clase obrera. También pertenece a aquello que intenté agrupar bajo el nombre de «**revolución molecular**», cuyos enemigos o antagonistas no pueden ser clasificados en rúbricas claramente delimitadas (…).

Y prosigue:

---

[32] Guattari introduce este adjetivo a modo de neologismo, para no confundirlo con el sentido meramente económico del adjetivo "capitalista".

Es preciso que cada uno se afirme en la posición singular que ocupa, que la haga vivir, que la articule con otros procesos de singularización y que se resista a todas las tentativas de nivelación de la subjetividad, ya que estas tentativas son fundamentales por el mero hecho de que el imperialismo hoy se afirma tanto a través de la manipulación de la subjetividad colectiva, como a través de la dominación económica. A cualquier escala que esas luchas se expresen o se agencien, tienen un alcance político, ya que tienden a cuestionar ese sistema de producción de subjetividad. (2005, p.64).

Entendemos que el CC trabaja en los términos de la *revolución molecular*, por tratarse de un proceso de cambio social capilar, de base, rizomático, en el campo de una subjetividad socialmente entendida, un cambio llevado a cabo por el accionar de una máquina revolucionaria llamada cine, que multiplica y *direcciona* las voces, caracterizando así una lucha dentro de lo que se concibe como semio-capitalismo[33]. Multiplicar los lugares de enunciación es multiplicar los discursos, entendidos como conglomerados singulares de poder; y así, la noción de poder pierde su carácter esencialista, su cosificación en el Estado, para convertirse en algo que se produce en el seno mismo de la semiosis social, y en todos los niveles: del infra-personal al interpersonal y comunitario.

Hay un cambio ético en las formas de pensar y organizar lo político en América del Sur desde los años '70 a esta parte, 50 años de dictaduras y neoliberalismo en la región, que desearon diezmar una generación extremadamente politizada y comprometida de jóvenes que buscó cambiar la sociedad capitalista por una más igualitaria, con estrategias radicales. El TC pertenece a aquella generación, combativo, clandestino, contra-informacional, contra las dictaduras. Se sostenía la cámara como quien empuñaba

---

[33] En otro ensayo, "Cine comunitario y revolución molecular" profundizo esta lectura a partir de una profundización teórica en la obra de Guattari, así como en los testimonios diversos de sus protagonistas.

un arma. Un cine programático, afiliado en Argentina a la izquierda y al peronismo proscriptos, que hablaba de historia nacional y regional, construyendo síntesis, balances y propuestas, promoviendo debates e inscribiendo al público en una lucha social mayor. Un cine programático y, en cierto sentido, verticalista, al servicio del pragmatismo político de las juventudes militantes que luchaban entonces por la descolonización a nivel global. Los cineastas del TC citaban ejemplos de Europa, Asia y América Latina, lucharon por una revolución transcontinental y por el nacimiento del *Hombre Nuevo*.

Hoy vivimos una experiencia política distinta. Más preocupada en apoyar colectivos de trabajo y grupos locales, haciendo foco en la comunidad y sus actores, luchando por un impacto directo en la base social, sin ambicionar cambios a nivel sistémico. El CC sucede en democracia, estimulado por el Estado durante el período estudiado, generando una transformación en la condiciones de vida a partir del campo de la comunicación[34]. Hoy, en el mundo del *globaritarismo* (Santos, 2001)[35], de conglomerados semióticos del capitalismo tardío que nos empujan a una globalización siniestra, existen caminos que prometen un cambio a partir de la puesta en marcha de procesos de

---

[34] Dice Guattari, F.: "La tentativa de control social, a través de la producción de subjetividad a escala planetaria, choca con factores de resistencia considerables, procesos de diferenciación permanente que yo llamaría «revolución molecular» aunque el nombre poco importa". En *Cartografías del Deseo*, RJ: Ed Vozes, 2005, p.60.

[35] El globalitarismo (Santos, 2001) consiste en un proceso de colonización universal que profundiza el abismo entre ricos y pobres, metrópolis y colonias. "(...) Um mercado avassalador dito global é apresentado como capaz de homogeneizar o planeta quando, na verdade, as diferenças locais são aprofundadas. Há uma busca da uniformidade, ao serviço dos atores hegemônicos, mas o mundo se torna menos unido, tornando mais distante o sonho da cidadania verdadeiramente universal. Enquanto isso o culto ao consumo é estimulado. Fala-se igualmente, com insistência, na morte do Estado, mas o que estamos vendo é seu fortalecimento para atender aos reclamos da finança e de outros grandes interesses internacionais, em detrimento dos cuidados com as populações cuja vida se torna mais difícil (...)" (p.19).

producción que generan singularizaciones moleculares que, a través de la cultura, recuperan la vida y la experiencia de una subjetividad social como forma de enfrentar la precarización de la existencia provocada por el neoliberalismo.

La política del CC que estudiamos tiene como foco el campo colectivo/barrial – y no el productor o el consumidor individual-, porque el objetivo es el fortalecimiento *de la comunidad*, a través de proyectos de cultura y comunicación popular que suceden por fuera de cualquier monetización o masividad de la experiencia. En las lógicas de lo común, el trabajo de la cultura no genera solo lucros monetarios sino experiencias y un capital cognitivo y simbólico generalmente vinculado a los afectos y al territorio donde es producido, generando efectos organizacionales y políticos transformadores. Hay un sentido fuertemente territorializado de la experiencia audiovisual, un cine de vecinos para vecinos, donde reconocerse entre pares, de ambos lados de las pantallas.

En el caso del cortometraje *Mi verdad*, la realización del filme fue un incentivo más para la expansión del colectivo "Abuelos en Acción" hacia la fundación del Centro de Jubilados que hoy, a su vez, despliega actividades en rubros variados, transformándose en el vórtice de otras prácticas transformadoras vinculadas a la salud, la inclusión digital y el esparcimiento, es decir, fortaleciendo lazos afectivos. ¿No es esto una descolonización victoriosa? Creemos que sí, ya que representar los propios paisajes de los barrios y romper con las estigmatizaciones que la televisión y el cine construyeron sobre el Conurbano de Buenos Aires, es vencer una batalla cultural que tiene raíces en el debate sobre la descolonización del Tercer Cine, y que hoy fortalece los grupos de base a partir de acciones concretas y singulares que revitalizan la *comunidad* de un sujeto, venciendo el individualismo.

En la realidad bonaerense del período histórico estudiado, el cambio en el cine y la comunicación comunitarios del período fue generado por estas experiencias filiadas (no siempre concientemente) al TC, volviendo a poner en pauta sus principales objetivos, que en este caso se desplegaron en dos niveles. Uno macro-político, vinculado al papel regulador del Estado en relación a los monopolios de la comunicación audiovisual (incluyendo cine y TV), tal como el establecido por la Ley 26.522 mencionada al comienzo del texto. Esta ley, de referencia a nivel mundial como marco regulatorio del derecho a la comunicación democrática, defendía el 33% del espectro para la comunicación comunitaria sin fines de lucro[36]. Para esto nació el AFSCA[37], Agencia Federal de Servicios de Comunicación Audiovisual, que desde su Departamento de Proyectos Especiales implementó el FOMECA, Fondo de Fomento a la Producción Audiovisual Comunitaria[38], con todas sus líneas de desarrollo, inclusive los incentivos a la instalación y gestión de medios comunitarios[39], así como a la construcción de redes regionales y nacionales de productores comunitarios[40]. En el nivel micro-político, a través de experiencias

---

[36] Este texto fue redactado en tiempos en los que la Ley de Servicios de Comunicación Audiovisual 26.522 se encontraba vigente. A partir de la asunción del actual gobierno de derecha, del Ing. Macri, se promulgaron dos Decretos de Necesidad y Urgencia que desactivaron los artículos de la Ley que limitaban las posibilidades de concentración mediática. Simultáneamente, con la extinción de la autarquía del AFSCA (Agencia Federal de Servicios de Comunicación Audiovisual) y su subordinación a la ENACOM, la Ley 26.522 prácticamente perdió su espíritu original. El gobierno de Macri está listo a lanzar en octubre de 2016 una nueva Ley Nacional de las Comunicaciones a ser discutida en el Congreso, cuyo contenido aún desconozco. Hasta diciembre de 2015, las políticas del AFSCA estimularon, fomentaron y subsidiaron el 33 por ciento del espectro comunicacional reservado a organizaciones sociales sin fines de lucro, marco de las experiencias que describo en este texto.
[37] https://goo.gl/awVkix
[38] https://goo.gl/3e9UYR
[39] https://goo.gl/GstoLV
[40] A partir del cambio político registrado en las elecciones de diciembre de 2015, la Ley se encuentra desactivada, y el sector de la comunicación comunitaria ha manifestado su reclamo por diversas vías. Documento del Pucará Nacional por la Plena Vigencia de la Ley 26.522, https://goo.gl/uGrhWZ. Nota de *La Nación* anunciando la desactivación del Área de Proyectos Especiales del AFSCA, https://goo.gl/JDu9tS

como esta[41], se demuestra que las políticas de la cultura alcanzaron su objetivo central, el de estimular la producción de una subjetividad social que refuerza los vínculos entre los vecinos, su historia en común y las instituciones barriales, explorando la potencia política y afectiva singular hacia nuevos campos y cambios.

Como ya afirmamos, el CC es *amateur*, popular, micropolitizado, asistido por asociaciones del tercer sector que lo impulsaron con asesoramiento técnico, estético y maquinarias, y que compromete a sus protagonistas con una *revolución molecular* que modifica y singulariza un tramo de sus existencias, aunque ya no se comprometan con una *revolución molar*. El hecho de hacer una película trabaja como semillero de nuevos proyectos para el grupo que la hace, que no aspiran a un cambio social general, sino singular en su pluralidad. En los casos más exitosos registrados por esta investigación, el CC generó el nacimiento de productoras de comunicación comunitarias, radios y canales de *Youtube*, espacios en los que estos colectivos de vecinos actúan con autonomía ejerciendo su derecho a la comunicación. Así sucede en el caso de la Agrupación de Excombatientes de la Guerra de Malvinas, de Quilmes, por ejemplo, que hoy son una productora – siguen filmando y han instalado una radio comunitaria en Bernal. En otro ejemplo, como el de la Red Villa Hudson en Florencio Varela, la experiencia audiovisual comunitaria promueve la fundación del Centro de Estudiantes del colegio secundario del barrio, proceso que culmina con la conformación de una Comisión Audiovisual dentro de la Red Villa Hudson. En el caso de Berazategui, los "Abuelos en Acción", a partir del cine el grupo fortaleció sus lazos impulsándolos a nuevos desafíos expresivos y sociales. En el Dock Sud, la cooperativa Mil Volando se expandió en un proyecto musical que hoy los hacen recorrer el país, Sudor Marika. En Berazategui, la cooperativa El Maizal, a partir el trabajo audiovisual de producción

---

41 https://goo.gl/UGRT8U

y exhibición, amplía su esfera de trabajo construyendo el centro cultural El Choclo y fomentando la Red de Espacios Culturales Autogestivos de la localidad homónima. Es decir, los espacios y grupos del CC son células desde las que se impulsa la transformación social a partir de la cultura, entendida como genuino laboratorio de políticas sociales. Aún así, la transformación paradigmática y anticapitalista que aspiraba el TC fue transformada en un legado de resistencias moleculares que aspira a la igualdad entre diferentes que se relacionan horizontalmente en redes.

La recepción

Hemos pasado del *cine-acto* del TC, a una recepción en la que el público se reduce a los grupos de pertenencia de sus realizadores: vecinos, compañeros de trabajo, parientes, ex-alumnos, etc. La recepción del CC tiene un impacto en el campo de la subjetividad que se pone en juego en la auto-representación. Viéndose en pantalla, poniéndose en cuadro, oyendo la propia voz, se empoderan, identifican y singularizan, diferenciándose y anulando, por ende, los efectos homogeneizantes o uniformizantes sobre la subjetividad globalitarista producida por el capitalismo.

Los espacios de exhibición son generalmente informales y la frecuencia de esta exhibición, extremadamente baja – muchas veces, reducidas al estreno-. La importancia dada al debate ya no está, porque la función dominante es la expresiva, está en la producción, que necesita sentirse plena y culminada en el acto del estreno, aunque no sea más que frente a aquellos mismos que produjeron el filme. Siguiendo con el mismo cortometraje trabajado más arriba, *Mi verdad* se estrena en el centro de jubilados y, luego de escasas proyecciones, va al canal de *Youtube*, alcanzando 18.000 visualizaciones en cuatro años. Por otra parte, el mapeo colectivo nos mostró que la interacción de los barrios entre si es difícil, casi inexistente. Es decir, la recepción es muy diferente a la del TC, que sucedía en universidades, sindicatos o barrios, espacios estratégicamente elegidos por su actividad ideológico-militante, y no por su localización.

El plano donde la recepción del CC tiene mayor impacto es en la vida de cada uno de los que participan, revolucionando la subjetividad socialmente entendida de los vecinos que asumen la enunciación de sus discursos. A su vez, esta subjetividad multiplica estos efectos en nuevas acciones. El hacer películas dispara procesos de concientización, debate, resolución y divulgación a otros vecinos o grupos similares de las soluciones alcanzadas para un problema local. Es decir, encontramos siempre un proceso de movilización social que abre las puertas a un proceso cinematográfico que, al final, estimula aún más la movilización preexistente. En los dos talleres de mapeo colectivo del CC que hemos realizado[42] observamos que donde hay una movilización social de base, se suma el cine comunitario como una estrategia más del desarrollo social inclusivo, y esto incluye, especialmente, la recepción del mismo en espacios que están muy distantes del circuito clásico de exhibición, un punto que también inscribe al CC en el legado del TC.

Cualquier espacio sirve para la exhibición del CC, en lo que denominamos como carácter ubicuo de la recepción. Centros de jubilados, cine-móviles en plazas, centros culturales y escuelas, la Internet. Hay muy pocas salas de cine en el Conurbano Sur, cuestión expresiva si consideramos la densidad poblacional, una de las más elevadas del país. Existen multiplex en contados shoppings y un puñado de salas universitarias (UNLA, UNAJ, UNDAV, EDAC, CEPACs). Además, restan algunos cines de barrio y salas independientes recuperados por movimientos de vecinos, que resisten

---

[42] 19/09/2015, Taller de Mapeo Colectivo del Cine del Conurbano Sur, Biblioteca y Complejo Cultural Mariano Moreno, Bernal. 17/09/2016, Taller de Mapeo Colectivo del Cine Cordobés, Paseo de las Artes, Córdoba. Actualmente estamos digitalizando los resultados.

a la centralización de la exhibición en Buenos Aires, y que transformaron un espacio exclusivamente cinematográfico en centros culturales.

Al informalizarse la exhibición, el cine-acto y su retroalimentación hacia el filme desaparecen. La recepción queda librada al estreno y posteriores exhibiciones en ámbitos de la vida doméstica, Internet o en los numerosos festivales locales, de pequeño y grande porte. Pero ya no hay cine-debate, sino un *cine-para-vecinos*. En el Conurbano sur encontramos festivales de trayectoria histórica, con grandes archivos, como el Festival Internacional de Cortometrajes Di Chiara[43] o el FECICO – Festival de Cine del Conurbano, que se hizo en Lomas de Zamora, en el Centro Cultural Padre Mujica, durante diez años, entre 2004 y 2014, y que tuvo gran éxito en cantidad de películas y de público, generando por primera vez un punto de encuentro local y un primer archivo de esta cinematografía. También existe el FeCiVar, Festival de Cine Varelense, desde 2014, el Festival Internacional Cine Con Riesgo[44] y, en 2015, se organizó el Primer Encuentro Latinoamericano de Cine y Comunicación Comunitario. Ya en 2016 surge el Primer Festival Inter-barrial Audiovisual de CC[45], el FIBAV, organizado por el colectivo Kilombo Audiovisual, de Lanús.

¿Qué hace el público del cine comunitario? Si bien ya no se discute la historia nacional, vemos en la representación y exhibición otros efectos, de orden pragmático. En el cortometraje *Mi verdad*, cuando el público del barrio aplica el modo documentarizante, vemos al vecino que filma o actúa por primera vez en un rol diferente al cotidiano. La abuela, el estudiante o el excombatiente practican una función expresiva y comunicacional que les resulta inédita, y regresan a sus espacios de existencia desde otro lugar, una

---

[43] Recuperado de https://www.facebook.com/Certamen.AAVIV/ [Consultado el 1 de noviembre de 2016].
[44] http://www.cineconriesgo.com.ar/
[45] https://www.facebook.com/FIBAV.UNLa/

experiencia enunciativa compartida con otros ciudadanos. De este modo, vemos que hablar de la recepción del CC no refiere apenas el trabajo espectatorial pasivo, sino que se proyecta en una serie de efectos movilizadores que van más allá del hecho cinematográfico, y que lo usan como pivot. En la recepción, hay un re-conocerse en marcha[46]. En el campo de la subjetividad, esta función del CC como máquina revolucionaria hace que no solamente el/los realizador/es adopten esta máquina audiovisual como técnica de si (Foucault, 1984), para distanciarse de sí mismo, pensarse y transformarse[47], unirse a grupos similares, más allá de la fronteras nacionales. Si el documental performativo ya ponía en marcha esta clase de uso del dispositivo audiovisual al servicio de la subjetividad y de la intersubjetividad, en el CC encontramos una proyección de este uso y, por ende, su recepción, en el plano de una subjetividad social, colectivamente entendida. El público, al verse identificado con protagonistas, historias y locaciones, se distancia de sí mismo para reconocerse e incitar un cambio de su papel dentro de estos grupos sociales, a la salida, como efecto transformador.

A pesar de todo esto, los mapas colectivos que realizamos mostraron que esta revolución molecular llega aún a muy pocos, a un porcentaje muy bajo de la población, y aquellos que participan de ella tampoco se conocen o tienen vínculos entre sí, constituyendo un territorio víctima de la balcanización de la cultura, fragmentado y atomizado,

---

[46] Sobre este punto, Molfetta, A., El documental performativo como técnica de si, o El cine político como práctica de una ética de la finitud. En Lusnich y Piedras (Orgs), Op.Cit.

[47] En una investigación anterior, El documental performativo como técnica de sí en Buenos Aires, San Pablo y Santiago (2011), profundizo el análisis de este uso el dispositivo audiovisual, pero en la esfera de lo personal, y referido al documental de autor.

que necesita acciones vinculantes[48]. La atomización de la producción se refleja en la de la recepción, y las pantallas hogareñas, los festivales o las muestras no consiguen que estas películas sean conocidas masivamente.

Ambos períodos históricos de nuestro cine luchan por la emancipación y descolonización de nuestro espacio audiovisual, por distintas vías, con distintos frutos. En el período estudiado, se ha librado una batalla cultural por la descolonización en la lucha contra el neoliberalismo y sus consecuencias culturales. Es decir, entendemos que el espacio audiovisual continúa siendo un campo de luchas enunciativas que, 50 años después del histórico manifiesto del Grupo Cine Liberación, ha quedado bajo responsabilidad conjunta del Estado y el tercer sector, porque la sociedad civil, por si sola, o a solas, desde lo individual, no puede aspirar a vencer un enfrentamiento de estas dimensiones con el mercado[49], y por eso desmonetiza la experiencia y la vive en una dimensión comunitaria, territorializada y muy latinoamericana del audiovisual que podemos interpretar como herencia histórica del Tercer Cine.

Referencias bibliográficas

Guattari, F. (2004). *Plan sobre el planeta. Capitalismo mundial integrado y revoluciones moleculares.* Madrid: Traficantes de sueños.

---

[48] Uno de los impactos sociales de esta investigación es la promoción y estímulo a la fundación de la Red de Cine Social y Comunitario de Córdoba, así como la organización del Foro del Cine Comunitario del Conurbano, en territorio bonaerense.

[49] Lamentablemente, con el cambio político hacia la derecha con la asunción del gobierno macrista en diciembre de 2015 y la promulgación de los decretos de necesidad y urgencia que desactivaron la vigencia de la Ley 26.522 de Servicios y Medios de Comunicación Audiovisual, el derecho a la comunicación se vio violentamente restringido nuevamente a los sectores sociales, ya que nuevamente las concentraciones mediáticas volvieron a estar legalizadas.

Guattari, F. y Rolnik, S. (2005). *Micropolítica. Cartografías del deseo*. Buenos Aires: Tinta Limón: Traficante de Sueños.

Gumucio Dagrón, A. (2012). *Cine Comunitario en América Latina y el Caribe* (org), República Bolivariana de Venezuela: Fundación del Nuevo Cine Latinoamericano y Centro Nacional Autónomo de Cinematografía.

Molfetta, A., (2011), Performando el documental en Argentina: dinámicas de la intersubjetividad en el proceso de conciencia histórica en Calini, Di Tella y Carri y El documental como técnica de si: el cine político como práctica de una ética de la finitud. En Lusnich, A.L. y Piedras, P. (orgs). *Una historia del cine político y social en Argentina (1969-2009)*. Buenos Aires: Nueva Librería.

Solanas, F. y Getino, O. (1969). "Hacia el Tercer Cine". Recuperado de goo.gl/FUCMrq/ [Consultado el 1 de noviembre de 2016].

Filmografía

Estrada, V. y Mañas, D. (directores). *Mi verdad*. [Cortometraje]. Argentina: Cine En Movimiento.

Solanas, F. y Getino, O. (directores). (1968). *La hora de los hornos*. [Largometraje documental]. Argentina: Grupo de Cine Liberación.

4

Colectivo y comunitario

Voces y economías del cine como resistencia al neoliberalismo en el Gran Buenos Aires Sur

ANDREA MOLFETTA[1]

El cine comunitario en contexto: marcos legales regulatorios y diversidad cultural

Con los gobiernos Kirchner (2002-2015), el Estado asumió un rol protagónico, regulador y de resistencia al avance de las corporaciones nacionales y transnacionales sobre la energía, los servicios públicos, los transportes, la comunicación y los derechos adquiridos, así como un papel muy activo en términos de distribución de la riqueza y ampliación de derechos civiles y sociales. Dieron impulso a políticas de vivienda, trabajo, educación, salud, cultura, comunicación y ciencia, caracterizando un modelo de franca oposición a las fuerzas neoliberales en el país. Ya a partir de las presidencias de Cristina Kirchner (2007-2015), el Estado asumió

---

[1] Escritora e investigadora del CONICET. Fundadora y primera presidenta de la AsAECA (Asoc. Argentina de Estudios de Cine y Audiovisual). Fue profesora visitante de universidades argentinas y brasileñas. Autora de los libros Arte electrónica en Buenos Aires (1966-1993) y Documental y Experimental: los diarios de viaje de los videoartistas sudamericanos en Francia (1984-1995). Trabaja en la Sección de Antropología Social de la UBA y es directora del Grupo de Investigación DocSa/Estéticas y Políticas del Cine Sudamericano. / andreamolfetta@conicet.gov.ar

una franca oposición a los poderes económicos, poniendo como prioridad los derechos y el bienestar de los argentinos: nacionalizó la empresa nacional de hidrocarburos y promulgó la Ley de Medios, entre tantos otros ejemplos[2].

En especial en el campo de la comunicación comunitaria, el Estado asumió el fomento a la pluralidad, la regulación y administración financiera del espacio audiovisual argentino, democratizando el derecho a la expresión y a la comunicación popular que establecía la Ley. Caracterizados por este progresismo de centro-izquierda, los gobiernos kirchneristas expandieron el espacio audiovisual argentino en todos los sentidos, de la infraestructura técnica (terrestre y satelital) a los marcos legales, generando miles de puestos de trabajo para la cultura, como cuestión clave que marca un respeto a la diversidad cultural del inmenso territorio argentino. Los gobiernos del *Frente Para la Victoria* se caracterizaron por este amplio despliegue de políticas estatales de inclusión digital y audiovisual, haciendo que el Estado compensara las desigualdades que generaba el mercado de la comunicación en la Argentina, un mercado

---

[2] Hoy en día, con el giro protagonizado por el presidente Macri, gran parte de la construcción social que se llevó adelante en esos años, ha sido destruida, a partir de un desfinanciamiento, y reorganización política del Estado, la desactivación de planes de inclusión social, la reducción y sub-ejecución del presupuesto en áreas como salud y educación, un endeudamiento internacional sin igual en la historia del país y una serie de reformas legales en pauta, como la reforma laboral. El modelo neoliberal que implanta Macri solo es posible a partir de la represión de la protesta social y su estigmatización en los medios de comunicación, motivo por el cual la desactivación de los puntos más revolucionarios de Ley de Medios 26.522 fue uno de sus primeros objetivos, realizado en la primera semana de gobierno. Me refiero al DNU 247 – decreto de necesidad y urgencia, del poder ejecutivo, sin debate en el Congreso -, sancionado en su primera semana de gobierno, que desactiva los artículos más revolucionarios de la Ley de Medios. Recuperado de http://www.lanacion.com.ar/1858627-con-un-dnu-el-gobierno-disuelve-la-afsca-y-cambia-la-ley-de-medios y http://www.ambito.com/834143-ratificaron-dnu-que-modifica-ley-de-medios-y-crea-el-enacom.
Por otra parte, el 1 de agosto de 2017 sucede la desaparición forzada de Santiago Maldonado, ocurrida durante la protesta social de los mapuche contra el terrateniente inglés Joe Lewis, primer caso de delito de lesa humanidad caratulado por la justicia en democracia.

centralizado hasta entonces en conglomerados instalados solo donde la rentabilidad es posible por una cuestión de densidad demográfica[3].

Así, el Estado argentino, en tiempos "K", llegó hasta los últimos confines de su territorio, estimulando una producción cultural diversa y federal. A modo de ejemplo, podemos citar, además de la Ley de Servicios y Medios de Comunicación Audiovisual (Ley 26.522, del 2009), la construcción de la *Televisión Digital Abierta (TDA)*[4] – cuya programación era promovida desde el Instituto Nacional del Cine y de las Artes Audiovisuales (INCAA) -, toda la infraestructura para la comunicación con el plan *Argentina Conectada* – que fue de lo satelital al cableado terrestre, creando empresas estatales que impulsaron la instalación de antenas y señales de radio y televisión de todo alcance-, así como los programas de inclusión *Conectar Igualdad, Núcleos de Acceso a la Comunicación*, y el *Programa Puntos de Cultura*[5], políticas que, coordinadas, llevaron adelante una genuina revolución de toda la infraestructura y el contenido producido, ya que fortaleció la producción cultural comunitaria, así como incentivó y pluralizó la soberanía sobre el espacio audiovisual argentino.

---

[3] Argentina, cuyo territorio es equivalente a un tercio de la Unión Europea, posee una distribución demográfica extremadamente desigual, con el 40% de la población concentrada en la ciudad de Buenos Aires y su periferia.

[4] La TDA enfrentó, en la práctica, todo el conglomerado de la televisión por cable, ampliamente diseminada en Argentina desde los años '80. La TDA se distribuye gratuitamente y llega a territorios que las antenas de televisión abierta aún no cubren. Sobre la misma, puede consultarse https://es.wikipedia.org/wiki/Televisi%C3%B3n_Digital_Terrestre_en_Argentina

[5] Éste es el único de los mencionados que continúa activo hasta hoy (abril de 2017). Los restantes fueron desactivados por el gobierno neoliberal de Macri.

En particular, la Ley 26.522, que es de referencia mundial en cuanto marco regulatorio del derecho a la comunicación[6], operaba en dos niveles (Becerra, 2010, pp.11-24). En el primero, establecía un límite al crecimiento de los conglomerados multi-mediáticos de la comunicación. En su artículo 89, el espectro radioeléctrico distribuye sus licencias por tercios, siendo un 33% para el Estado, otro 33% de licencias para empresas privadas con fines de lucro, y un 33% de licencias a medios de comunicación privados sin fines de lucro, donde situamos a la comunicación comunitaria. En el segundo nivel, la Ley 26.522 creaba la AFSCA – Agencia Federal de Servicios y Comunicación Audiovisual. Esta agencia administraba el FOMECA/Fondo de Fomento Concursable para la Comunicación Audiovisual, gerenciado por la dirección de Proyectos Especiales de este organismo, especialmente dedicada a la promoción del cine y la comunicación comunitaria analizada en este artículo. En el Informe de su Primer Año de Gestión, Martin Sabatella, Director General del AFSCA, relata la creación de mesas territoriales y delegaciones regionales del organismo, talleres de comunicación popular audiovisual, asesoría a cooperativas de TV por cable, encuentros de comunicación comunitaria, creación del FOMECA, una serie de regulaciones impositivas y convenios interministeriales para la implantación de nuevos medios, entre muchísimas otras acciones tendientes a la desconcentración del mapa de medios y a la estimulación del 33% del espacio comunicacional reservado por Ley al cine y la comunicación comunitaria y sin fines de lucro[7].

---

[6] Sobre el proceso de gestación, debate, promulgación e implementación de la Ley 26.522 de Servicios de Comunicación Audiovisual, http://observatoriosocial.unlam.edu.ar/descargas/19_sintesis_70.pdf [consultado el 29 de septiembre de 2017].

[7] Informe disponible en http://ricardoportomedios.com.ar/wp-content/uploads/2013/11/Informe-de-gestion_primer-anio_web.pdf

Es así como esta política comunicacional del Estado argentino intervino fuertemente regulando la dialéctica contradicción del neoliberalismo en el campo de la comunicación, según la cual "grandes medios y productoras constituyen conglomerados masivos mientras, a través de la inclusión digital, cada vez más personas pueden producir y divulgar mensajes" (Kapura y Wagner, 2011, p.11). – producción que reconocemos como cultura comunitaria.

Como efecto de la Ley de Medios, se instala en Argentina una disputa por el control de la opinión pública y el consenso. Entre los sentidos disputados en esa nueva trama audiovisual, estuvieron fundamentalmente dos: las lecturas sobre el pasado histórico, introduciendo una lectura crítica poscolonial, y una lucha frontal contra las estigmatizaciones sobre la pobreza y la diversidad cultural argentina.

De esta forma, entre 2003 y 2015 el Estado promovió el cine y la comunicación comunitarios como resistencia al neoliberalismo, redistribuyendo el derecho a la comunicación y ampliando las bases tecnológicas de la comunicación[8]. Esta creciente producción audiovisual comunitaria está inserta en el exponencial aumento de la producción audiovisual argentina como un todo, que llegó a ubicarnos, en el 2014, como el 4to. país productor de contenidos audiovisuales a nivel mundial[9]. Para el cine comunitario que analizaremos en este texto en especial, tanto el marco legal

---

[8] Por otra parte, el cine comunitario forma parte de un movimiento regional sudamericano, que hoy posee festivales y plataformas digitales de distribución propias. Este movimiento está construido sobre las bases del movimiento latinoamericano de video popular, que acompañó los procesos de apertura democrática, con el idéntico objetivo de utilizar el audiovisual como herramienta de cambio social.

[9] Recuperado de https://www.pagina12.com.ar/diario/suplementos/espectaculos/8-31842-2014-04-08.html En 2014, el diario Página12 menciona que Argentina es el tercer país, en el ranking mundial, exportador de contenidos audiovisuales.
El sitio web del MICA – Mercado de la Industria Cultural Argentina, menciona, en 2014, que la producción audiovisual creció un 164% entre 2003 y 2014, ocupando el 35% del PBI cultural del país. Recuperado de https://mica.cultura.gob.ar/sector-audiovisual/

de la Ley de Medios, como este accionar del Estado en favor del financiamiento, la descentralización y la diversidad del espacio audiovisual argentino, fueron vitales para su sustentabilidad inicial y promoción.

El cine comunitario argentino pone en escena una poética de reterritorialización, un modo de producción asociativista/cooperativista y un modo de organización en redes que son sus principales tres estrategias de resistencia al neoliberalismo y su impacto en la cultura audiovisual. El cine comunitario argentino, realizado por colectivos de vecinos y estudiantes, asociaciones civiles, redes, *clusters*, microempresas y cooperativas de trabajo, se transformó en un actor de combate a las estigmatizaciones y desinformaciones sobre la realidad de los barrios periféricos. Al mismo tiempo, los cineastas comunitarios son realizadores o intermediarios que comparten y transfieren horizontalmente sus saberes técnicos y artísticos para que otros filmen por primera vez, multiplicando los enunciadores, sean profesionales o no, y a través de proyectos. Las mismas comunidades pasan a ser los enunciadores de sus historias, dejando de ser objetos del poder, para ser sujetos productores, realizadores y protagonistas de enunciaciones sobre ellos mismos, sus territorios e historias.

Por último, el cine comunitario tiende a desmonetizar la experiencia audiovisual ya que, a partir de un apoyo inicial y mínimo del Estado, comienzan a producir y exhibir, usando las herramientas y dinámicas de la economía social y solidaria (ESS) para gestar y realizar sus siguientes filmes. Entonces, ¿cómo se sostienen económicamente estas experiencias después de la intervención inicial del Estado? ¿Qué soluciones se crearon en términos de producción cinematográfica comunitaria en el Gran Buenos Aires? Compararemos dos casos de asociaciones civiles de cineastas que impulsaron este tipo de cine colectivo.

Dos modelos de producción del cine comunitario argentino[/footnote]

Nuestro proyecto de investigación, "El cine que nos empodera: mapeo, antropología visual y ensayos sobre el cine comunitario del Gran Buenos Aires Sur y Córdoba" – Proyecto de Investigación Plurianual del CONICET – Consejo Nacional de Investigaciones Científicas y Técnicas. PIP-0733 (2014-2016)- , realizó una etnografía audiovisual que nos permitió identificar los principales núcleos de producción de las dos mayores ciudades argentinas, para establecer una perspectiva comparada, aún en elaboración.[/footnote]

Cine en Movimiento (CEM) y el Clúster Audiovisual de la Provincia de Buenos Aires (CAPBA), presididas respectivamente por Ramiro García y José Celestino Campusano, fueron las dos principales asociaciones civiles del cine comunitario en el Gran Buenos Aires Sur. CEM y CAPBA recorrieron caminos distintos, y por eso compararemos sus objetivos organizacionales y las estrategias de producción cinematográfica que implementaron en los barrios y con los vecinos. La noción de "comunitario" adquiere, así, una amplitud de sentidos políticos en el cine comunitario argentino, que este texto quiere explicitar.

CEM es una asociación civil integrada por comunicadores y cineastas que, a partir de subsidios del AFSCA y otros organismos del Estado, trabaja desde el año 2002 dando cursos cortos, teórico-prácticos, de alfabetización audiovisual, de aproximadamente un mes de duración, a diversos grupos en barrios e instituciones comunitarias de la periferia de Buenos Aires[10]. En el marco de la Ley de Medios, CEM pone a disposición los equipos propios para

---

[10] También han realizado y continúan realizando este trabajo en diversos puntos del país y América Latina, constituyendo una de las asociaciones civiles del cine comunitario más consolidadas y grandes del continente. La periferia de Buenos Aires es el lugar donde más han trabajado.

un proceso de enseñanza y producción con los vecinos o grupos con que trabajen, del rodaje a la edición y el estreno. De esta forma, desenvuelven un rol de agentes intermediarios de la cultura en la articulación entre el Estado, sus políticas de comunicación en curso y las organizaciones de base, tornándose un brazo auxiliar y ejecutor de las políticas públicas de alfabetización audiovisual y comunicación comunitaria en curso en esos años.

Su comisión organizadora está integrada por aproximadamente diez profesionales que llevan adelante un trabajo tanto de contención social, como de estímulo inicial para desencadenar procesos artísticos y culturales que lleven a los vecinos, a partir de la experiencia práctica, a la conformación de nuevas pequeñas productoras y medios comunitarios barriales. Por este motivo, casi toda su producción cinematográfica está compuesta por cortometrajes de factura simple, propias de realizadores principiantes. El lenguaje de los cortos producidos por CEM es clásico, simple, de factura técnica prolija, incluyen documentales y ficciones – es casi inexistente la experimentación expresiva. El objetivo central es desencadenar un proceso expresivo grupal, colectivo, y para que esto alcance un impacto social significativo, es prioridad estratégica finalizar con una buena factura los proyectos, hasta celebrar el estreno, cerrando el proceso con eficacia y una primera experiencia comunicacional colectiva. En este proceso creativo grupal coordinan el debate de los temas, historias y anécdotas del guion, brindan asistencia técnica y artística a estos grupos en las diversas etapas, la producción, la realización, el montaje y el estreno. Los temas, los lugares de rodaje y los actores no profesionales son las principales marcas de lo comunitario que permiten pensar esta experiencia en términos de un proceso de re-territorialización y, así, de resistencia a los procesos homogeneizantes del desarrollo comunicacional neoliberal. Singularizar esta identidad cultural a partir del territorio, poniendo en escena las historias, paisajes, dialectos y actores locales, es reificar esta experiencia artística y cultural, empoderando a sus protagonistas a partir del hecho de aprender a fabricar, enunciar y compartir sus propios relatos. De este modo, el cine comunitario desarrollado por CEM se dedica a generar lo que Guattari (2015) denominara como *nuevos agenciamientos de la subjetividad*, en este caso, audiovisual, colectiva, grupal, horizontal y comunitaria, generando una narrativa del *nosotros*.

Los cortometrajes se estrenan en los mismos barrios donde fueron realizados, caracterizando una singularidad en términos de recepción: parte de la experiencia cultural comunitaria pasa por este reconocerse en la pantalla, caracterizando una dinámica circular. Los cortos circulan también en festivales de cine comunitario nacionales e internacionales, y luego se conservan y visualizan en canales de *Youtube*. En este sentido, CEM desarrolla otros proyectos dentro de la cultura audiovisual comunitaria que van más allá del estímulo a la realización, y alcanzan la distribución y el consumo. CEM organiza jornadas y festivales de cine comunitario, nacionales y latinoamericanos, impulsa la formación de nuevos colectivos que trabajan en su misma línea, brinda asesoramiento a la constitución de cooperativas y pequeñas productoras audiovisuales[11].

Mientras CEM organiza, asesora y alfabetiza nuevos colectivos, el CAPBA reúne profesionales ya formados dentro de proyectos cinematográficos profesionales, siendo que ambas asociaciones civiles se inscriben en la misma estética y cultura comunitaria. El Clúster Audiovisual de la Provincia de Buenos Aires se nutre de la cultura comunitaria para generar un cine cuya estética también se dedica a problematizar las representaciones que el *maisntream* argentino

---

[11] Incluso en la Universidad de Buenos Aires, carrera de Comunicación Social, impulsan una serie de cursos de perfeccionamiento para las organizaciones comunitarias. Estos cursos están direccionados tanto al plano organizacional como expresivo de estos agentes comunitarios, haciendo de la universidad un territorio permeable donde los nuevos movimientos sociales encuentran un espacio para la reflexión, la organización y la puesta en marcha de nuevos proyectos.

hace de la periferia de Buenos Aires, sus habitantes, paisajes e historias. Es decir, el objetivo del CAPBA es producir – y no alfabetizar –, es dar trabajo a artistas, un apoyo estratégico para filmar sus primeros largometrajes. CAPBA reúne a realizadores, productores, sonidistas, actores, gente de prensa, músicos, camarógrafos, para coordinarlos en proyectos de creación y de capacitación profesional permanente que los mismos asociados proponen llevar adelante en asambleas abiertas, compartiendo sus saberes artísticos, técnicos, y organizacionales, aspirando a la profesionalización del trabajo audiovisual. El CAPBA es un espacio donde compartir proyectos creativos, reclutando mano de obra interesada en participar, generando una bolsa de intercambio de trabajo. Ejemplo de esto fue el programa *Talentos Integrados* – elocuente en su denominación –, programa en el cual los diversos miembros del CAPBA se sumaron a la realización de largometrajes bajo la consigna de que fuese posible el rodarlos en cinco días. Dentro del *Talentos Integrados* se produjeron casi 20 largometrajes en un año (2014), tal la dinamización de fuerzas laborales y creativas que se generó a partir de esta puesta en marcha del cooperativismo audiovisual.

Los miembros del CAPBA se reúnen una vez por mes, en las dependencias de la Cámara de Comercio de la Provincia de Buenos Aires, donde se debaten resultados obtenidos y nuevos proyectos para el colectivo. A diferencia de CEM, que trabaja a partir de subsidios del Estado, CAPBA resuelve su sustentabilidad a partir de este cooperativismo, generando oportunidades para que sus miembros participen en la producción de *teasers* y largometrajes comerciales. Es menester comentar que el sistema de subsidios puesto en marcha por el Instituto Nacional de Cine y Artes Audiovisuales – INCAA –, por ese entonces exigía un mínimo de producción previa para acceder a sus fondos, experiencia que la mayoría de los miembros del CAPBA no contaba, así como en estos años se exige ser parte de un registro de productoras con trayectoria, conocer la técnica para la elaboración de proyectos y presupuestos, etc., para lo cual era necesario tanto un saber técnico-profesional inicial, como una suma de dinero que el CAPBA, de este modo, socializando saberes, equipos y mano de obra, suplía.

Así, CAPBA generó, sin otro capital inicial que los recursos humanos y técnicos ya disponibles entre sus miembros, la producción de filmes comerciales, definiendo así a sus integrantes antes como trabajadores de la cultura comunitaria, que como artistas. El CAPBA produjo largometrajes documentales y de ficción en casi todos los géneros existentes, del melodrama al terror, pasando por el policial y la ciencia ficción, técnicamente impecables, estrenados en festivales y comercializados en salas, en el país y en el exterior.

Del mismo modo que CEM, el CAPBA ofrece cursos de capacitación profesionalizantes, pero en otro nivel de la producción, y promueve a nivel nacional la formación de otros *clústers,* llegando a conformar la FARA – Federación Argentina de Realizadores Audiovisuales, espacio donde se reúnen anualmente todos los clústers del país. Como impulso para la formación de la FARA, Campusano generó un proyecto cinematográfico ambicioso que denominó "megaproducción multi-provincial", en el que participaron técnicos escogidos por la diversidad de sus provincias de origen, y que culminó con la filmación del largometraje *El Sacrificio de Neuen Puyelli* (Campusano, 2016).

A pesar de estar frente a estos dos diversos niveles y modos de producción, iniciante y profesional, con recursos del Estado o de auto-sustentabilidad cooperativista, ambas organizaciones se inscriben dentro del cine comunitario, y Campusano lo explica. Primer presidente del CAPBA, se define a sí mismo en cuanto *cineasta comunitario.* ¿Por qué? Por una propuesta estética reterritorializante que muestra la vida comunitaria desde adentro. Oriundo de Quilmes, periferia sur de Buenos Aires[12], Campusano filma en su barrio historias en las que muestra con crudeza – no por acaso su productora se llama *CineBruto* – cómo sus habitantes viven sin protección del Estado, o de la misma comunidad víctima de la pobreza y la balcanización. Se trata de barrios carenciados, violentos, sin trabajo, donde todos los derechos están vulnerabilizados, y en los que generalmente la presencia de las instituciones públicas es siniestra, amenazadora, y parte del crimen social que significa la pobreza. Campusano filma las historias que le aporta su comunidad de origen, identificando cuestiones que preocupan a los vecinos y desvendan las perversas tramas del poder institucionalizado. Este autor considera que el cine es y será, siempre, un arte colectivo; cuenta con la colaboración del equipo de colegas del CAPBA, de los vecinos en la producción y actuación no-profesional, vecinos cuyas historias filma en largometrajes de un realismo que irrumpió en las pantallas argentinas destrozando las pautas temáticas del cine de autor, con una fuerza poética poco vista en los últimos años, mostrando la periferia de Buenos Aires, como ya dijimos, desde dentro – tal como también hace CEM.

A modo de ejemplo de la producción audiovisual del CAPBA, citaré el filme *Fantasmas de la Ruta* (Campusano, 2013). El filme fue rodado en locaciones del Gran Buenos Aires, protagonizado por residentes del lugar, cuenta un caso paradigmático de secuestro en una red de trata de mujeres, revelando un complejo entramado delictivo que incluye al gobierno y a la policía federal. Originalmente rodado como serie para la Televisión Digital Abierta, Campusano la transforma rápidamente en largometraje para alcanzar su exhibición comercial en salas. La historia está co-protagonizada por Vikingo, amigo personal del director

---

[12] Tiempo después, se proyecta a dimensiones nacionales, filmando en el interior del país, en la Patagonia, así como inicia un ciclo de producción continental, filmando en México, Bolivia y USA, siempre impulsando su modo cooperativo de pensar la producción audiovisual, y estimulando la formación de organizaciones similares en todo el continente.

e ícono de otros largometrajes anteriores. Con un desenlace no tan feliz, la protagonista secuestrada recupera su libertad, aunque el filme deja en claro que se trata de una excepción y que la red de trata continúa funcionando impunemente con la conivencia del Estado, corrupto en su franco incumplimiento del deber. El director acompaña prácticamente cada una de las proyecciones, en especial aquellas realizadas en barrios, para hacer que el debate lleve la discusión a las problemáticas sociales de las que tratan sus películas. Podemos decir que el cine de Campusano es un cine social y comunitario, tanto por sus temas como por sus modos de producirlo, exhibirlo y debatirlo.

El cine de Campusano se enmarca en un realismo crudo, de ciertas desprolijidades técnicas en la dirección de cámara y actores no-profesionales, lo que le otorga al filme un tono rústico, que llego a conquistar los premios a la mejor dirección de los dos principales festivales de cine de Argentina, Mar del Plata y el BAFICI. Es decir, en el cine del CAPBA, la cultura comunitaria es la que trae una fortaleza poética inusual, singularizante, territorial, que genera relatos donde el Gran Buenos Aires es una geografía narrada por sus propios habitantes. Los cortometrajes de CEM, a pesar de (generalmente) no alcanzar el vuelo poético de algunos largometraje del CAPBA, se inscriben en el mismo registro enunciativo: es un cine desde la periferia, sobre y para la periferia. La intervención del Estado es algo que evaluaremos críticamente en el apartado siguiente, demostrando que la cultura comunitaria propone invenciones en su accionar que revoluionan los estándares del cine comercial.

Comunitario, inclusivo y sustentable

CEM realiza cine comunitario dentro de los procesos de la comunicación popular subvencionada por el Estado. CAPBA, piensa el cine comunitario como solución de sustentabilidad – cooperativa de trabajo. Ambas, toman la cultura comunitaria en cuanto origen poético, emergencia de estéticas singulares y soluciones de producción audiovisual desde los barrios periféricos.

Así es como ambos modos de producción se inscriben dentro de la cultura comunitaria. Gestan una riqueza de experiencias expresivas, vivencias en territorios y posibilidades de intercambios que revolucionan las narrativas y ofrecen una imagen de las periferias urbanas que enfrentan y luchan contra las estigmatizaciones sobre ellas mismas fabricadas en los conglomerados multimediáticos de la comunicación. Así es como esta cinematografía multiplica y pluraliza las voces y las pantallas durante el periodo de vigencia de esta ley, entre 2009 y 2015. Desde el punto de vista de los medios masivos, el Gran Buenos Aires es identificado como un territorio productor de pobreza (Bentes, 2009, p.92). En el universo de experiencias y de filmes producidos comunitariamente por ambas asociaciones, se produce una reversión del mismo concepto de "periferia urbana", y las periferias urbanas pasan a ser territorios de riqueza, donde se gestan transformaciones de/en las subjetividades participantes, así como surgen poéticas que renuevan, inclusive, al cine consagrado como "arte". A modo de ejemplo, en el año 2013, CEM construye con apoyo tanto del Estado como de las organizaciones comunitarias de Florencio Varela, un Centro de Producción Audiovisual en el espacio La Casona de Varela, cuyo principal objetivo es albergar a un importante grupo de jóvenes que, a partir de los talleres de CEM, están interesados en profesionalizar su vocación audiovisual. En nota sobre estos talleres publicada en el mayor diario nacional, se afirma que "un grupo de jóvenes podrán elaborar sus productos audiovisuales con total autonomía". El mismo año, el CAPBA hace posible que Campusano estrene *Fantasmas de la Ruta*, rodada en Varela y Haedo, que consigue por primera vez un Gran Premio Nacional, el de la sección competitiva del Festival Internacional de Cine de Mar del Plata. Sobre su obra y el sentido que le imprime a la noción de lo comunitario, en aquella ocasión el autor declaró[13]:

> (…) lo que estamos haciendo en la Provincia de Buenos Aires es tratar de organizar su potencial. (…) Es el tercer cordón más poblado de América latina. Hasta hace muy poco tiempo el cine del conurbano no tenía presencia, no tenía identidad y hoy tiene una identidad enormemente fuerte, única. Lo que hacemos nosotros es ponerla en primerísimo plano, con todo el orgullo, porque creemos fundamentalmente en el lugar que habitamos, en la complejidad que ese lugar reviste y en la relación de la provincia de Buenos Aires con todos los colegas hermanos del resto de las provincias.

Tanto CAPBA como CEM multiplican, desde sus organizaciones, las voces, porque sus modos de trabajo implican disponibilizar y socializar lo que cada uno de ellos posee y sabe, favoreciendo la pluralidad y diversidad cultural en las distintas pantallas, de los cines a la Internet, pasando por la televisión. Lo comunitario, el paisaje, su historia, es fuente estética de una narrativa, un estilo actoral, un dialecto, y hasta de nuevos biotipos en las pantallas. Hay dos modos de producción, uno cooperativista, y otro más asistencialista, que trabaja a partir de recursos estatales. Suceden distintos procesos de transferencia de bienes tecnológicos y de saberes que se fijan en el espacio socialmente compartido de la comunicación audiovisual, con distintos impactos, siempre dentro de lo comunitario.

---

[13] Recuperado de http://latinta.com.ar/2017/02/jose-celestino-campusano-el-cine-es-un-tejido-vivo-como-una-piel/

Así, ambas asociaciones civiles, CEM y CAPBA, recorren caminos distintos dentro del cine comunitario: para CEM el cine comunitario es la generación de nuevos grupos de realizadores, mientras que para CAPBA, lo comunitario es un modo de producir junto y con los vecinos, algo del orden de la producción profesional y de lo poético. Podemos apreciarlo en detalle cuando estudiamos el discurso de los presidentes de ambas asociaciones civiles, en sendas entrevistas realizadas para esta investigación, respecto al sentido del cine comunitario como herramienta de inclusión social y lucha contra la estigmatización masiva de la pobreza. García y Campusano refieren la política inclusiva del cine comunitario a distintos aspectos del proceso cinematográfico. García (CEM) se refiere a la inclusión en términos enunciativos, porque define lo comunitario a partir del trabajo que su organización hace para promover el surgimiento de *nuevas voces/enunciadores*. Habla de pluralización y diversidad a través de la alfabetización y el aprendizaje técnico y artístico que funciona como estímulo al surgimiento de nuevas pequeñas productoras, sean de radio, cine o televisión comunitarios. Para esto, CEM realiza transferencias de saberes técnicos y artísticos, alineándose claramente a la experiencia histórica del video popular en Sudamérica. Para Campusano, lo comunitario es asociativo, está pautado por la solidaridad entre vecinos y se transforma, así, en una fuerza poética.

Si las organizaciones barriales con las que CEM ha interactuado deseasen, a futuro, generar una producción autónoma y autosustentable, tendrán un saber técnico y artístico básico, pero carecerán de equipos y recursos económicos propios. En este sentido, CEM desenvuelve una interacción vertical, alineando una cadena productiva Estado-CEM-barrios. No interfieren en la elección de las historias a ser contadas, aunque asesoran sobre cómo narrarlas, posibilitando la producción de relatos locales con paisajes, historias y puntos de vista propios. Ninguno de los realizadores militantes de estos colectivos son autores de esos filmes, sino meros realizadores asistentes, dispuestos a continuar con el proyecto de la asociación junto a distintas y nuevas organizaciones barriales y espacios sociales e institucionales que darán la experiencia, casi siempre por primera vez, de contar las historias de sus comunidades. De este primer paso alfabetizador, a la construcción de medios de comunicación comunitarios, hay una gigantesca distancia, y deberíamos discutir si la política pública puesta en marcha para la implementación de la Ley 26.522 fue eficaz. Esta ley, que reserva el 33% del espacio radioeléctrico argentino a "las personas de existencia ideal sin fines de lucro", impide la posibilidad de que esta producción comunitaria se transforme en una fuente de trabajo, cuestión que demuestra una contradicción en su planteo, y que termina definiendo estos distintos perfiles de la participación popular dentro del cine y la comunicación comunitarias, ya que es necesario pensar la sustentabilidad y el trabajo. Según la ley, lo comunitario no puede ser lucrativo, y limita sus actores fuera de la economía formal, no reconociéndolos como trabajadores de la comunicación. Es en este punto donde los destinos de García y de Campusano divergen, posicionándose de modo diferente en torno al trabajo audiovisual comunitario.

Nacieron nuevas productoras de medios desde 2009 y, en nuestra opinión faltó una política pública de coordinación inter-ministerial, impositiva y crediticia adecuada que estimulase aún más este sector audiovisual[14]. Así, durante los años de vigencia de la ley, hubo un pasaje frustrado del cine a la comunicación comunitaria, y demuestra que las narrativas comunitarias son, efectivamente, una resistencia al neoliberalismo que tuvo lugar por intervención del Estado, ya que los procesos de alfabetización de comunidades

---

[14] Los vecinos que acceden a la producción audiovisual comunitaria por primera vez, al finalizar la intervención de las asociaciones civiles como CEM, difícilmente consiguen proyectarse como medios o productores propios. No tienen equipos. Por otro lado, la adquisición de licencias tuvieron precios inalcanzables, y el Estado tampoco ofreció líneas de crédito, entre tantas otras dificultades para el avance del proceso que la Ley impuso.

fueron efectivos, aunque no en términos de sustentabilidad, en particular cuando la comparamos a la experiencia del CAPBA, que la resolvió en el mercado e la exhibición comercial, conquistando premios, buenas críticas y salas comerciales, en Argentina y en el mundo.

El cine comunitario: subjetividades, reversiones y redes

Las cinematografías de ambos grupos conmueven por su color local, la espontaneidad y la sensación de ver una imagen original y singular de esos vecinos en/de sus barrios, un cine situado, territorial. Kapur y Wagner (2011, p.29) nos recuerdan que el marxismo entiende los textos culturales "como producciones que nos ayudan a comprender aspectos del capitalismo – en nuestro caso, neoliberal – que los tratados económicos no alcanzan a explicar". En nuestros casos, podemos concluir que tanto esta *territorialidad singular*, cuanto el *carácter colectivo* del cine comunitario son los que ofrecen, tanto del punto de vista económico (modos de producción), como poético, una confrontación y resistencia directa a las consecuencias culturales del neoliberalismo en el audiovisual argentino, empecinado en homogeneizar y estigmatizar las culturas de las periferias urbanas.

En el período estudiado hubo una política de colectivos audiovisuales agrupados en asociaciones civiles, autopercibidas como colectivos, que hicieron del proceso cinematográfico un camino para la conquista de objetivos sociales para sus barrios, aliando cine y ciudadanía en la batalla por la inclusión social y la diversidad cultural. Para CEM y para CAPBA, la política cultural es un brazo estratégico de la inclusión social. Ambas reúnen trabajadores precarizados de una economía informal de la cultura a través de proyectos, y en sus películas asumen un discurso político que responde a las necesidades del contexto donde viven y filman, porque también la recepción está concebida en términos situados, singularizando los debates. Los excombatientes de Malvinas de la localidad de Quilmes, ciudad del Gran Buenos Aires, asesorados por CEM, narran su pasado reciente liberando las dimensiones subjetivas traumáticas de la experiencia en la guerra promovida por la dictadura cívico-militar del '76. Del mismo modo, los jóvenes de Florencio Varela se preguntan sobre su futuro mientras ensayan la fundación de centros de producción de cine; así como los abuelos de Berazategui filman para compartir las vivencias de una tercera edad aún activa.

En los términos de Jorge Alemán (2014, p.35), la subjetividad neoliberal, que se cierra y reprime bajo una lógica circular de la posibilidad ("todo se puede comprar") es combatida por estos procesos del cine comunitario que, a través de subjetividades grupales, transforman la vida de sus participantes. Alemán nos habla de la necesidad de este proceso de des-identificación respecto a la imagen que de ellos reproducen los medios, una des-identificación que aparece como "condición de la experiencia del sujeto para ir en la dirección transformadora de la política". Según el autor, "(En el discurso capitalista neoliberal) se le quita al sujeto la posibilidad de ser experimentado desde lo simbólico", (Alemán, 2014, p.35), y es exactamente por este motivo que el cine comunitario opera como resistencia, empoderando esta población con la posibilidad de enunciarse, de inventar y recrear su simbólico, de registrarse a sí mismos en el horizonte mediático audiovisual.

Todos estos procesos del cine comunitario bonaerense crean una renovación de las poéticas, que pasan a narrar, en un estilo propio, las formas de vida y expresiones culturales que provienen de la periferia de Buenos Aires. Bentes (2009) nos llama la atención sobre el hecho de que ya no tenemos relatos sobre la pobreza, sino que esta – o mejor dicho, el territorio que los medios masivos instauran como *fábrica de pobreza* – son revertidos y transformados, por el cine comunitario, en una fábrica de nuevas poéticas, que destituyen los intermediarios de la cultura, para transformarse a sí mismos en sujetos de la comunicación y productores de un discurso sobre sí mismos. En este sentido, la maniobra comunicacional neoliberal, que estigmatiza estos territorios para debilitar sus subjetividades sociales y así controlarlas, fabricando imágenes de *porno-miseria*[15] (o *cosmética da fome*[16]) desde afuera, es resistida y radicalmente cuestionada por el cine comunitario argentino, que transforma estos hipotéticos territorios de pobreza, en territorios de riqueza cultural y laboratorio de nuevas políticas culturales. Surgen filmografías locales y se ensayan nuevos modos de producción, haciendo del Gran Buenos Aires un espacio de generación de nuevas políticas culturales. Al mismo tiempo, estas asociaciones y cooperativas se vinculan en redes regionales colaborativas, que alcanzan dimensiones nacionales y continentales.

Estas prácticas del cine comunitario en Argentina pasan a experimentar un nuevo modelo que no depende ni del Estado ni de la industria. Este tercer modelo (Bentes, 2009, p.55) establece nuevas alianzas: *la cultura de redes*. Estas redes rompen con el ideario nacional en por lo menos dos sentidos. Ya no existen producciones en las que el Estado nacional sea un actor imprescindible y, en segundo lugar, en la cultura de las redes se rompe con lo "nacional" en el sentido de que estos relatos apuntan a condiciones globales de pobreza, lo que Bentes llama de *guetos-globales del sur*.

El cine comunitario de la periferia bonaerense construye redes y se vincula con otros colectivos del país y de la región. CAPBA se vincula en red con otros *clústers pro-*

---

15 Término acuñado por los cineastas Luis Ospina y Carlos Mayolo en los años '70 para referirse a la necesidad de generar nuevas poéticas para el tratamiento de nuestras problemáticas sociales, sin la espectacularización victimizante del "pobre". Este Manifiesto está disponible en http://tierraentrance.miradas.net/2012/10/ensayos/que-es-la-porno-miseria.html

16 Término acuñado por Bentes para referir a las espectacularizaciones de la pobreza presentes en el nuevo cine brasilero, y para oponerlo a la Estética da Fome de Glauber Rocha.

vinciales, poniendo en marcha modelos de co-producción cinematográfica que desplazan la centralidad de la capital. Ya en el caso de CEM, los festivales Ojo al Sancocho y el FIBAV- Festival Inter-barrial Audiovisual vinculan, en vivo, actividades de los barrios periféricos de múltiples capitales latinoamericanas, generando públicos[17].

Los diversos casos confirman la construcción y reafirmación, con base en la experiencia fílmica comunitaria, de grupos que continúan activos como productores culturales hasta el día de la fecha, produciendo sus propios filmes, espectáculos, shows musicales, y otras actividades. Cuando estas asociaciones civiles se retiran de los territorios donde produjeron sus acciones iniciales, los grupos comunitarios continúan produciendo, en una experiencia que Bentes identifica como una radicalización democrática de la producción social cultural. Así es como podemos afirmar que CEM y CAPBA ponen en funcionamiento una dinámica de redes P2P (puerto a puerto) que Michael Bauwens (2014) caracteriza de la siguiente forma:

> se produce valor de uso a través de la cooperación libre entre los actores; éstos poseen acceso a un capital distributivo; esta comunidad se auto-administra (no posee jerarquías de empresa, ni del estado); surge un tercer modelo de autoridad, ya que las decisiones se toman entre todos; estas redes disponibilizan hacia afuera lo que se produce dentro de las mismas, en un sentido de universalización del capital generado.

---

[17] Son muchas las redes: *Red Villa Hudson* - une a las instituciones del barrio homónimo, coordinándolas estratégicamente para solucionar sus necesidades desde la base. La *Red Tercer Cordón*, en Claypole, vincula cuatro espacios de cultura. La *Red Colmena* vincula cooperativas de trabajo audiovisual de siete provincias, afiliada a la Confederación Nacional de Cooperativas de Trabajo. *Red PAC- Productoras Audiovisuales Comunitarias* (hoy *Red Focus*), espacio donde compartir dificultades y soluciones del sector a nivel interprovincial.

Así, la mancomunión, o nuevo régimen de la propiedad común, es puesta en práctica por algunos sectores del cine comunitario argentino, ya que advertimos la presencia de una propiedad distributiva entre pares. Los bienes técnicos, materiales o simbólicos, no le pertenecen a una persona o entidad, sino que se distribuye entre pares, bajo la forma de cursos u oportunidades de participar en proyectos profesionales. De esta forma, los modelos en red, o P2P, practicados por el cine comunitario del Gran Buenos Aires, fomentan el surgimiento de un cooperativismo que rompe categóricamente con la clausura atomizante de la subjetividad neoliberal, haciendo del territorio del cine comunitario, en términos poéticos y económicos, un verdadero frente de resistencia frente a la crisis de la "tutela" del Estado. Las experiencias de los colectivos del cine comunitario que mencionamos y estudiamos, incluidas sus redes, son emprendimientos asociativos basados en vínculos de proximidad y una ética comunitaria que alimenta las fuerzas endógenas de la solidaridad con una potencia histórica. Las redes fomentan una resistencia frente al mercado, y las redes de redes le otorgan mayor peso político y económico en territorio. Por este motivo, es tan necesario que los distintos colectivos del cine comunitario se reconozcan entre sí y se asocien. En el Gran Buenos Aires Sur, estos colectivos de producción continúan relativamente aislados, y están ausentes en las MePESS – Mesas de Productores de la Economía Social y Solidaria, de gran trayectoria desde la crisis del 2001. El rol vital y de consolidación de las redes permite socializar y compartir recursos humanos, artísticos y técnicos para lo comunitario, como resistencia a las dinámicas que el neoliberalismo impone en la cultura, haya o no apoyo del Estado.

Referencias bibliográficas

Alemán, J. (2014). *En la frontera. Sujeto y capitalismo.* Buenos Aires: Gedisa.
Bawens, M. (2014). *The Political Economy of Peer Production.* Recuperado de http://www.p2pfoundation.net
Bentes, I. (2009). Redes colaborativas y precariado productive. *Revista Periferia, I*(1).
Bentes, I. (2015). *Midia multidao: estéticas da comunicacao e biopolíticas.* Rio e Janeiro: Mauad X.
Coulry, N. (2010). *Why Voice Matters. Culture and Politics After Neoliberalism.* Los Ángeles: Sage.
Gumucio Dagron, A. (coord.). (2012). *Cine comunitario en América Latina y el Caribe.* República Bolivariana de Venezuela: Fundación del Nuevo Cine Latinoamericano y Centro Nacional Autónomo de Cinematografía. Recuperado de http://www.fesmedia-latin-america.org/uploads/media/Cine_Comunitario_FES_2014.pdf [Consultado el 11 de octubre de 2017].
Kapur, J. y Wagner, K. B. (2011). *Neoliberalism and Global Cinemas. Capital, Culture, and Marxist Critique.* London: Routledge.
Kostakis, V. y Bauwens, M. (2014). *Network Society and Future Scenarios for a Collaborative Economy.* Basingstoke, UK: Palgrave Macmillan.
Marino, S., Matrini, G. y Becerra, M.. (2010). El proceso de regulación democrática de la comunicación en Argentina. *Revista Oficios Terrestres, XVI*(25), 11-24.
Molfetta, A. (2016). O cinema comunitario do Grande Buenos Aires: o caso os avos de Berazategui. In SOBRINHO, G.A. (org.). *Cinema em Redes. Tecnologia, estética e política na era digital.* Campinas: Papirus.
Molfetta, A. (2017). Un nuevo Tercer Cine se practica en el Conurbano Sur de Buenos Aires. *Revista Culturas*, (16).

Molfetta, A. (2017). Una antropología del cine comunitario en Argentina. En *Cuadernos de Antropología*. Rosario: UNR.
Ospina, L. y Mayol, C. (s/f). Qué es la porno-miseria?. *Revista Tierra en Transe*. Recuperado de http://tierraentrance.miradas.net/2012/10/ensayos/que-es-la-porno-miseria.html
Page, J. (2009). *Crisis and Capitalism in Contemporary Argentina Cinema*. Durham and London: Duke UP.
Sabatella, M. (2010). Primer año de gestión al frente de la Autoridad Federal de Servicios de Comunicación Audiovisual. Recuperado de http://ricardoportomedios.com.ar/wp-content/uploads/2013/11/Informe-de-gestion_primer-anio_web.pdf [Consultado el 11 de octubre de 2017].
Sacroisky, A. y Urturi, A. (2014). Crédito y comunidad. Debates, esquemas y experiencias en el campo de las finanzas solidarias. *Documento de Trabajo No56*. Buenos Aires: CEFIAR/Centro de Economía y Finanzas para el Desarrollo de la Argentina.
Tasat, J. A. (2014). *Políticas culturales de los gobiernos locales en el conurbano bonaerense*. Recuperado de https://goo.gl/wnsz7N
VV.AA, Síntesis Clave No. 70. Los servicios de comunicación audiovisual y su trascendencia en Latinoamérica. *Revista Observatorio Social*. Universidad de La Matanza: Noviembre de 2011. Recuperado de http://observatoriosocial.unlam.edu.ar/descargas/19_sintesis_70.pdf [Consultado el 11 de octubre de 2017].

Diarios

La TV local, todo un bien e exportación. (8 de abril de 2014). *Página 12*. Recuperado de https://www.pagina12.com.ar/diario/suplementos/espectaculos/8-31842-2014-04-08.html [Consultado el 11 de octubre de 2017].

El Gobierno modificó la ley de medios y eliminó la Afsca con un DNU. (31 de diciembre de 2015). *La Nación*. Recuperado de http://www.lanacion.com.ar/1858627-con-un-dnu-el-gobierno-disuelve-la-afsca-y-cambia-la-ley-de-medios [Consultado el 12 de octubre de 2017].

Ratificaron DNU que modifica Ley de Medios y crea ENACOM. (6 de abril de 2016). *Ámbito Financiero*. Recuperado de http://www.ambito.com/834143-ratificaron-dnu-que-modifica-ley-de-medios-y-crea-el-enacom. [Consultado el 11 de octubre de 2017].

Campusano, J. C. El cine es un tejido vivo. Como una piel. (20 de febrero de 2017). *La Tinta*. Recuperado de http://latinta.com.ar/2017/02/jose-celestino-campusano-el-cine-es-un-tejido-vivo-como-una-piel/

Empoderamiento es un término neoliberal, yo prefiero hablar de fuerza colectiva. (10 de octubre de 2017). *La Tinta*. Recuperado de https://latinta.com.ar/2017/10/empoderamiento-termino-neoliberal-prefiero-hablar-fuerza-colectiva/ [Consultado 12 de octubre de 2017].

Televisión Digital Terrestre en Argentina. *Wikipedia*. https://es.wikipedia.org/wiki/Televisi%C3%B3n_Digital_Terrestre_en_Argentina [Consultado el 11 de octubre de 2017].

Filmografía

Campusano, J. C. (2013). *Serie Fantasmas de la Ruta*. Recuperado de http://www.incaatv.gov.ar/movie/2164/ [Consultado el 10 de noviembre de 2017].
Campusano, J. C. (2016). *El Sacrificio de Neuen Puyelli.*

5

La productora Cinebruto, las películas de José Campusano y la experiencia del Clúster Audiovisual de la Provincia de Buenos Aires

ALEJANDRO OLIVERA[1]

Puntos de partida

La productora audiovisual Cinebruto, establecida formalmente en el año 2006, constituye uno de los ejemplos que nos permite reflexionar acerca del audiovisual comunitario contemporáneo. La filmografía de José Celestino Campusano, uno de sus fundadores, es el eje central de las producciones de Cinebruto, razón por la cual estudiaremos un corpus de películas rodadas por este director entre 1991 y 2017. Proponemos para este conjunto, una primera periodización que, de alguna manera, explica la sucesión de etapas consideradas en el trabajo de este colectivo. Por otra parte, mencionamos algunas acciones que

---

[1] Licenciado en Artes (Orientación Artes Combinadas) y Profesor de Enseñanza Media y Superior en Artes por la Universidad de Buenos Aires (Facultad de Filosofía y Letras). Maestrando en Educación, Lenguajes y Medios (Universidad Nacional de San Martín). Diploma en Gestión Cultural y Producción en Espacios de la Cultura (UBA - FFyL - Centro Cultural Paco Urondo). Adscripto en la Cátedra de Estética de Cine y Teorías Cinematográficas (UBA - FFyL). Asistente de Producción en Festival de Cortometrajes Relatos Cortos (2011), Jurado en el XV Festival Internacional de Derechos Humanos (2013), Programador en I Jornada Tensión en la Red: Arte + Hacktivismo (2016). / amolivera85@gmail.com

la productora gestiona desde el año 2014 y que vienen generando oportunidades concretas para que otros participantes del colectivo, de otras organizaciones o independientes puedan realizar sus películas. En esta última etapa, será fundamental la articulación que Cinebruto inició con organizaciones como el Clúster Audiovisual de la Provincia de Buenos Aires, diferentes ONG, gobiernos municipales e instituciones privadas.

La intención de este capítulo se organiza en tres direcciones. En primer lugar, proponer una sistematización periódica de la filmografía de Campusano, columna vertebral de Cinebruto, que contribuya al estudio ordenado de este fenómeno audiovisual. Si bien aún no hay publicaciones que aborden de manera integral la obra de Cinebruto y de Campusano en esta dirección, existen antecedentes que nos permiten avanzar algunos pasos en este sentido (Modarelli, 2011; Peña, 2012; Prividera, 2014). En segundo lugar, si bien consideramos que es importante sistematizar el conocimiento de los filmes, de los realizadores y los espacios de encuentro, es fundamental también adoptar una perspectiva orientada más hacia los procesos (modos organizacionales, modelos de gestión y de trabajo, trayectos identitarios, etc.) que hacia los productos (Gumucio, 2014), con el claro fin de señalar y valorar la voluntad de las comunidades y sus colectivos de trabajo audiovisual para ejercer su derecho a la cultura y a la comunicación a través de diversos medios. Desde este enfoque, observamos cómo en este cine se concretan los relatos de historias propias, se trata efectivamente de narraciones *de sí* – de una "técnica de sí" (Foucault, 2000) – que utilizan el dispositivo fílmico como herramienta de registro y de creación. Producir es, por lo tanto, una táctica (posicionamiento ético y político) y una estrategia (desarrollo material y simbólico) de resistencia/coparticipación frente al estado y el sector privado en un contexto globalizante dominado por las industrias del espectáculo y de la información (Comolli, 2007; Molfetta, 2009); es un ejercicio de auto-legitimación, búsqueda de visibilidad y construcción colectiva de poder. En este sentido, estas prácticas generan una revolución molecular (Guattari, 2004; Guattari y Rolnik, 2005) orientada a la intervención y a la transformación positiva del campo social de expresiones, narrativas y medios:

> Lo que caracteriza un proceso de singularización es que sea automodelador. Esto es, que capte los elementos de la situación, que construya sus propios tipos de referencias prácticas y teóricas, sin permanecer en una posición de constante dependencia con respecto del poder global, a nivel económico, a nivel de los campos de saber, a nivel técnico, a nivel de las segregaciones, de los tipos de prestigio que son difundidos. A partir del momento en el que los grupos adquieren esa libertad de vivir sus propios procesos, pasan a tener capacidad para leer su propia situación y aquello que pasa en torno a ellos. Esa capacidad es la que les va a dar un mínimo de posibilidad de creación y exactamente les va a permitir preservar ese carácter de autonomía tan importante (p.61).

En tercer lugar, y coincidiendo con Gumucio (2014) cuando afirma que las fronteras del cine comunitario no están – ni pueden estarlo – claramente definidas, nuestro último objetivo apunta a proyectar una serie de interrogantes que funcionen en este marco abierto y dinámico, por ejemplo: en qué sentidos podemos afirmar que la experiencia de Cinebruto constituye hoy un caso genuino de cine social comunitario; qué nuevos diagnósticos son pasibles de elaboración al observar la relación que este colectivo establece con los mercados y los circuitos cinematográficos oficiales, industriales y/o comerciales; desde qué enfoques es posible analizar el posicionamiento de Campusano como *autor* en relación a los modos productivos y estéticos del audiovisual comunitario contemporáneo -quizás en la línea que plantea Molfetta (2014) reeditando las categorías de Solanas y Getino (1973) y señalando que si bien Campusano tiende en los últimos años a posicionarse más cerca de un Segundo cine, el modo operativo de Cinebruto constituye en varios sentidos una verdadera versión contemporánea del Tercer cine postulado por estos autores-. Quisiéramos, además, motivar la reflexión sobre el modo en que experiencias como la del Clúster funcionan como estructuras de generación y fomento de políticas culturales, por ejemplo, en términos de multiplicación de saberes profesionales y generación de espacios de trabajo.

Partimos de la hipótesis de que los análisis textuales requieren de complementos que contribuyan a potenciar las reflexiones sobre las articulaciones económico-productivas y ético-estéticas de los relatos. Es necesario, por lo tanto, considerar integralmente los procesos de producción, de circulación y de recepción de las películas, para de esta manera poder dar cuenta de los elementos políticos puestos en juego en estas producciones. En este sentido, proponemos, por un lado, una primera aproximación analítica semioestética (Aumont y Marie, 1990; Casetti, 1991; Aumont, 1992) y narratológica (Gaudreault y Jost, 2005) y, por el otro, un abordaje complementario basado en las concepciones de la semiopragmática (Odin, 2002; Stam, 1999, 2000). De esta manera, apuntamos a introducir múltiples dimensiones del fenómeno audiovisual observado, contemplando sus componentes textuales (variables temático-formales, elementos de la puesta en escena, entre otros), narratológicos (estructuras temporales, focalizaciones narracionales, entre otros) y pragmáticos (descripción del proceso generativo, experiencias de los públicos, entre otros). En definitiva, nuestra visión apunta al estudio de un objeto ordenado privilegiando la observación sobre sus procesos constructivos para generar interrogantes que nos vinculen con nuestro presente, en un contexto de cambios, de exigencias tácticas y de nuevos desafíos para el audiovisual que quiera seguir siendo expresión artística y política de una comunidad organizada.

Orígenes de Cinebruto

A mediados de la década del '80, José Campusano realizó un primer acercamiento a la práctica audiovisual tomando algunos talleres en el Instituto de Arte Cinematográfico de Avellaneda (IDAC), más conocido como "Escuela de Cine de Avellaneda". La vuelta de la democracia en nuestro país, luego de siete años de dictadura, generaba un clima alentador para una gran cantidad de jóvenes con ganas de emprender diversos proyectos sociales y culturales. Sin embargo, la realidad social y económica sería un obstáculo para muchos productores, entre los cuales José Campusano no pudo encontrar continuidad en el oficio de filmar. De esta primera aproximación nos queda el cortometraje *La caza de la nutria* (1986), sobre una costumbre peculiar del Conurbano sur, además de una serie de anécdotas que retratan, de alguna manera, el paisaje de aquellos años:

> Había un corset muy grande en el área, era difícil trabajar si no eras hijo o conocido de alguien importante. Y yo no era conocido de nadie. Me di cuenta de que el cine que iba a hacer no era para complacer a nadie, entonces necesitaba tener una solvencia económica que me permitiera cierta independencia. Así que me dediqué a trabajar. Tuve un comercio de puertas y ventanas durante una década. Empecé a ahorrar para filmar de cualquier manera, en cualquier condición, en 16 mm, con película vencida, como fuera. (Halfon, 2014, párr.6).

A comienzos de la década del '90, Campusano codirigió con Sergio Cinalli *Ferrocentauros* (1991), un cortometraje documental que registró una reunión de motociclistas del Conurbano bonaerense en un contexto donde las concentraciones comenzaban a ser organizadas. Esta temática constituye el ADN de las imágenes de Campusano y tendrá, por lo tanto, una presencia muy significativa en sus posteriores películas. Ciertamente, *Ferrocentauros* es un testimonio cultural que evidencia la necesidad de adoptar un lenguaje que (re)presente diversas colectividades marginadas, estigmatizadas o directamente ignoradas. Los recursos de producción fueron rudimentarios: locaciones definidas según el rodaje, cámara en mano y motocicletas como herramienta de *travelling*. La película se distribuyó de forma casera y no tuvo estreno comercial. Algunos años después, encontró lugar en festivales nacionales como el de Mar del Plata -que Campusano reivindica por su apertura y antielitismo hasta el día de hoy- e internacionales como el de San Sebastián (España). De todas maneras, esta experiencia tampoco fue un eslabón que encontrara continuidad en nuevos proyectos. En el año 1993, Campusano publicó un libro de relatos llamado *Mitología marginal argentina* y hasta 1999 no tuvo producción cinematográfica, lo cual resulta por lo menos sintomático en una década compleja y contradictoria que vería emerger, sin embargo, al llamado Nuevo Cine Argentino (NCA). Dodaro, Marino y Rodríguez (2010) explican de manera sintética el panorama de aquel entonces:

> En la Argentina, 1989 implica un año de viraje en la orientación política, social y cultural, al menos por tres razones: por un lado porque tras la hiperinflación, la tasa de pobreza llegó ese año al 27%, incrementándose la brecha de riqueza con niveles de marginalidad nunca antes vistos en la Argentina; en segundo lugar porque a partir de ese año se ponen en escena cambios en los modos de protesta social y una reconversión de los colectivos políticos, con saqueos a supermercados, explosión de los cortes de ruta, escraches y otros repertorios de protesta social; por último, aunque no por eso menos importante, el viraje de 1989 coincide, en términos de construcción de sentidos, con la privatización de los medios masivos de comunicación y el comienzo del proceso de consolidación de los trusts de información y entretenimiento que extenderían su cartera de negocios hacia el cine, la TV por cable y la conexión de Internet (pp. 27-28).

De esta manera, los '90 fueron el escenario donde diferentes movimientos cívicos, políticos y culturales emergentes se enfrentaron al nuevo modelo neoliberal dominante.

Promediando la década, muchos colectivos de activismo audiovisual recuperaron diferentes elementos de una riquísima tradición nacional y latina de cine social y militante, los '80 habían dejado la experiencia del videoactivismo y los '70 la de un cine político comprometido con la transformación revolucionaria. En este contexto, hacia fines de la década, Campusano comenzó a trabajar en un largometraje argumental, *Culto suburbano de práctica individual* (2002), que resultó finalmente en un cortometraje de ficción. La película no tuvo estreno comercial, pero sí circulación alternativa – centros culturales, sociedades de fomento, etc. -. La historia giraba en torno a dos personajes de la periferia vinculados con el culto a San La Muerte, una divinidad muy importante en el Conurbano. Esta película marca dos hechos centrales: el primero es la participación como asistente de dirección de Leonardo Padín, primo de Campusano y quien luego sería cofundador de Cinebruto; el segundo, que se trata de la primera filmación en digital realizada por el director. Este nuevo formato resultó determinante para el futuro del proyecto audiovisual de Campusano y compañía. La eclosión de nuevas tecnologías abarató los costos y simplificó el manejo de los dispositivos, de tal manera que puso al alcance de muchos la posibilidad concreta de filmar o grabar imágenes y sonidos. De esta manera, estos avances permitieron el salto de un cine de individuos a un cine de comunidades, aunque cabe resaltar, como bien observa Gumucio (2014, p.28), que la tecnología no implica un instrumento de transformación en sí, sino que depende del valor de uso que se le otorgue. De modo tal, que esta oportunidad constituyó el desafío, para Campusano y otros productores, de generar proyectos con impacto social y sustentables en el tiempo. De aquí en más la historia daría un giro contundente, creando las condiciones estructurales para el establecimiento de Cinebruto.

Las películas de José Celestino Campusano

Entre los años 1991 y 2017 Campusano ha dirigido quince películas, diez de ellas producidas o coproducidas por Cinebruto y basadas en un esquema de trabajo colaborativo que integra a sectores de la comunidad en las distintas etapas de realización. Se trata, en principio, de una mirada predominantemente realista que nace de la anécdota y se enriquece en la narración de sus ficciones. Encontramos que este corpus puede ser organizado en tres momentos o etapas principales.

Etapa 1 / 1991 – 2006

Desde la producción de *Ferrocentauros* hasta la realización de su primer largometraje: *Legión, tribus urbanas motorizadas*. Durante estos años, se presentan muchos de los elementos productivos, formales y temáticos que ocuparán un lugar central en las producciones posteriores de Cinebruto. La figura arquetípica de estos años fue la del director-productor (Campero, 2009), se trata de un tipo de cine independiente con estructuras de trabajo colectivo y utilización estratégica de los recursos, la mayoría de ellos escasos. Existe en este periodo, que incluye también a *Verano del ángel* (2004) y *Bosques* (2005) – codirigida con Gianfranco Quattrini -, un importante componente autorreferencial que sirve como disparador de una serie de tesis sobre los territorios (barrios suburbanos y periferias del Conurbano) y sus distintas problemáticas socioculturales (desempleo, marginación, violencia, etc.). En este sentido, el catálogo del 7° BAFICI reseñaba sobre *Bosques*:

> Sin una historia unívoca que funcione como corriente narrativa principal, *Bosques* cuenta un mundo donde la marginalidad es un hábito, el robo un modo de sobrevivir

entre muchos, el sexo un sistema de intercambio cotidiano, y la muerte un desenlace frecuente y poco original (http://www.gianfrancoquattrini.net/cine/bosques/).

Corresponden a esta etapa las primeras participaciones en un órgano legitimante central para Campusano: los festivales de cine. Primero fue *Verano del ángel*, que en 2005 tuvo exhibición en el *20º Festival Internacional de Cine de Mar del Plata* y en el *V Festival de Temática Sexual de Buenos Aires*; luego *Bosques*, que incluso trascendió las fronteras y participó en Locarno (Suiza) y Vila do Conde (Portugal). En paralelo, la película estuvo presente en proyecciones y eventos locales, por ejemplo, en el *Festival Cine con Vecinos* de Saladillo (provincia de Buenos Aires), donde obtuvo los premios a mejor película, mejor director y mejor actor, este último por el papel de Julio César Araujo. El cine de esta primera etapa emerge desde una precariedad estructural que no por difícil deja de ser estimulante desde el punto de vista estético para una gran cantidad de realizadores (Aguilar, 2010). Campusano explicó, de alguna manera, la matriz que nace en esta etapa y que hoy es el eje vertebral del trabajo de Cinebruto:

> Todas nuestras películas se basan en anécdotas de vida. Creemos más en la fuerza de la anécdota que en las alegorías, las influencias y las rememoranzas del guion. La anécdota es anécdota, y si, de hecho, está basada en la versión de testigos presenciales o en segundas versiones de otros participantes funciona como herramienta de otro discurso. Y si tenemos una gran cantidad de anécdotas tenemos, para mí, un documento de vida (Molfetta y Jones, 2016).

Legión cierra este primer círculo volviendo luego de quince años a retratar el mundo de los motociclistas, en un nuevo contexto social, con nuevas posibilidades productivas y la inminente formalización de Cinebruto.

Etapa 2 / 2006 - 2013

Es inaugurada por la fundación oficial de Cinebruto, nacida como un proyecto familiar y establecida durante este periodo. Se extiende hasta el año de estreno de *Fantasmas de la ruta*, un producto pensado originalmente para la Televisión Digital Argentina (TDA). Se configura un claro posicionamiento ético y un proto-manifiesto estético: "El anhelo fundacional de Cinebruto es la concreción de películas ajenas a toda atadura estética y moral. El lema es se filma o se filma" (http://www.cinebruto.com.ar/index_esp.html). Se comienza a gestar un proceso por el cual se tensionan las relaciones entre un modo de organizar la producción a partir de conductas asociativistas y la centralización de la producción y del producto en la figura del director, que puede ser considerado un autor que establece vínculos con instituciones y mecanismos del circuito oficial, industrial y/o comercial. Es una etapa de consolidación ética y estética en la cual Campusano y sus colegas fortalecen el trabajo colectivo y cooperativo como herramienta esencial y necesaria para producir cine. En la entrevista citada, Campusano también expone de forma clara el objetivo primario de Cinebruto:

> "Nosotros creemos que el cine de nuestra productora, el cine que nosotros proponemos, tiene como fin integrar a la comunidad en contenidos, producción, personificación y en posterior difusión. Cinebruto no está concebida como productora para otro fin" (Molfetta y Jones, 2016).

Desde el punto de vista filmográfico, la película que marca un quiebre en esta etapa es *Vil romance* (2008), que fue la primera en tener estreno comercial en tres salas, una en la Ciudad de Buenos Aires y dos en el Conurbano. También es el momento de las películas del Vikingo (apodo del motociclista Rubén Beltrán), su homónima del año 2009 y *Fantasmas de la ruta*, donde se consolidan los temas abordados y los espacios que funcionan como fondo de estas historias. Entre estas dos películas aparece una especie de rareza, *Paraíso de sangre* (2011), una película de género codirigida con dos de sus colegas y en la cual se alcanza el pico máximo de mostración de violencia en términos visuales. Un año después, se estrena *Fango* (2012), considerada por la crítica como una de sus obras más logradas: la historia de dos músicos amigos del barrio envueltos en crisis familiares y en la frustración existencial ante el paso del tiempo. Aunque el cine de Campusano admite diferencias con el NCA (Prividera, 2014), definido por varios autores a partir de características diversas (Campero, 2009; Aguilar 2010, Andermann, 2015; Daicich, 2016), también comparte similitudes relevantes, como por ejemplo las que señala Campero (2009) con respecto a algunas películas: "Muchas veces no se sabe qué es guionado y qué surgió durante el rodaje. Otras realizan una exploración sobre el habla, sobre los espacios. Otras revisitan los géneros clásicos" (p.8). Para las dos primeras podemos remitirnos, por ejemplo, a *Fango*, donde muchas de las escenas se fueron resolviendo durante la realización, inclusive el final de la película, que fue consensuado entre los participantes del film; para la segunda, un ejemplo posible es la reversión del *roadmovie* analizada por Molfetta (2014) en *Vikingos*.

El modo organizacional y productivo predominante en este periodo aparece explicitado de una manera notable en una anécdota del director:

> Te digo el caso emblemático, *Fantasmas de la ruta*, donde trabajaron trescientas cincuenta personas, hubo cuarenta y cinco locaciones, siete localidades y dos provincias. El tema fue este, le digo a mi amigo Vikingo: – Mirá, tenemos para filmar una miniserie ¿Podés invitar algunos amigos tuyos? Pero gente de cumplimiento. Me responde: – Bueno ¿cuántos necesitás? Le digo: – Unos 20 o 25. Podés creer, ponele sábado tres de la tarde, llego y estaban todos ahí. Impresionante. Bueno, saludas y empezás: – El tema es este, filmar una miniserie así y así. Pero bueno, necesitamos, primero, cubrir cuatro amigos de Vikingo ¿Quién tiene disponibilidad

horaria? Salta uno y dice: – Yo no trabajo nunca. Otro: – A mí me echaron hace poco, yo estoy. Otro: – Yo lo puedo arreglar en el trabajo. Entonces yo digo: – Bueno, ya tenemos el grupo de amigos. Ahora necesitamos un galpón así y así. Alguno dice – Acá, yo tengo el galpón. Perfecto – respondo y sigo – ¿Un auto de maleante? No sé un Chevrolet 400. Responde otro: – Yo tengo uno. Listo – sigo: – ¿Una Ithaca? Uno dice: – Yo puedo conseguir una pero no anda. – No importa, no es para disparar – aclaro -. Vos vas anotando, los teléfonos y así. Bueno, el 80% de la producción se cerró ahí, ahí con la gente (Molfetta y Jones, 2016).

Ciertamente, en esta etapa, Cinebruto va a organizarse en una modalidad cercana a lo que podrías denominarse un tipo de economía social y solidaria, si consideramos la definición de Defourny y Develtere (Sacroisky y Urturi, 2014), quienes caracterizan a este tipo de organización por los siguientes rasgos:

a) Finalidad de servicio a sus miembros o a la colectividad, b) autonomía de gestión, c) procesos de decisión democrática, propio del principio cooperativo y d) primacía de las personas y del trabajo sobre el capital en la distribución de los beneficios (p.13).

Esta plataforma de gestión es la que va a consolidarse en los años siguientes.

Desde el punto de vista del análisis textual, las películas de este periodo abordan una serie de temas que se convierten en recurrencias de su filmografía. Los personajes de Campusano están inmersos en contextos familiares o vecinales disfuncionales. En cada grupo social se produce, en general, una contradicción entre los códigos grupales y las perspectivas éticas individuales. Hay una fuerte demostración de principios y de valores comunitarios que se contrastan con diálogos del tipo: "Es mi problema", "Ese es tu problema", "Cosa mía", etc. Esta misma tensión existe entre dos mundos antagónicos: el de los adultos y el de los jóvenes: la relación entre Roberto y Raúl en *Vil romance* o la disputa de Vikingo con la nueva camada de delincuentes juveniles que ponen en tensión los códigos éticos barriales. Este esquema actancial tendrá continuidad en la etapa siguiente, representado por ejemplo en la disputa entre Antonio "El Perro" Molina, que observa el ocaso de su oficio de delincuente "con códigos" y el ladrón joven, Ramón. En muchos de estos casos se deja entrever cierto moralismo, manifiesto en una serie de discursos aleccionadores, porque los personajes de Campusano se encuentran siempre en un dilema ético, no hay una exposición dicotómica simplista entre el bien y el mal, y por eso hay en ellos una búsqueda constante. Estos temas estructurantes se recortan, en la mayoría de sus películas, sobre un fondo periférico de marginalidad, construido sobre todo a través de la precariedad de la imagen que se nos muestra. La cámara construye una identidad que expresa la contradicción entre lo humano, que aquí se equipara a lo verdadero (amistad, lealtad, etc.), y un paisaje de violencia y resignación, representado en la imagen absoluta de algún tipo de fin (muerte simbólica, muerte real, etc.). Se ha destacado, además, como marcas estilísticas la gramática narrativa y actoral de Campusano: en muchas ocasiones se trata de fábulas representadas por actores no actores, es decir, no profesionales. Son historias de acción más que de contemplación, donde los sujetos están en constante movimiento y donde muestran su complejidad y la de su mundo.

Etapa 3 / 2014 - 2017

Este periodo inaugura un salto cualitativo en la calidad técnica de las películas realizadas y un quiebre productivo que confirma las potencialidades presentes en la etapa anterior. Incluye los filmes: *El perro Molina* (2014), *Placer y Martirio* y *El arrullo de la araña* (2015), *El sacrificio de Nehuén Puyelli* (2016) y *Cícero impune* (2017). Los hechos centrales son la creación del Clúster Audiovisual de la Provincia de Buenos Aires (CAPBA) y de la Federación

Audiovisual de la República Argentina (FARA), instituciones que impulsan nuevos proyectos cooperativos y comunitarios. Además, Cinebruto impulsó la creación de un nuevo estudio-productora, Estudio Chroma-Ruta II, que funciona en la localidad de El Pato (partido de Berazategui, provincia de Buenos Aires). El contexto político, comunicacional y audiovisual es determinado por la sanción de la Ley 26.522 de Servicios de Comunicación Audiovisual y la implementación de políticas públicas concretas de fomento, por ejemplo, a través organismos como el INCAA o la AFSCA – hoy disuelta -, que han permitido ampliar progresivamente el acceso social a la producción y difusión de contenidos. Campusano consolida en esta etapa un audiovisual que combina el esquema comunitario-colectivista con un cine de autor. Problematiza, así, la relación entre el proceso fílmico, que sigue siendo muy relevante, y el producto final, que se concentra sobre su figura y funciona tanto en circuitos comunitarios como en estructuras comerciales.

El salto estético que se produce con *El Perro Molina* fue resultado de múltiples factores: en primer lugar, que se contó con un dinero en las instancias previas a la filmación conseguido a través de una Segunda Vía del INCAA; en segundo, que se adquirió equipamiento técnico a partir de un crédito del Ministerio de Industria de la Nación a Estudio Chroma, esto permitió despliegue de cámaras nuevas, grúas e iluminación que por supuesto mejoran sustancialmente las condiciones de rodaje; por último, se firmó un acuerdo marco entre el Clúster y el municipio del partido de Marcos Paz, lo que posibilitó el acceso a recursos como locaciones, vestuario, móviles y utilería, todos fundamentales para una película guionada para treinta y cinco locaciones, cincuenta personajes y muchos desplazamientos logísticos.

Con respecto a esta decisión de generar nuevas articulaciones a partir de Cinebruto y de las nuevas plataformas creadas, Campusano ha señalado:

Yo hubiera usado estos elementos desde el principio, no los teníamos. No creo que la precariedad sea un recurso en sí mismo. Yo creo que si podemos usar croma, steady, dolly, travelling, grúa, drones, usémoslos. No es un pecado usarlos. No es sinónimo de sinceridad no usarlos. Podés ser un hipócrita y no usar nada de esto o podés tener todo y lograr una película totalmente menoscabada y traidora. Nosotros creemos mucho en trabajar con la comunidad, por consecuencia creemos que estamos haciendo cine comunitario, y si podemos darle un relieve, una jerarquía en lo estético al cine comunitario no veo porque no dársela. El prejuicio, en todo caso, está en la mente del otro, pero no en nosotros. Es encantador filmar un cine que tenga un dejo antropológico y darle una disponibilidad de elementos que sea elocuente (Molfetta y Jones, 2016).

También, desde el punto de vista temático-formal este periodo está marcado por una serie de innovaciones. Un ejemplo fue la producción de *Placer y martirio*, en la cual Campusano abandona por primera vez el territorio del conurbano sur para adentrarse en la vida de una mujer con un alto poder adquisitivo. En este film, y en *El arrullo de la araña*, se vuelve sobre el tema de la violencia, pero adoptando otros enfoques: la manipulación sexual y emocional, en la primera; el maltrato en el ámbito del trabajo, en la segunda. *El sacrificio Nehuén Puyelli*, que ha llegado a ocho salas comerciales en distintos puntos del país, también se corresponde con este giro de descentralización geográfica – fue filmada íntegramente en la Patagonia – y temática, trabaja sobre algunos tópicos del sistema penitenciario argentino. Una última preocupación adquiere protagonismo en esta última etapa: los canales de distribución y la gestión de audiencias. Algunos indicadores para la primer década del siglo XXI (Amatrian, 2009; Getino, 2012) mostraron un desfasaje creciente entre la evolución de la oferta (producción y exhibición) y la curva de demanda (asistencia a las salas), factores de diversa índole influyen en este diagnóstico, por ejemplo: el fortalecimiento del consumo domiciliario e individualizado de contenidos; la falta de infraestructura gestionada por el Estado –considerando que existen numerosas localidades que no cuentan con salas de cine en sus territorios– y, sobre todo, la continuidad de los procesos de concentración y extranjerización económica inaugurados en los '90 y profundizados hasta el día de hoy (Getino, 2012). En definitiva, el primer problema es la percepción de que no hay un público consolidado, por lo tanto, la primera tarea que se presenta a los colectivos es construirlo. En este sentido, es necesario señalar que el caso de Cinebruto demuestra que el cine comunitario también puede tender a expandirse más allá de los canales distributivos y exhibitivos con los que ya cuenta y que justifican, de alguna manera, el esfuerzo de producir (Gumucio, 2014). Lejos aún de competir en los mercados –pues este tampoco es su objetivo primario- fenómenos de este calibre pueden gestionar una difusión más allá de los espacios comunitarios, llegar a diferentes tipos de públicos y generar beneficios adicionales. En este sentido, por ejemplo, *El Sacrificio de Nehuén Puyelli* fue incluida en la plataforma digital CINE.AR (Ex ODEON), sin dudas una manera de llevar la voz de las comunidades a la esfera pública y a espacios de intercambio más amplios. En relación con la cuestión de los públicos y de los espectadores, Campusano ha señalado:

> Tu trabajo es ser lo más veraz, lo más sincero posible, después tu película hace su camino sola, y la pueden ver doscientos mil espectadores y al año siguiente no la recuerda nadie, y de repente la ven mil personas, pero son las personas que las tienen que ver (Molfetta y Jones, 2016).

La combinación entre ambas tendencias observadas en el flojo de los públicos -concentración y expansión – comienza a arrojar resultados sobre los procesos de recepción que requieren ser analizados con profundidad específica y distancia pertinente, además de generar una reflexión acerca de un posible modo de exhibición y consumo que se corresponda con este audiovisual vinculado a la producción desde lo comunitario.

El Clúster Audiovisual de la Provincia de Buenos Aires

Desde la misma utilización del término clúster, un concepto usualmente utilizado en el mundo de la economía y los negocios, esta organización surgida en el año 2013 estableció una serie de novedades en el mundo de la producción audiovisual alternativa. La experiencia de Cinebruto llevó a Campusano a reunirse con otros productores que se encontraban con realidades similares. De los primeros encuentros con Pablo Almirón, de Corrientes, y Miguel Ángel Rossi, de Bariloche, derivó la conclusión de que era necesario generar plataformas de trabajo y formación que aprovecharan las ventajas de la labor en red. Se decidió no construir una asociación sectorial que pudiera promover algún tipo de elitismo, motivo por el cual se descartó la conformación de una red específica de directores o productores, pues se desaprovecharía el valor de gran parte del espectro audiovisual.

El Clúster también se pensó en términos de descentralización e inclusión de la comunidad en las distintas etapas productivas, evitando estructuras concentradas con objetivos puramente empresariales, por ejemplo, el caso del Buenos Aires Clúster Audiovisual (BACA), conocido como "El distrito" (en referencia a seis barrios del norte porteño donde se desarrollan sus actividades). Aquí el Estado tiene solo un representante entre cuatro de la comisión directiva y la mayor parte de su organigrama está ocupado por productoras nacionales y extranjeras del *mainstream* publicitario y televisivo, como Pol-ka, Fox, Turner, entre otras. El CAPBA nace entonces como una asociación civil sin fines de lucro, una red de fomento y capacitación audiovisual con orientación cooperativa cuyo objetivo primario es la configuración de una red de redes que integre a realizadores, técnicos, actores, músicos, académicos, entre otros perfiles, para facilitar nuevos proyectos alternativos y comunitarios: "Propone ser un espacio de unión y desarrollo que integra a las empresas del sector, cubriendo toda la cadena de valor del Audiovisual y creando un núcleo compacto de sinergias, innovación y expansión de negocios" (https://capba.wordpress.com/about/).

Su organigrama se constituye en una estructura clásica que incluye una comisión directiva conformada por un presidente, un vicepresidente, un secretario, dos vocales titulares y uno suplente, un tesorero y un revisor de cuentas. El primer presidente fue el mismo Campusano, sucedido en el año 2015 por el realizador Federico Jacobi. El proceso de toma de decisiones se cataliza a partir de las reuniones mensuales generales que se realizan todos los primeros martes de cada mes – que un tanto paradójicamente se realizan en la CABA -, la cual tiene carácter asambleario y es abierta tanto para socios como para no socios. En las reuniones se repasa lo realizado, se debaten producciones presentes y se analizan proyectos futuros. La tendencia del Clúster se delinea en una declaración que sus referentes suelen reiterar: no se trata de una productora sino de un nexo para los distintos profesionales de la rama. De esta manera, lo que se intenta es ante todo la creación de una marca unificada que represente y potencie los intereses de un enorme conjunto de trabajadores del sector audiovisual, a la vez de multiplicar su presencia en los mercados y ferias a nivel nacional, regional e internacional. En este sentido, el Clúster nace también con una ideología definida en relación con un campo cinematográfico dominado por el aparato de Hollywood. A partir de ello, se propone considerar otros mercados y oportunidades de desarrollo, por ejemplo grupos como los BRICS (conformado por Brasil, Rusia, India, China y Sudáfrica) o ciertas cinematografías nacionales como la India (Bollywood) o la de Nigeria (Nollywood), que producen al mismo nivel que Estados Unidos, se trata de espacios de proyección no solo económicos sino también simbólicos con los cuales es posible generar articulaciones que apunten a narrar nuevas historias, personajes y comunidades.

Entre las acciones concretas que el Clúster ha desarrollado en sus cuatro años de vida debemos mencionar la primera convocatoria interna de *teasers* (es una etapa previa al tráiler -que ya entraría dentro de una fase comercial- donde se muestran fragmentos de lo que se está produciendo con el fin de obtener recursos para finalizar una película), realizada en 2014 a través del Programa Cine Próximo, que articuló acciones con otras entidades con objetivos similares de distribución y difusión. Esta primera experiencia, en la cual se reunieron más de treinta *teasers* finalizó con su proyección en el Festival de Mar del Plata y en Espacios Incaa como el Artecinema o el Gaumont Km 0 de la ciudad de Buenos Aires. A raíz del éxito del programa, en 2015 el Clúster decidió crear Talento Integrado, un programa para reunir realizadores noveles y capacitarlos en gestión, técnicas cinematográficas y nuevas tecnologías, y el FI-CI-Prox (Festival Internacional de Cine Próximo), un concurso de *teasers* de dos minutos de duración. Para esta edición, se abrió la convocatoria por fuera del Clúster y solo se aceptaron propuestas de países de Latinoamérica, Asia y África; el único jurado del Festival es el público, que elige los ganadores bajo la premisa de "¿Qué película querés ver terminada?". El resultado fue notablemente productivo, concretando el rodaje de más de veinte largometrajes entre marzo de 2015 y marzo de 2016. Podemos mencionar, entre otras producciones, las películas *El espanto*, de Carlos Lasso; *Ausentismo*, de Mario Altschuler; *Colmena*, de Majo Staffolani de Amoriza; *Ahí viene*, de Federico Jacobi; *El secreto libre*, de Horacio Florentín y *Exilio*, de Holga Tapia.

Como ya hemos señalado, Cinebruto es una amalgama fundamental en todo este armado, por su experiencia en el campo de la producción audiovisual y porque sostiene con infraestructura la demanda de los productores que se van nucleando en cada red. En esta línea, por ejemplo, la productora presta sus instalaciones y equipos a muchas de las personas que participan en las asambleas mensuales del Clúster y que llegan con un guion para rodar en cinco o siete días con presupuestos mucho menores a la media de producción en el marco del FICIPROX o instancias particulares. Campusano también ha filmado sus últimos tres filmes utilizando la plataforma del CAPBA, pasando de generar articulaciones a nivel interprovincial, para *El sacrificio de Nehuen Puyelli*, e internacional, para *Cícero impune*, una co-producción argentino brasilera rodada en Rio Branco (Estado de Acre).

Por último, buena parte de las acciones emprendidas por el CAPBA durante estos años tuvieron que ver con la necesidad misma de generar autosustentabilidad, personal calificado y modelos de gestión acordes a su tendencia asociativista. En este sentido, la red ha podido consolidarse en primer lugar a partir del incremento de los participantes del espacio, si en 2013 se trataba de una decena de realizadores que participaban del diseño de una manera orgánica pero aún descoordinada, en la actualidad el CAPBA cuenta con un centenar de integrantes que trabajan de manera regular dentro de la asociación, además de muchos agentes que articulan acciones particulares. Es de destacar que buena parte de sus cuadros son profesionales jóvenes, estudiantes y trabajadores en formación, y que existe una enorme diversidad de oficios y habilidades entre los participantes, generando un verdadero espacio de intercambio de conocimientos, contactos y prácticas que constituyen ciertamente una experiencia audiovisual colectiva y comunitaria. Por otra parte, desde el punto de vista institucional, el Clúster de la PBA fue el disparador para que otras entidades del mismo tipo surgieran en otras regiones y localidades como Mar del Plata, La Plata, Bariloche y NEA, nuevas redes que posibilitan co-producciones interclusters e interprovinciales en las cuales se combinan ideas y personas de diferentes geografías e idiosincrasias que se fortalecen y promueven el cooperativismo y la capacitación constante.

Presente y expectativas de Cinebruto y el CAPBA

Como hemos observado, Cinebruto y el Clúster se vinculan con otras estructuras de organización y gestión sin perder su autonomía de trabajo. Estas instituciones se diferencian de los formatos burocráticos y verticalistas característicos de muchas de las organizaciones nacidas en el siglo pasado para encarnarse en esquemas multisectoriales y asociativistas, quizás más propios de estos tiempos y más acordes los tipos de proyectos planteados. Este marco, de todas formas, las expectativas de ambos colectivos chocan indefectiblemente con una realidad que se presenta compleja. Desde inicios de 2015, nuestro país ingresó en un proceso acelerado de recesión económica, caída de la productividad y crisis social, marcada por una importante escalada inflacionaria, ajuste salarial y un incremento notable de la pobreza estructural. Los efectos de la restricción macroeconómica, producto de la crisis internacional iniciada a finales del año 2011, encontraron un complemento negativo en políticas públicas neo-neoliberales que buscaron congelar la actividad económica, reducir el déficit fiscal y achicar el gasto público de una manera ineficiente y sin considerar los costos sociales que afectan a buena parte de la clase trabajadora. Los primeros datos arrojados por diferentes organismos oficiales y privados son preocupantes y contundentes, solo por mencionar algunos ejemplos: durante el año 2016 el PBI cayó 2,3% y la inflación acumulada fue del 40,9% (INDEC, 2017), a febrero de 2017 se contabilizaron 249.143 despidos -207.740 despidos y 41.403 suspensiones- (CEPA, 2017); al tercer trimestre de 2016, 1,5 millones de personas cayeron bajo la línea de pobreza (Observatorio de la Deuda Social – UCA, 2017). Un llamativo posteo de Cinebruto en su fanpage de Facebook quizás nos dé un primer indicio sobre la estrategia que la productora plantea ante este complicado panorama social, el título dice: "El director argentino José Celestino Campusano concluyó cuatro largometrajes en cuatro países en seis meses" (https://www.facebook.com/cinebruto/posts/1966198186943853). La noticia describe un itinerario sorprendente que incluye menciones a productoras, organismos e instituciones intermedias asociadas a los proyectos (CAPBA, Virtual 360, Universidad de la Ciudad de Nueva York), locaciones internacionales (Bariloche, Amazonas, La Paz y New York), nuevas temáticas abordadas (la precocidad sexual y delictiva en adolescentes de estratos vulnerables, la inmigración, entre otras) y experiencias técnico-estéticas en proceso (por ejemplo, el primer proyecto de largometraje argentino de ficción en 360°, basado en *La Secta del Gatillo*, libro de Ricardo Ragendorfer). Quizás la nueva respuesta deba ser esta misma, la producción permanente de aquello que surge de una experiencia inagotable, que es el conocimiento social y la fuerza de la creatividad audiovisual comunitaria. En esta línea se orientan las palabras del fundador de Cinebruto:

> Todo nuestro esfuerzo, el haber arriesgado la vida en tantas ocasiones, es todo un esfuerzo en función de dejar el mejor legado, el mejor audiovisual que podríamos dejar, para la posteridad. Porque tal vez de esa forma, y en base a lo autocrítico que es el audiovisual y la autocrítica que pueda generar la comunidad, consigamos que el mundo, por lo menos el mundo que nos compete sea un mejor lugar donde estar (Molfetta y Jones, 2016).

Una postura similar asume el CAPBA, manteniendo la dinámica de sus encuentros, preparando una nueva edición del FICIPROX y articulándose en nuevos proyectos integradores, como la creación de la Federación Audiovisual Argentina (FAVA), una organización de organizaciones de distintos puntos del país – venticuatro hasta el momento – rubricada en el último Festival de Mar del Plata y que promete agitar las aguas del sector audiovisual nacional y comunitario. En términos generales, la producción audiovisual, como otras tantas producciones culturales, se desarrolla en dos grandes esferas: una regida por la lógica de la ganancia y otra donde los criterios de orden responden a otras razones que hemos analizado y que es el sitio donde se ubica el presente de Cinebruto y CAPBA, proyectos que consolidan como realidades que se enuncian colectivamente (Guattari y Rolnik, 2005) para generar múltiples acciones conectadas con las demandas de su contexto real y para desde allí empoderar las comunidades que transforman – y son transformadas – por el mundo.

Referencias bibliográficas

Aguilar, G. (2010). *Otros mundos. Un ensayo sobre el nuevo cine argentino*. Buenos Aires: Santiago Arcos.
Amatriain, I. (coord.). (2009). *Una década de nuevo cine argentino 1995-2005: Industria, crítica, formación, estéticas*. Buenos Aires: Fundación Centro de Integración. Comunicación, Cultura y Sociedad – CICCUS.
Andermann, J. (2015). *Nuevo Cine Argentino*. Buenos Aires: Paidós.
Aumont, J. y Marie, M. (1990). *Análisis del film*. Barcelona: Paidós.
Aumont, J. (1992). *La imagen*. Barcelona: Paidós.
Campero, R. A. (2009). *Nuevo Cine Argentino. De Rapado a Historias Extraordinarias*. Los Polvorines: Universidad Nacional de General Sarmiento – Biblioteca Nacional.
Casetti, F. y Di Chio, F. (1991). *Cómo analizar un film*. Barcelona: Paidós.
Centro de Economía Política Argentina CEPA. (2017). *Hecho en Argentina Análisis de los despidos en febrero de 2017*. Recuperado de https://goo.gl/WSmwor [Consultado el 15 de marzo de 2017].
Comolli, J.L. (2007). *Ver y Poder. La inocencia perdida*. Buenos Aires: Editorial Aurelia Nieva.

Daicich, O. (2016). *El nuevo cine argentino (1995-2010). Vinculación con la industria cultural cinematográfica local e internacional y la sociocultura contemporánea*. Buenos Aires: Ediciones Universidad Nacional Tierra del Fuego / EDUVIM.

Dodaro, C., Marino, S. y Rodríguez, M. G. (verano, 2010). Normalidad, excepción y oportunidades. Dinámica cultural y política en el caso del activismo audiovisual (Argentina 2002-2004). *Revista Lavboratorio. Estudios sobre cambio estructural y desigualdad social*, XI (23), 25-42.

Foucault, M. (2000). *Tecnología del yo. Y otros textos afines*. Barcelona: Paidós.

Gaudreault, A. y Jost, F. (2005). *El relato cinematográfico. Cine y narratología*. Barcelona: Paidós.

Getino, O. (coord.). (2012). *Cine Latinoamericano. Producción y mercados en la primera década del siglo XXI*. Buenos Aires: DAC Editorial.

Guattari, F. y Rolnik, S. (2005) *Micropolítica. Cartografías del deseo*. Buenos Aires: Tinta Limón. Traficante de Sueños.

Instituto Nacional de Estadísticas y Censos INDEC. (2017). *Cuentas nacionales. Vol. 1, n° 4*

Informe de avance del nivel de actividad. Cuarto trimestre de 2016. Recuperado de http://www.indec.gob.ar/uploads/informesdeprensa/pib_03_17.pdf [Consultado el 25 de abril de 2017].

Gumucio, A. (2014). *El cine comunitario en América Latina y el Caribe*. Centro de Competencia en Comunicación para América Latina.

Halfon, M. (2014). Luchando por el metal. *Suplemento Radar. Página 12*. Recuperado de https://www.pagina12.com.ar/diario/suplementos/radar/9-10257-2014-12-21.html [Consultado el 28 de junio de 2017].

Modarelli, A. (marzo, 2011). Los machos ponientes de Vil romance y Plan B. *Kilómetro 111. Ensayos sobre Cine*, 9, 185-196.

Molfetta, A. (org.). (2009a). *Teorías y prácticas audiovisuales. Actas del Primer Congreso Internacional de la Asociación Argentina de Estudios de Cine y Audiovisual.* Buenos Aires: Teseo.

Molfetta, A. (2009b). El documental como técnica de sí: el cine político como práctica de una ética de la finitud. En Lusnich, Ana L. y Piedras, P. (organizadores). *Una historia del cine político y social en Argentina. Formas, estilos y registros (1969-2009).* Buenos Aires: Nueva Librería.

Molfetta, A. (2014). *La reversión del roadmovie y el realismo de los vikingos de Florencio Varela.* Trabajo presentado en el Primer Congreso Internacional de Estética del Cine ART-KINE, Buenos Aires.

Molfetta, A. y Jones, S. (3 de mayo de 2016). Entrevista a José Campusano en INCAA TV. [Archivo de video]. Recuperado de https://goo.gl/ZNr77a [Consultado el 20 de marzo de 2017].

Observatorio de la Deuda Social Argentina, UCA. (2017). *Pobreza y desigualdad por ingresos en la Argentina urbana 2010-2016.* Recuperado de http://www.uca.edu.ar/uca/common/grupo68/files/2017-Observatorio-Informe-Pobreza-Desigualdad-Por-Ingresos-2010-2016.pdf [Consultado el 10 de agosto 2017].

Odin, R. (2006). Arte y estética en el campo del cine y la televisión. Enfoque semiopragmático. *Revista La Puerta FBA*, 2, 130-139. Recuperado de http://sedici.unlp.edu.ar/handle/10915/20044 [Consultado el 2 de octubre de 2017].

Peña, F. (2012), *Cien años de cine argentino.* Buenos Aires: Fundación OSDE.

Prividera, N. (2014). *El País del cine. Para una historia política del nuevo cine argentino.* Villa Allende: Los Ríos Editorial.

Sacroisky, A., y Urturi, A. (2014). *Crédito y comunidad: debates, esquemas y experiencias en el campo de las finanzas solidarias*. Centro de Economía y Finanzas para el Desarrollo de la Argentina, CEFID AR.

Solanas, F. y Getino, O. (1973). *Cine, cultura y descolonización*. Buenos Aires: Siglo XXI.

Stam, R. (2000). *Teorías del Cine. Una introducción*. Barcelona: Paidós.

Stam, R., Burgoyne, R. y Fitterman-Lewis, S. (1999). *Nuevos conceptos de la teoría del cine*. Barcelona: Paidós.

Filmografía

Álvaro Martínez Toledo (productor) y Campusano, J. (director). (2006). *Legión, tribus urbanas motorizadas* [Largometraje documental]. Argentina: Cinebruto.

Campusano, J. (productor y director). (1986). *La caza de la nutria* [Cortometraje documental]. Argentina: sin productora.

Campusano, J y Cinalli, S. (1991). *Ferrocentauros* [Cortometraje documental]. Argentina: sin productora.

Campusano, J. (productor y director). (2000). *Culto suburbano de práctica individual* [Cortometraje ficción]. Argentina: sin productora.

Campusano, J. (productor y director). (2004). *Verano del ángel* [Mediometraje ficción]. Argentina: sin productora.

Campusano, J y Quattrini, G. (productores y directores). (2005). *Bosques*. [Mediometraje ficción]. Argentina: Cinebruto & Primi Quattrini.

Campusano, J. (productor y director). (2008). *Vil romance* [Largometraje ficción]. Argentina: Cinebruto.

Campusano, J. (productor y director). (2009). *Vikingo* [Largometraje ficción]. Argentina: Cinebruto.

Campusano, J.; Barrera, A. y Mónaco, S. (productores y directores). (2011). *Paraíso de sangre*. [Largometraje ficción]. Argentina: sin productora.

Campusano, P.; Padín, J.; Padín, L. (productores) y Campusano, J. (director). (2012). *Fango*. [Largometraje ficción]. Argentina: Cinebruto.

Campusano, J. C. (2012) [1993]. *Mitología Marginal Argentina*. Córdoba: Llanto de mudo Ediciones.

Campusano, J. (productor y director). (2014). *El Perro Molina*. [Largometraje ficción]. Argentina: Cinebruto.

Campusano, J. (productor y director). (2015a). *Placer y martirio*. [Largometraje ficción]. Argentina: Cinebruto.

Campusano, J. (productor y director). (2015b). *El arrullo de la araña*. [Largometraje ficción]. Argentina: Cinebruto.

Campusano, J. (productor y director). (2016). *El sacrificio de Nehuén Puyelli*. [Largometraje ficción]. Argentina: Cinebruto.

Oliveira, R. (productor) y Campusano, J. (director). (2017). *Cícero impune*. [Largometraje ficción]. Argentina – Brasil: Cinebruto.

Padín, L. (productor) y Campusano, J. (director). (2013). *Fantasmas de la ruta*. [Largometraje ficción]. Argentina: Cinebruto.

6

Trabajo, comunicación y democracia

Cooperativas de comunicación audiovisual del Gran Buenos Aires Sur

Leandro González de León[1]

Introducción

Este capítulo tiene por objetivo describir la relación de las cooperativas de trabajo con el campo de la comunicación comunitaria, así como analizar los procesos de producción audiovisual en organizaciones del Gran Buenos Aires Sur de la provincia de Buenos Aires. A tal fin consideramos los casos de las cooperativas El Maizal y Mil Volando.

Concebimos a las cooperativas de comunicación como organizaciones que expresan alternativas tanto en aspectos socio-económicos como simbólicos y culturales. Su inserción en el campo de la economía social, que tiene

---

[1] Licenciado en Ciencias de la Comunicación (Universidad de Buenos Aires). Maestrando en Sociología de la Cultura (Universidad Nacional de San Martín). Comunicador comunitario en la Cooperativa de Trabajo para la Comunicación Social Ltda. (FM En Tránsito y Revista Güarnin). Docente de Introducción a la Historia del Cine (Facultad de Ciencias Sociales, UBA) e Historia del Cine Argentino (Programa UPAMI, UBA). Miembro fundador de Visionado Cine. Se desempeñó como asesor en la Comisión Bicameral de Promoción y Seguimiento de la Comunicación Audiovisual (Senado de la Nación Argentina), así como periodista cultural en radio, gráfica y televisión. / lgdleon@gmail.com

como horizonte general la superación de la relación patrón-empleado, se vale de instrumentos jurídicos y dinámicas organizacionales que hacen posible la autogestión del trabajo. Por otra parte, al tratarse de productoras audiovisuales pequeñas, surgidas al margen del sistema hegemónico de medios de comunicación, generan posibilidades expresivas para comunidades y ciudadanos subrepresentados, estigmatizados o invisibilizados en los modelos de representación dominantes. El ejercicio del derecho humano a la comunicación, esencial para la vida democrática, necesita de una pluralidad de medios tanto para informarse como para expresarse e interactuar con otras comunidades y con el Estado.

El marco ofrecido por la Ley de Servicios de Comunicación Audiovisual (2009), así como por los programas de inclusión digital, generaron condiciones para que las productoras audiovisuales comunitarias emerjan como un actor de resistencia a los medios hegemónicos, haciendo del dispositivo cinematográfico "un productor de subjetividades sociales emancipadas" (Molfetta, 2017), que posibilite modos de expresión disidentes y procesos de singularización en las comunidades (Guattari y Rolnik, 2013, p.94).

Describiremos el proceso de trabajo de las cooperativas audiovisuales del Gran Buenos Aires Sur, desde su fundación hasta el presente, su vinculación con otras organizaciones en red, el modo en que conciben su propia práctica y cómo la exponen a través de sus medios de comunicación institucionales y del relato de sus miembros en entrevistas que realizamos como parte de la presente investigación.

Principios cooperativos

De acuerdo a la Organización Internacional del Trabajo, la cooperativa es una "asociación autónoma de personas unidas voluntariamente para satisfacer sus necesidades y aspiraciones económicas, sociales y culturales en común a través de una empresa de propiedad conjunta, y de gestión democrática" (2002, p.2)

Las ideas cooperativistas se popularizaron a mediados del siglo XIX, en búsqueda de la superación de la relación patrón-empleado, estableciendo un modelo de organización en el que sus miembros participen de la toma de decisiones, así como del reparto de los excedentes. Aunque se registran experiencias previas, la Sociedad Equitativa de Pioneros de Rochdale, fundada en Inglaterra en 1844, fue tradicionalmente considerada la primera cooperativa del mundo contemporáneo. Los trabajadores de Rochdale establecieron los llamados Principios Cooperativos, que rigen la gestión cooperativa. La Alianza Cooperativa Internacional (ICA), fundada en 1895, ha sostenido y actualizado estos principios, que son:

1. Asociación voluntaria y abierta.
2. Control democrático de los miembros.
3. Participación económica de los socios.
4. Autonomía e independencia.
5. Educación, formación e información.
6. Cooperación entre cooperativas.
7. Sentimiento de comunidad (ICA, 2017).

En la Argentina, la primera cooperativa fue El Hogar Obrero, creada en 1905 por el dirigente socialista Juan B. Justo. La acción del cooperativismo argentino tuvo una enorme relevancia en tiempos en los que no existía legislación laboral para los trabajadores y, a través del siglo, algunas cooperativas se erigieron entre los principales actores económicos del país. La caída de El Hogar Obrero en 1991 —que había llegado a tener 2 millones de socios, 300 supermercados y 13.500 empleados— coincidió con la instauración de un modelo neoliberal, en el que los actores de la economía social no volverían a tener esa importancia a nivel nacional[2].

---

2 Al respecto, se puede consultar <http://www.eho.coop/historia>.

Las cooperativas están reguladas por la Ley N° 20.337/73, donde se las define como "entidades fundadas en el esfuerzo propio y la ayuda mutua para organizar y prestar servicios". Según su funcionamiento, la legislación distingue cooperativas de consumo, de crédito, de servicios y de trabajo o producción[3]. De acuerdo a la Resolución 360/75 INAC, "las cooperativas de trabajo tienen por finalidad brindar ocupación a sus miembros, lo que equivale a decir que el objeto social, cualquiera sea la actividad en que ésta consista, deba realizarse por medio del trabajo personal de aquéllos". Los socios aportan su trabajo de forma asociativa, no obteniendo a cambio un salario, sino un porcentaje de los excedentes repartibles.

Cooperativismo y precariado

Si en la sociedad en la que se formaron las primeras cooperativas la principal demanda era combatir la explotación laboral, crecientemente se ha valorado la importancia de las cooperativas en la generación y mantenimiento de puestos de trabajo. En el marco de la globalización, las transformaciones en los procesos productivos, el avance tecnológico y los cambios en la legislación laboral han modificado dramáticamente los mercados de trabajo. El mantenimiento del empleo ha sido afectado por las políticas monetarias, fiscales y sociales de corte neoliberal impulsadas por los principales actores de la economía, haciendo de la desocupación y el empleo precario un problema a escala planetaria. La principal demanda no sería ya mejorar la calidad y la remuneración del empleo, sino meramente generarlo (Camilletti *et al.*, 2005, p.34). La OIT señala que el rol de las

---

[3] La Ley 20.337/73 considera términos sinónimos "cooperativa de trabajo" y "cooperativa de producción".

cooperativas es clave en la creación de empleo y en la "más completa participación de la población en el desarrollo económico y social" (2002, p.6).

En términos de Standing, el contexto en el que surgen las sociedades cooperativas se correspondía con las necesidades del *proletariado*, mientras que en la actualidad estas organizaciones representan alternativas para el *precariado*.

> A diferencia de lo que es común en el proletariado, el precariado tiene un empleo inseguro, inestable, cambiando frecuentemente de un empleo a otro (…), una pérdida de control sobre el propio tiempo y sobre el desarrollo y uso de sus capacidades propias (Standing, 2014, p.8).

Standing —aunque contrario a las políticas de promoción del empleo[4]— ve también en las cooperativas una forma de organización tendiente a mejorar las condiciones de vida del precariado (2013, p.265). No para dar "ocupación", sino para que dispongan de su propio tiempo de trabajo, formación y ocio, en contextos que les permitan establecer relaciones de reciprocidad y colaboración[5].

Como contracara, la cooperativa es un instrumento jurídico que, al no regirse por las reglas del derecho laboral, puede ser utilizado para promover la precarización. Al respecto, Raffo advierte que en muchas ocasiones, especialmente en el ámbito de la producción audiovisual, se utilizan estas formar jurídicas para ahorrar los costos de protección de los trabajadores. Es el caso de las llamadas "cooperativas en fraude de la ley" —que de diversas formas incumplen

---

[4] "Los empleos deberían ser tratados como instrumentales (...). El derecho a trabajar debe reforzarse apartándose de los empleos" (Standing, 2013,pp.257-258)

[5] "La libertad significa formar parte de una comunidad en que se realiza mediante su ejercicio (...). El precariado es libre en el sentido neoliberal, libre para competir, para consumir y para trabajar, pero no es libre en cuanto que no existe una estructura asociativa desde la que se pueda rechazar a los paternalistas o se pueda mantener bajo control el impulso competitivo opresor" (Standing, 2013,p.263).

con sus obligaciones formales ante el Estado— y de las "cooperativas cautivas"—cuya actividad se limita a trabajar para una única sociedad comercial, de la que depende para existir (Raffo, 2017, p.402). La cooperativa debe poder probar la participación de sus trabajadores en carácter de socios, tanto en la toma de decisiones como en el reparto de excedentes. Si la relación de los trabajadores con la cooperativa es una mera formalidad sin voz ni voto efectivo en asamblea o si percibe un pago fijo para la tarea que realiza, se trata de una relación de dependencia encubierta y no de un acto cooperativo[6].

En suma, el modo de gestión cooperativo constituye para los trabajadores una alternativa a la gestión de la empresa capitalista, tanto en su dimensión socio-económica como cultural. Ambas dimensiones, acordes a los principios cooperativos, son necesarias para que la sociedad cooperativa tenga un desarrollo genuino, aún estando inserto en un sistema económico hegemónicamente capitalista.

Al respecto, Raffo (2017) observa:

> Los beneficios prometidos por el movimiento cooperativo han sido rigurosamente ciertos: lo que resultaba utópico era pensar que mediante la proliferación de cooperativas se superarían las injusticias y las inequidades de un modo de producción que toma todas sus decisiones orientado por la lógica empresarial, que lleva a buscar, por diferentes caminos, la maximización del lucro (p.403).

---

[6] El decreto 2015/94 en su artículo 1º veda "el funcionamiento de cooperativas de trabajo que, para el cumplimiento de su objetivo social, prevean la contratación de los servicios cooperativos por terceras personas utilizando la fuerza de trabajo de sus asociados" (Poder Ejecutivo Nacional, 1994).

Derecho a la comunicación

A contrapelo de las corrientes que ven en la comunicación un fenómeno relativamente reciente en la historia —anclado en la innovación tecnológica y el avance de los medios masivos— entendemos a la comunicación como una dimensión de las relaciones humanas. La capacidad humana para comunicarse —la adquisición y el desarrollo de un lenguaje— es constitutiva de la vida en sociedad. Llamamos *comunidad* al modo en que se manifiesta la *relación* entre seres racionales. Tal como sostiene Pasquali (2007), las relaciones de comunicación convierten la co-presencia en convivencia y hacen del otro un prójimo. "Sin comunicación no hay comunidad posible" (p.49).

Una descripción del sistema de comunicaciones de una comunidad es una forma de caracterizar a la comunidad misma: su identidad, su sistema de valores, su memoria colectiva. Por lo tanto, el control de los sistemas de comunicaciones por parte de las élites es una de las formas más eficaces de control social (Pasquali, 2007, p.95). El libre ejercicio de la comunicación es un derecho humano, que es necesario garantizar y ampliar en las sociedades democráticas.

> Cada comunidad que ejerce el *derecho a comunicar* configura una representación, es decir, un sentido colectivo para la comprensión de los valores, las normas, las conductas, las tradiciones, los rituales y los hábitos que la hacen una cultura particular y distinta, inconfundible para sus propios miembros y para otras culturas" (Gumucio Dagron, 2015, p.468).

Una comunidad que no dispone de los recursos y las condiciones necesarias para el ejercicio de este derecho se ve empobrecida en términos relacionales e inevitablemente comienza a ser comunicada/narrada por otros. La desigualdad comunicacional es otro aspecto de las relaciones de dependencia y opresión económica, política y social.

El proyecto de un Nuevo Orden Mundial de la Información y la Comunicación, plasmado en el Informe McBride (UNESCO, 1980) aspiraba a reducir el desequilibrio comunicacional, limitando la concentración, promoviendo la diversidad de medios de comunicación, especialmente en los países del tercer mundo. El informe marcó un hito en los estudios del área, así como un punto altísimo de las luchas por la democratización, pero no tuvo consecuencias en los sistemas comunicacionales, aún concentrados[7].

La tradición liberal ha rendido culto a la "libertad de expresión" y al "acceso a la información" como pilares en el ejercicio de la comunicación. Estos derechos —por cierto, indiscutibles— resultan insuficientes para aproximarnos a una comunicación efectivamente democrática.

La UNESCO estableció como indicadores fundamentales del grado de democratización al *acceso* y a la *participación* (1977). El *acceso* comprende dos niveles, la *elección* y la *retroacción*. La *elección* implica que los ciudadanos puedan elegir entre diversas fuentes de comunicación, esto es, que exista un entramado de soportes disponibles diversos para los usuarios. Aunque parezca elemental, el acceso a fuentes de información diversas no está garantizado en la Argentina, donde el servicio de televisión abierta, por ejemplo, no ha tenido nunca alcance en todo el territorio nacional[8]. Por otra parte, la posibilidad de elección requiere no solo más opciones en términos de cantidad, sino en relación al

---

[7] De hecho, la publicación del Informe McBride fue una de las razones que llevó a los Estados Unidos e Inglaterra a abandonar la UNESCO (Gumucio Dagron, 2015, p.457; Pasquali, 2007, p.68).

[8] "Con la "subida" al satélite de las señales de radio y de televisión privadas y públicas (generalizada a principios de los '90 en América Latina), este primer nivel de acceso se concibió como *virtualmente* cubierto en casi todo el mundo. Sin embargo, atendiendo a las particularidades de las minorías étnicas, y a la población rural dispersa, razones de índole idiomática (no todos hablan las lenguas oficiales) y económica (no todos disponen de pequeñas antenas parabólicas o equipos necesarios para bajar las señales, si es que éstas no están codificadas), podemos afirmar que aún entrado el siglo XXI existan grupos poblacionales excluidos de la posibilidad de recibir radio y TV" (Rossi, 2016, p.6).

tipo de contenidos que se ofrecen. Un sistema de medios competitivo tiende a estandarizar la oferta con vistas a captar una audiencia masiva y a desatender demandas de las minorías —adultos mayores, poblaciones que no hablan las lenguas oficiales, entre otras—, que necesitan una programación complementaria.

La *retroacción (feedback)* se refiere a la posibilidad de interacción entre emisores y receptores de contenido. Las intervenciones del público en las transmisiones de los programas constituyen una forma de acceso, aunque siempre enmarcada en las reglas del emisor, la presencia pasiva de personas del público en paneles, juegos o breves entrevistas. Tomado textualmente, el *derecho a ser filmado* formulado en 1930 por Walter Benjamin (2017, p.87), puede considerarse una forma de retroacción[9]. Pero si, como afirma Benjamin en otro pasaje, las personas no ofician de intérpretes sino de gente que auto-expone en su proceso de trabajo (2017, p.90), estarían demandando niveles de participación: ya no *ser filmados,* sino *filmar(se).*

La relación entre acceso y participación no es necesariamente causal ni complementaria. Es evidente que el acceso es condición necesaria para la participación, pero en muchos casos ponderar el acceso se convierte en un obstáculo. Es un lugar común de los gobiernos impulsar políticas de mejoras en materia de comunicación ampliando únicamente el acceso[10]. Tampoco sucede que la sobreabun-

---

[9] "El noticiero semanal demuestra con toda claridad que cualquier persona puede encontrarse en la situación de ser filmada. Pero no solo se trata de esta posibilidad. Todo hombre de hoy tiene derecho a ser filmado" (Benjamin, 2017, p.87).

[10] Por ejemplo, el Ente Nacional de Comunicaciones afirma en su sitio web que el objetivo del organismo es "conducir el proceso de convergencia tecnológica y crear condiciones estables de mercado para *garantizar el acceso* de todos los argentinos a los servicios de internet, telefonía fija y móvil, radio, postales y televisión" y que "establece su rol como regulador de las comunicaciones con el fin de asegurar que todos los *usuarios* del país cuenten con *servicios de calidad*" (ENACOM, 2017). (Las cursivas son nuestras).

dancia de medios de acceso equivale a "más comunicación", sino que tiende a suceder lo contrario: se inhibe la voluntad participativa de los receptores (Pasquali, 2007, p.74).

Llamamos *participación* "a la presencia activa de personas o representantes de distintos sectores políticos, culturales o sociales, con capacidad de definir reglas, formatos y/o grillas de programación en medios de comunicación social de gestión estatal, pública o privada" (Rossi, 2016, p.11). Comprende tres niveles: la intervención en la *producción* de mensajes, oportunidades irrestrictas de producir contenidos y asistencia técnica; intervención en la *toma de decisiones* tanto en la programación, así como en la gestión de organizaciones dedicadas a la comunicación; y la *formulación de planes y políticas* de comunicación (UNESCO, 1977, p.4).

En la Argentina, los medios de comunicación que participaron desde 2004 de la Coalición por una Comunicación Democrática[11] representan un ejemplo de participación. En muchos casos se trata de medios que producen contenidos de forma comunitaria y autogestiva, articulados en red con otras organizaciones, que participaron de la formulación de políticas que alcanzaron la sanción de la Ley de Servicios de Comunicación Audiovisual (2009). Las demandas de la Coalición apuntan a la regulación del sistema de acuerdo a principios democráticos y plurales, pero más allá del alcance que ha tenido a nivel legislativo, la actividad de estas organizaciones ya constituye *per se* un hecho democrático.

Tal como afirma Pasquali (2007):

> Un modesto fenómeno participativo, como una pequeña estación de televisión local, libremente administrada por la comunidad, haría lo que ninguna sobredosis de acceso logrará jamás: mejorar la relacionalidad y generar una participación y comunicación genuinas (p.74).

---

[11] La Coalición redactó en 2004 el documento "21 puntos por una radiodifusión democrática", que sentó las bases de la Ley de Servicios de Comunicación Audiovisual (Coalición por una Comunicación Democrática, 2016).

Los medios de comunicación comunitarios, así como las organizaciones que los nuclean, resultan imprescindibles para que las comunidades se realicen. En la medida en que cada comunidad se apropie de las tecnologías de la comunicación y organice sus propios medios, tendrá lugar un creciente empoderamiento social.

> El fortalecimiento organizativo, la recuperación de la memoria y de la identidad colectiva y, en última instancia, el crecimiento de la vida democrática son los verdaderos resultados del proceso comunicacional (Gumucio Dagron, 2015, p.459).

Reconocimiento y redistribución

Los casos que analizamos transitan dos caminos potencialmente transformadores: la gestión cooperativa, como una alternativa al modo de producción capitalista; la comunicación popular/comunitaria/alternativa, como espacios diferenciados de los medios de comunicación hegemónicos. Nos resulta rico analizarlo a la luz del dilema redistribución/reconocimiento, tal como lo plantea Nancy Fraser (1995).

La autora distingue analíticamente dos formas de injusticia:

- La injusticia socioeconómica, anclada en la estructura económica y política de la sociedad. La explotación laboral, el desempleo y la privación material son sus manifestaciones más evidentes.
- La injusticia cultural y simbólica, arraigada en los modelos sociales de representación. Distintas expresiones de la dominación cultural, como la falta de reconocimiento (invisibilidad) y la falta de respeto (etiquetamiento, discriminación) constituyen formas de injusticia simbólica.

Desde ya, ambas formas de la injusticia son inseparables en la práctica, pero la distinción analítica permite comprender las acciones de distintos grupos en pos de mejorar sus condiciones de vida. La solución para la injusticia económica tendrá lugar en alguna reestructuración política y económica, que Fraser denomina genéricamente *redistribución*. La injusticia cultural se reduce mediante cambios culturales en los que se reconozcan y valoren positivamente a los grupos segregados o, más profundamente, se transformen los modelos de representación. Estas transformaciones, consideradas ampliamente, son denominadas *reconocimiento*[12].

Siguiendo esta distinción analítica, la clase obrera marxista (por ejemplo, los trabajadores de Rochdale) puede considerarse un caso extremo de injusticia económica. Una redistribución económica puede reducir los márgenes de injusticia en el que viven y precisamente ese es el eje de sus demandas. Por otra parte, las comunidades gay o lesbiana ven vulnerados sus derechos de expresión, sufren estigmatización, etc., de un modo que solo puede combatirse mediante el cambio cultural. Se trata de un problema de reconocimiento, no derivado de la estructura económica sino de los modelos de representación.

Existe un tercer grupo, que Fraser llama *comunidades bivalentes* (1995), que necesitan ambas soluciones, ya que padecen tanto subordinación económica como cultural. De forma paradigmática, el género y la raza son comunidades bivalentes. Tanto el género como la raza se asemejan a la clase, en la medida en que son factores determinantes en la división del trabajo capitalista. Al mismo tiempo, en el campo cultural, "lo femenino", "lo negro" son representados con devaluación y desprecio. Los procesos para combatir ambas formas de la injusticia no siempre confluyen: si ser "negro" fuera únicamente una condición socio-económica,

---

[12] En términos de Guattari, "el capital se ocupa de la sujeción económica y la cultura de la sujeción subjetiva" (Guattari y Rolnik, 2013, p.24).

en un mundo más justo esta distinción tendería a desaparecer. Pero en el campo cultural, la situación es inversa: se hace necesario un proceso de reconocimiento y de valoración de la diversidad.

Las cooperativas de comunicación del Gran Buenos Aires Sur accionan en ambos sentidos: las integran jóvenes, mujeres, gays, migrantes, habitantes de la periferia, que ejercen el derecho a la comunicación desde espacios comunitarios, sumando voces marginadas de los medios de comunicación hegemónicos (*reconocimiento*), a la vez que se proponen organizar su propio trabajo con los instrumentos de la economía social (*redistribución*).

El Maizal

> Somos una cooperativa de trabajo. Nos dedicamos a la producción de contenidos comunicacionales tanto gráficos, audiovisuales como radiales. Somos un grupo de profesionales que se caracteriza por el trabajo en equipo, siempre buscando dejar una impronta creativa y de calidad en nuestras realizaciones audiovisuales. Nos formamos como grupo cooperativo a partir de nuestras distintas experiencias vinculadas con la comunicación y la producción de contenidos.
> A lo largo de nuestra historia, hemos realizado ficciones, documentales y videoclips, desarrollando integralmente cada producto. Desde la gestación de la idea, al guión, la realización y la edición. Somos participantes activos en diferentes espacios sociales y culturales que enriquecen de un modo práctico, nuestra formación y especialización en las distintas áreas de la actividad (El Maizal, 2015).

La Cooperativa de Trabajo El Maizal Producciones Ltda. (en adelante, EM) fue fundada por un grupo de estudiantes de Comunicación Social de la Universidad Nacional de Quilmes, que en 2010 participaba de un voluntariado universitario de alfabetización popular en el frigorífico de

Máximo Paz, una cooperativa local[13]. Los trabajadores de la cooperativa introdujeron a los estudiantes en su modelo de gestión y los alentaron a organizarse.

En 2011, los miembros de lo que sería EM iniciaron los trámites ante del Instituto Nacional de Asociativismo y Economía Social (INAES)[14] y, de acuerdo a su propio relato, fue un proceso arduo, que ellos atribuyen a sus escasos "contactos" en el ámbito de la política.
Así lo recuerda C. (2016)[15]:

> Los trámites tardaron millones de años. Es una cosa muy tediosa si no tenés contactos políticos que te ayuden... Nosotros en ese momento no teníamos (y ahora tampoco) ningún contacto que nos podía acelerar el trámite.

También sostienen que el contexto en el que se estaban realizando su evaluación impactó negativamente en la celeridad del registro.

> Justo en ese momento fue todo el conflicto con la ley de servicios de producción audiovisual (...) y había mucho conflicto con Clarín. Muchos del gobierno pensaban que las cooperativas que salían eran cooperativas "de Clarín". Entonces nos entrevistaron pensando que podíamos ser de Clarín... [Una estrategia] de los grupos hegemónicos para poder seguir funcionando como funcionaban (2016).

---

[13] La Cooperativa de Trabajo Frigocarne Máximo Paz Ltda., más conocida como Frigocarne sin Patrón, es una empresa recuperada por sus trabajadores y constituida como cooperativa en el año 2005. Está ubicada en la localidad de Máximo Paz, partido bonaerense de Cañuelas (Chacho, 2016).
[14] Según lo establecido en el decreto 721/00, el INAES es la autoridad de aplicación de la Ley 20.337 de Cooperativas, en remplazo del disuelto Instituto Nacional de Acción Cooperativa (INAC) (Poder Ejecutivo Nacional, 2000).
[15] Entrevista realizada por Andrea Molfetta y Cecilia Fiel el 1 de junio de 2016, como parte del Proyecto de Investigación Plurianual (PIP) 0799 de CONICET.

Las entrevistadas se refieren a los conflictos derivados de la aplicación de la Ley de Servicios de Comunicación Audiovisual, que obligaba al Grupo Clarín, el mayor multimedio del país, a adecuarse desprendiéndose de parte de sus medios de comunicación. Se especulaba que el Grupo podía crear cooperativas de comunicación *ad hoc* como una forma de eludir el cumplimiento de la ley[16].

Finalmente, EM obtuvo su matrícula en diciembre de 2012. El grupo no tenía actividades regulares en ese momento y tardó varios meses en empezar a funcionar como productora audiovisual. El proyecto que consolidó al grupo fue *Verde*, un cortometraje de ficción realizado en marzo de 2013. En 2014, la cooperativa presentó un proyecto que le permitió acceder al Programa Manos a la Obra del Ministerio de Desarrollo Social[17]. Con el dinero del subsidio compraron el equipamiento necesario para montar una productora audiovisual. Además de proveer los recursos económicos, el Programa funcionó como un ordenador para la organización interna de la Cooperativa y les otorgó visibilidad.

> D: Cuando nos dijeron que había salido, medio que entramos en shock y no sabíamos bien cómo nos íbamos a organizar, porque era muchísima plata… Ahí fue como… "bueno, hay que organizarse en serio".

> C: Estos son recursos que nos da el estado para organizarnos. Después de eso tuvimos un montón de repercusiones dentro del ministerio, (…) nos decían que éramos una de las cooperativas modelo del Manos a la Obra… Habíamos podido resolver nuestro trabajo. Nos vinieron a entrevistar desde el Ministerio, desde la Universidad de La Plata… (2016).

---

16 El artículo 161 de la Ley obligaba al grupo a desinvertir y dividirse en varias empresas.
17 El Programa Manos a la Obra consiste en "subsidios no reintegrables para que los emprendimientos adquieran maquinarias, equipamiento, herramientas e insumos y así promuevan el desarrollo sus actividades" (Ministerio de Desarrollo Social, s.f).

La relación con el Ministerio de Desarrollo social continuó durante el año 2015, en el que EM realizó una serie de piezas audiovisuales sobre el Programa Argentina Trabaja.

> Se monitoreaba y registraba una serie de cooperativas que se eligieron para trabajar en un proyecto que partía desde el Argentina Trabaja pero buscaba salirse del programa. O sea que con proyectos propios de la cooperativa puedan hacer un proyecto productivo que funcione por fuera del programa. Hacíamos el registro de las capacitaciones y el registro de las cooperativas.

La experiencia representó para EM un requerimiento sostenido de trabajo audiovisual que se extendió un año y medio, a la vez que les permitió conocer las realidades de cooperativas de otros rubros y latitudes.

> C: Las cooperativas se encontraban para charlar sobre el reglamento interno de la cooperativa. Primero se hacía como un gran encuentro entre todas las cooperativas para ver qué problemáticas tenían y después trabajaban en grupos. B: Los problemas que teníamos los tenía mucha gente… Si nosotros no teníamos ese trabajo tal vez no íbamos a ver y nos frustraba un poco. A: Quizás no dimensionábamos que eran comunes a todos (2016).

De acuerdo a su propio relato, la cooperativa EM piensa su desarrollo en etapas: su constitución formal como cooperativa; la consolidación de la productora audiovisual; y en tercer lugar, en 2015, la creación del espacio El Choclo Cultural, centro de actividades artísticas y comunitarias situado en Berazategui. A un año de su inauguración, la Confederación General de las Cooperativas de Trabajo lo consideraba "un punto de referencia en la zona para la comunidad que encuentra allí un lugar de intercambio, de expresión y de contacto permanente" (CNCT, 2016).

El cambio de gobierno implicó el fin de la articulación con el Ministerio. La estrategia de EM ha sido, durante el año 2016, orientarse a la captación de clientes del ámbito privado. Viven este cambio como una necesidad y un desafío, aunque también transitan una contradicción en términos identitarios:

> D: Cuando nos cambió un poco el panorama y empezamos a buscar clientes, nos cuesta un montón decir 'hola, somos una empresa de comunicación', porque nos autodefinimos como cooperativa. (…) Tenemos que entender que a muchos clientes no les importa. A: Sí, de diez clientes, debe haber uno que nos elige por ser cooperativa. Estamos trabajando en una campaña de comunicación en la cual resaltamos que somos cooperativa. Decimos "elegí trabajar con cooperativas" y promocionamos otras cooperativas, por más que sean del mismo rubro. Porque no las vemos como competencia, entendemos que hay trabajo para todos. Obviamente que necesitamos trabajar y nos importan cuánto trabajo tengamos o no, pero también nos parece enriquecedor trabajar con otras cooperativas (2016).

Tanto en el relato de sus miembros como en sus medios de comunicación, los valores de cooperativismo aparecen con más frecuencia que su identidad local o sus vínculos con la comunidad.

EM representa para sus integrantes una forma de gestión horizontal. Sus valores cooperativos se extienden también a muchos de los contenidos que producen, así como en su participación en redes. En segundo término, es una oportunidad de trabajo profesional en su propio territorio. Oriundos de la ciudad de Berazategui, habiéndose formado algunos de ellos en la vecina localidad de Quilmes, los comunicadores de EM articulan con muchos otros actores culturales del Gran Buenos Aires Sur:

> C: Participamos de muchas experiencias en el Nodo Conurbano Sudeste, un proyecto que surgió del Ministerio de Planificación, de muchas universidades, la Universidad de Quilmes, la Jauretche y Avellaneda (…). Trabajamos con Despierta Voces, que son casi todos profesores de la Universidad de Quilmes, de la Tecnicatura en Economía Social. Después

trabajamos con una organización de artistas de Florencio Varela, con canales de Florencio Varela, con productores independientes que no estaban agrupados en asociaciones ni en cooperativas, con unas chicas que son de Quilmes que se llaman 'El ojo y la oreja' (…) (2016).

No obstante, no es tan evidente en EM la representación de la cultura local[18]. Berazategui o el Gran Buenos Aires Sur no se mencionan en las descripciones de su sitio web y redes sociales, ni aparecen tematizados en la mayoría de sus producciones.

En relación a lo comunitario, expresan sentimientos encontrados, frecuentes en el campo de la *comunicación popular, comunitaria y alternativa* (Peruzzo, 2015).

> C: Me parecen valiosísimas las experiencias comunitarias, desde el teatro comunitario, los centros culturales comunitarios, pero nosotros al ser una empresa nos salimos un poco de eso. Si bien toda nuestra impronta audiovisual tiene que ver con el Conurbano, con pensar audiovisuales propios de acá, que no tengan que ver tanto con Capital, seguimos siendo una empresa que tiene necesidad de vivir. Entonces a veces nos encontramos con un montón de proyectos que son geniales y que nos encantaría hacer pero que los dejamos relegados a los que tenemos que hacer para vivir, eso nos pasa un poco. Ponele nosotros tenemos un proyecto de un festival de cine comunitario que queremos armar hace un montón, pero nunca lo pudimos hacer porque la organización de eso siempre queda relegada a otras cosas. (2016)

---

[18] En el mencionado cortometraje *Verde* seguimos a una mujer abrumada por la alienación urbana que encuentra la paz en el campo. La acción transcurre parcialmente en Berazategui, de la que vemos algunas calles, el tren y el toldo de una verdulería llamada justamente "Berazategui", pero la ciudad es representada como una continuidad de la Ciudad de Buenos Aires, de la que también se muestran imágenes en torno a la concepción de la vida urbana como opresiva y caótica.

En este comentario, presentan el conflicto entre la búsqueda de rentabilidad e inserción profesional, y la necesidad de llevar adelante acciones transformadoras en el campo social y cultural. Al autorepresentarse como trabajadoras de la comunicación y hacer de su organización una fuente de trabajo rentado en su propio territorio, se distancian de otras organizaciones sin fines de lucro[19], motivadas por objetivos sociales y culturales. Bajo una concepción puramente culturalista de lo comunitario, no se consideran parte de ese campo por haber priorizado acciones que persiguen, en términos de Fraser (1995), la *redistribución* antes que el *reconocimiento*. Perciben las necesidades económicas y culturales como campos diferenciados en la práctica, ante los que deben optar[20].

Algunos autores (Peruzzo, 2015) coinciden en que el lucro no tiene lugar en las experiencias de comunicación comunitaria, basado en principios públicos para ampliar la ciudadanía. Nuestra posición es que —siguiendo a Gumucio Dagron (2014) — las fronteras de lo comunitario no están claramente definidas, ni pueden estarlo (p.32) y podemos hablar de comunicación comunitaria en la medida en "que involucra y promueve la apropiación de los procesos de producción y difusión por parte de la comunidad" (p.24), un camino que EM indudablemente ha transitado. El trabajo de la cultura genera tanto capital económico como "capital cognitivo y simbólico (…) generando efectos organizacionales y políticos transformadores" (Molfetta, 2015).

---

[19] En las cooperativas de trabajo, los socios no obtienen ganancias en relación al capital ni a los medios de producción aportados, ni tampoco reciben salarios. El dinero que reciben proviene del excedente, repartido en relación al trabajo que los socios aportaron en cada proyecto. Las cooperativas son consideradas organizaciones sin fines de lucro, ya que el objetivo no es la reproducción infinita del capital, pero sí existe valor agregado como resultado del trabajo.
[20] Tal como advertía Guattari, la escisión de la esfera cultural de su realidad política y económica favorece la perpetuación de los modos de semiotización dominantes. (Guattari, 2013, pp.23-24).

EM ha accionado para asegurarse los recursos económicos de base, con un modelo de gestión cooperativo, y es en este campo, el del trabajo, donde representa una propuesta alternativa de comunicación.

Mil Volando

> Somos una cooperativa de trabajo cuyo objetivo es abrir un espacio de difusión a las problemáticas sociales. Creemos en la acción comunitaria, el compañerismo y la horizontalidad. Nuestras temáticas aportan una mirada crítica sobre los hechos que nos atañen como individuos en esta sociedad haciendo ver que, con creatividad y trabajo, la producción audiovisual independiente puede ser una alternativa a los medios hegemónicos (Mil Volando, s.f).

Mil Volando (MV) surge en 2012 como proyecto de un grupo de estudiantes de cine del Instituto Universitario Nacional del Arte[21], cuyo objetivo era realizar grupalmente proyectos audiovisuales. Sus integrantes participaron de la formación de la Red de Productoras Audiovisuales Comunitarias (Red PAC), que nuclea organizaciones sin fines de lucro, que al amparo de la Ley de Servicios de Comunicación Audiovisual podían acceder al 33% del espectro radioeléctrico. Colegas de la red y de la Cooperativa Argentina Multicolor los introdujeron en el modelo de gestión cooperativo y en los saberes necesarios para obtener la personería jurídica. El objetivo de corto plazo era poder concursar para acceder al FOMECA[22]. Obtuvieron la matrícula en

---

[21] En 2014 se convirtió en la Universidad Nacional de las Artes (UNA).
[22] El Fondo de Fomento Concursable para Medios de Comunicación Audiovisual (FOMECA) es instrumento creado por AFSCA para el cumplimiento del art. 97 inciso f) de la Ley de Servicios de Comunicación Audiovisual, que establece que el 10% de los fondos recaudados por el organismo (gravámenes y multas) sea destinado a proyectos especiales de comunicación audiovisual comunitarios, de frontera y de los pueblos originarios (AFSCA, 2014).

diciembre de 2014. Antes de obtenerla, con el apoyo de otras cooperativas de trabajo, como la Escuela Mundo Nuevo[23], y de la Confederación Nacional de Cooperativas de Trabajo (CNCT), MV ya pudo funcionar de hecho como una productora audiovisual, donde la mirada cooperativa estaba tanto en su red de relaciones como en los contenidos que producían.

En la serie "Cápsulas" se rescatan experiencias de otras organizaciones comunitarias como FM La Tribu[24] y Eloísa Cartonera[25]. En colaboración con la Escuela Mundo Nuevo, realizaron spot sobre los derechos de los niños. También realizaron cortos de ficción y videoclips.

El nombre proviene de un dicho popular[26]:

> Más vale pájaro en mano, que cien volando... Más vale pájaro en mano es asegurarte algo, irte por lo seguro, es transar en un montón de cosas y nosotros decidimos ser los cien... Incluso más, los mil (2016).

---

[23] Mundo Nuevo es una cooperativa de trabajo creada por docentes en 1972. Administran una escuela de nivel inicial y primario en el barrio de Villa Crespo, Ciudad Autónoma de Buenos Aires. (Escuela Mundo Nuevo, s.f.)

[24] Fundado en 1989, FM La Tribu es un colectivo de comunicación alternativa, que comprende radio, producción audiovisual y editorial, así como un centro de capacitación y un bar, situado en el barrio de Almagro. Formalmente está constituido como una Sociedad de Responsabilidad Limitada (SRL). Forma parte de la Asociación Mundial de Radios Comunitarias (AMARC) (FM La Tribu, s.f.)

[25] Eloísa Cartonera es una cooperativa de trabajo dedicada a la edición de libros. Surgió en 2002 con el objetivo de generar recursos y fuente de trabajo para los recolectores de cartón de la ciudad de Buenos Aires, sustentado con la venta de libros de autores que ceden gratuitamente sus derechos. El proyecto se reveló sustentable y fue replicado en latinoamérica (Cano Reyes, 2011) y en países tan remotos y disímiles como Finlandia y Mozambique.

[26] Entrevista a Carlos Guerrero y Vicente Quintreleo, realizada por Andrea Molfetta y Cecilia Fiel, 14 de mayo de 2016.

La cooperativa es para los miembros de MV un instrumento para organizarse y financiar su trabajo, así como para articular con otras organizaciones en red. Pero también, desde un primer momento, como un espacio de expresión y reconocimiento.

> Nosotros somos personas de la clase baja en Chile, siempre vimos que nuestros padres y nuestras madres eran empleadas domésticas, trabajadores de la construcción, de la fábrica... Entonces hoy tenemos un emprendimiento, que fuera de la lógica de la pyme, que está más cercana al capitalismo, nos permite esta forma amable de construcción, de hacer una puesta en valor de nuestras miradas, porque de fondo es eso. Las cooperativas y las construcciones que nosotros hacemos a través de nuestra productora, son formas de poner en público a la comunidad las cosas que nosotros pensamos, las formas de cómo nosotros las vemos, como emigrantes, como putos, como transexuales, como sudacas (2016).

Como jóvenes, migrantes y habitantes del Gran Buenos Aires Sur, los miembros de MV otorgan un lugar central a la visibilización de su(s) comunidad(es) y al cuestionamiento de los modelos de representación. La articulación de MV con la banda de cumbia Sudor Marika es especialmente rica por sus acciones en función del reconocimiento. Se trata de una banda que se autodenomina militante de género y su propuesta consiste en reapropiarse de la cumbia, un género de amplia difusión en las clases populares argentinas, a la vez que históricamente androcéntrico y heteronormativo. Los videoclips que MV realizó para la banda presentan cuerpos sexual y étnicamente diversos, con la localidad de Dock Sud como escenario, diferenciándose también de la cuidada estética gay de las clases medias y altas de la Ciudad de Buenos Aires. En sus declaraciones, MV polariza con la Ciudad y con los medios de comunicación hegemónicos, pero a su vez hacen referencia a conflictos que el trabajo ha suscitado en su propio barrio:

Tenía como intención jugar con la marginalidad, de lo marginal que es ser puto, trans, lesbiana y lo marginal que es ser de Dock Sud... Sudor Marika milita también esta idea de que somos de Dock Sud (2016).

Tematizar la diversidad sexual ligada a la identidad de Dock Sud, generó hostilidad hacia MV por parte de grupos locales. Algunos vecinos de la localidad de Dock Sud —históricamente masculina, obrera, futbolera— vieron en estos productos un ataque a su identidad barrial. MV menciona reiteradamente el "riesgo" que implica su tarea de comunicadores, en principio referido a la incertidumbre económica, pero también a casos en los que exponer problemáticas y cuestionar los modelos de representación dominantes da lugar a disputas simbólicas con distintos actores de la comunidad.

Tanto en sus medios de comunicación institucionales, como en la entrevista que brindaron para esta investigación, los miembros de MV destacaron la fuerte impronta militante de su trabajo en comunicación, su intención de visibilizar problemáticas de grupos marginados y su identificación política pero también estética con el Conurbano sur, sus paisajes y su gente.

Participación en red

Tanto EM como MV participan de la Red Colmena, que nuclea a las cooperativas de la CNCT dedicadas a la comunicación. El trabajo con la red les ha permitido involucrarse en diversos proyectos que tienen a las necesidades de las organizaciones de la economía social como motor. También ha sido un espacio formativo, de contención afectiva y económica.

En materia de comunicación, al haberse constituido como cooperativas y acceder a programas de fomento estatal, EM y MV alcanzaron el primer nivel de participación, el de la *producción* (UNESCO, 1977). También se reservan para sí la *toma de decisiones* sobre su trabajo. Pero las posibilidades de ampliar aún más la participación son restringidas.

La disolución de AFSCA y la creación de ENACOM (Decreto 267/15), marcó un notable cambio en los objetivos que el Estado se propone en relación al acceso y participación de la comunicación. La Ley 26.522, en el derogado artículo 12, establecía entre las misiones de AFSCA "promover la participación de los servicios de comunicación audiovisual en el desarrollo de la Sociedad de la Información y el Conocimiento" (inc. 5), así como la "promoción de la existencia de los más diversos medios de comunicación que sea posible, para favorecer el ejercicio del derecho humano a la libertad de expresión y la comunicación" (inc. 10). ENACOM, en cambio, se inclina claramente por el acceso, comprometiéndose a "promover la plena inclusión digital, facilitando a toda la población el acceso a las oportunidades que brindan las Tecnologías de la Información y las Comunicaciones" así como "resguardando la debida defensa de los usuarios y fomentando la prestación de servicios con altos estándares" (ENACOM, s.f). La marcada impronta técnica, así como la denominación de los ciudadanos como usuarios, establece desde su creación que el organismo tiene como único horizonte lo que en términos de UNESCO es apenas el primer nivel de acceso: que los ciudadanos reciban señales "de calidad" de radiodifusión y telecomunicaciones en el territorio nacional.

Este cambio paradigmático no solo tuvo consecuencias para las cooperativas de comunicación en su posibilidad de diálogo y articulación con el estado, sino que también los afectó de forma directa en sus recursos. Al momento de realizar las entrevistas (mayo y junio de 2016), EM y MV no habían recibido el dinero del FOMECA, pese a haber ganado los concursos durante el año anterior. Los concursos del FOMECA continuaron funcionando en la órbita de ENACOM, pero los pagos fueron interrumpidos alegando irregularidades en su adjudicación.

La comunicación ya no es concebida por el Gobierno como un derecho, sino como un servicio. Son las organizaciones, articuladas en redes, las que pueden accionar en pos de una comunicación más democrática, ampliando los niveles de participación.

Conclusiones

En la experiencia del audiovisual comunitario consideramos su potencial transformador en dos dimensiones: la socio-económica y la simbólico-cultural. La sociedad cooperativa es una alternativa a la sociedad empresarial capitalista y tiene entre sus objetivos reducir los márgenes de injusticia socio-económica, en un proceso que llamamos *redistribución* (Fraser, 1995).

Por otra parte, los medios de comunicación popular, alternativa o comunitaria, resultan imprescindibles para dar voz a los sectores marginados de los medios hegemónicos. Dar voz es conceder espacio a la expresión del propio imaginario, a modelos de representación distintos de los dominantes, en un proceso que llamamos *reconocimiento* (Fraser, 1995). El reconocimiento en el campo de la comunicación requiere instancias de *participación* (UNESCO, 1977; Rossi, 2016), que no se agotan en la producción de los propios mensajes, sino también en las tomas de decisiones y en el diseño de políticas para el sector.

Las cooperativas de comunicación, en la doble tarea de gestionar el propio trabajo y de visibilizar comunidades, emergen como actores fundamentales en la vida democrática. Tanto El Maizal como Mil Volando han emprendido en los años recientes este camino aunque, debido a diferencias de origen y de concepción, privilegiando distintas dimensiones. Esa impronta se puede leer hasta en los nombres que han elegido: El Maizal, un espacio de trabajo y producción; Mil Volando, un lugar para la multiplicación de los sueños.

El trabajo autogestivo ha dado buenos resultados en términos de reconocimiento: los cooperativistas, entre el desempleo y la precarización, consiguen ocupación, espacios de participación y responsabilidad (Standing, 2013). Es cierto que, insertos en una economía eminentemente capitalista, con un sistema de medios concentrado, no logran sustentar plenamente su tarea y persisten, al interior de sus organizaciones, muchos aspectos de la precarización laboral. No obstante, pese a los disímiles alcances que han tenido estas organizaciones en términos económicos, resultan actores imprescindibles para la democracia.

Por la igualdad y la diversidad, por la necesidad de que las comunidades se organicen, se narren, se representen, serán necesarios más y mejores medios comunitarios, garantes del derecho humano a la comunicación.

Referencias bibliográficas

AFSCA (2014). *Reglamento para el llamado a concurso del Fondo de Fomento Concursable para Medios de Comunicación Audiovisual (FOMECA), resolución número 1048.*
Benjamin, W. (2017). *La forma de arte en la época de su reproductibilidad técnica.* Buenos Aires: La Marca Editora.
Camilletti, A. et Al. (2005). Cooperativas de trabajo en el Cono Sur. Matrices de surgimiento y modelos de gestión, *Unircoop.* Vol. 3, no 1/1re ép. Recuperado de <https://www.econo.unlp.edu.ar/uploads/docs/cooperativas_trabajo_cono_sur.pdf> [Consultado el 20 de octubre de 2017].
Cano Reyes, J. (2011). ¿Un nuevo boom latinoamericano?: La explosión de las editoriales cartoneras, *Espéculo. Revista de estudios literarios*, nº 47, Universidad Complutense de Madrid. Recuperado de <http://webs.ucm.es/info/especulo/numero47/boomlati.html> [Consultado el 20 de octubre de 2017].

Chacho, E. (2016, agosto 31). Frigocarne: la historia de los obreros sin patrón de Cañuelas, *La Izquierda Diario*. Recuperado de <https://www.laizquierdadiario.com/Frigocarne-la-historia-de-los-obreros-sin-patron-de-Canuelas> [Consultado el 20 de octubre de 2017].

Coalición por una Comunicación Democrática (2016, 10 de marzo). 21 Puntos por el Derecho a la Comunicación. En *Coalición por una Comunicación Democrática*. Recuperado de <http://www.coalicion.org.ar/21-puntos-por-el-derecho-a-la-comunicacion> [Consultado el 20 de octubre de 2017].

Congreso Nacional (1973). *Ley de Cooperativas número 20.773.*

Congreso Nacional (2009). *Ley de Servicios de Comunicación Audiovisual número 26.522.*

CNCT (2 de abril de 2016). Centro cultural cooperativo celebra su primer año en Berazategui. En *Confederación Nacional de Cooperativas de Trabajo*. Recuperado de <http://www.cnct.org.ar/centro-cultural-cooperativo-celebra-su-primer-ano-en-berazategui> [Consultado el 20 de octubre de 2017].

El Maizal (23 de noviembre de 2015). El Maizal – Cooperativa de Comunicación. Recuperado de <https://www.youtube.com/watch?v=uIis3ljo-5k> [Consultado el 20 de octubre de 2017].

ENACOM (s.f.). Qué es Enacom, *Ente Nacional de Comunicaciones* [en línea]. Recuperado de <https://www.enacom.gob.ar/institucionales_p33>

Escuela Mundo Nuevo (s.f.). Escuela Cooperativa, cooperativa escuela, *Escuela Mundo Nuevo*. Recuperado de <http://escuelamundonuevo.edu.ar/mnuevo_cooperativa.html> [Consultado el 20 de octubre de 2017].

FM La Tribu (s.f.). Quiénes somos, *FM La Tribu*. Recuperado de <http://fmlatribu.com/quienes-somos/> [Consultado el 20 de octubre de 2017].

Fraser, N, (1995). De la redistribución al reconocimiento: dilemas de la justicia en la era postsocialista, *New Left Review* I-212, July-August 1995. Recuperado de <newleftreview.es/article/download_pdf?language=es&id=1810> [Consultado el 20 de octubre de 2017].

Guattari, F. y Rolnik, S. (2005). *Micropolítica. Cartografías del deseo*. Buenos Aires: Tinta Limón.

Gumucio Dagron, A. (2014). Aproximación al cine comunitario. En Gumucio Dagron A. (Coord.). *El cine comunitario en América Latina y el Caribe* (pp. 17-53). Bogotá: FES.

Gumucio Dagron, A. (2015). Comunicación, desarrollo y cambio social. En Bolaño, C. *et al. La contribución de América Latina al campo de la comunicación: historia, enfoques teóricos, epistemológicos y tendencias de investigación* (pp. 447-478). Buenos Aires: Prometeo.

ICA (s.f). Qué es una cooperativa, *International Cooperative Alliance.* Recuperado de <http://ica.coop/es/node/10584> [Consultado el 20 de octubre de 2017].

INAC (1975). *Resolución Cooperativas de Producción o de Trabajo número 360.*

Mil Volando (s.f). Inicio, *Mil Volando Producciones* [en línea]. Recuperado de <http://milvolando.weebly.com/> [Consultado el 20 de octubre de 2017].

Ministerio de Desarrollo Social (s.f). Proyectos Manos a la Obra, *Ministerio de Desarrollo Social* Recuperado de <http://www.desarrollosocial.gob.ar/manosalaobra> [Consultado el 20 de octubre de 2017].

Molfetta, A. (2015). Un nuevo Tercer Cine se practica en el Conurbano porteño. En *XIII Jornadas Rosarinas de Antropología Visual*. Departamento de Antropología, Universidad de Rosario.

Molfetta, A. (2017). Colectivo y comunitario: voces y economía del cine como resistencia al neoliberalismo en el Gran Buenos Aires Sur. En *El cine que nos empodera. Experiencias y lecturas del cine comunitario del Gran Buenos Aires y Córdoba*. [En prensa].
OIT (2002). Recomendación sobre la Promoción de Cooperativas número 193. Recuperado de <http://www.aciamericas.coop/IMG/recomendacion193.pdf> [Consultado el 20 de octubre de 2017].
Pasquali, A. (2007). *Comprender la comunicación*. Barcelona: Gedisa.
Peruzzo, C. M. K. (2015). Comunicación popular, comunitaria y ciudadana: ejes de investigación y fundamentos teóricos. En Bolaño, C. et al. *La contribución de América Latina al campo de la comunicación: historia, enfoques teóricos, epistemológicos y tendencias de investigación* (pp. 419-445). Buenos Aires: Prometeo.
Poder Ejecutivo Nacional (1994). *Decreto número 2015*.
Poder Ejecutivo Nacional (2000). *Decreto Creación del Instituto Nacional de Asociativismo y Economía Social número 721*.
Raffo, J. (2017). La sociedad cooperativa. En *La producción audiovisual y su respaldo jurídico* (pp. 400-444). Buenos Aires: Libraria.
Rossi, D. (2016). Acceso y participación: el desafío digital entre la garantía de derechos y la restauración desreguladora, *Políticas y Planificación de la Comunicación*. Recuperado de <http://politicasyplanificacion.sociales.uba.ar/files/2014/07/accesoyparticipacion2016.pdf> [Consultado el 20 de octubre de 2017].
Standing, G. (2013). *El precariado. Una nueva clase social*. Barcelona: Pasado & Presente.
Standing, G. (2014). Por qué el precariado no es un "concepto espurio". En *Sociología del Trabajo*, nueva época, *(82)*, pp.7-15, octubre 2014.

UNESCO (1977). *Meeting on Self-management, Access and Participation in Communication*. Belgrade: October 18-21, 1977.
UNESCO (1980). *Many voices, one world. Towards a more just and more efficient world information and communication order*. New York: Unesco.

Filmografía

El Maizal. (12 de mayo de 2014). *Cooperativa de Trabajo Frigocarne Máximo Paz LTDA – Institucional*. Recuperado de <https://www.youtube.com/watch?v=2FNOlv-v7AY>
El Maizal. (13 de mayo de 2014). *Verde*. Recuperado de <https://www.youtube.com/watch?v=MVSpLe9Er48>
El Maizal. (13 de octubre de 2014). *Institucional CNCT*. Recuperado de <https://www.youtube.com/watch?v=HwPFrszLY5o>
El Maizal. (10 de septiembre de 2015). *The Rikimusik China Show.- Cap 1: La Política*. Recuperado de <https://www.youtube.com/watch?v=pQ60G-DjmOk>
El Maizal. (23 de noviembre de 2015). *El Maizal – Cooperativa de Comunicación*. Recuperado de <https://www.youtube.com/watch?v=uIis3ljo-5k>
El Maizal (30 de diciembre de 2015). *#SomosChoclo – Primer Aniversario*. Recuperado de <https://www.youtube.com/watch?v=nrYfUP7VAzM>
Mil Volando. (5 de septiembre de 2014). *Mensajes*. Recuperado de https://www.youtube.com/watch?v=YBybd5HIvfw
Mil Volando. (14 de septiembre de 2014). *Reel Mil Volando producciones 2014*. Recuperado de <https://www.youtube.com/watch?v=PFHkCg0GN0o>

Mil Volando. (26 de octubre 2014). *Cápsulas Mil Volando*. Recuperado de <https://www.youtube.com/watch?v=T7hU6Er33hk>

Mil Volando. (9 de noviembre de 2014). *Cápsula #1 La Tribu FM*. Recuperado de <https://www.youtube.com/watch?v=bhN15wCUOeU>

Mil Volando. (1 de diciembre de 2014). Cápsula #2 Eloísa Cartonera. Recuperado de https://www.youtube.com/watch?v=iNS3bkL7JHQ

Mil Volando. (7 de julio de 2016). *Sudor Marika Ft. Chocolate Remix – Las invertidas*Recuperado de <https://www.youtube.com/watch?v=6_rs5hYVbqc>

Mil Volando. (16 de agosto de 2016). *Spot Mil Volando Cooperativa Audiovisual*. Recuperado de https://www.youtube.com/watch?v=iJmlmpeLc0U

Mil Volando. (21 de agosto de 2016). *Tarea para el Hogar – Información*. Recuperado de<https://www.youtube.com/watch?v=OpIYWtk_Dt4>

Mil Volando. (17 de noviembre de 2016). *Sudor Marika – Compañerx de piquete*. Recuperado de <https://www.youtube.com/watch?v=HmEB2l36Gjw>

Mil Volando. (9 de diciembre de 2016). *Sudor Marika – Gerente de la nada*. Recuperado de <https://www.youtube.com/watch?v=XbhawKQFWLI>

7

La cámara enfoca donde los pies pisan

El trabajo de Cine en Movimiento

Cecilia Fiel[1]

Cine en Movimiento (CM) es una organización civil que surge en el contexto de pos crisis del 2001, exactamente en el año 2002. Frente a las formas de producción ya conocidas, industrial e independiente[2], el objetivo del grupo fue trabajar con formas de producción comunitarias, "acercar las herramientas del lenguaje audiovisual a niños y jóvenes"

---

[1] Magíster en Periodismo Documental por la UNTREF. Licenciada en Artes por la UBA. Es Profesora de Estética y de Estética del Cine y Teorías Cinematográficas en la Facultad de Filosofía y Letras, UBA. Profesora de la cátedra de Estética en el departamento de Artes Visuales "Prilidiano Pueyrredón" en la UNA. Es profesora de Los lenguajes artísticos combinados en el Arte Contemporáneo en la Maestría en Lenguajes Artísticos Combinados de la UNA. Es co-autora de los libros Cuestiones de arte contemporáneo (2007), Estéticas de lo extremo (2013), Formas de la memoria: notas sobre el documental argentino reciente (2013) y Fundido encadenado (2015). Dirigió el documental Margarita no es una flor (2013), sobre la masacre de Margarita Belén (Chaco, 1976). Produjo el documental Requiem para un film olvidado (2017), dirigido por Ernesto Baca. / mceciliafiel@yahoo.com.ar

[2] El concepto de "cine independiente" adquiere notoriedad en nuestro país a partir de la realización del *I Festival de Cine Independiente de Buenos Aires* (BAFICI) en 1999. En nuestro texto entendemos por cine independiente aquel que trabaja con un diseño de producción y financiamiento fuera del formato industrial y por fuera de los fondos del Estado. Si bien es prioritario, en nuestra lectura, que la forma narrativa sea alternativa a la clásica, no siempre se ha considerado cine independiente a películas que presentan una forma renovadora de contar, caso de *El Estudiante* (Mitre, 2011).

para que ellos mismos construyan sus propios relatos deviniendo así en "sujetos políticos productores de cultura", como escriben sus propios integrantes[3]. Entre sus trabajos se destacan los realizados en la Unidad Penitenciaria 47 de San Martin, AMMAR (Asociación Mujeres Argentinas por los Derechos Humanos), movimientos sociales, PAMI, Centros Comunitarios, Centros de Salud y Acción Comunitaria (CESAC), "Arte en Barrios" (Ciudad Oculta y Casa Francisco de la Villa 11-14, Gobierno Ciudad de Buenos Aires) y espacios de recreación dedicados a la niñez en lugares marginales, por mencionar solo algunos ejemplos.

En sus 15 años de trabajo, se han realizado un total de 80 talleres, de los cuales participaron 1.500 jóvenes dando como resultado un total de 296 videos, entre cortometrajes, foto-documentales y registro de actividades[4].

En este capítulo nos acotaremos al trabajo de Cine en Movimiento del Conurbano Sur. Especialmente con el Centro de Veteranos de Malvinas de Quilmes, el centro de día La Casona de Varela y el Centro de Jubilados "Primavera Varelense", los dos últimos de Florencio Varela.

Nuestra hipótesis de análisis, en consonancia con la planteada en la investigación colectiva, *El cine que empodera*, plantea que en el asumir y llevar adelante el acto de enunciar, los actores intervinientes se emancipan de los discursos hegemónicos, sean los políticos o los espectaculares, en ambos casos construidos y difundidos por los grandes medios de comunicación desde las noticias televisivas hasta miniseries, novelas y películas. Este hecho, al mismo tiempo, impacta produciendo una transformación en la subjetividad de sus participantes quienes se reconocen

---

3   Recuperado de: http://www.cineenmovimiento.org/proyecto.html [Consultado en septiembre de 2017].

4   Datos tomados de "Desde los márgenes: filman para contarle al mundo cómo son sus vidas en la villa", Diario La Nación, 11 de mayo de 2016. Recuperado de: http://www.lanacion.com.ar/1897480-desde-el-margen-filman-para-contarle-al-mundo-como-son-sus-vidas-en-la-villa [Consultado en septiembre de 2017].

como sujetos capaces de construir sus propios relatos. Es en la realización de los cortometrajes donde la experiencia audiovisual empodera a los ciudadanos que se han involucrado en ellos. Esta práctica comunitaria irrumpe como una posible vía de emancipación.

En esta nueva forma de producción audiovisual, CM se erige como un articulador entre el Estado y las bases. El Estado participa activamente en la producción comunitaria a través de la subvención de los talleres y canalizando distintas convocatorias: Ministerio de Desarrollo Social para fomentar la producción audiovisual juvenil, el FOMECA (Fondo de Fomento Concursable para Medios de Comunicación Audiovisual) a través del AFSCA, el PAMI, el Programa Nacional de Voluntariado Universitario del Ministerio Nacional de Educación, entre otros. Pero además, han trabajado con la UBA a través de un Proyecto UBANEX, "Los jóvenes frente a los problemas sociales", y del Taller de Comunicación Comunitaria (Facultad de Ciencias Sociales).

Las políticas sociales citadas, en tanto acciones llevadas a cabo por el Estado Nacional, impactan necesariamente sobre la sociedad. A partir del cambio de rumbo de diciembre de 2015 se produjo una bisagra en dichas políticas al interrumpirse la ayuda económica que sustentaba programas sociales. El trabajo que CM venía realizando en Sedronar quedó a medio camino puesto que el Estado incumplió en los pagos que adeudaba. Otra suerte jugaron los grupos de PAMI de Quilmes, Florencio Varela y Berazategui. Pero hay excepciones, el taller del Barrio San Petersburgo (La Matanza) después de que el Estado abandonara las políticas públicas, buscó autogestionar el taller y a través de la organización "Sumado Escuelas" (CTA) pudo concluirlo. No corrió la misma suerte, por ejemplo, La Casita de la Cava (Quilmes), cuyo taller quedó inconcluso.

La autogestión, al fin de cuentas, es un objetivo implícito de la práctica comunitaria. En el caso de CM busca desarrollarlo en la producción de los cortometrajes aunque un desafío pendiente es entroncar las actividades de la producción comunitaria con la economía social y solidaria[5]. El objetivo no sería otro que generar valor y producir intercambios de servicios; esto llevaría a no depender meramente de una política pública. En este sentido, un ejemplo que los guía es el Grupo Chaski[6] de Perú, que extiende la autogestión a toda la cadena productiva. Esto último significa que, para Chaski, el microcine, unidad productiva básica, con actores territoriales, genera a su alrededor un circuito de economía comunitaria, buffet, venta de productos comunitarios, etc., que colabora en la sostenibilidad del proyecto audiovisual.

Un dato llamativo es que los subsidios recibidos por CM provenían de áreas vinculadas a la intervención social y no de aquellas vinculadas al cine y la cultura, es decir, el Estado identificó la herramienta audiovisual como una política social dejando afuera la mirada cinematográfica y artística. Un ejemplo de esto son los recién mencionados talleres realizados bajo la órbita del Ministerio de Desarrollo Social y PAMI (los realizados por el Centro de Veteranos de Malvinas de Quilmes o el Centro de Jubilados "Primavera Varelense" de Florencio Varela).

---

[5] Para lo relacionado a la economía solidaria véase el capítulo de Andrea Molfetta: "Colectivo y comunitario: voces y economía del cine como resistencia al neoliberalismo en el Gran Buenos Aires Sur".

[6] El grupo Chaski es un colectivo de comunicadores audiovisuales fundado por Alejandro Legaspi, Stefan Kaspar, Fernando Espinoza, Fernando Barreto y Marita Barea en Perú en 1982. En 2004 comenzaron con los microcines y en pocos años llegaron a más de 30 microcines repartidos en las distintas regiones del país: Puno, Cusco, Ayacucho, Apurímac, Lima Norte, Lima Sur, Ancash, La Libertad, Piura, Loreto. Los microcines son llevados adelante por integrantes de las comunidades capacitados por el mismo grupo Chaski. Según explican en su página web, el grupo está orientado a "la promoción del cine como una herramienta para el desarrollo cultural y educativo del país y la región" visibilizando historias y puntos de vista contrahegemónicos. Recuperado de: http://grupochaski.org/ y su canal de videos https://www.youtube.com/user/GrupoChaskiPeru [Consultados en septiembre 2017].

Dejar el lugar de "observado" y pasar a ser constructor de un relato es un cambio de rol y, por ende, tiene sus consecuencias, como ser, el impacto en la subjetividad colectiva e individual. El poder enunciar los conflictos de una comunidad, ponerlos en escena, permite repensar los propios conflictos y los del conjunto. Que una comunidad comience a narrarse a sí misma, a apoderarse de la herramienta, lleva a que se de sus propios objetivos y su propia ética. Situación muy distinta a cuando sus historias son contadas por la clase media ya que ese cine burgués, sin darse cuenta, termina reforzando estereotipos que van en contra de cómo se piensa la comunidad a sí misma. Ramiro García, uno de los fundadores de CM explica en este sentido: "Nosotros hicimos *El tren blanco* (Nahuel García, Sheila Pérez, Ramiro García, 2004), que estuvo por muchos festivales, pero no tuvo ninguna utilidad para la comunidad, y eso es un problema".

Cuando una comunidad comienza a narrarse a sí misma, el audiovisual deviene en una herramienta política y colabora en la construcción de la identidad colectiva. En sus cortometrajes aparecerán los problemas que los aquejan o bien su imaginario. No es casual que en muchos de los videos realizados junto a CM aparezca la policía hostigando a los jóvenes, usándolos como "mascaró de proa", ya que ese es el entorno cotidiano de ellos. Ejemplo de lo dicho son *El pibe* (2016)[7], realizado por jóvenes del barrio San Petersburgo y 17 de Marzo de la Matanza[8], es la historia de un pibe del barrio al que la falta de dinero lo lleva a robar; este cortometraje tuvo, en solo un año, doscientos treinta mil visualizaciones en *Youtube*. *El Pombero es... ¿mito o realidad?* (2012)[9], narra las versiones de los habitantes del

---

[7] Recuperado de: https://www.youtube.com/watch?v=SqkmnWwWn00 [Consultado en septiembre de 2017].
[8] Realizado en los talleres de la SEDRONAR, junto a Cine en Movimiento, Sumando Escuelas y el Programa Propiciar de la Municipalidad de La Matanza.
[9] Recuperado de: https://www.youtube.com/watch?v=TvNQGgOLZ8c, septiembre de 2017.

barrio Sargento Cabral de Oberá, Misiones, sobre el mito popular guaraní. Subido al canal de CM de *Youtube* en 2012, hasta el momento, 2017, tiene más de cien mil visualizaciones. Esta cantidad de visualizaciones ¿no responderá a esta necesidad de ver lo que ellos mismos cuentan? Según los integrantes de CM, Sol Benavente y Ramiro García, este tipo de producción audiovisual:

> Implica promover procesos de organización y autorepresentación en las comunidades que rompan con los discursos monocordes de los medios de comunicación hegemónicos, abriendo nuevos horizontes de participación y creación (2012).

Sobre el modo de producción comunitario de CM

En los distintos grupos con los que trabaja, CM posee una metodología común que apunta a una *re-distribución del saber* en beneficio de los sectores postergados:

1. Los participantes asisten a un taller.
2. Se transfiere el conocimiento audiovisual, guion, cámara, iluminación y sonido hacia los participantes. A medida que asisten al taller, CM estimula la consolidación del vínculo entre los presentes. Para la gestación de este "tejido comunitario" es vital su contexto puesto que es "en los vínculos creados, los lugares conocidos, las comidas compartidas, las palabras aprendidas"[10] donde dichos vínculos se consolidan.
3. Se define la historia a contar que surge de necesidades concretas de sus participantes, de las charlas en los talleres, o bien de cosas escritas con antelación al taller.

---

[10] *Íbid.*

4. Se realiza una convocatoria abierta con el objetivo de sumar a familiares, vecinos, centros de jubilados y amigos apostando a un trabajo de inclusión. Sí será primordial que cada uno de los que participen en los cortometrajes asistan al taller.
5. Concretan el rodaje del cortometraje, momento en el cual son los integrantes del taller quienes manejan las cámaras, hacen sonido, lo actúan y dirigen; CM solo se limita a supervisar y a realizar algún aporte técnico cuando la situación lo requiere.
6. Se realiza la difusión de los trabajos.

Esta forma de producción facilita la re-vinculación de los sectores a través de propiciar vínculos de identificación dados por la pertenencia al barrio. Esta organización social primaria beneficiará futuras formas de trabajo social que dependerá de la persistencia del grupo. Un caso ejemplar son los Veteranos de Malvinas de Quilmes[11] quienes fundaron su propia productora y realizan actualmente sus cortometrajes por fuera de CM.

Esta *re-vinculación* también se da hacia el interior del grupo y está en estrecha relación con la *construcción de subjetividad* que determina una *identidad de grupo*. Ahora bien, dicha *subjetividad* es replanteada, según Jorge Tassat (2009, p.185), a partir de un *proceso de subjetivación* que lleva a "hacer de esos estilos de vida propuestos, un estilo propio, que establece una ética y una estética que nos diferencia y nos da identidad"[12]. Es decir, transformar tal estilo de vida en una identidad colectiva y así superar lo meramente individual para lo que es central producir los cortometrajes en el territorio y por los actores que allí viven[13].

Centro de Veteranos de Malvinas, Quilmes

Junto a CM, el Centro de Veteranos realizó cuatro cortometrajes que dan cuenta de historias de vida de los soldados durante la Guerra: *Podría ser hoy* (Carlos Sánchez, 2013), *36 horas* (Emilio Alsina, 2015), *Todo por ella* (Pepe Valdez y Jenaro Enrique Miranda, 2015) y *Resilente* (inédito).

En el primero de los cortos, *Podría ser hoy* (2013), se cuenta la historia de un ex combatiente y sus secuelas psicológicas en el presente. Quique, el protagonista, se encuentra con sus amigos en un bar, todos ex combatientes.

---

[11] Recuperado del Facebook del Centro de Veteranos de Malvinas, Quilmes, provincia de Buenos Aires. https://www.facebook.com/centroveteranos.malvinasquilmes/ [Consultado en septiembre de 2017].

[12] *Íbid.*

[13] En su artículo, Tassat analiza los municipios de Vicente López, Morón y Avellaneda. El autor concluye con una visión pesimista sobre las políticas culturales al decir que "brindan espacios de expresión configurados en la lógica del consumo" y por ende no establecen "lazos comunes entre los participantes". En la contracara de la política cultural descripta por el autor, se encuentra el trabajo de CM.

Los recuerdos del campo de batalla lo tienen preso en el presente porque Quique quedó viviendo en el pasado. Ya con sus amigos, el protagonista les cuenta su decisión de realizar un viaje y todos lo festejan mientras una mujer (la parca) merodea la mesa. Ese viaje no será más que el tiro final que Quique se da en el baño del hotel, y sus amigos, personas ya fallecidas, fantasmas de su conciencia. Acompaña una placa final que dice: "649 soldados quedaron en las islas. La cantidad de suicidios en la posguerra supera ampliamente esa cifra".

El tema del estrés postraumático y el suicidio de los ex combatientes también se encuentra en *36 horas* (Emilio Alsina, 2015). En este trabajo se narran las 36 horas de un grupo de soldados que quedan a la deriva después del hundimiento del Gral. Belgrano. El detonante es el testimonio de una madre cuyo hijo muere en el Crucero de la Armada Argentina. En medio de su trabajo, un veterano escucha su testimonio por televisión, lo que desencadena su angustia y lo trasporta al momento del desastre. Mientras come un asado con sus amigos de guerra, el recuerdo los atrapa en conjunto manifestando tensiones alrededor del hecho. Casi 35 años después, dos ex soldados descubren que compartieron la misma balsa. En medio del recuerdo, expresan los conflictos de un estrés post traumático que sigue matándolos en el presente. En la placa final se lee: *36 horas* reivindica la soberanía por la patria y la memoria por los caídos.

En *Todo por ella* (2015) un grupo de ex soldados de Malvinas, visitan una escuela del Conurbano bonaerense[14] con motivo del Día de la Bandera. En el salón de actos de la escuela, después que los niños mal entonan el himno por desperfectos técnicos, uno de los veteranos les cuenta, desde el escenario, una anécdota sucedida el 13 de junio de 1982. A través del recurso del *flash back*, y con una puesta en escena que se ambienta en 1982, se construyen los dos

---

14 Grabado en la Escuela N° 38 de Quilmes, provincia de Buenos Aires. Los estudiantes y el director que aparecen en el cortometraje son de la escuela.

puntos de vista. El de los ingleses, a quienes se los elije tomar en frontal y picado, y el de los argentinos, a quien la cámara los toma a la altura de los personajes y ubicada dentro del grupo, como si la cámara fuera un soldado más facilitando así la identificación con los argentinos. En pleno combate se nos muestra a los solados que juran la vida por la bandera. Terminada la Guerra, la Escuela de Ingenieros de Combate 601 regresa al continente con la misma bandera utilizada en las islas, la que hoy está en exhibición en la Escuela de Ingenieros de Campo de Mayo. Al concluir el *flash back*, los niños piden cantar nuevamente el himno pero esta vez con pasión. El cortometraje logra trasmitir no solo el respeto por el símbolo patrio, sino también lo que significó para los combatientes defender la patria en una guerra.

Los tres cortometrajes citados plantean un tratamiento narrativo y estético similar. La narración omnisciente delega el punto de vista en el combatiente, lo que lleva al público a identificarse con la víctima presa de su sufrimiento. Es recurrente la utilización de placas con leyendas hacia el final de cada cortometraje lo que enfatiza el mensaje a comunicar.

En *Podría ser hoy* el montaje organiza la narración en *flash back*, un ida y vuelta entre el pasado y el presente montando planos que asocian las dos temporalidades (1982 y la actualidad) y los dos espacios (Malvinas y Quilmes) pero que apuntan a confundirse y ser el mismo tiempo y espacio. Tratamiento similar tiene el montaje en *36 horas*, con el agregado del recurso del blanco y negro para marcar el pasado y el presente, y en *Todo por ella* como se describió anteriormente.

En cuanto a la puesta de cámara, los cortometrajes se construyen con una planificación clásica, los planos se rigen de acuerdo a la convención escalar y a las angulaciones convencionales. Los cortometrajes utilizan planos sobre trípode aunque también, cuando es necesario, ponen la cámara en *travelling*.

El proceso de interpretación de los soldados actuando sus propias historias no ha sido fácil, puesto que significa revivir un hecho traumático. Y en este punto, la realización de estos cortos adquiere, también, un valor terapéutico al convertirse en un material de elaboración creativo.

Es para destacar que la socialización que permite este tipo de trabajo se da no solo entre los ex combatientes sino también con otros grupos de CM. En las escenas del *flash back* de *Todo por ella* participó Sebastián Cardozo de La Casona de Varela. De su experiencia de trabajar en el grupo, Sebastián cuenta:

> El taller me dio sabiduría. Yo no sabía nada de Malvinas, y en el momento en que la persona empezó a contar su historia y ver la emoción de esa persona que estuvo ahí, de cómo contaba los hechos…, yo no sabía que había sido así… y bueno, fue muy fuerte para mí.

En este caso el público han sido familiares y amigos, pero también las distintas asociaciones de Veteranos de Guerra del país a donde se realizaron talleres de Cine Debate en el marco del Programa de Promoción y Prevención Socio Comunitaria "Prevenir para seguir creciendo". La proyección de estos cortometrajes le permitía trabajar con los grupos de ex combatientes de las provincias a partir de sus propias subjetividades lo que viabilizaba aún más el diálogo entre ellos.

En cuanto al impacto subjetivo del modo de producción comunitario, las palabras de Carlos Sánchez, veterano de Malvinas son significativas al respecto:

> Nos permitió a los veteranos abrir la cabeza y pensar en nosotros mismos desde el punto de vista de ser protagonistas de nuestra historia. Que la gente no se fije en *Iluminados por el fuego* o *Los chicos de la guerra*… Ya no necesitamos que la historia nos la cuenten otros, nosotros contamos nuestra propia historia.

Es esta apropiación del acto enunciativo lo que pone en marcha un proceso que obstruye las formas de subjetividad producidas por el capitalismo y permite la transformación de las propias. Al fin de cuentas, es también poner en tensión un relato constituido como objetivo y el subjetivo de los veteranos, es una lucha entre las narrativas.

Además de estos tres cortometrajes realizados con CM, el Centro Veteranos realizó *Resilente* y *Al ver verás*[15] pero en el arco de una productora que han conformado, "5 locos Producciones"[16]. Dentro de esta, vienen realizando un programa radial llamado *Con la mirada en Malvinas*[17] y dan talleres radiales en escuelas de Quilmes. A esto se le suma una iniciativa importante: junto a la Radio Trend Tropic crearon la Cámara Argentina de Radios on Line (CADERO).

---

[15] Documental sobre la visita de los veteranos a Malvinas en 2016. Recuperado de https://www.youtube.com/watch?v=21L96cMmJgA&feature=youtu.be [Consultado en septiembre de 2017].

[16] Productora inscripta en ENACOM. Recuperado de http://sancarlos2.wixsite.com/mlv982producciones [Consultado en septiembre de 2017].

[17] Sábados de 10 a 12 hs.

La Casona de Varela

CM viene trabajando con La Casona desde el año 2006 pero en el espacio de la Iglesia Evangélica del Río de la Plata (IREP). La selección de cortometrajes que realizamos para su análisis se basa en las distintas temáticas y estilos de realización.

Jorgito (2013) es la historia de un joven que se droga de día y de noche. En el primer plano que nos mete en la historia lo vemos despertar tirado en alguna vereda y, segundos después, deambulando. Así llega la noche y pasa por una fiesta de 15 años a la que decide entrar aunque nadie se detiene en él. Acusado de haber robado una caja de cigarrillos es víctima de una golpiza feroz.

Elías, 20 años, es uno de los integrantes del equipo técnico de La Casona y cuenta por qué le gusto trabajar en este cortometraje[18]:

> Por el tema de la mirada de la gente hacia una persona. En ese caso, quien se llevaba el cheque era muy de barrio y lo fueron a buscar primero a él y no sospecharon de otro… no pudo haber sido alguien blanco y con otros recursos. Hay gente con traje que son los que más roban… pero siempre está el discurso de los medios, que te meten en la cabeza que por acá no pases que hay chorros, y te lo muestran millones de veces, entonces la gente va con una mirada "cuidado no puedo pisar acá que hay chorros", y la gente se queda con eso.

Justamente a lo que apunta Elías es a la estigmatización del pobre y a cómo el grueso de la sociedad queda preso de ese punto de vista. Y es aquí donde se torna fundamental el trabajo de CM ya que el propio Elías reconoce que él también tenía esa mirada sobre el otro y que fue a partir de

---

[18] En entrevista realizada por la autora, mayo de 2017.

la reflexión que adquiere, por el medio audiovisual, lo que le permitió su cambio en el modo de mirar y entender al otro, es decir, su emancipación:

> Yo también soy de un barrio popular y he visto cosas tipo "uy esta gente, mira lo que hace!" y en lugar de hablar empecé a seguir muy de cerca a esa gente y me di cuenta de las etiquetas..., de que hacen sentir a las personas así "soy esto porque mucha gente me lo dice. No puedo cambiar esto porque ya está, estoy escrachado", y el espacio de cine fue una herramienta para ayudarme a pensar y a reconocer lo que pienso, a apoderarme de lo que pienso, pero a través de la mirada, de estar ahí, no de una mirada superficial, de "ah, esto es así porque me lo dijeron".

Las palabras de Elías son ejemplares para mostrar cómo los jóvenes lograron reflexionar sobre la mirada del otro sobre ellos y sobre la que ellos mismos construyen sobre el otro y también sobre sí mismos. Y esto en *Jorgito* se observa a partir del cambio del punto de vista respecto del que construyen los medios poniendo en escena el pre-juicio.

Otro género que han trabajado es el video clip y la animación. *El mundo al revés* (Mati Cardozo, Leo Rozzatti, 2015) toma la música del grupo FA (Fuerte Apache). Un joven ingresa a una sala de grabación, la cámara lo sigue sobre su espalda hasta que se pone los auriculares y comienza a sonar la música. Un cambio de escena nos lleva a exteriores, ahora la cámara los rodea hasta que se ubica en un leve picado y ensimismada a ellos. Los dos adolescentes caminan, mirando a cámara, por las calles de tierra de Florencio Varela, mientras cantan: "Nací con mucho esfuerzo. / De parte de mi mamá / dicen que estuvo 6 meses / internada en un hospital". A medida que avanzan se van sumando niños de todas las edades y la cámara adquiere mayor movilidad hasta girar y dejar la imagen al revés. Cada tanto una subjetiva de los niños – recurso de la pantalla dividida-escuadra, recursos como el retroceso de la imagen y el aumento de velocidad y el blanco y negro. Hacia el final del video se vuelve a la escena principal, el cantante mira a cámara, se sale del micrófono y nos "rapea": "(este es el mundo del revés donde yo vivo. / Donde la policía en lugar de cuidarnos nos inventan causas (...)". En este caso debe destacarse la elección del tema musical que ya nos habla del mismo cambio en el punto de vista sobre los jóvenes más humildes como sucede en *Jorgito*.

Pero narrar ese desamor y violencia también tiene su contracara en otros videos, como *Eso* (2007)[19], un video animación realizado con muñecos de plastilina. Los temas musicales que sincronizan con las imágenes hablan de un encuentro amoroso entre dos jóvenes resaltando la experiencia amorosa sin violencia ni malos tratos, tan asociado, mediáticamente, a los sectores más humildes.

En esta misma línea que toma distancia y cuestiona el relato de los medios masivos, se encuentra *Devarel Gour* (2012)[20]. En este cortometraje se parte de la estética de los video-juegos y la animación del *stop motion*; una mano que porta un revólver se ubica frente al ojo de la cámara y, a medida que avanza, dispara "matando" a la gente que encuentra a su paso. El sonido enfatiza los disparos, los ruidos de las calles, los gritos de las víctimas y la música de videojuegos. La resolución de este "video-juego" repone la autoridad. Mientras el ganador festeja su triunfo de matar a su contrincante, una mujer (que podría ser su madre) lo toma de la oreja y lo saca de cuadro. La condena a esa "juego" evidencia la mirada del video sobre la violencia.

Creemos que los video-juegos permiten y posibilitan que, a través de la tecnología, se reproduzca una violencia en el plano de la realidad que contribuye a la estigmatiza-

---

[19] Recuperado de https://www.youtube.com/watch?v=RIai2U7hCbg [Consultado en septiembre de 2017].
[20] Recuperado de https://www.youtube.com/watch?v=G5tsgfUrxXg [Consultado en septiembre de 2017]. Realizado por: Fabián Cardozo, Juan Ponce, Matías Robles, Belén Benítez, Karen Troncoso, Abigail Vignolo, Priscila Vignolo, Yamila Montero.

ción propugnada por los grandes medios y el discurso hegemónico. De aquí que el taller que realizan los chicos con anterioridad a filmar es central. Yesica Aparicio, integrante de los talleres de La Casona, comenta:

> En el taller tratamos de dar otra mirada, en lugar que la gente vea siempre eso negativo que vean en profundidad qué es lo que el pibe siente y quiere… el taller le da una herramienta para que el pibe diga "esto es lo que piensan de mí, bueno esto es lo que soy, esto es lo que siento. No soy el pibe que sale a robar o soy un pibe que tiene pinta que sale a robar". Este taller te acerca al lado B de la gente, ese lado que no ves y que es el más jodido[21].

Es en el taller donde los chicos construyen un discurso sobre lo que cuentan emancipados de los estereotipos propuestos por los medios. De aquí que Yesica diga "el taller nos ayuda a corrernos del prejuicio" pero también a vivir sus propias edades, Elías ve al taller de cine:

> […] como una puerta a que yo piense como mi edad. Soy adolescente y quieren que piense como adolescente. A veces te dicen, cuando sos pibes, "che cuándo madurás…" Prefiero disfrutar lo que hago y no estar escabiándome mi sueldo, sino estar en un espacio que me digan, "che sos adolescente, reconócete como adolescente".

Una vez puestos los cimientos, de oficio y de trabajo reflexivo, el paso siguiente de La Casona también fue la creación de un Centro de Producción. Los chicos registran y editan las actividades que la Iglesia realiza en los barrios o en el Centro de Día. Como los integrantes del Centro de Producción ya se conocen saben quién hace sonido, quién

---

[21] Al respecto, Ramiro García discute con el director santafesino: "Birri dice que si un arquitecto hace un puente y se cae se arma quilombo pero si alguien hace una mala película no pasa nada… y nosotros creemos que sí que pasa!"

edita, etc., es decir, mantienen cierta división de roles. No obstante este emprendimiento, los videos más interesantes son los realizados en el marco de los talleres con CM.

Centro de Jubilados Primavera Varelense

El trabajo con la tercera edad presenta sus particularidades, la exclusión hacia esta franja etaria posee un alto componente cultural vinculado a la concepción que una sociedad tiene de las personas mayores. Percibido socialmente como un sector no productivo, la soledad y el encierro entre los viejitos es una cuestión, por desgracia, arraigada. El trabajo de CM con PAMI consiguió, en primer lugar, visibilizar a los abuelos y generar lazos de encuentros intergeneracionales con el objetivo de lograr una retroalimentación entre las distintas edades. Esto se logra al involucrar en la experiencia audiovisual a sus hijos, nietos, vecinos y amigos. De esta forma, se evitó reproducir el aislamiento de los jubilados y construir nuevos lazos con otras franjas etarias y romper con el imaginario de que la etapa productiva de la persona solo sucede durante los años de inserción laboral.

Los abuelos también pusieron en escena sus historias e inquietudes. En *Volver a empezar* (Antonia Mené, 2013), una narración en tercera persona cuenta la historia de Francisco y María. Después de 42 años juntos, Francisco muere en un accidente y María afronta su duelo sumergida en una gran depresión. A lo largo de 6 minutos, la voz en *off* va relatando la recuperación del duelo y la llegada de un nuevo amor. La historia es contada íntegramente a través de la animación con títeres, quienes se integran a una escenografía que mezcla objetos reales y objetos artesanales realizados a escala de los personajes. Con una planificación clásica de planos, el tratamiento visual y sonoro adquiere su singularidad al complementarse con el sonido del relampagueo del proyecto y su efecto lumínico. El recurso de la historia también es narrada por canciones populares "Como imaginar", "Volver a los diecisiete" y "Gracias a la vida". A pesar de las desgracias, el amor nos permite volver a empezar.

En *Los Vaivenes de la vida* (Antonia Mené, 2013), un grupo de mujeres se pregunta qué es el amor y cada una responde desde su experiencia vivida. Mientras van llegando para compartir una charla, se sientan a la mesa, hasta que una de las mujeres pregunta "¿Me pueden explicar qué es el amor? El amor es un sentimiento maravilloso", dice. La frontalidad de la cámara permite encuadrar al grupo a modo de plano de referencia, es decir, nos ubica espacialmente y en la acción. A medida que avanzan en el diálogo, la cámara se desplaza para reencuadrar en un plano más corto y de grupo. Desde este encuadre las mujeres van respondiendo, entre otras definiciones, qué es el amor: "Para mí el amor no existió nunca (...). Me tocó un marido borrado". Corte, la imagen cambia hacia el blanco y negro, en el comedor de su casa se encuentran los chicos en la mesa y de golpe ingresa el marido, pide el vino y genera una situación violenta con la familia. A esta escena le continúa otra donde ella, acostada en su cama, recibe a su marido borracho. En las escenas de *flash back* se mantiene la puesta de cámara fija donde son los personajes los que ingresan a cuadro (distinto a si la cámara saliera a buscarlos). Terminada la secuencia aparece una placa y una voz *off* femenina que lee y cuenta: Rosario queda viuda, tiene 70 años, pasa las horas con sus amigas del Centro de Jubilados. Viaja, va a almuerzos y vuele a su casa sin temor de tener que esperar a Pedro para ser maltratada. Ahora Rosario sonríe y es muy feliz.

La placa siguiente da los números telefónicos de asistencia a las víctimas por violencia de género. Acongojada, Rosario cuenta que su vida fue muy triste pero las amigas la alientan a no perder las esperanzas.

Entre tantas mujeres hay un hombre que cuenta la experiencia del "amor de una mujer": "Sí, conocí el amor de Delia". Secuencia siguiente, en *flash back*, se cuenta la historia de amor del único hombre presente en el grupo, sus primeros pasos en la relación y su vida hogareña. Son los mismos protagonistas del cortometraje pero actuando su juventud. Apostar al amor, volver a enamorarse sin importar la edad es el mensaje final de *Los vaivenes*... "Dedicado a todos aquellos que a pesar de los vaivenes de la vida sigue creyendo en el amor".

Raíces y retoños (Antonia Mené, 2015) está construido desde una planificación similar que *Los vaivenes*..., mujeres alrededor de la mesa cuentan las historias de infancia vividas en sus provincias. A partir de la tarea escolar de unos niños se desencadena un diálogo entre estos y las abuelas que vira hacia los recuerdos de sus vidas en los lugares natales, Mendoza, Salta, Chaco, Córdoba. El cortometraje valoriza la voz de los adultos al decir de la niña "gracias a la abuela aprendimos las provincias de otra manera".

Mónica Poggi, coordinadora del Programa de Promoción y Prevención Socio Comunitaria "Prevenir para seguir creciendo"[22] explica que:

> Nosotros trabajamos con gente de la tercera edad que tiene su casa, que come y que no tiene necesidades básicas y que, al mismo tiempo, poseen muchas potencialidades y trabajar desde las potencialidades te permite construir posibles. Y esto es lo que transforma la vida de la gente.

Esta actitud implica trabajar con el otro como un par, no como alguien a quien le enseñamos lo que nos posicionaría en una relación asimétrica con el otro y lo anularía en su potencial.

Lo que se observa a través del trabajo realizado con CM es que los grupos incorporaron un saber audiovisual pero en este caso, por la particularidad de su periodo etario y su economía, se les dificulta seguir adelante con este tipo de prácticas.

---

[22] Dicho Programa tiene lugar en el Instituto Nacional de Servicios Sociales para Jubilados y Pensionados, PAMI.

Difusión de los trabajos

Un apartado aparte merece la difusión, lo más inmediato es Internet pero al mismo tiempo, CM promueve la participación en festivales de cine comunitario. En 2014, un grupo de ex veteranos viajaron al VII Festival de Cine Comunitario Ojo al Sancocho, Colombia, donde tuvieron la confortable experiencia de participar como realizadores y ya no, meramente, como veteranos de guerra.

En el caso de La Casona, sus cortos circularon por las distintas ediciones del Festival Comunitario de Video Juvenil, además de sus múltiples proyecciones en la misma Casona.

Los Centro de Jubilados mostraron sus trabajos en el Festival de Cortometrajes de Berazategui (2013 y 2014). Además, sesenta abuelos viajaron a Festival Latinoamericano de Imágenes Sociales (2013) de La Rioja y también al Festival de Cine de Mar del Plata (2014) en el cual ofrecieron una charla junto a CM.

Después del primer año de trabajo, los tres cortometrajes con PAMI se proyectaron en una muestra donde asistieron 300 jubilados de la zona. Al año siguiente realizaron siete cortos, y tuvieron una convocatoria muy superior, 1.000 asistentes. Esta alta participación demuestra el impacto positivo de la experiencia audiovisual.

La difusión que ha conseguido CM es un paso más hacia un movimiento social comunitario que ya ha echado raíces en Latinoamérica. En 2015, gracias al apoyo del AFSCA, CM pudo concretar su encuentro más importante de cine comunitario latinoamericano.

CM y su pedagogía

CM se ha nutrido de las lecturas de Rodolfo Kusch, Paulo Freire, Carlos Skliar y Carla Wainsztok. Para ellos, pensar, escribir, filmar, es desde una geocultura "nacida" en nuestro barrio, país, continente, lo que no es más que un "mirar situado", mirar desde la intersección de coordenadas geográficas y temporales. Así como Paulo Freire solía decir que la cabeza piensa donde los pies pisan, CM dice: "la cámara enfoca donde los pies pisan".

La producción audiovisual comunitaria se alimenta de la cultura popular pero también de los grandes medios hegemónicos con los que tienen contacto diario. Ahora bien, ¿qué tipo de relación se da entre CM y los distintos actores sociales? Para dar cuenta de esto partamos de la concepción pedagógica del grupo. CM entiende que la relación con el otro, tal como explica Carlos Skliar (2011), se construye desde la amorosidad. El autor toma dicho concepto de Jacques Derrida, quien entendió la amorosidad como un gesto en tanto es "agarrársela con algo y con alguien" (2011, p.144). En materia pedagógica, Skliar la interpreta como revelarse "contra toda la indiferencia, contra todo el descuido, contra toda la pasividad, contra todo el olvido y todo el abandono en relación al otro" (2011, p.146). También así lo entendían (y sin tanta filosofía) Leonardo Favio -para quien el cine era un acto de amor- y Fernando Birri –quien apuntaba a una relación de respeto y de amor con el otro-.

Dentro de esta misma línea, para Carla Wainsztok: "El vínculo pedagógico amoroso potencia los saberes, las curiosidades, las inquietudes. Habilita el soñar"[23] lo que

---

[23] Recuperado de https://goo.gl/4C7Hqk [Consultado en septiembre de 2017]. Aquí la autora plantea dos formas de pedagogías: pedagogía de la crueldad y pedagogía de la ternura. La primera, nacida en la conquista de América, es una pedagogía del mandato, y la segunda una pedagogía que construye vínculos amorosos.

podríamos traducir, a partir de la observación en campo, que lo que primero es una incipiente organización social, paulatinamente se va fortaleciendo e incorporando como el modo de trabajo grupal en pos de una salida laboral concreta. En este último punto el ejemplo del grupo de Veteranos de Malvinas es central, ya que después del trabajo realizado por CM, como ya dijimos, el grupo abrió una productora dentro de la cual producen radio y sus propios cortometrajes sin la asistencia de CM.

¿Cómo cada grupo adapta la herramienta audiovisual?[24] En este sentido, Ramiro García cree que:

> Si al grupo le sirve la herramienta audiovisual se la va a apropiar. Nos gusta una frase de Kusch que dice que no hay que buscar en el pueblo habilidades que el pueblo no necesita, si a la comunidad no le sirve el video, no lo hagas. Los veteranos encontraron en la herramienta del video algo que les sirve y eso va más allá de CM, buscaron sus propios recursos e hicieron sus videos por fuera de CM y ahora están hicieron cursos de after efect... En el caso de "Sumando escuela" (San Petersburgo, La Matanza) vieron en la herramienta del video una oportunidad para sumar a pibes y van en pos de encontrar los recursos.

Estar "parado" en un lugar es determinante a la hora de la realización de los cortometrajes[25], ya que las propuestas de qué contar saldrán de allí:

> Si llevamos el taller a un lugar donde están con problemas de adicciones pensamos que eso entronque con ese momento de su vida. No hay fórmulas, hay territorio y coyunturas y hay herramientas para pensar el trabajo que uno hace. "No pensar la intervención como algo que irrumpe sino que genera preguntas, da herramientas para que los pibes piensen su cotidiano.

---

24 En entrevista realizada por la autora, noviembre de 2016.
25 Ibíd.

En este sentido, *La pelea en los barrios* (2007)[26] logra "meterse" en el interés y la preocupación de los protagonistas. El primer testimonio del cortometraje irrumpe preguntando:

> Las peleas en los barrios son comunes, ¿por qué? Porque la gente no tiene respeto ni a los mayores, ni a los menores, ni a nadie. No tienen códigos, no tienen nada. ¿Por qué? Porque la gente no tiene laburo, no tiene estudio, y al que estudia no lo dejan estudiar, ¿por qué? Porque están acostumbrados a estar en la calle, chupan cerveza, fumarse un porro... y es común. Y sobre eso vienen las peleas.

Concluye con la placa "Nadie gana en las peleas".

Palabras finales

A través de los casos analizados podemos afirmar que el trabajo de CM permite que los grupos intervinientes, al asumir el acto de enunciar, se emancipen de los discursos hegemónicos. Esto lo consiguen a lo largo del proceso creativo que implica, primero, el análisis de dichos discursos y, segundo, su toma de conciencia y la construcción posterior de un punto de vista emancipado. Con total claridad, no solo se ve en sus cortometrajes sino que se escucha en los propios testimonios de los jóvenes de La Casona y los veteranos de Malvinas de Quilmes tal como fueron citados.

Queda como trabajo a futuro, la construcción de nuevas formas narrativas ya que en todos los casos se trabaja con narrativas de planificación clásica (conflicto, nudo y desenlace, narrador omnisciente, escala de planos, montaje, etc.). Cuando hablamos de nuevas formas narrativas pensamos en formatos que surjan de sus contextos, necesidades y

---

[26] Recuperado de https://www.youtube.com/watch?v=rIOBZnUlvgA [Consultado en septiembre de 2017].

subjetividades. De la misma forma en que, como vimos, surgen nuevas historias con nuevos puntos de vista, ¿por qué no pensar que pueden irrumpir nuevas formas estéticas?

CM logró sacar al espectador de la mera reacción consumista y lo ubicó en el plano del pensamiento donde él mismo es protagonista y espectador. Cuando los participantes de los cortos consiguieron evadir las formas de subjetividad que el capitalismo, maquínicamente, genera, consiguieron transformar su subjetividad y producir sus efectos emancipatorios al punto de construir ellos mismos sus productoras y generar los trabajos audiovisuales por fuera de CM.

Dado que este texto fue escrito entre dos administraciones nacionales de corte político opuestas no podemos dar cuenta, desde este lugar, de un trabajo favorable y en avance para el cine comunitario a partir de fines de 2015. Sí podemos volver sobre lo ya explayado en una parte de nuestro capítulo y es que la apuesta del Estado a este tipo de actividades provenía de sectores vinculados a la acción social y no de las instituciones artísticas. Creemos que este punto sigue siendo una gran deuda del Estado y de la sociedad para las formas comunitarias.

Referencias bibliográficas

Benavente, Sol y García, Ramiro (24/10/2012). "Cine comunitario y organización popular", Diario Página12. Recuperado de: https://www.pagina12.com.ar/diario/laventana/26-206247-2012-10-24.html, [Consultado en septiembre de 2017].

Skliar, C. (2011). Fragmentos de experiencia y alteridad. En Skliar, C. y Larrosa, J. (comp.). *Experiencia y alteridad en educación*. Rosario: Homo Sapiens/FLACSO.

Tassat, J. (2009). Políticas culturales de los gobiernos locales en el conurbano bonaerense. En Piñón, F. (ed.). *Indicadores Culturales. Argentina 2009*. Buenos Aires. Universidad Nacional de Tres de Febrero.

Filmografía

Alsina, E. (director). (2015). *36 horas*. Recuperado de https://www.youtube.com/watch?v=qcXnOSDe-PE [Consultado en septiembre de 2017].
Campusano, J. (productor y director). (2016). *El sacrificio de Nehuén Puyelli*. [Largometraje ficción]. Argentina: Cinebruto.
Cardozo, M. y Rozzatti, L. (directores). (2015). *El mundo al revés*. Argentina: Cine En Movimiento. Recuperado de https://www.youtube.com/watch?v=ZIfHv_FRR18 [Consultado en septiembre de 2017].
Jóvenes de los barrios San Petesburgo y 17 de marzo (realizadores). (2016). *El pibe*. [Cortometraje]. Argentina: Cine En Movimiento.
Jóvenes del barrio Sargento Cabral de Oberá, Misiones (realizadores). (2012). *El Pombero es... ¿mito o realidad?* [Cortometraje]. Argentina: Cine En Movimiento.
Manfrin, C.; Navarro, L.; Rozzatti, L.; Mareco, J.; Cardozo, D.; Vignolo, S.;... Cardozo, F. (realizadores). (2013). *Jorgito*. Argentina: Cine En Movimiento. Recuperado de https://www.youtube.com/watch?v=YssejuZhph8 [Consultado en septiembre de 2017].
Mené, A. (directora). (2013). *Volver a empezar*. Argentina: PAMI Quilmes y Cine En Movimiento. Recuperado de https://www.youtube.com/watch?v=3DTFQ9zKyz4 [Consultado en septiembre de 2017].

Mené, A. (directora). (2013). *Vaivenes de la vida*. Argentina: PAMI Quilmes y Cine En Movimiento. Recuperado de https://www.youtube.com/watch?v=Mq1XIzxiI-E [Consultado en septiembre de 2017].

Mené, A. (directora). (2015). *Raíces y retoños*. Recuperado de https://www.youtube.com/watch?v=LRkX1_DfzZs [Consultado en septiembre de 2017].

Miranda, J. Q. y Nadares, J. (directores). (2016). *Al ver veras*. [Cortometraje]. Argentina: LV 98.2 Producciones & Cinco Locos Producciones. Recuperado de https://www.youtube.com/watch?v=21L96cMmJgA&feature=youtu.be [Consultado en septiembre de 2017].

Miranda, J.; Valdez, J.; Alsina, E.; Taccarello, W.; Berin, L.; Ledezma, J.;... Alsina, C. (realizadores). (2013). *Podría ser hoy*. Argentina: Cine En Movimiento. Recuperado de https://www.youtube.com/watch?v=p7a3f8s9MkY [Consultado en septiembre de 2017].

Valdez, P. y Miranda, J. E. (directores). (2016). *Todo por ella*. [Cortometraje documental]. Argentina: Cine en Movimiento. Recuperado de https://www.youtube.com/watch?v=B1Z-cvaE7-Y&t=182s

8

Taller-de-Cine y Cine-Taller

Jugar con las palabras para construir cine(s)

CRISTINA SIRAGUSA[1]

"El cine no cambia la realidad pero tiene el potencial de incluir lo excluido, de visualizar lo invisible, de recordar lo olvidado, de dar imágenes y palabras a los que no las tienen... y eso es el principal cambio". (Stefan Kaspar, Grupo Chaski, 2014).

Tras la irrupción de un conjunto de tecnologías cinematográficas más accesibles para el uso de distintos sectores sociales sumado a la popularización tanto del video como de dispositivos comunicativos (el celular, por ejemplo), un nuevo panorama se generó a fines del siglo XX, a lo que se añadirían espacios (como la Web) con un interesante potencial para ampliar el campo, fundamentalmente de la exhibición y en menor medida de la distribución,

---

[1] Licenciada en Comunicación Social, Magíster en Ciencias Sociales y Especialista en Investigación de la Comunicación por la Universidad Nacional de Córdoba. Es docente-investigadora-extensionista en la Universidad Nacional de Córdoba y en la Universidad Nacional de Villa María, dirigiendo equipos de investigación desde el año 2012 en el área de la producción televisiva y cinematográfica. Ha participado en la edición y compilación de libros como Investigación-Acción-Participativa. Metodologías para Organizaciones de Gestión Horizontal (2014, Editorial Brujas), Escenarios de conflicto y resistencia en el espacio urbano cordobés (2014, UNC), entre otros. / siragusasociologia@yahoo.com.ar

de las producciones audiovisuales. Impactados los procesos de producción y circulación de imágenes y relatos, se instituyeron heterogéneas alternativas para el despliegue de estrategias tendientes a la *democratización* del conocimiento y de la expresión artístico/comunicativo identitaria desde la gestación de proyectos comunitarios donde sujetos no profesionales pudieron experimentar el placer del *hacer-audiovisual*. Diversos antecedentes encontraban estas experiencias dado que durante décadas se sucedieron numerosas exploraciones tendientes a fortalecer el trabajo de construcción colectiva, tanto en el territorio como desde organizaciones y grupos sociales, con el fin de subvertir procesos de *marginalización discursiva* (Román, 2009) configurando, desde la multiplicidad y la singularidad, variadas *poiesis común(itaria)s*[2] (Siragusa, 2013).

En este escenario de transformaciones, y como parte de las herramientas participativas y procesuales que se incluyen dentro de las *metodologías para el acercamiento*[3], el *taller* de manera explícita o implícita ha sido una modalidad recurrentemente seleccionada con el objeto de instituir

---

[2] En trabajos anteriores (Siragusa, 2013) se aludía a la necesidad de consolidar una idea aún embrionaria a la que se denominaba *poiesis común(itaria)* dado que permite valorar ese conjunto de experiencias que bregan por la amalgama entre razón y emoción, y que rescatan a la imaginación como parte constitutiva de un proceso cognitivo legítimo, sin que ello implique la eliminación de "las raíces sensibles del conocimiento" y tampoco la estereotipación de "la expresión de los resultados" (Najmanovich, 2001).

[3] Santos (2009) concibe como *metodologías* "que forzaron el distanciamiento" a aquellas que se gestaron en el marco de los abordajes sociológicos (pero extensibles a otras disciplinas) inscriptos epistemológicamente en los paradigmas de la Ciencia Occidental, cuando "el Sujeto europeo debía estudiar al objeto de su propia sociedad (occidental y moderna)".
Por oposición, las *metodologías para el acercamiento* bregan por la configuración de una *Epistemología del Sur*: "Entiendo por epistemología del Sur la búsqueda de conocimientos y de criterios de validez del conocimiento que otorguen visibilidad y credibilidad a las prácticas cognitivas de las clases, de los pueblos y de los grupos sociales que han sido históricamente victimizados, explotados y oprimidos, por el colonialismo y el capitalismo globales. El Sur es, pues, usado aquí como una metáfora del sufrimiento" (Santos, 2009, p.12).

espacios de encuentro para la generación de saberes teórico – prácticos y obras artístico-comunicacionales. Esta técnica de trabajo colectivo, reconocible por propiciar la horizontalidad de los vínculos entre sus participantes, ha sido recuperada en innumerables ocasiones dado que posibilita el aprendizaje experiencial a partir de la socialización de conocimientos desde la praxis.

El carácter *vivencial* de la experiencia opera como fuente de diversas formas del saber: a) *técnico-profesional* ligado al ejercicio de exploración del lenguaje audiovisual, b) *organizacional* vinculado a la gestión del trabajo colectivo en tanto implica el compromiso con la totalidad de los actores intervinientes en pos a la construcción *de* y *en* lo *común* de un mensaje/obra, c) *socio-cultural* propio de las interpretaciones de las realidades vividas y su necesidad (o no) de transformación, d) *estético* para (re)conocer formas expresivas diversas, entre otras opciones. El sujeto participante del taller se sumerge en una vivencia plena que lo impacta en distintas dimensiones de lo humano, motivo por el cual resulta estimulante recuperar al *hombre sentipensante* que propone Fals Borda como una alternativa para concebir las subjetividades protagonistas del proceso:

> el hombre *sentipensante* que combina la razón y el amor, el cuerpo y el corazón, para deshacerse de todas las (mal) formaciones que descuartizan esa armonía y poder decir la verdad, tal y como lo recoge Eduardo Galeano en el *Libro de los abrazos*, rindiendo homenaje a los pescadores de la costa colombiana (Moncayo, 2009, p.10).

Resulta importante aclarar que el término *taller* puede ingresar en diversos movimientos de apropiaciones y manifestaciones cuando se conjuga en acciones específicas del campo audiovisual. Es por ello que aquí se propone una diferencia entre *Taller-de-cine* y *Cine-taller* la cual radica en la posición que asume la dimensión pedagógica de la experiencia y su articulación con las características del proceso y el espacio de aprender/*hacer* cine. En el primero la formación y la puesta en acción se focalizan en los participantes como protagonistas de la práctica y en función de sus necesidades expresivas; en el segundo se instituye un ámbito para la producción fílmica en el que se asume la forma de taller para su desenvolvimiento. Ambos casos comparten la inclusión de integrantes del espacio que pueden definirse como "no profesionales" que en el proceso audiovisual asumen roles de trabajos específicos: esta situación opera como una apertura para el desenvolvimiento de un movimiento del hacer-comunitario y colectivo.

Pedagogía, identidades y horizontalidad

> "Educar es estar o volverse disponible a la posibilidad misma de una experiencia, la que eventualmente se gesta en el encuentro con el otro extranjero, con lo extranjero de nosotros mismos, con el pensamiento del otro (doble extranjeridad, la del otro y la de su pensamiento, que conlleva el requisito de una doble hospitalidad, hacia el otro y hacia el pensar del otro)". (Frigerio y Diker, 2010).

Bajo la denominación *taller-de-cine* se ha naturalizado un modo-de-hacer, en este caso producciones audiovisuales, que de manera sencilla se ha aplicado en diversos ámbitos para la gestación de aprendizajes que destituyen el carácter asimétrico de la producción especializada: se trastoca el lugar de recepción para *re-ubicar al sujeto como productor audiovisual*. Esta operación, inserta en un horizonte socio-cultural de ampliación y democratización de la expresión artístico-comunicativa, ha alcanzado un alto nivel de popularización (como herramienta metodológica) lo cual ha supuesto una multiplicación de experiencias que la utilizan como un *medio-para-la expresión* (de ahí su carácter instrumental en muchos casos) en un sinnúmero de prácticas institucionalizadas o no. Es quizás por ello que la alusión al *taller de cine* está presente en heteróclitos espacios sociales (escuelas, centros culturales, organizaciones políticas, entre otras), situación que expone un panorama de atomización de prácticas lo cual conlleva una cierta dificultad para su profundización analítica.

Más allá de lo singular de cada experiencia importan destacar un conjunto de características que suelen ser recurrentes y que exigen una reflexión atenta en pos de aportar a una *epistemología de la práctica creativa-colectiva*: a) el énfasis en el *proceso* por sobre el *producto audiovisual* como resultado; b) la *autoría colectiva* que implica la participación de todos sus integrantes; c) la primacía de la *expresión identitaria* lo que entraña una dificultad para escindir la obra del colectivo-creador; d) la *vivencia del hacer* en el marco de una apropiación de saberes especializados ligados al empleo de tecnologías que permiten la materialización de las historias. La imposibilidad de atribuir un carácter neutro a las herramientas metodológicas obliga a considerar que, políticamente, la forma-*taller* ha sido aplicada en acciones sociales muy diversas cuya intencionalidad no es unívoca, por el contrario es posible identificar un arco de alternativas que incluyen en un extremo una orientación (meramente) *instrumental* y en otro una orientación *emancipatoria*.

En el caso específico del taller con finalidad *emancipatoria*, habitualmente asociado al trabajo de intervención comunitaria para la transformación de los procesos de marginación socio-discursivo, inevitablemente se asume como premisa el *derecho a la comunicación* y a la *libertad expresiva* en el espacio de lo público que le corresponde a todos los sujetos. Es por ello que esta posibilidad, de manera explícita, expone el carácter político-democrático del espacio societal en el que es posible construir *otras-miradas* desde *otras-subjetividades* que generan un punto de tensión al dispositivo audiovisual hegemónico que propone principios del *ver* en términos perceptivos, socio-culturales y cognitivos. De manera tal que se asume que el proceso de alfabetización de la producción audiovisual *sumado* a la vivencia procesual del acto creativo colectivo habilitaría una instancia de agenciamiento de los participantes. Es por ello que el acto-creador es un acto-político que implica un compromiso social de un grupo/colectivo generalmente materializado en la figura de los talleristas.

Entre los numerosos casos posibles de mencionar es interesante destacar una experiencia en la que, tras finalizar la implementación de un *taller-de-cine*, se inició otro-proceso-artístico propio de una práctica académica de tres alumnxs universitarixs que se concretó en el largometraje *El Chavo* (2015). Importa contemplar cómo la apropiación de recursos propios del lenguaje cinematográfico (en el marco del taller) se instituyó en una instancia de posibilidad para que un grupo de niños participaran de una nueva situación creativa como protagonistas del equipo actoral; y dos talleristas fueran capaces de potenciar una historia absolutamente permeada por las anécdotas recogidas en el marco del taller que se acompañó con decisiones formales vinculadas a la producción de un cine naturalista que observó, casi etnográficamente, las vivencias de un grupo de chicos en un barrio popular cordobés.

El *taller de cine infantil* comenzó en el año 2013 en el Centro Cultural del barrio Villa El Libertador (Córdoba, Argentina) como parte de un proyecto de extensión universitaria[4] concebido como una experiencia de cine. A partir de la propuesta, posteriormente, se generó un vínculo entre los talleristas y los participantes que alcanzó continuidad en el tiempo[5]. Tras esa acción inicial, Lucía Rinero y Camila Keismajer desarrollaron como proyecto de "Práctica final" (para acceder al título de Técnico Productor en Medios Audiovisuales del Departamento de Cine y TV de la Universidad Nacional de Córdoba) junto a Milo Ruiz el largometraje *El Chavo* (60 minutos), un ficcional basado en las historias compartidas con los niños en el ámbito de trabajo comunitario y que contó con la participación actoral de algunos de ellos, especialmente de Nahuel su protagonista.

> En primer lugar, estamos trabajando con una historia ficcional pero que surge de vivencias cotidianas del protagonista y de otros niños del barrio, por lo que hay una aspiración y un trabajo enfocado a querer transmitir esas realidades de la forma que la viven ellos, pero a la vez sin olvidarnos que somos nosotros, agentes ajenos, quienes registramos y que nuestra visión de esa realidad siempre va estar intervenida mediante una representación. En ese sentido, y es una decisión política como grupo, tenemos el objetivo de desarrollar el conflicto del protagonista desde la edad, el crecimiento y los cambios de un niño en transición a la adolescencia, sin dejar de lado el contexto en el que está inserto, con todo lo que ello implica (Rinero, Keismajer y Ruiz, 2014).

Desde la propuesta surge una concepción del *cine* como *herramienta* que permite producir relatos que aluden a realidades invisibilizadas, por lo que en el proceso de creación del largometraje se evidenciaron los aprendizajes múltiples

---

[4] "Construyendo miradas de nuestro mundo. Taller de Cine y creatividad" B° Villa el Libertador. Organización: Centro Cultural Villa el Libertador.
[5] El espacio de taller de cine infantil en Villa El Libertador continúa implementándose hasta la actualidad.

alcanzados por lxs estudiantes universitarixs y los jóvenes que se orientará, una vez finalizada la actividad, hacia una forma de trabajo renovada en la que el resultado, la película, es un modo de expresar a través de las imágenes las vivencias cotidianas de un grupo social que habitualmente emerge estigmatizado desde una posición adultocéntrica y también clasicista. Se observa una intención de gestar una mirada que discute con aquella otra que habitualmente suelen exhibir los medios de comunicación al mismo tiempo que se arriesga a asumir el desafío de incluir un mecanismo que funciona como apertura a instancias (parciales) de creación colectiva:

> En el taller aprendimos eso junto a los niños, que todos los sábados intentan contar sus historias, sus sueños y anhelos a través del cine. En ese sentido pensamos una película que si bien es realizada y producida por nosotros, los estudiantes, funciona como una producción colectiva con los niños que participan del taller y otros vecinos del barrio que son quienes mejor pueden contar su historia (Rinero, Keismajer y Ruiz, 2014).

La experiencia previa del taller operará, entonces, como un recurso vivencial de relevancia para la gestación e implementación del acto de creación artístico que se plasmará en el film *El Chavo*. Desde el punto de vista *procesual* se advierte un movimiento transversal que amalgama una instancia pedagógica de acercamiento, enseñanza y apropiación del lenguaje cinematográfico (con énfasis en el *enseñar-a-hacer*), una práctica dialógica de (re)conocimientos de mundos de vida (entre los universitarios-talleristas y los niños) y un acto académico en el que se insertó un pensamiento político de lxs estudiantes acerca del modo de concebir al *cine* que nutrió el espacio de la Universidad introduciendo temáticas y estéticas que recuperaron el ejercicio del arte comunitario.

A su vez existe un conocimiento del código cinematográfico desde los niños, ya que tienen interiorizadas muchas nociones del cine y se ven familiarizados con lo que implica un rodaje (Rinero, Keismajer y Ruiz, 2014).

En cuanto a la temática, la *pobreza* (concebida desde lo subalterno) se evitó y se eligió, en cambio, narrar el *tiempo de transición* (de la infancia a la adolescencia) de un joven habitante de un barrio popular de Córdoba. En su escenificación de la historia, el largometraje no horada acerca de la marginalidad, se niega a instalar(se) en una perspectiva miserabilista que exponga desde lo exótico a sus protagonistas, por el contrario, en *El Chavo* se optó por una (re)presentación naturalista que rescató la fiesta de la vida, el placer del juego y de los intercambios, los vínculos de solidaridad y de afectividad.

> Un verano pesado y caluroso en Villa El Libertador, separa el fin de una etapa y el comienzo de otra en la vida de Nahuel. Los amigos, el amor, el carnaval y el fútbol son los condimentos en este pasaje de la niñez a la adolescencia (Sinopsis, *El Chavo*).

La película se detiene en los detalles del tiempo de vacaciones escolares de *Nahuel*, su andar por las calles con sus amigos, sus juegos, el despertar al deseo, su trabajo y su familia (el abuelo y la madre). Emerge un *cine de lo cotidiano* en el que la cámara se desplaza *junto* al protagonista configurándose como un observador que intenta documentar ese flujo de la vida que transita el joven; una cámara inquieta que escribe audiovisualmente incorporando *travellings* y paneos pero que prefiere, también, los escenarios en exteriores para acentuar el carácter naturalista de la propuesta.

> En las escenas de interiores (día), realizaremos efecto ventana, buscando de todas formas las puestas más sencillas posibles. Es imprescindible remarcar el calor del verano, ya que el verano es el momento y contexto de la película, esto se

enfatizará con predominantes cálidas y colores desaturados. La elección de planos estará dada de acuerdo a las acciones de cada escena, es nuestra intención hacer uso del recurso de planos medios y primeros planos para conseguir un seguimiento más detallista de las reacciones y emociones de los personajes, pero a la vez se utilizarán planos generales de referencia a los espacios y demás personajes, permitiéndonos jugar con la profundidad de campo ya que es una intención de dirección que el contexto social este latente en la película. El nivel de la cámara estará acorde a lo de los personajes que son niños, es una intención remarcar esto de modo de enfatizar la visión y la mirada de los niños para con los demás personajes (Rinero, Keismajer y Ruiz, 2014).

De esta manera el film prescinde de ciertos recursos ligados a la construcción de una *estetización de la pobreza* desde la perspectiva del "otro folcklórico" (Zizek, 1998) negándose a instituir una *épica de lo marginal* o una *epopeya de lo "extraño"*. Tras el proceso de agenciamiento que los chicos habían iniciado en el taller se desencadenó un nuevo ejercicio de la práctica que les permitirá (a los niños) dejar sus propias "huellas" en la película y al equipo de dirección reconocer y recuperar esas "marcas" para dotar de mayor espesor identitario a la propuesta.

El Chavo se presentó en heterogéneas pantallas: *primero*, su estreno en el barrio Villa El Libertador que se configuró como el espacio-territorial de anclaje donde se originó la experiencia, era el ámbito de pertenencia de los protagonistas y se instituyó como contexto de la historia; *posteriormente*, su circulación en muestras y festivales en los que se destacó como un exponente del cine social contemporáneo, lugar de encuentro de un público dispuesto a la espectación de productos fílmicos que "documentan" desde el compromiso político-artístico identidades invisibilizadas o estigmatizadas. En este caso se observa cómo se engarza una exhibición propia de la trama vincular (el Centro Cultural del barrio) donde se teje la contemplación afectiva que encuentra referencias identitarias, y otras miradas "extrañas" y distantes al universo de prácticas y símbolos a los que alude la diégesis pero abiertas a su aprehensión.

La pasión de hacer-cine

> "… Todos los films son una experiencia física y son recordados como tales, almacenados en sinapsis corporales que se evaden de la mente pensante". (Jameson, 2012).

Bajo las denominaciones *Cine-taller* o *Película-taller* se suele hacer referencia a un tipo de experiencia de creación cinematográfica colectiva que implica el desenvolvimiento de una práctica singular con un grupo de sujetos (sin especialización profesional) en donde la intención fundamental que organiza el *hacer* radica en el ejercicio de *generar-un-film*. En este caso, a diferencia del *taller-de-cine* se desplazaría el interés hacia la obra distinguiéndose un doble resultado del proceso creativo: *artístico* en términos de la realización de un producto cinematográfico con potencial de circulación en espacios de exhibición festivaleros o no, y *subjetivo* vinculado a la experimentación del proceso y de los aprendizajes alcanzados que impactan, además, en la posibilidad de destituir los mitos del artista-creador como ser-excepcional.

Si en el *taller-de-cine* el eje articulador se ubica en el acto de *enseñar/aprender* y en las modalidades didácticas de su desempeño y en una educación crítica de/en medios audiovisuales, en el *cine-taller* se inscribe en la capacidad de *integración* de los sujetos (no especializados) a un proceso cinematográfico donde se observa un marcado interés por lograr una vivencia artística. En ese sentido opera, sin que esta afirmación se proponga como una generalización, una suerte de borramiento del énfasis en la experiencia identitaria donde irrumpe con potencia un *cine de autor* lo cual significa interrogarse acerca del carácter individual o colectivo de esa autoría.

Si el *taller-de-cine* prioriza el proceso, el *cine-taller* focaliza tanto en el proceso como en el resultado (la obra): la relevancia del aprendizaje-*en-proceso* se asemeja a la importancia otorgada a la producción cinematográfica resultante en función de la pretensión artística de la propuesta desde sus inicios y ante la fascinación que opera en sus participantes en lo atinente a su exhibición pública (lo cual incluye distintos tipos de pantallas entre las cuales se contemplan muestras y festivales).

Una sucinta revisión de experiencias, que en absoluto pretende plantear una exhaustiva exposición de casos sino que estuvo orientada al encuentro de prácticas para pensar modos-de-hacer cine *en* comunidad, permiten reconocer plurales alternativas para la producción de *cine-taller* desarrollados en la provincia mediterránea.

En Córdoba, el director de cine Rosendo Ruiz ha desarrollado distintas experiencias de cine-taller que han resultado en diversos films: en el marco del Taller de Cine de la Escuela Ítalo-Argentina Dante Alighieri se gestaron *Todo el tiempo del mundo* (Ruiz, 2015, 74 minutos) y *Maturitá* (Ruiz, 2016, 76 minutos), y desde un cine-taller independiente resultó *El deportivo* (Ruiz y Cozza, 2015, 79 minutos).

> En el formato de *película escuela*, se prioriza un poquito más la horizontalidad y que todos podamos opinar y trabajar más con un espíritu de detenernos y de dar un poco de teoría e ir explicando lo que es el cine para nosotros, cómo lo vemos nosotros y cómo queremos que se haga la película en conjunto, porque obviamente que nos tiene que ir gustando a nosotros también lo que hacemos, yo no haría una película que no me interese para nada (Ruiz, 2017, p.114).

En el campo cinematográfico local, Rosendo Ruiz es uno de los representantes más destacados por su producción, siendo de su autoría el film *De Caravana* que es ampliamente reconocido como una de las películas de referencia del fenómeno (polémicamente) denominado como *Nuevo Cine Cordobés*. Pero sería un error considerar a ese director "únicamente" como uno de los cineastas de Córdoba, puesto que participa en distintos territorios colindantes a la realización ya que es parte tanto del proyecto cineclubista como de la revista *Cinéfilo*. Estas "presencias" le han valido una legitimación indiscutible entre sus pares y la crítica, que subrayan por ejemplo el carácter sencillo y al mismo tiempo complejo de las historias que relata (Peirotti, 2013).

Focalizando la atención analítica en sus propuestas ligadas a un modo-de-hacer que genera una apertura al trabajo con sujetos no profesionales se puede mencionar a *El deportivo*. Esta es una película de ficción gestada en un taller que coordinaron Rosendo Ruiz, Alejandro Cozza e Inés Moyano durante 2014 y en el que sus participantes tenían en común el deseo de vivir la experiencia de *hacer una película* durante un año. Fueron veintidós integrantes del espacio con quienes se trabajó el guion y la filmación:

> No es una peli que hacen los alumnos, yo la dirijo con Alejandro (Cozza). En el momento del rodaje el que tiene los auriculares y está viendo el plano soy yo y los chicos están ahí, pero la propuesta es que aprendan a hacer una película viviendo todos los pasos y viéndonos trabajar a nosotros (Ruiz, 2015).

Rosendo Ruiz concibe a esta metodología como una propuesta enriquecedora para la generación de proyectos artísticos que amplían el espacio de vinculación con participantes desde una mayor simetría en los intercambios y tomas de decisiones de algunas de las etapas del proceso. Además, considera que es posible desarrollar producciones cinematográficas que se caracterizan por la combinación de un bajo costo con un interesante nivel artístico, sosteniendo como criterio la división de roles por áreas.

> La diferencia entre hacer una película con un taller de cine que con un equipo más profesional, es que el compromiso excede al rol que cada uno ocupa: por ahí en un rodaje con gente profesional alguien del equipo de fotografía no iría corriendo a buscar a un actor o no haría cosas que no le corresponden. En cambio, en estas experiencias colectivas están todos tan comprometidos con el proyecto que van mucho más allá del rol que están cumpliendo y quieren saltar de rubro en rubro, entonces hay una energía distinta y más colaborativa (Ruiz, 2017, pp.114-115).

Metodológicamente se asumió un trabajo procesual intenso en el que se focalizó la generación colectiva del guion: en *El deportivo* por ejemplo se desarrolló una "tormenta de ideas" de la que resultaron dos historias que implicaron una división del grupo para generar ambos guiones. Finalmente eligieron entre ellos y se decidió por el definitivo utilizando, como criterio, la factibilidad de la producción y sus costos. Una vez iniciado el plan de rodaje, y en función de las necesidades de la película, los talleristas ofrecían *herramientas prácticas* propias de un saber técnico específico resultante de los requerimientos empíricos que emergieron de la resolución de las situaciones creativas singulares. Sobre cómo funciona el método del cine-taller explicaba Ruiz (2015) "Durante el año se desarrolla el guion y vamos enseñando lo que para nosotros es el cine, porque hay un montón de posibilidades de hacer cine". Sin embargo, la inexperiencia de los participantes suele irrumpir dejando huellas en las películas a las que suele concebirse como constitutivas de un *cine imperfecto*:

> Lo más complicado fue estar en todas las áreas y por ahí se nos escaparon algunas cosas, como problemas de fotografía. Tenés que estar supervisando todo el tiempo todo, porque hay gente que por primera vez está con la caña de sonido, grabando. Por más que se dieron instrucciones en las clases, igual son novatos. La película tiene problemas de sonido, problemas técnicos, pero apostamos por un cine imperfecto. Fue

un desafío que me obligó a estar atento a todas las áreas. En rodajes más profesionales me puedo concentrar solamente en lo mío (Ruiz, 2015).

La temática de *El deportivo* se inserta en las problemáticas populares posibles de representar a partir de una estética costumbrista donde se recuperan los espacios públicos (la calle del barrio, el club) y los rituales de pertenencia (las mascotas del equipo) apelando a recursos humorísticos.

> Carla, una chica de barrio Las Palmas de Córdoba Capital, que junto a su hermanastro y amigos (fervientes hinchas del club de fútbol barrial) roban la gallina cabulera del equipo de un barrio contrario: el Deportivo Alberdi. Así, de barrio en barrio, elementos concretos (dinero, pelotas, bombos, motos, la gallina misma) pasarán de mano en mano y las distintas relaciones atarán su suerte a ellos. Formalmente *El Deportivo* busca redefinir, con frescura más que con tesura, lo que entiende por cine popular y colectivo (Sinopsis, *El deportivo*).

En pos de la construcción de un realismo naturalista a nivel actoral en las tres películas se optó por una selección de actores no profesionales apelando al *physique du rôle* para acentuar la verosimilitud de los personajes a partir de una interpretación evocativa con mayor facilidad de ser reconocida en pantalla.

> Fue hermoso, alucinante. Desde *Tres D* en adelante aprendí que para películas más rápidas, que tienen poco proceso de trabajo, es mejor buscar personas que ya den con el perfil y hacer trabajo actoral, ensayos para que aprendan a soltarse y hacer de ellos mismos (Ruiz, 2015).

A diferencia del film antes presentado, las dos propuestas emergentes del Cine-Taller dictado en la Escuela Ítalo-Argentina Dante Alighieri proponen relatos protagonizados por adolescentes en transición hacia la juventud, enriquecidos por la voluntad de buscar la libertad y no atemorizarse ante la aventura. Films que se incluyen dentro del género *coming of age*, donde resulta vital narrar el tiempo de transición en su vivencia subjetiva, manifestando a través de las imágenes una observación del universo joven que se corporiza con frescura y naturalidad.

> Tres adolescentes deciden escaparse a las Sierras de Córdoba, con la esperanza de encontrar una comunidad asentada en un secreto valle de la zona. En el camino, encuentran una casa deshabitada que se convertirá en su refugio. El tiempo transcurre en una relajada convivencia. Sin embargo, un fuerte y repentino sentimiento de nostalgia hará que decidan volver a casa (Sinopsis, *Todo el tiempo del mundo*).

> Canu, estudiante del último año de secundaria, mantiene una relación secreta con Rodrigo, profesor del colegio. Al saberlo el padre y algunos alumnos, se desencadenan una serie de conflictos que la hacen escapar a una humilde pensión. Allí conoce a personajes de una realidad social y económica distinta, con los cuales vive experiencias que la llevarán a tomar decisiones clave en su vida (Sinopsis, *Maturitá*).

Las películas circularon en diferentes espacios integrados por públicos especializados: salas cinematográficas (el estreno de *El deportivo* en el Cineclub Hugo del Carril), festivales (el film antes mencionado se presentó en el Panorama argentino en el Festival de Mar del Plata en 2015, *Todo el tiempo del mundo* y *Maturitá* en el Bafici) y centros educativos. Más allá de la diversidad de pantallas aquí se advierte una presentación con rasgos "festivaleros" que contó con una amplia exhibición ante públicos cinéfilos.

Otro caso que interesa destacar es el proceso protagonizado por un colectivo de cinco jóvenes que culminó con el desarrollo de la película *Japón* (2009). La experiencia fílmica producida por Fundación La Morera[6] y dirigida

---

[6] Fundación La Morera se conformó como Centro Educativo Cultural Terapéutico (con el grupo participante de la película) y productora audiovisual en 2007 durante el desarrollo del proceso de posproducción de *Japón*. Entre los trabajos que han desarrollado pueden mencionarse: *Río Volador – Un bos-*

por Gonzalo Montiel con guion de Sergio Schmucler es un documental que se inició en un taller artístico-cultural para adultos en situación de discapacidad que comenzó en el año 2006.

> Cuando decimos discapacitados ponemos esa limitación funcional nada más que en el individuo, mientras que cuando hablamos de situación de discapacidad nos permite pensar a esa persona en un contexto. Ese contexto es lo que nosotros nos ocupamos de generar para que los potenciales de estos participantes del taller puedan desarrollarse a través del arte (Montiel, 2009).

El proceso creativo se originó en un taller de fotografía en el que se incorporó la videocámara como un dispositivo de exploración expresivo-creativa. A partir de ese momento se generó el *deseo* de hacer una película: "Jugamos a imaginar historias, vimos películas, conversamos, nos filmamos; y empezaron a ocurrir acontecimientos" (Montiel, 2009). Ese devenir técnico-artístico-expresivo que representó la experiencia encontró un obstáculo político-institucional en la Fundación que cobijaba esta práctica originariamente dado que se negó a su continuidad. Fue por ello que los talleristas (los psicólogos Gonzalo Montiel y Matías Jaimovich) abandonaron ese espacio y, junto con los jóvenes, prosiguieron con las actividades en otro ámbito organizacional[7].

---

quejo (obra multimedia, 2007), *Originales – Diversidad en diversidad* (mediometraje, 2008), *Exploraciones* (obra multimedia, 2008), *Puertas y ventanas del tiempo de ahora (y de Alberdi)* (calendario fotográfico, 2009), *No te achiques que sos grande* (mediometraje, 2010), *Entreversos* (obra multimedia, 2010), *Guachos de la calle* (largometraje, 2015), entre otros.

7 A partir de la separación de los dos coordinadores de dicha organización se conformó un nuevo ámbito de trabajo dentro del taller La Morera de Miguel Mullins (en barrio Alberdi de la ciudad de Córdoba) lo cual derivaría en la conformación de la productora audiovisual.

> Nos decían desde la institución que Federico (Borgez) no podía escribir por no tener capacidad de abstracción. Él quiere que su historia sea la de un escritor, un poeta. Si no tiene capacidad de abstracción, no puede ser escritor. No tiene sentido. Una locura. Sin embargo, un día Federico toma un papel en blanco, una hoja con una canción escrita y se sienta a copiarla en el patio. Lo hace decididamente. Los demás presenciamos asombrados ese sencillo evento. Lo filmamos. Los miembros del grupo registran, en silencio y susurrando al hablar, el momento en que nace el poeta. Después vinieron cantidad de poesías, leídas y escritas. Ahí, ante nosotros, algo estaba pasando. Yo estaba maravillado. El grupo conmovido. Los márgenes de lo posible se extendían. La ficción empezaba a nutrir la realidad. Y la realidad a la ficción. (Montiel, Intención del director, Website de *Japón*).

Como modalidad para la construcción colectiva del film se asumió como "regla" el *re-conocimiento* a las ideas y opiniones de cada uno de los participantes. Para Matías Jaimovich y Gonzalo Montiel la vivencia de *Japón* permitió establecer articulaciones entre "educación, salud y cultura" para configurar un método de trabajo que fuera facilitador de procesos de (auto)reconocimiento expresados a través del cine.

Tras una búsqueda consensuada del tema de la película, que se centró en el partido de fútbol entre dos equipos rivales, cada uno de los jóvenes en situación de discapacidad asumió el desafío de diseñar su propio-personaje considerando una (auto)presentación que incluyó, en ese entrelazamiento entre invención y realidad, una caracterización personal de la figura-ficcional que adoptó rasgos identitarios.

> Federico, Borgez, busca a la mujer de sus sueños y encarna la aventura de convertirse en poeta. Camina por la ciudad, anda por plazas y cafés. Imagina a la mujer, le escribe, la busca, baila con ella un tango y camina con ella junto a un río. Es un personaje delgado y silencioso. Fernando es Lionel Messi, goleador y capitán del equipo. Un personaje corpulento y amable, que viste la camiseta de Boca Juniors. Amalgama

de hombre amoroso y místico; venera a todas las mujeres del mundo y es capaz de hablar con un dios presente en la naturaleza. Quiere casarse con su novia, que en el momento de la filmación, además era su novia real. Esmeralda vive sola en su casa, es una mujer dulce y dramática. Sale a andar a caballo. Al regreso se encuentra con Messi, que la espera con un ramo de flores. Juntos quieren experimentar su casamiento. Luciano decidió ser 'Lacone' en la película. El jugador número 880000 del equipo Japón. Es un personaje enigmático (Website de *Japón*).

La película refiere a los prolegómenos de un encuentro de fútbol entre dos equipos antagonistas, Japón y Jabón, lo cual sirve de ámbito contenedor para contar las diversas tramas que protagonizan cada uno de los protagonistas. Narrativamente el enfrentamiento deportivo es vivido como una epopeya por el grupo de amigos que conforman Japón dado que emerge como una representación de la lucha "final" por destituir la marginalización y la domesticación cultural percibida por los jóvenes. Es por ello que el film expone, alegóricamente, el deseo de ser-uno-mismo más allá de los límites impuestos por los procesos de regulación y normativización social. Pero *Japón* también incluye un juego de espejos a partir de una operación arriesgada: cada actor interpreta un doble personaje, es un integrante de Japón pero también es un miembro de Jabón.

> Japón encarna las mejores potencias de los participantes. Es un equipo solidario, vibrante. Las remeras son coloridas. Jabón, en tanto, es un equipo blanco, serio, que encarna el deber ser; es decir, todo lo que está impuesto de cómo hay que comportarse y transitar por la vida. Entonces, la trama cuenta la historia de ese partido de nosotros contra nosotros mismos (Montiel, 2009).

La cámara adoptó diversas posiciones en el proceso, explorando y experimentando *acerca* de los personajes desde una *externalidad* pero, también, desde una *apropiación* por parte de los actores quienes establecieron tanto un enfoque subjetivo y lúdico como una ruptura de la cuarta pared cuando interactuaban discursivamente con ella. En el lenguaje audiovisual encontraron, como colectivo, una oportunidad para la expresión emocional e intelectual con rasgos implicativos.

> Nos invita a compartir su vagabundeo por la ciudad, Matías lo acompaña en un azaroso viaje en colectivos urbanos. Lacone lleva una cámara en su mano. Filma las veredas, asfalto... Gonzalo, con otra cámara, lo sigue en el vertiginoso andar. Además, Lacone canta como Luis Miguel. Cantar es su manera predilecta de comunicarse. Raúl es Raúl, el arquero de Japón. Tiene, un cuerpo inmenso y un rostro inocente. Invita a los compañeros de Japón a comer un gran asado que el mismo prepara. Un acontecimiento magnífico, desbordante de comida y emoción. En el proceso de construcción de su historia, Raúl siempre busca mirarse en el visor de la cámara. Ahí, como ante un espejo, se encuentra y se descubre (Website de *Japón*).

En este caso el cine comunitario implicó un acto de creación colectiva en el que los protagonistas del proceso expusieron y (se)expusieron a la mirada de los otros (la sociedad) acompañados por Montiel y Jaimovich quienes propusieron el método de trabajo[8]. Los jóvenes en situación de discapacidad se transformaron en sujetos-con-propia-voz que lograron la restitución de su propia palabra y la generación de imágenes desde la (auto)conciencia de la creación audiovisual que adoptó formas procesuales

---

[8] Gonzalo Montiel y Matías Jaimovich cuando iniciaron la experiencia eran estudiantes de la Licenciatura en Psicología, las reflexiones y las prácticas desarrolladas fueron la base del trabajo de tesis titulado "Japón... a través del espejo". Para Montiel: "queremos contribuir en la construcción de un marco metodológico-conceptual que sirva como herramientas para el desarrollo de experiencias de trabajo sustentadas en el reconocimiento de la legitimidad del otro y la convivencia democrática. Nuestro director de tesis Lic. Horacio Maldonado nos dijo en una ocasión: 'Japón es de vital importancia...es voz de otras voces'" (Montiel, Intención del director, Website de *Japón*).

en ocasiones (des)ordenadas. Los protagonistas de *Japón* eran sujetos habitualmente despojados del derecho a la (auto)expresión a los que, incluso, se les negaba la capacidad para la imaginación hasta que hallaron un modo-devolverse visibles a partir de las imágenes audiovisuales.

> La experiencia de realización de las historias se constituye en un pre-texto, en el que los protagonistas, jugando a la ficción, expresan sus mundos subjetivos. Además, una cantidad de sin-sentidos ensayan sentidos, entretejiéndose en una trama sencilla en su propuesta y compleja en contenidos. *Japón* es una historia capaz de movilizar nuestros prejuicios en relación a la discapacidad, a la locura. Puede generar cuestionamientos sobre nuestras posibilidades e imposibilidades de relacionarnos con la alteridad. Puede hacernos vivir un relato impregnado de acontecimientos divertidos, intensos y conmovedores (Website de *Japón*).

La película se exhibió en diversos espacios académicos, institucionales, salas cinematográficas (espacio INCAA de Unquillo, Cine Gaumont, por ejemplo) y festivales para ampliar las oportunidades de inserción del film y alcanzar públicos diversos. ¿Cuál es el cine que moldea a *Japón*? Como un eco resuenan las palabras del manifiesto nunca asumido por sus realizadores pero posible de "leer" en la experiencia:

> El cine imperfecto es una respuesta. Pero también es una pregunta que irá encontrando sus respuestas en el propio desarrollo. El cine imperfecto puede utilizar el documental o la ficción o ambos. Puede utilizar un género u otro o todos. Puede utilizar el cine como arte pluralista o como expresión específica. Le es igual. No son éstas sus alternativas, ni sus problemas, ni mucho menos sus objetivos. No son éstas las batallas ni las polémicas que le interesa librar (García Espinosa, 1995).

En un vacío estadio de fútbol, con un césped verde intenso, se desarrolla el partido de fútbol en el que en un resultado ajustado *Japón* y *Jabón* se enfrentaron finalmente.

Una mirada reflexiva desde un "optimismo trágico"

> "La existencia social, las decisiones que se van tomando, las modulaciones que progresivamente sufre la vida de las pibas y pibes, se produce por fuera del imperativo moral pero dentro de las fuerzas afectivas. La vida es pura suerte y solo adquiere sentido si se forma parte de una constelación de afectos. Afectos como fuerzas capaces de afectar modos de existencia". Barrilete Cósmico (2001).

Una aclaración preliminar. Por *optimismo trágico* se concibe una actitud que "suma, a una aguda conciencia de las dificultades y de los límites de la lucha por las formas de emancipación que no sean fácilmente cooptables por la regulación social dominante, una inquebrantable confianza en la capacidad humana para superar dificultades y crear horizontes potencialmente infinitos dentro de los límites asumidos como insuperables" (Santos, 2009, p.62).

Los casos aquí abordados, a partir de heterogéneas modalidades de participación de sujetos no profesionales en la producción de cine en Córdoba, abonan la reflexión acerca de las posibilidades de instituir desde la *forma-taller* alternativas que permitan el empoderamiento en procesos audiovisuales. *Empoderar* como acción vinculada a la cinematografía o a la gestación de obras audiovisuales significa en algún momento del trayecto del-*hacer* una incorporación de conocimientos técnico-profesionales que posibiliten la exploración y la materialización creativa de historias para ser vistas *para-sí* y *para-otros*.

Imágenes-identitarias que circulan por distintos circuitos (próximos o lejanos; que implican la co-presencia o a través de las pantallas digitales, por ejemplo) con dispares oportunidades de alcanzar el dispositivo escópico de lo social en función de las limitaciones que imponen los regímenes de visibilidad presentes en nuestras culturas. En ese marco el *taller* implica una puesta-en-común de habilidades y destrezas, saberes estéticos y formas tecnológicas para la construcción colectiva de narrativas propias, pero para que el *empoderamiento* sea posible se requiere, además, la posesión de los medios de producción que incluye también los equipos técnicos.

En particular las experiencias estudiadas, en las que los recursos tecnológicos no pertenecen a los sujetos no profesionales, permiten contemplar otros aspectos del fenómeno que involucra también la búsqueda de financiamiento para la concreción de los proyectos. Esta situación ayuda a complejizar el debate: si la ampliación de las oportunidades para acceder a los dispositivos para el registro sonoro-visual es un fenómeno reconocido no necesariamente esa cuestión conlleva un uso que habilite la incorporación (como imágenes de sí y del mundo de la vida) al espectro de la mirada social. Entonces, se puede considerar la permanencia de obstáculos no tanto para la producción audiovisual de historias sino para su difusión y consumo. Esa búsqueda de fuentes de ayuda económica se manifiesta también en la confluencia de numerosas instituciones (públicas y/o privadas) que colaboran para la concreción de los proyectos.

Hasta aquí se ha construido un acercamiento que permite la conceptualización de una de las instancias que involucra la apropiación de saberes para la (auto)expresión creativa en el campo artístico-audiovisual. La complejidad del fenómeno exige poner en tensión e indagar otros aspectos centrales de la puesta-en-acción colectiva y comunitaria para la comprensión e invención de soluciones posibles que alimenten con renovadas imágenes identitarias los horizontes de cognición y de sensibilidad social.

Referencias bibliográficas

Barrilete Cósmico (2001). *Pura suerte. Pedagogía mutante. Territorio, encuentro y tiempo desquiciado.* Buenos Aires: Tinta limón ediciones.
Frigerio, G. y Diker, G. (2008). *Educar: saberes alterados.* Argentina: Fundación La Hendija.
García Espinosa, J. (1995). *Por un cine imperfecto.* Bogotá: Editorial Voluntad.
Grupo Chaski. (2014). *Pensamiento de Stefan Kaspar.* Recuperado de [https://www.youtube.com/watch?v=YOmOVAttyCU]. Lima. [Consultado el 15 de noviembre de 2017].
Jameson, F. (2012). *Signaturas de lo visible.* Buenos Aires: Prometeo.
Klimovsky, P. e Iparraguirre, M. (2017). El cine como una forma de vida. Conversando con el realizador Rosendo Ruiz. Revista *Toma Uno* N°5, pp 109-116. Universidad Nacional de Córdoba, Córdoba, Argentina.
Moncayo, V. M. (2009). (comp.). Presentación. Fals Borda: hombre hicotea y sentipensante. En O. Fals Borda. *Una sociología sentipensante para América Latina.* Bogotá: Siglo del Hombre Editores.

Najmanovich, D. (2001). Arte-Tecnología para reinventar la fiesta del conocimiento. *Jornadas As redes cotidianas de conhecimentos e a tecnología no espaço/tempo da escola e em outros espaços/tempos educativos*. Río de Janeiro: Universidad del Estado de Río de Janeiro, Junio 2001.

Peirotti, M. (2013). Tempos Modernos. Acerca de Tres D de Rosendo Ruiz. En Cozza, A. (comp.). *Diorama. Ensayos sobre cine contemporáneo de Córdoba*. Argentina: Caballo Negro Editora.

Ranzani, O. (15 de noviembre de 2009). Un partido contra el "deber ser". *Página 12*. Recuperado de [https://www.pagina12.com.ar/diario/suplementos/espectaculos/5-16005-2009-11-15.html]. [Consultado el 15 de noviembre de 2017].

Román, M. J. (2009). Mirar la mirada: para disfrutar el Audiovisual Alternativo y Comunitario. En *folios 21 y 22*, Facultad de Comunicaciones, Universidad de Antioquia. Recuperado de http://aprendeenlinea.udea.edu.co/revistas/index.php/folios/article/download/6438/5908 [Consultado el 15 de noviembre de 2017].

Rosendo Ruiz estrena El Deportivo: Apostamos por un Cine Imperfecto. (4 de diciembre de 2015). *La Voz del Interior*, Sección Vos. Recuperado de [http://vos.lavoz.com.ar/cine/rosendo-ruiz-estrena-el-deportivo-apostamos-por-un-cine-imperfecto?cx_level=en_redes#!/login/email]. [Consultado el 15 de noviembre de 2017].

Santos, B. de S. (2009). *Una epistemología del Sur: la reinvención del conocimiento y la emancipación social*. México: Siglo XXI, CLACSO.

Siragusa, C. (2013). El subyugante lugar de la tensión: desacralización artística y poiesiscomún(itaria). En *Prácticas Artísticas Colaborativas*, pp. 5-8. Recuperado de http://issuu.com/rochaluchi/docs/pr__cticas_art__sticas_colaborativa [Consultado el 15 de noviembre de 2017].

Website de *Japón*. Recuperado de [http://japonlapelicula.blogspot.com.ar/] [Consultado el 15 de noviembre de 2017].

Zizek, S. (1998). Multiculturalismo, o la lógica cultural del capitalismo multinacional. En F. Jameson y S. Zizek. *Estudios Culturales. Reflexiones sobre el multiculturalismo*. Buenos Aires: Editorial Paidós.

Filmografía

Rinero, L., Keismajer, C. y Ruiz, M. (Lucia Rinero directora / Camila Gonzalez Buron productora). (2014). *El Chavo*. [Largometraje] Argentina: Departamento de Cine y TV, Universidad Nacional de Córdoba.

Ruiz, R. (director). Moyano, I. y Badino, S. (productores ejecutivos). (2015). *Todo el tiempo del mundo*. [Largometraje]. Argentina: Córdoba. Productora El Carro / Escuela Dante Alighieri.

Ruiz, R. (director). Badino, S. y Moyano, I. (productores ejecutivos) (2016). *Maturitá*. [Largometraje]. Argentina: Córdoba. Productora El Carro / Escuela Dante Alighieri.

Ruiz, R. y Cozza, A. (directores). Rivarola, A.; Chaig, D.; Naselly, G.; Gisella Aguilar, G. Moyano, I. (productores). (2015). *El deportivo*. [Largometraje] Argentina: Córdoba. Productora El Carro / Película Taller 2014.

Ruiz, R. (director y productor). (2010). *De Caravana*. [Largometraje]. Argentina: Córdoba. Productora El Carro.

Montiel, G. (director) y Jaimovich, M. (productor ejecutivo). (2009). *Japón*. [Largometraje]. Argentina: Córdoba. Productora Fundación La Morera.

9

De los talleres audiovisuales a la creación de una Comisión Audiovisual en la Red Villa Hudson

Reflexiones sobre el derecho a la comunicación

IVÁN ALEJANDRO MANTERO MORTILLARO[1]

Introducción

El presente texto es una reflexión sobre la experiencia de trabajo conjunto entre la Universidad Nacional Arturo Jauretche (UNAJ) y la Red Villa Hudson (en adelante, la Red) que reúne a organizaciones e instituciones del barrio Villa Hudson de Florencio Varela.

---

[1] Licenciado en Comunicación audiovisual y especialista en "Universidad, Estado y Territorio" por la Facultad de Filosofía y Letras de la UBA. Fotógrafo, documentalista y gestor cultural. Docente de la materia Prácticas Culturales de la UNAJ, desde donde coordina los proyectos de extensión que son motivo del presente capítulo. Como gestor cultural organizó muestras de cine piquetero en diversas ciudades italianas (2002), participó como expositor y jurado en el Lucania Film Festival de Italia en 2003 y en 2004. En Argentina coorganizó el FELCO 2004, la Muestra Bol-Ar en Bolivia (2005), la Muestra Bol-Ar en Argentina (2006) y Bol-Ar Itinerante (2007). Como documentalista realizó Educación Popular (2006), Fábrica de Escuela (2007), Por ser boliviana (2008), Soy Dayana(Dir. Carolina Luzuriaga – 2009), Hecho en Chipauquil (2011), entre otros. / ivan.mantero@gmail.com

El eje principal que nos planteamos desde la Universidad para el trabajo con las organizaciones del territorio – que venimos realizando desde 2012 – gira en torno a la búsqueda por desarrollar prácticas que fortalezcan el ejercicio del derecho a la comunicación.

Entendemos que la comunicación es un derecho humano que "articula todos los otros derechos, es esencialmente un proceso humano de relación, que implica no solamente intercambio de información, sino puesta en común de conocimientos y reconocimientos de las diferencias" (Gumucio Dagron, 2014, p.6).

Intentaremos, en las páginas que siguen, dar cuenta de esa complejidad y de los esfuerzos por construir esta perspectiva del trabajo audiovisual, los logros y las dificultades, los nuevos aprendizajes.

Nos planteamos la hipótesis de que en la Red Villa Hudson están madurando las condiciones para la incorporación del audiovisual como una dimensión de la construcción comunitaria, lo que implicaría un proceso de apropiación cultural (Colombres, 2011). Un pasaje que se va acercando a la idea del audiovisual comunitario.

Para comprender si esta maduración se está verificando o no, realizaremos un recorrido por momentos significativos de la experiencia recuperando los testimonios de sus protagonistas al igual que los documentos elaborados a lo largo de estos años buscando realizar un aporte a la reflexión teórica en torno al audiovisual comunitario y su función en el fortalecimiento de los vínculos comunitarios que cimientan plataformas de resistencia popular.

Definiendo conceptos

Disputas entorno al concepto de comunidad

En el texto *Abordajes para el trabajo con poblaciones. Participación social y prácticas socio-políticas,* Mirtha Lischetti desarrolla una cronología del término *comunitario* en el léxico de los discursos de organismos nacionales e internacionales que a partir de mediados del siglo XX comenzaron a usarlo en sus planes. En primer lugar, plantea que para estos organismos "el desarrollo de la comunidad consiste en operar a nivel psicosocial mediante un proceso educativo que concientiza a la población" (Lischetti, 2015, p.7), responsabilizándola de su falta de actitudes, aspiraciones y deseos para el desarrollo.

Esto se manifiesta en la definición del concepto *desarrollo de la comunidad* que Naciones Unidas realiza en 1958, en donde dice que es "el proceso por el cual el propio pueblo participa en la planificación y en la realización de programas que se destinan a elevar su nivel de vida. Lo que implica la colaboración indispensable entre gobierno y pueblo" (Ander Egg, 1967, p.24). En esta definición se ocultan las bases político-económicas del problema del desarrollo para reemplazarla por una necesidad de cambios en la actitud del pueblo con relación a su propio desarrollo.

Además Lischetti afirma que la política de *desarrollo de la comunidad* impulsada por organismos internacionales (ONU, Unesco, Unión Panamericana, etc.), la Iglesia Católica, y lógicamente los Estados Nacionales del tercer mundo, se basa ideológicamente en las siguientes ideas-fuerza:

a) Los países, por más pobres que sean, pueden llegar a ser desarrollados si ponen iniciativa, esfuerzo y capacidad.

b) Entre los países desarrollados y subdesarrollados solo hay diferencia de grado. Los subdesarrollados están en una etapa anterior, pero en el mismo camino que los desarrollados.

Estos postulados ideológicos desconocen las bases materiales y conflictivas de las relaciones sociales y los lazos de dependencia de los países subdesarrollados con las metrópolis, en donde "los subdesarrollados siempre costean el desarrollo de los desarrollados" (Lischetti, 2015, p.9). De este modo se va a ocultar en el discurso de las instituciones hegemónicas, las tensiones vinculadas a los procesos de poder, operando un desplazamiento de lo político a lo técnico y aséptico, y profundizando cada vez más el "desdibujamiento de los estados nacionales en beneficio de instituciones de características más globales, que permitan el libre flujo de capitales […] al mismo tiempo que se enfatiza en lo local, en las microsituaciones sociales" (Lischetti, 2015, p.9).

Es evidente que Lischetti realiza esta cronología etimológica porque reconoce que el termino *comunidad* se utiliza comúnmente para referirse a situaciones sociales concretas y particulares, "pero también es cierto que está connotado y expresa una realidad social sin conflicto y armoniosa […]. Por extensión, ¿nos llevaría a pensar en la desaparición de las clases sociales, en el fin de la explotación del trabajo humano?" (Lischetti, 2015, p.3).

No obstante es justamente esta múltiple connotación la que da cuenta de disputas en torno a los sentidos sociales del significante *comunitario*. En el campo de la comunicación, los estudios referidos a lo comunitario ponen de manifiesto claramente esta disputa. Lejos de colocar el significante comunitario como taparrabos de una política de supuesto desarrollo que profundiza el subdesarrollo y esteriliza la intervención política de los sectores subalternos (como se explica en los párrafos anteriores), la comunicación comunitaria se plantea como un campo teórico y práctico, que se inscribe en la perspectiva de resistencia de los sectores subalternos.

De modo que es bajo la perspectiva que traza la comunicación comunitaria que tomamos el término, y justamente por ello consideramos necesaria esta delimitación.

El audiovisual comunitario

El audiovisual comunitario "tiene como eje el derecho a la comunicación. Su referente principal no es el cine y la industria cinematográfica, sino la comunicación como reivindicación de los excluidos y silenciados" (Gumucio Dagron, 2014, p.19). Si bien Gumucio Dagron habla de "Cine Comunitario", nosotros optamos por la categoría más amplia de "Audiovisual Comunitario" que engloba al cine, al video, a las instalaciones performáticas, etc. Pero para su definición conceptual consideramos válidos los conceptos seleccionados.

Como afirma el autor, en la década del '80 se produce un quiebre entre el cine realizado por cineastas interesados en la realidad social y los procesos de producción y difusión audiovisuales que llevan adelante las comunidades para interpelar su propia realidad social, política y cultural. De este modo se producen experiencias donde las comunidades adoptan modos de producción que les permiten tomar la palabra. Estos procesos se ven facilitados por el acceso a los medios digitales.

La participación de la comunidad, continúa Gumucio Dagron (2014), se da desde el momento de la elección del tema y en la toma de decisiones sobre la forma de abordarlo, así como en el establecimiento del equipo humano de producción, en la atribución de tareas y en la definición de los modos de difusión. En este marco, según Stefan Kaspar, los cineastas y comunicadores tienen solamente la tarea de facilitar ese proceso, sin imponer los contenidos ni los métodos, sino simplemente impulsar (p.30).

De este modo, el Audiovisual Comunitario aparece como una experiencia en la que sectores subalternos se apropian de dispositivos tecnológicos y lenguajes propios de la cultura hegemónica (utilizados desde las lógicas del orden social para reforzar la dominación y la colonización cultural), para realizar un acto creativo de naturaleza distinta, desarrollando una actividad propia de resistencia simbólica. Esta apropiación cultural, concebida desde una perspectiva comunitaria, "pasa a representar otra cosa, se resignifica o refuncionaliza; es decir, adquiere significados y funciones que originalmente no tenía. Estos nuevos significados y funciones pueden añadirse a los primigenios, o bien sustituirlos" (Colombres, 2011, p.46).

El audiovisual comunitario es una expresión de los procesos propios de la comunicación comunitaria. Pero, ¿qué es la comunicación comunitaria?

La comunicación comunitaria

Según Cardoso la perspectiva comunitaria concibe a la comunicación como "constitutiva de los seres humanos", lo cual contrasta con visiones lineales, instrumentales o que buscan efectos.

De este modo la comunicación comunitaria se diferencia de la dominante ya que como afirma Balán "a nosotros, de poco nos sirve que el vecino 'consuma' nuestros mensajes, porque necesitamos su movilización y su compromiso, y eso no se logra con "rebaños" de espectadores, sino con interlocutores críticos, solidarios y activos" (Balan, 2000, p.29).

Al producir las comunidades su propia información, encarnan un rol activo y así se pone en juego una forma de construcción de sentidos orgánica con determinados modos de ser y estar en el mundo. Siempre que se actúa, se influye y se modifica el contexto (Mata, 2009). Toda intervención implica una intervención política.

La experiencia que narraremos se desarrolla en configuraciones comunitarias propias de un barrio popular, muy golpeado por la ausencia de los servicios que debe garantizar el Estado, donde el empoderamiento comunicacional de los sectores subalternos plantea "el conflicto histórico a través del cual lo popular se define en cuanto movimiento de resistencia, de impugnación de la dominación estructural en nuestra sociedad" (Barbero, 1983, p.5). A propósito del concepto de "apropiación cultural", Adolfo Colombres (2011) dice que:

> la apropiación no es imposición ni aceptación indiscriminada, irreflexiva, sino un acto por naturaleza selectivo. Mediante este proceso, un sujeto individual o colectivo analiza los elementos de otra cultura y adopta los que considera convenientes a sus fines, incorporándolos a su patrimonio (p.46).

La comunicación comunitaria se inscribe, histórica y socialmente, en las prácticas culturales que emergen del principio de escisión (Gramsci), "esa pertinaz posición diferencial de los subalternos que les permite pensarse, aún en las situaciones de hegemonía más impenetrables, como distantes y diferentes de las clases dominantes" (Alabarces, en Itchart, L. y Donati, J., 2014, p.80).

La relación entre la Universidad y el territorio: la Vinculación Universitaria

La academia tiene una vasta historia de negación de lo popular. Pablo Alabarces se pregunta -interpelando a la academia- si "¿existe la cultura popular fuera del gesto que la suprime, de ese gesto que, despreocupado por las consecuencias violentas de la actitud académica, interroga sin más lo silenciado?" (Itchart, L. y Donati, J., 2014, p.79).

Para reflexionar sobre esta relación, es necesario tener en cuenta que

> la universidad representa históricamente en Latinoamérica un modo más de colonización (Lander, 2000): la imposición de la legitimidad de un modo de conocer como único válido: el de la ciencia [...] en desmedro de cualquier otro tipo de saber que será entonces ilegítimo, bárbaro, superfluo. La colonialidad del saber es uno de los modos de colonialidad del poder. Sin embargo, es también en Latinoamérica que estas formas de ejercicio del poder-saber son cuestionadas desde [...] el papel instituyente de sus estudiantes en 1918. [...] A partir del contacto que los estudiantes toman con el proletariado (Guelman, 2014, p.69).

Sin embargo, el triunfo de los estudiantes reformistas de 1918 no duraría mucho. Con Alvear en la presidencia, en noviembre de 1922 el gobierno decide ocupar con el ejército distintas universidades, reformar los estatutos limitando la participación estudiantil en el cogobierno con un claro sentido antirreformista. "Es en medio de ese proceso conflictivo y contradictorio donde el impulso reformista comienza a ser limitado por las fuerzas de la restauración" (Unzué, 2012, p. 82).

Con estas referencias, para nada exhaustivas, queremos dar cuenta de las tensiones entre reforma y contrarreforma que marcan el derrotero del vínculo entre Universidad y territorio en los casi cien años que nos separan de la Reforma del '18. Estas tensiones fueron modificando el sentido inicial que tuvo el concepto de extensión al punto de entenderlo como "una extensión de lo que hacemos [en la Universidad], sin que ellos [los actores sociales del territorio] nos hayan solicitado nada, para que usen lo que a nosotros nos parece interesante y conveniente" (Dagnino, 2008). Lejos de esto, viene bien recordar el sentido de extensión proclamado en el manifiesto Liminar de 1918, por los estudiantes de la Reforma, que la entienden como el camino para construir "un conocimiento siempre vinculado a los reclamos del medio y de la hora histórica, latinoamericana y mundial".

Cuestionando las prácticas extensionistas resignificadas por las fuerzas restauracionistas, hacia la década del '70 del siglo XX, Paulo Freire (1973), en su libro *¿Extensión o Comunicación?* plantea que la articulación entre la academia y el territorio "debe realizarse en situación gnoseológica, por tanto, dialógica y comunicativa" y critica que "la tendencia del extensionismo es caer, fácilmente, en el uso de técnicas de propaganda, de persuasión". Señala que esta tendencia se da en parte por la incomprensión de que "el proceso de comunicación humano no puede estar exento de los condicionamientos socio-culturales".

El concepto de *vinculación universitaria* surge en el marco del debate acerca del tradicional concepto de *extensión universitaria*, dado que "las distintas formas de abordar este vínculo son decisorias para la construcción del papel de la educación superior" (Guelman, 2014, p.100). Como aporte a este debate, la UNAJ[2] se propuso superar el concepto tradicional de *Extensión Universitaria* mediante políticas orientadas a:

> un esquema de compromiso más activo con las problemáticas sociales, económicas o políticas de su ámbito territorial. Eso obliga a repensar creativamente la interacción con lo educativo y cultural, en el desarrollo de centros locales, y también el

---

[2] Recuperado de https://www.unaj.edu.ar/institucional/centro-de-politica-y-territorio/acerca-del-centro-de-politica-y-territorio/

desarrollo de la comunicación a partir de los avances tecnológicos en el área audiovisual, ampliando y democratizando la información y el acceso al conocimiento.

Es desde este lugar de la *vinculación universitaria*, que los proyectos de Extensión y Voluntariado que desarrollamos en Villa Hudson se proponen la construcción de conocimiento y de prácticas transformadoras de las problemáticas sociales, mediante un diálogo de saberes que tenga como horizonte el fortalecimiento de la organización del territorio mediante la incorporación de la comunicación audiovisual comunitaria como estrategia de desarrollo. Es por ello que compartimos la opinión de Eduardo Rinesi (2015) sobre que

> es necesario pues que las universidades se tomen muy en serio, como parte de su obligación a garantizar el ejercicio del derecho popular al usufructo de sus capacidades ayudando a garantizar el ejercicio del derecho popular a la comunicación, la tarea de enseñar los oficios de la comunicación masiva. [...] La universidad tiene hoy entre sus obligaciones, junto a la que ya señalamos, la de poner sus dispositivos de investigación y crítica al servicio del desnudamiento de los mecanismos ideológicos que operan por detrás de los mensajes que recibe toda la ciudadanía, la de contribuir a que esa misma ciudadanía pueda ser, ella misma, sujeto activo de esos procesos de comunicación masiva (p.138).

Entendemos que esta obligación de la que habla Rinesi solo puede ser realizada si en nuestra acción y reflexión está siempre presente la crítica al rol colonizador tanto de la Universidad como del resto de las instituciones de poder y saber que conforman el Estado, porque justamente es "en esa relación de la Universidad con su contexto, a través de la intervención, de la producción de conocimiento (y también en la formación de sus especialistas, profesionales e investigadores) donde se manifiesta con fuerza el mandato funcional y colonizador" (Guelman, 2014, p.102). De no realizar esa crítica, por mejores que sean nuestras intenciones, funcionaríamos como agentes de esa colonización.

La importancia de las experiencias de vinculación universitarias reside en que es en "esos ámbitos en los que pueden construirse otras relaciones de saber/poder, donde pueden legitimarse, recuperarse y resignificarse otros saberes que permitan transitar o acompañar procesos de decolonialidad" (Guelman, 2014, p.102).

En una crítica al universalismo euro-céntrico en la filosofía de Hegel (como parte de la crítica al euro-centrismo de la academia), Lander afirma que "La historia es universal en cuanto realización del espíritu universal. Pero de este espíritu universal no participan igualmente todos los pueblos" (2000, p.246). Solemos encontrar, en estas latitudes, como respuesta a este universalismo euro-céntrico (extensible al colonialismo cultural norteamericano iniciado el siglo pasado) la idea de "cultura nacional", noción que suele naturalizar el concepto de "Nación" que se cristaliza en el marco de las tensiones propias de las relaciones entre sectores subalternos y hegemónicos dentro de una misma sociedad, dentro de un mismo pueblo.

En consecuencia, los sectores subalternos de los países subdesarrollados son atravesados por un doble proceso de dominación cultural: el colonialismo cultural y el nacionalismo hegemónico.

Para que el conocimiento que se co-construya en el vínculo entre la Universidad y el territorio aporte a un horizonte de libertad y emancipación nacional es necesario deconstruir esas dominaciones culturales, comprender las huellas que han dejado en los sentidos que compartimos cotidianamente. "Lander identifica dos dimensiones naturalizadas de los saberes modernos que es preciso deconstruir: las separaciones o particiones del mundo de lo real y la articulación de los saberes modernos en el poder y las relaciones coloniales" (Guelman, 2014, pp.102-103).

Para que ese "mandato funcional/colonizador" que define a la institución universitaria no sea un obstáculo para (o podamos reducir su impacto negativo en) la co-construcción de prácticas y saberes entre la Universidad y el territorio, Zemelman propone

> en lugar de mirada teórica, una mirada epistémica que pueda dar cuenta de lo real en su dinámica, en su movimiento, en su historicidad no acabada, en su devenir acaeciendo, teniendo en cuenta a los sujetos que construyen esa realidad, sujetos que las ciencias sociales desconocieron históricamente. [...] Las categorías del pensamiento de Zemelman constituyen el cimiento en que se apoya el esfuerzo por construir una relación de conocimiento que desactive la inercia de manejarse con estructuras parametrales a priori (Guelman, 2014, p.104).

Enfoque metodológico

Entendemos el trabajo de vinculación universitaria en Villa Hudson "como la combinación entre *procesos de investigación y procesos colectivos de co-participación en acciones* con sujetos involucrados en los problemas con los que se trabaja" (Archilli, 2011, p.2).

A diferencia de las investigaciones formalizadas, en las que los diseños están pautados con anterioridad al trabajo de campo, para esta perspectiva "resulta más productivos diseños flexibles. Tal flexibilidad refiere, fundamentalmente, a la ausencia de algún tipo de estandarización previa, como pueden ser ciertas operacionalizaciones conceptuales, definición de variables o de hipótesis a comprobar" (Archilli, 2011, p.4).

Con relación a los procesos de co-construcción de la cotidianidad sociocultural, Archilli (2011) señala que

> en el espacio grupal, se produce un tipo de información sobre la cotidianeidad a modo de "datos convergentes" (Geertz, 1994). Es decir, una información heterogénea y no estanda-

rizada que, no obstante, permite analizar y explicar diferentes procesos en la medida que los sujetos que la producen se hallan implicados unos con otros. Se trata, como dice el autor, de una "red mutuamente reforzada de comprensiones sociales" (p.5).

Metodológicamente, ello nos permite incorporar al análisis las propias categorías y significados que los sujetos producen sobre la cotidianidad en la que están involucrados. La incorporación del lenguaje de los sujetos, posibilita que algunas de las propias categorías -lo que en la tradición de la investigación socioantropológica se ha denominado "categorías émicas"- pueden transformarse en clave para entender procesos socioculturales de un modo integral.

En nuestro caso, durante estos casi seis años de trabajo conjunto con las organizaciones del territorio, el ámbito que tomamos como "espacio grupal" es la propia Red Villa Hudson, en la que convergen las diversas organizaciones del barrio para trabajar las propias necesidades. Lo que nos llevó a participar de las reuniones quincenales para comprender su red mutuamente reforzada de comprensiones sociales. Esto nos posibilita incorporar al análisis las propias categorías y significados que los miembros de las organizaciones producen sobre su propio contexto. Permitiéndonos comprender cuestiones identitarias, políticas y comunitarias particulares de ese colectivo.

Nuestra participación en la Red tuvo como eje el desarrollo conjunto de acciones tendientes a incorporar al audiovisual como una esfera de trabajo novedosa para el territorio, pero que los actores de la propia Red vieron como una necesidad. En torno a este eje giraron los propósitos de la acción conjunta. Esta acción consistió en la implementación de talleres de realización audiovisual dirigidos a ampliar la oferta cultural de niñas, niños y adolescentes, y sus propósitos variaron según las necesidades que los integrantes de la Red fueron identificando: fortalecer las experiencias culturales de los jóvenes dentro de la Escuela, aumentar la oferta cultural en zonas precarias del barrio, convocar a los "jóvenes de la esquina", etc.

Con relación a la investigación, nos propusimos construir ámbitos dialógicos en los que intercambiar reflexiones sobre las experiencias, poniendo el foco en la posibilidad de desarrollar en la Red prácticas que se inscriban en la perspectiva del audiovisual comunitario.

De estos espacios no participaron todos los actores de la red. Si bien el tema era planteado en las reuniones, solo algunos integrantes participaron del proceso de reflexión en torno al audiovisual comunitario, sobre todo algunos profesionales de las instituciones del territorio (Centro de Salud y Escuela, principalmente), los que tuvieron una participación voluntaria y reflexiva (Archilli, 2003).

Estas instancias se desarrollaron como configuraciones no formalizadas, adoptando distintas formas ad-hoc: espacios de debate en la propia reunión de red, reuniones específicas, grupo de mail y/o WhatsApp. No obstante la heterogeneidad de los modos de intercambio, y las fluctuaciones en la participación (lo que implica una falencia en la planificación), el intercambio se desarrolló con "claridad de objetivos, rigurosidad de encuadre, (y) documentación del proceso" (Lichetti, 2015, p.16), y esto nos permite afirmar que esta esfera del trabajo aportó sustancialmente a la definición de nuestra investigación.

Estos espacios dialógicos de reflexión en torno al tema del audiovisual comunitario fueron concebidos desde una "lógica recursiva-dialéctica que permita construcciones sucesivas en un proceso de investigación espiralado y en permanente objetivación reflexiva" (Lischetti, 2015, pp.15-16).

Vemos un impacto de la elaboración de estos espacios en el pasaje de los propósitos con los que iniciamos las acciones co-participadas (talleres para la comunidad que ampliaran la oferta cultural de niños, niñas y jóvenes) a la necesidad de construir una comisión audiovisual para incorporar la dimensión del audiovisual a la construcción de la Red, dado que "para ver realidades nuevas hay que necesitarlas [...] lo que supone reconocer a esta, saber distanciarse de lo establecido" (Zemelman, 2000, p.110). De este modo podemos identificar en esta experiencia espiralada, elementos metodológicos de la investigación-acción, a la que Kurt Lewin describe como un proceso de investigación que se modifica en espirales de reflexión y acción, y en la que, como explica Cordero Arroyo (2004, p.51), cada espiral incluye:

1. Aclarar y diagnosticar una situación práctica que ha de ser mejorada o un problema práctico que ha de ser resuelto.

2. Formular estrategias de acción para mejorar la situación o resolver el problema.

3. Desarrollar las estrategias de acción y evaluar su eficacia.

4. Aclarar la situación resultante mediante nuevas definiciones de problemas o de áreas a mejorar (y así sucesivamente en la siguiente espiral de reflexión y acción) (Elliott, 1990, p.317).

Si bien la experiencia de reflexión y de acción eran (y son) propias de la investigación-acción, distintas circunstancias nos hicieron optar para la sistematización por una metodología propia de una investigación cualitativa de tipo etnográfico.

En primer lugar, no se logró constituir un equipo de investigación. Las fluctuaciones de la participación de docentes y estudiantes de la Universidad en las actividades del barrio imposibilitaron armar un equipo que pudiera planificar la investigación-acción. Por otro lado, para dotarse de un contexto de investigación, el docente que desarrolló la actividad se incorporó a un proyecto de investigación de CONICET[3] más amplio, en torno al audiovisual

---

[3] Proyecto de Investigación Plurianual (PIP0733) de CONICET, *El cine que nos empodera*, dirigido por Phd. Andrea Molfetta.

en el Conurbano sur. Esta experiencia fue enriquecedora para la investigación dado que colaboró a construir una necesaria distancia epistemológica y aportó otras miradas, pero este proyecto se desarrollaba con un enfoque metodológico diferente.

Estas dificultades impidieron la sistematización colectiva de las instancias de reflexiones, que si bien sirvieron para co-construir conocimiento y aplicarlo para modificar las prácticas, no se cristalizaron en una co-escritura de la investigación. Para subsanar esta falencia, optamos por tomar los registros de la experiencia de reflexión-acción como insumo de nuestra investigación, sumando la observación participante, las entrevistas en profundidad y otras fuentes documentales para desarrollar una metodología cualitativa de tipo etnográfico, de la que el presente trabajo es un primer producto.

La experiencia

En el partido de Florencio Varela, en la localidad de Bosques se encuentra el barrio de Villa Hudson. Villa Hudson es un barrio joven, con una la población total de 20 mil personas que provienen tanto de otros barrios y localidades de la provincia de Buenos Aires, como de otras provincias y también de países limítrofes. Existe un gran porcentaje de la población desocupada o con inserción laboral precaria, en el marco de la economía informal, con una importante dependencia de planes y programas de asistencia social, comedores comunitarios, etc.

En cuanto al nivel de educación de la población adulta, gran parte ha alcanzado el primario completo, aunque todavía se registran algunas situaciones de analfabetismo. En el caso de los adolescentes y jóvenes aparece un importante nivel de deserción en la educación secundaria.

Villa Hudson se caracteriza por ser un barrio con una fuerte impronta rural. Las calles son en su gran mayoría de tierra y se encuentran en muy mal estado. Las viviendas son precarias. Aunque existe una diferencia muy marcada entre la zona que se encuentra "delante del barrio" (en la avenida Luján) y "el fondo" donde se encuentran las situaciones de mayor pobreza. Esta diferencia también se registra en la relación entre los vecinos y en que las instituciones del barrio (centro de salud, escuelas, jardines, sociedad de fomento, etc.) se encuentran concentradas "adelante".

Red de Villa Hudson

La Red Villa Hudson tuvo su originen en diferentes encuentros durante la década del '90, hasta establecerse formalmente en 2009. El trabajo de la Red esta orientado a la construcción de espacios saludables en el barrio, para así a través de diferentes propuestas trabajar sobre las siguientes problemáticas: falta de espacios recreativos, culturales y educativos; escasez de recursos comunitarios; problemas de infraestructura a nivel institucional y obras de servicios públicos; consumo problemático en jóvenes; problemas ambientales y de salud a causa de la existencia de la tosquera en el barrio; violencia de género; imposibilidad de ingreso al barrio de patrullas y ambulancias por la situación de las calles; robos a vecinos e instituciones del barrio; deserción escolar en los adolescentes. De ella participan: Escuelas, Centro de Salud, Comedores Comunitarios, Asociaciones Civiles, Sociedad de Fomento, Caritas, etc., organizaciones e instituciones territoriales, que desarrollan un trabajo de una gran capilaridad dentro del tejido social.

En agosto de 2012, un grupo de docentes de la materia "Prácticas culturales" de la UNAJ nos acercamos a organizaciones e instituciones del barrio Villa Hudson para proponerles trabajar articuladamente algunas problemáticas del barrio desde la comunicación.

2012, comienza el taller audiovisual

Nuestra primera actividad se desarrolló en la Escuela Secundaria n°16 ubicada en la zona "de adelante" del barrio. La directora Sandra De Negris y la orientadora educacional Lic. María Isabel Sánchez fueron nuestras referentes en el desarrollo de las tareas.

En 2012, la Escuela tenía solamente una orientación artística – un par de años más tarde incorporaría una segunda orientación en comunicación -, el proyecto institucional incluía la reflexión y producción, desde el arte, de obras sobre los problemas del barrio, la juventud, los derechos, etc.

En los primeros encuentros organizativos con las autoridades de la escuela, buscamos explicar nuestra idea sobre la necesidad de una alfabetización audiovisual crítica[4] y la apropiación de esos lenguajes, mediante la realización audiovisual, como parte necesaria en el proceso de construcción del ciudadano en la actualidad. Las miradas de la directora y la orientadora educacional enriquecieron nuestra propuesta al sumar al debate el compromiso de la institución (directivos, docentes y estudiantes) con esa construcción, y elementos diagnósticos tanto de la población estudiantil como de la comunidad en la que se encuentra ubicada la escuela. Nos contaron de la participación de los estudiantes en actividades provinciales, proyectos sobre Derechos Humanos, Salud, Convivencia, Medio ambiente, entre otros.

El año 2012 terminó con la realización de un taller dirigido a estudiantes y jóvenes del barrio que se desarrolló en la ES nº16, que convocó a 8 docentes de la Universidad y que dio como resultado la realización de dos producciones:

---

[4] La alfabetización audiovisual crítica es un proceso educativo orientado a desarrollar las herramientas necesarias para manejar con conciencia los dispositivos audiovisuales y sus productos, en una sociedad en la que los lenguajes audiovisuales modalizan la experiencia humana y son un canal privilegiado para la transmisión de la cultura.

¿Y qué hacemos con la lluvia?[5], cortometraje de ficción que aborda el tema de los derechos de niñas, niños y adolescentes vulnerados los días de lluvia por la falta de asfalto; y *La Tosquera mata*, videominuto con técnica de *stop motion*[6] que denuncia la presencia de una tosquera ilegal en la que ya han muerto muchos jóvenes y niños del barrio.

Esta experiencia dio lugar a que para el 2013 fueran los propios estudiantes de la ES n°16 los que nos convocaran para acompañarlos en un proyecto audiovisual que querían realizar: Un documental sobre el nacimiento del Centro de Estudiantes en la escuela.

2013, una experiencia de comunicación comunitaria en la escuela[7]

En 2013, como mencionamos antes, los estudiantes de la ES n°16 nos convocaron para acompañarlos en la realización de un documental sobre el nacimiento del Centro de Estudiantes de la escuela con el objetivo de presentarlo en el Encuentro de Jóvenes y Memoria[8] de ese año. La organización estudiantil en los años anteriores venía funcionando como Cuerpo de Delegados y en 2013 se propusieron cumplimentar los pasos necesarios para desarrollar la campaña electoral y la elección de la dirección del Centro de Estudiantes. El proceso estuvo acompañado por docentes y directivos.

---

5 Link al cortometraje *¿Y qué hacemos con la lluvia?*: https://youtu.be/AkmCzuwaG8U
6 La palabra "stop motion" refiere a una técnica de animación que consiste en aparentar el movimiento de objetos estáticos por medio de una serie de imágenes fijas sucesivas.
7 La experiencia de 2012 y 2013 en la ES n°16 se encuentra desarrollada con mayor profundidad en la ponencia *Cine comunitario en Villa Hudson, una herramienta de construcción ciudadana* presentada en el VII Congreso Nacional de Extensión Universitaria desarrollado en la UADER, Paraná, Entre Ríos, en 2016.
8 Recuperado de http://www.comisionporlamemoria.org/jovenesymemoria/el-programa.htm

Los primeros meses del taller no solo fueron de introducción audiovisual sino que también definieron la dinámica del espacio. El año anterior, la experiencia fue de tan solo 7 encuentros y de una gran vertiginosidad, con la presencia de muchos talleristas de la Universidad, y de estudiantes de otras escuelas y programas. Ese año comenzaba con un solo tallerista y un proyecto de largo aliento.

El resultado de las elecciones estudiantiles generó una crisis en el funcionamiento del cuerpo de delegados, dado que los miembros más activos habían perdido. Directivos, docentes y miembros del gabinete abordaban distintas iniciativas para atravesar la crisis y extraer aprendizajes. Todo en vano. En la crisis del Centro de estudiantes se jugaban sentidos vinculados a las relaciones de poder que ningún resorte institucional pudo destrabar, tal vez porque la institución era parte del proceso. En una entrevista[9] realizada unos meses después de los hechos la Lic. María Isabel Sánchez (2014), orientadora educacional, reflexionaba sobre la crisis diciendo:

> Esta cuestión del conflicto sobre quién tiene la representatividad está muy atravesada por cuestiones institucionales de saber y de poder. [...] Esta cuestión de asumir cargos está más asociada al poder. Al poder dominar al otro, al poder imponer al otro, que también yo considero que es parte de sistema educativo. Nosotras en el sistema educativo estamos atravesadas por estas cuestiones, ¿no? Todavía tenemos este mandato: que el docente debe ejercer poder y autoridad, ¿sí? Si no, no puede educar.

Luego de meses de crisis e inmovilismo, en septiembre se realiza, en el marco del taller, una asamblea con todos estudiantes. Los delegados en su conjunto habían tomado el espacio del taller como propio e identificaban al docente de

---

[9] Entrevista realizada a la Lic. María Isabel Sánchez, orientadora educacional, el 17 de junio de 2014, sobre experiencia de taller de cine en 2013 en la ES n°16.

la UNAJ como un mediador válido para las distintas partes. Se resolvió convocar a la directora y a algunos docentes a participar.

Con todos los actores en la asamblea se abordaron los distintos problemas, y se pudo establecer un diálogo en el que surgieron nuevos elementos que posibilitaron destrabar el conflicto. La institución valoró la mirada de los estudiantes, que lograron expresar con claridad tensiones que hasta ese momento no habían podido explicar.

Con relación a esa experiencia de comunicación comunitaria, donde todos los actores pudieron encontrar un espacio horizontal de diálogo, María Isabel (2014) opina:

> encontraron ellos el espacio de debate, que me pareció muy bueno porque dio la posibilidad de la palabra que era lo que nosotros queríamos, que ellos pudieran hablar, pero por el otro lado había posturas muy estáticas, ¿no?, que no pudimos acordar. Directamente no había forma de acordar. [Esto sin perder de vista el contexto institucional, dado que] esta escuela es un lugar en donde los conflictos dentro de todo tienen un espacio, un lugar donde se puede hablar sobre los conflictos y hay una posibilidad de opinión.

Después de esa asamblea/taller se destrabó también el proceso de realización audiovisual y pudimos, entre octubre y noviembre, completar el documental[10] y presentarlo en el Encuentro Jóvenes y Memoria.

La crisis del año 2013 entorno al proceso de formación del Centro de Estudiantes, condujo también a la escuela a decidir nuevas formas de organización. María Isabel nos cuenta que para el 2014:

> Hemos hecho algunos formatos con esto de la participación: los chicos están viniendo a contra turno. El año pasado ¿te acordás que los sacábamos de los salones y hacíamos las

---

[10] Link al documental *Centro de Estudiantes de la Escuela 16 de Villa Hudson*: https://youtu.be/qKQBCvOl-Ec

asambleas?, este año vienen a contra turno, buscamos espacios en los que no se superpongan con ninguna asignatura y entonces es una participación más genuina. Es responsabilidad de ellos, los que quieran venir, no se los va a buscar, parte de ellos. Y por el otro lado esta cuestión de la responsabilidad del delegado también la transferimos a la asamblea de aula, ¿por qué? Porque todos pueden participar en el centro de estudiantes, el delegado tiene la responsabilidad de transmitir lo que sucede en la asamblea. Pero todos tienen la posibilidad de venir a contra turno en horarios en que no los afectan en la escuela y que quieran participar. Entonces bueno, estamos transformando esto de participar con responsabilidad y con un compromiso. […] También esto de que vengan en un horario que no sea "formalmente escolar" (aunque vengan a la escuela) también es un paso como para que ellos vean el centro de estudiantes desde otro lugar. […] Y la elección de las autoridades yo creo que vamos a tratar, no se si es la palabra direccionarla u orientarla para que no haya autoridades. […] Que no haya ni un presidente ni un secretario, sino que sea una dirección más horizontal (2014).

Rescatamos esta experiencia porque en ella podemos observar procesos y características de la comunidad educativa de la escuela que pensamos que serán clave para el desarrollo algunos años después de la comisión audiovisual de la Red Villa Hudson. Ellos son:

- En primer lugar se puede observar cómo los procesos de comunicación comunitaria son dialógicos y horizontales, pese a las jerarquías que definan a sus miembros.
- Podemos observar en segundo lugar, una primera experiencia de un audiovisual comunitario, inscripto en las lógicas de la comunicación comunitaria, y cómo ese desarrollo habilitó un espacio de diálogo y construcción, incluso en un contexto de crisis.
- Por último, nos muestra cómo esta escuela en particular está constituida por una comunidad (estudiantes, docentes, y directivos) capaz de desarrollar una mirada

crítica en torno a lo instituido socialmente (en este caso la elección de autoridades ejecutivas para el Centro de Estudiantes mediante competencia electoral, tal y como lo establece la Ley 14.581 de la provincia de Buenos Aires) y desarrollar un proceso instituyente de nuevas prácticas y formas de organización, coherentes con sus propias identidades y necesidades.

Estos elementos serán determinantes para el aporte que los estudiantes harán más adelante a la Red.

En 2014, luego de la experiencia de los dos años anteriores y ante la posibilidad de incorporar una nueva especialidad, la comunidad educativa elije la especialidad en "Comunicación". Vemos en esta elección una huella del aporte que la experiencia conjunta entre la escuela y la Universidad dejó en la comunidad educativa.

La incorporación de la orientación en Comunicación y los cambios realizados en el funcionamiento del Centro de estudiantes serán muy importantes para las futuras experiencias.

Ser parte de la Red

En 2012, paralelamente al desarrollo del taller en la escuela, nos invitaron a participar de las reuniones de la Red Villa Hudson. Esa participación nos sirvió para conocer más a fondo los problemas del barrio y aprender de la experiencia de organización comunitaria que llevan adelante. Ni para ellos ni para nosotros, la intervención de la Universidad era algo que "bajaba", sino una construcción que debíamos realizar mancomunadamente. Es bajo esta perspectiva que nos sumamos a participar de las reuniones de la Red, para coordinar acciones, discutir problemáticas surgidas al calor de la actividad, proponer proyectos y madurar la mejor forma de intervenir.

Finalmente, esta construcción mancomunada es significativa porque aporta al trabajo de la Red, que está fuertemente orientado a la organización y construcción de espacios saludables para el barrio y al trabajo sobre las diferentes problemáticas locales en las que busca impactar desde lo comunitario, en diálogo, articulación o interpelación a los distintos niveles del Estado.

Pensar la extensión universitaria junto con la Red

Durante 2013, la Red nos plantea la necesidad de trabajar con los jóvenes que no estaban dentro de las escuelas y fortalecer la actividad de las organizaciones que se encuentran en la parte más precaria del barrio, la parte de "atrás". Es así como en 2014 el taller se trasladó al Comedor Rincón de Esperanza.

Algunos de los problemas que se presentaban en ese contexto tenían que ver con cómo convocar a los jóvenes y cómo lograr la continuidad de la participación. Estos eran temas que habían surgido tanto en las reuniones de la Red como en las conversaciones en la escuela. Fue justamente en una conversación con María Isabel Sánchez que surgió la idea de convocar a los estudiantes de la UNAJ. Porque los docentes podíamos acompañar, pero había algo de la dinámica de pares que no podíamos construir aunque fuéramos todos los días al barrio. Por eso pensamos que armar equipos mixtos entre jóvenes del barrio y estudiantes de la UNAJ (que también son jóvenes de los barrios de Florencio Varela) podía generar esa dinámica de construcción entre pares que era necesaria para dar proyección y continuidad a la participación de los jóvenes. Por otro lado los estudiantes de la UNAJ pondrían en juego 'naturalmente' sus prácticas como estudiantes y podrían actuar de facilitadores en los procesos grupales de trabajo.

Con esta idea dimos marcha a una convocatoria a estudiantes de la UNAJ para pensar juntos un proyecto de Voluntariado Universitario que terminaría siendo

"Mostrando Villa Hudson". En el proyecto planteamos el rol de facilitadores de los estudiantes de la Universidad y la importancia de vincularse como universitarios con las dinámicas territoriales y, como en este caso con la Red, aprender de las experiencias de organización comunitaria.

Sin embargo nos parecía que faltaba algo para que la intervención fuera significativa para el fortalecimiento de las organizaciones y para que el proceso de apropiación de los medios y lenguajes de la comunicación audiovisual como herramienta comunitaria de construcción social lograra autonomía.

Ya habíamos logrado construir un espacio de trabajo horizontal entre la Red y los docentes de la UNAJ, casi como si fuéramos una organización más de la Red, y en base a esa construcción pensada la primera articulación institucional con el proyecto de Extensión Universitaria[11]. La articulación institucional fue el proyecto de Voluntariado "Mostrando Villa Hudson", que mediante la participación de los estudiantes de la UNAJ ofrecía la posibilidad de proyección y continuidad a la participación de los jóvenes. Pero, ¿qué pasaría si la universidad terminaba su proyecto o si por cuestiones ajenas al proyecto debía interrumpirlo? Notábamos que todo el proceso dependía de la presencia de la Universidad y esto era un problema que era necesario solucionar.

Fue así que se nos ocurrió proponerle a la Red la elaboración de un proyecto para que ellos lo presentaran a Puntos de Cultura en la convocatoria 2013. La Red aprobó la propuesta y le propuso a la Sociedad de Fomento ser la organización que presente el proyecto. El proyecto buscaba consolidar la experiencia que veníamos llevando adelante

---

[11] En 2012 presentamos a la Universidad el proyecto de extensión *Taller de realización Audiovisual en Villa Hudson*, en 2013 el proyecto de Voluntariado Universitario a la SPU *Mostrando Villa Hudson* y en 2014 el proyecto de extensión *Mediateca comunitaria en Villa Hudson*, también a la SPU.

entre la Universidad y la Red Villa Hudson para conformar una "Productora comunitaria de contenidos audiovisuales" en el barrio.

De esta manera pensamos en conformar tres articulaciones institucionales que funcionaran como un trípode sobre el que se apoyaría la construcción de la comunicación audiovisual como herramienta comunitaria para el fortalecimiento de las organizaciones e instituciones territoriales en el barrio de Villa Hudson.

Con miras a trabajar desde la comunicación comunitaria la problemática de la juventud, propusimos que era necesario que algunos miembros de las organizaciones de la Red participaran de los encuentros del taller. Entendíamos que para construir con los jóvenes del barrio prácticas saludables era necesario reforzar, o incluso reconstruir, los lazos comunitarios. En este sentido, compartir el espacio del taller con los integrantes de las organizaciones podría favorecer una construcción vincular con la Red que, en definitiva, era la red de contención que podían encontrar en el barrio.

No queríamos que fuera solamente una oferta cultural externa al barrio, una tradicional actividad de extensión universitaria. Queríamos que las actividades que pudiéramos hacer desde la UNAJ alimentaran una construcción propia, y para esto era necesario que el capital simbólico y humano de la Red se viera siempre fortalecido con nuestra actividad y no reemplazado, con todo lo que esa negación implica.

2014 y 2015, el taller en Rincón de Esperanza

En la reunión de Red se resuelve que algunos integrantes de las organizaciones e instituciones participen de los encuentros del taller en el Comedor Rincón de Esperanza, tomando la propuesta de fortalecer los vínculos de los jóvenes con la Red.

Convocar a los jóvenes es difícil, pero seis de ellos se suman al taller. El taller arranca con jóvenes, niños, integrantes de las organizaciones y estudiantes de la UNAJ. El primer proyecto es exitoso, sobre las largas mesas del comedor todos están concentradísimos en su trabajo. Hemos elegido un cuento y realizado una adaptación audiovisual mediante la técnica del *Stop Motion*. Tijeras, fibras y lápices pasan de mano en mano para hacer nacer a los personajes de *Mi casa*[12].

Durante los primeros meses la propuesta funciona, luego, paulatinamente, empiezan a surgir complicaciones. Cada vez es más difícil lograr que los jóvenes participen. Los talleristas los vamos a buscar a la plaza para invitarlos a venir antes de cada encuentro. A veces vienen, a veces no. Algunos jóvenes consiguen trabajo y ya no tienen tiempo de asistir. Con la merma en la participación de los jóvenes, de a poco los miembros de las organizaciones dejan de participar, hasta que hacia la segunda parte del año ya no participan.

Para el segundo cuatrimestre la configuración del taller había cambiado. Solamente participaban niñas y niños, los estudiantes de la UNAJ también comenzaron a dejar la actividad. Sin embargo el taller era vivido intensamente por los niños, en esta segunda parte del año, aparte de varios ejercicios audiovisuales, realizamos el cortometraje *El Penal*[13].

En 2015 el taller quedaría nuevamente con un solo tallerista y sin la impronta comunitaria inicial, tornándose una actividad cultural para los niños. Esta situación da cuenta tanto de las dificultades de la Universidad para constituir un equipo de trabajo estable, y de que todavía no estaban dadas las condiciones para que la Red pudiera hacer de esta experiencia un motor para su desarrollo.

---

[12] Link al corto *Mi casa*: https://youtu.be/dAwsWxMe-aw
[13] Link al corto *El Penal*: https://youtu.be/7JlGJpLCZs4

La primera experiencia con Puntos de Cultura

Esta dificultad se expresó también en la primera experiencia con el Programa Puntos de Cultura. El proyecto de la "Productora Comunitaria de Contenidos Audiovisuales" fue seleccionado y durante 2014 y 2015 esperábamos poder realizarlo. Se presentaba la posibilidad de poner en pie un dispositivo propio de la Red para capitalizar la experiencia realizada y dar un salto cualitativo en este terreno.

Tal vez la vertiginosidad de los tiempos institucionales de la convocatoria no nos permitió desarrollar un proceso de elaboración propio de la Red entre los miembros de las organizaciones, solamente resolver cuestiones operativas y delegar la redacción del proyecto al docente de la UNAJ que lo propuso.

Esto dificultó la construcción de los puentes necesarios para que los actores del territorio se apropiaran del proyecto aprobado por el Ministerio de Cultura de Nación. En el debate los acuerdos en torno al lugar de la comunicación en la construcción comunitaria eran unánimes, pero aún no lográbamos construir prácticas que generaran esa apropiación cultural.

Probablemente esta situación explique (junto con otro conjunto de cuestiones, como los protocolos de la burocracia estatal y sus laberintos) que no se haya podido acceder al financiamiento por la dificultad de la Red para solucionar un déficit en la documentación requerida para tal fin.

Pese a esto, el balance general era positivo: durante los tres primeros años de trabajo conjunto, los vínculos entre la Red y la UNAJ se consolidaron y diversificaron (desde el trabajo de extensión que desarrollamos en Villa Hudson se propició la construcción de vínculos con el Centro de Política y Territorio de la UNAJ, con la Red Ge.Flo.Va. y otros proyectos de extensión para actividades puntuales); las organizaciones de la Red y los vecinos que a ellas concurren comenzaron a construir sus propios relatos audiovisuales iniciando un camino de empoderamiento comunicacional, fue la primera vez que se dictaban talleres audiovisuales en el barrio; otro elemento importante fue que una institución educativa propia del barrio, la ES n°16 "Evita", abrió una nueva oferta educativa para el barrio, la orientación en comunicación.

2016, con foco en la Red

A finales de 2015, los estudiantes de la ES n°16 comenzaron a participar de la Red. El reencuentro con los mismos jóvenes con los que habíamos trabajado algunos años antes fue muy emotivo. En la primera reunión de 2016 que compartimos, ellos trajeron la revista[14] del Centro de Estudiantes y la propuesta de que la Red pudiera usarla como canal de comunicación.

Junto con los estudiantes también participa de la Red la profesora Débora Fiorito[15], que en la escuela se desempeña como preceptora. Con relación al motivo por el cual participan de la Red, nos dice:

> Estábamos convencidos de que es fundamental que para trabajar con los alumnos no nos podíamos acotar solamente a lo que sucedía dentro del aula, y no poder ver más allá de sus vidas, de sus experiencias, de su lugar -cada lugar tiene su código, su cultura, su historia-. Y me parece que era importante poder conocer nosotros, para poder entender a qué alumno recibíamos y de qué manera podríamos construir juntos los aprendizajes de todos los días, ¿no? Porque esto de participar y poder salir activamente y de visibilizar lo social es muy importante, y eso tiene que ver con lo que te da el trabajo en el territorio y la articulación con el barrio en donde ellos son parte (2017).

---

[14] La revista del Centro de Estudiantes de la ES n°16 se llama *Estudiantes Conectados*. Recuperado de http://estudiantesconectados16.blogspot.com.ar/2016/05/primera-edicion-de-la-revista.html

[15] Entrevista realizada a la Prof. Débora Fiorito en mayo de 2017.

Durante el período en que la actividad del taller se desarrolló en el Comedor Rincón de Esperanza, en la ES n°16 las experiencias vinculadas a la comunicación crecían y potenciaban la actividad creativa de los estudiantes: revistas, talleres de radio, noticieros escolares[16], blogs[17], redes sociales[18], obras de teatro[19], etc.

En 2016 nuestro trabajo de vinculación en Villa Hudson se focaliza hacia adentro de la Red y en el desarrollo de la InterRedes[20]. Es así que surge la idea de realizar un noticiero anual para compartir en la última reunión de interredes del año. Primero realizamos breves informes de la actividad de la Red y sus organizaciones, las necesidades y problemas presentes en el barrio y las acciones realizadas, luego, con estos informes proyectamos el noticiero. El noticiero tiene un formato distinto al tradicional porque nos interesaba que no hubiera una mediatización entre el set y la primera audiencia. De este modo pensamos que el noticiero fuera una puesta performática en la misma reunión de interredes, y con esta presentar el anuario de la Red. Colocamos una mesa, una computadora, y una integrante de la Red haciendo de presentadora de las noticias, mientras que en una pantalla atrás de ella se reproducían los informes presentados. Esto generó un proceso hacia adentro de la Red donde todos pusimos el cuerpo

---

16 Recuperado de https://youtu.be/AJwiD46OxlA
17 Recuperado de http://estudiantesconectados16.blogspot.com.ar/
18 Recuperado de https://www.facebook.com/Multimedios16/
19 En 2015 escriben y ponen en escena la obra *Tratame bien* sobre violencia obstétrica, que recorrerá una multiplicidad de espacios.
20 La InterRedes o Red de Redes surge hace varios años en Florencio Varela como un espacio de encuentro e intercambio entre las diferentes Redes locales. En un reportaje brindado al noticiero de la UNAJ, Fabián Meton, referente de la Red Villa Hudson dice "Lo que tratamos es de institucionalizar este trabajo en red desde una mirada horizontal, participativa en mesas de trabajo que esté el trabajador social, el psicólogo, el referente comunitario, el de educación, el de salud, de Caritas". Recuperado de https://www.unaj.edu.ar/segunda-jornada-de-interredes-en-la-unaj/

para contarnos y dialogar con nuestra propia comunidad, sin mediaciones, usando el audiovisual para potenciar esa comunicación comunitaria.

Al calor de esa experiencia y viendo en la participación de los estudiantes en la Red (empoderados comunicacional y políticamente) a un actor propio del territorio capaz de impulsar el desafío, le propusimos a la Red la construcción de la Comisión Audiovisual de la Red Villa Hudson (en adelante Comisión Audiovisual).

Consultada sobre cómo veía este proceso, la Lic. Patricia Sánchez, trabajadora social del Centro de Salud e integrante de la Red[21], nos decía:

> La Comisión de audiovisuales de la Red es un espacio que se genera a partir del trabajo de la red de Villa Hudson, que puede ser integrado por quienes quieran hacerlo. En este caso participan los adolescentes del barrio, y bueno, otros participantes también de la red. Es un espacio que tiene que ver con la posibilidad que brinda el audiovisual de reflejar acciones, actividades, problemáticas, intereses, expectativas y proyectos que tengan que ver con la comunidad de Villa Hudson (2017).

Desde que la Red decidió constituir la Comisión audiovisual, en los debates en torno a las acciones que se deciden realizar, se pone mayor atención en el pensar la dimensión comunicacional, un primer paso de un complejo proceso de apropiación cultural que seguramente lleve aún algunos años para afianzarse.

Si bien todavía es necesario consolidar su autonomía y definir su funcionamiento, la constitución de la comisión ha suscitado el despertar de nuevas necesidades: para profundizar la reflexión sobre las propias prácticas se ha resuelto el registro audiovisual de las acciones y reuniones de la

---

[21] Entrevista a la Lic. Patricia Sánchez en junio de 2017.

Red[22]; ha aumentado la necesidad de elaboración de piezas audiovisuales para comunicar acciones y/o situaciones que potencien la labor de las organizaciones e instituciones. Esta última necesidad se ha intentado satisfacer, produciendo en lo que va del año: *Informe ES16 21 03 2017*[23] con motivo del paro docente; *Tratame bien*[24] trailer realizado con motivo de la presentación de la obra de teatro en el Congreso Médico de Mar de Ajó en abril de este año; *Taller de Adultos Mayores en Villa Hudson*[25] memoria del taller realizado para el festejo del 5to aniversario; en proceso de realización se encuentran materiales que abordan el tema de la Plombemia[26], entre otros.

Entonces vemos cómo la creación de la Comisión abre nuevos desafíos y a la vez se construye sobre la base de las experiencias desarrolladas durante estos años. Quisimos conocer la mirada de la Lic. Sánchez (2017) sobre por qué la comisión surgía ahora y no hace unos años cuando empezamos a trabajar con los talleres y ella nos decía:

> Creo que esto tiene que ver con los procesos territoriales. Tiene que ver con cómo ese entramado va ocurriendo de acuerdo a la coyuntura histórica, en particular de esa comunidad. Creo que tiene que ver con el proceso mismo de la red en cuanto a conocernos, al poder establecer un objetivo de trabajo en la red, digamos que tiene que ver con procesos que fuimos haciendo para poder constituirnos como en grupo,

---

[22] Esta dimensión auto-reflexiva mediante el registro audiovisual abreva en las lógicas de la antropología visual, una de las metodologías empleadas en nuestro proyecto de investigación.
[23] Link al corto *Informe ES16 21 03 2017*: https://youtu.be/X6hAxMJfitw
[24] Link al corto *Tratame bien*: https://youtu.be/Eop0ezTNBYU
[25] Link al corto *Taller de Adultos Mayores en Villa Hudson*: https://youtu.be/YFGgixz9Hm4
[26] La Plombemia es la presencia de plomo en sangre en cantidades perjudiciales para la salud. En el barrio se encuentran múltiples fuentes de contaminación ambiental con metales pesados y otras substancias. En el barrio muchas de las calles se han rellenado con desechos de fábricas de baterías y esto está demostrado ser uno de los focos más importantes que aportan a este problema de salud.

con un interés en común y después poder pensar, más allá de las necesidades del barrio, en las necesidades de la red vinculadas a las necesidades del barrio. Creo que tiene que ver, en esto que te digo de la coyuntura, con la incorporación y la participación de los jóvenes en la red. Esto de alguna forma fue algo que nos fortaleció y favoreció el proceso de construcción de este espacio. Tiene que ver con procesos. Tuvimos que pasar por otras instancias: constituirnos en un grupo con un objetivo común, generar esos puntos encuentro en el trabajo para poder llegar a la conformación de diferentes espacios, como es el de infancia o como es el de la Comisión de audiovisuales. Y la participación de los jóvenes para mí es fundamental en cómo favorecer la constitución de este espacio. Ahora el sostenimiento tiene que ver con todos esos procesos territoriales y grupales y en el poder tener identidad del grupo también, así como la red no tiene.

Encontramos en su respuesta una clave para pensar nuestro tema y por eso le preguntamos: en cuanto a la maduración de este pasaje que menciona, el del pasaje de ver al audiovisual como una actividad que satisface necesidades del barrio a verlo como una dimensión vinculada a las necesidades de la red para abordar las necesidades del barrio, "¿Cómo pensás que se pueda profundizar este proceso?".

No hay receta para esto. En realidad la respuesta es una respuesta dialéctica, porque las necesidades del barrio tienen que ver con las necesidades de la red porque la red está representada también por referentes del barrio, y de alguna forma refleja también las necesidades del barrio. Me parece que este trabajo se puede llegar a profundizar, pero va a tener varias aristas. Una de esas aristas puede ser el fortalecerse como un espacio que da cuenta de no solamente de las necesidades territoriales, para hacerla hablar de barrio y red, que para mí tienen, más de las particularidades, una identidad común o un punto de encuentro digamos. Y después poder dar cuenta de esto que sucede en ese entramado territorial, me parece que ese puede ser el camino para profundizar este proceso que ya se ha iniciado. El poder fortalecer también esos jóvenes para que de alguna forma se han multiplicado en esta experiencia y sostenedores también, en cuanto a lo audiovisual que tiene que ver también con la percepción auditiva y visual, con generar otro lenguaje a través de esto que dé cuenta de lo que es Villa Hudson. No solamente sus necesidades, sino múltiples aspectos comunitarios. Lo que sucede es que, como toda estrategia, la profundización de los procesos no es lineal, probablemente lo que yo te esté diciendo es algo que tenga que ver con algunos aspectos a profundizar, los que desde mi mirada sean prioritarios. Que este espacio se constituya en un grupo de trabajo, esto implica el mismo proceso que lleva la Red, y que dé cuenta de procesos territoriales, y que estos jóvenes pueden también tener este aspecto multiplicador de lo que se está haciendo. Quizás también pensar en sensibilizarlos, o capacitarlos, no me gusta mucho la palabra, en lo que tenga que ver puntualmente con lo audiovisual, pero desde este lugar de la percepción que da cuenta de esa realidad comunitaria y territorial. Y después también es una herramienta que nos permite, de alguna forma, construir por medio de esta actividad audiovisual, construir a través de otro lenguaje y mostrar en ese sentido la problemática por ejemplo de la Plombemia. Porque nos preguntábamos "¿cómo llegar a que los escuchen? ¿Cómo llegar a que se vea lo que estamos haciendo, lo que estamos tratando de dar a conocer?". En este caso es la problemática del barrio. Y creo que a través de diferentes decires y sentires, y percepciones que se realiza a través de esta herramienta podemos llegar a contar lo que está sucediendo, y también esto nos fortalece como red en este nuevo transitar que es un poco desconocido, y que viene de tu mano.

En el mes de Junio de 2017 presentamos nuevamente un proyecto para el Programa Puntos de Cultura, confiamos que de nuevamente salir elegidos nos encontraremos preparados para dar un nuevo salto de calidad.

Reflexiones sobre la experiencia

El audiovisual comunitario como una dimensión de la construcción de la Red

A la luz de la experiencia narrada, pensamos que efectivamente en la Red Villa Hudson están madurando las condiciones para la incorporación del audiovisual como una dimensión de la construcción comunitaria. Coincidimos con la Lic. Patricia Sánchez en que esta construcción implica un proceso dialéctico, complejo y contradictorio, para el que no hay recetas. Solamente una evaluación compartida y constante de las acciones realizadas y un diagnóstico de la coyuntura, también construido conjuntamente, nos ayudarán a avanzar hacia nuestros objetivos.

Si bien la Red todavía está lejos de que sus organizaciones tomen en sus propias manos la herramienta audiovisual y se transformen en productores de sus propios contenidos, sí podemos decir que lo ven como una necesidad. Nuevamente coincidimos con la Lic. Sánchez en que la participación de los estudiantes de la ES n°16 con su experiencia en comunicación de los últimos años puede motorizar un proceso de apropiación cultural en la Red. El desafío es generar dinámicas de producción que a la vez sean instancias de capacitación que nos vayan acercando a la experiencia del audiovisual comunitario.

Sobre la co-construcción del conocimiento

Anahí Guelman, siguiendo a Tomasino y Rodríguez, plantea que la realidad es indisciplinada[27], y que esto desafía las lógicas hegemónicas disciplinares fundadas en la fragmentación del conocimiento académico.

---

[27] En Tomasino H. y Rodríguez N. *Tres tesis básicas sobre extensión y prácticas integrales en la Universidad de la República*; bases y fundamentos. Uruguay: Mimeo.

Esa misma realidad indisciplinada, desordenada, tiene tiempos que difieren también de la organización del tiempo académico. Requiere tolerar y dar lugar a una nueva dinámica, un nuevo tiempo "no académico", una dialéctica de construcción en diálogo con lo social, con lo territorial, con lo institucional (Guelman, 2014, p.108).

La experiencia de trabajo conjunto con las organizaciones de la Red Villa Hudson nos permitió poner en juego lógicas investigativas distintas de las hegemónicas, que posibilitaron la construcción una "ecología de saberes".

En esta nueva forma de concebir la producción de conocimiento, la formación y la vinculación con la sociedad, este es un espacio para la sensibilidad y el compromiso. Esta posibilidad quiebra también los modos de racionalidad colonial. Supone una construcción de coherencia entre posicionamientos, discursos y prácticas, entre distintos niveles de vínculo que implican el respeto, el reconocimiento del otro y sus haberes dando lugar al diálogo de saberes, a hacer presente el saber ausente y deslegitimado del otro. Aun cuando las funciones de la universidad tengan lógicas específicas, en el trabajo de la vinculación las prácticas universitarias se integran y potencian, recomponiendo divisiones que las lógicas modernas y occidentales se encargaron de separar (Guelman, 2014, p.109).

La comunicación como derecho humano y la dominación como un proceso de comunicación

La experiencia nos muestra cómo "la comunicación contribuye a empoderar a la ciudadanía en el marco de los principios básicos de los derechos humanos y de las sociedades democráticas" (Gumucio Dagron, 2012, p.7). Lo vemos en el caso de la escuela en torno a la formación del centro de estudiantes, en donde la toma de la palabra y la acción política de comunicar, posibilitaron generar un salto cualitativo superando la crisis y propiciando transformaciones institucionales. O en cómo el proceso de reflexión-acción en torno al audiovisual comunitario condujo a la conformación de la Comisión Audiovisual en la Red Villa Hudson, mostrando que el ejercicio del derecho humano a la comunicación requiere de un involucramiento de los propios titulares de ese derecho.

"Los derechos humanos no son optativos. Los derechos humanos no son un regalo del poder" (Gumucio Dagron, 2012, p.1). Los derechos humanos, si bien se cristalizan en legislaciones y normativas sancionadas por instituciones nacionales o internacionales de poder y saber, son conquistas históricas de las grandes luchas populares a nivel nacional e internacional.

Esta naturaleza popular suele aparecer eclipsada por el nombre o renombre de las instituciones intervinientes en el proceso de regulación del conflicto social, y este hecho a menudo, instalar la idea de que esas instituciones – encargadas de la reproducción del orden social burgués – son garantes "naturales" de los derechos que en la práctica niegan.

Al ocultar la naturaleza mundana de los derechos, surgidos de enormes gestas populares compuestas de resistencias cotidianas, los relatos hegemónicos logran que la sociedad perciba a los derechos humanos como el resultado de convenciones o normativas. Este proceso habilita en el sentido común una concepción abstracta de los derechos humanos.

Por eso insistimos en la idea de que los derechos humanos no pueden pensarse en abstracto, por fuera de la estructura social, o prescindiendo de las desigualdades sociales. Entendemos que es importante desmitificar el lugar supuestamente neutral y de "garante de derechos" que se le suele asignar tanto al Estado como los organismos internacionales, y comprenderlos como instituciones de poder al servicio de los sectores dominantes que garantizan su lugar de privilegio mediante la reproducción del orden social, a veces mediante las mecánicas propias de la hegemonía, a veces mediante formas de dominación. "La pérdida de confianza progresiva en las instituciones, a lo largo de décadas recientes, es absolutamente comprensible cuando estas le han dado la espalda a las aspiraciones de la mayoría de los ciudadanos, para atender los intereses de una minoría" (Gumucio Dagron, 2012, p.19).

Por consiguiente, vemos en los sectores subalternos al único sector capaz de garantizar sus propios derechos, ¿de qué forma? En principio deberán los propios sectores subalternos encontrarla, pero pensamos que para ello será necesaria una organización cada vez más conciente de las reglas del juego social para una mejor interpelación, vinculación y/o control ciudadano respecto del Estado. En este proceso, la Universidad está llamada a tener un rol activo en el desarrollo de tal conciencia, lo cual le impondrá a su vez el desafío de deconstruir su mandato funcional/colonizador.

En este camino, el derecho a la comunicación ocupa un lugar central en la medida en que al realizar experiencias que disputan imaginarios y sentidos, y que viabilizan nuevas prácticas culturales, se fortalece el lugar de una ciudadanía crítica y creadora. El derecho a la comunicación, en las condiciones actuales, está determinado por esas tensiones, esas luchas y ese empoderamiento. El derecho a la comunicación no puede concebirse por fuera de las luchas hegemónicas y a las resistencias populares.

Referencias bibliográficas

Alabarces, P. (2014). Resistencias y mediaciones. En Itchart, L. y Donati J., (comp.). *Prácticas culturales* – 3a ed. – Florencio Varela. Universidad Nacional Arturo Jauretche.
Ander Egg, E. (1967 [1965]). *Metodología y práctica del desarrollo de la comunidad*. Buenos Aires: Humanitas.
Archilli, E. (2011). Antropología e investigación acción

participativa. Reflexiones sobre algunas prácticas. En *X Congreso Argentino de Antropología Social*. Facultad de Filosofía y Letras, UBA.

Balán, E. et al. (2000). *Barrio Galaxia. Manual de comunicación comunitaria*. Buenos Aires: Centro Nueva Tierra.

Buzai, G. (2014). *Mapas Sociales Urbanos*. Buenos Aires: Lugar Editorial.

Cardoso, N. (2009). Apunte General Comunitaria (Versión 03.10). En Documento de cátedra. *Taller de Comunicación Comunitaria*. Facultad de Ciencias Sociales, UBA.

Cobo, A. (2008). *¿Es fácil hacer cine en la escuela con pocos recursos y muchos resultados?* Buenos Aires: Editorial Biblos.

Colombres, A. (2011). *Nuevo Manual del Promotor Cultural I: bases teóricas de la acción*. Buenos Aires: Ediciones del Sol.

Cordero Arroyo, G. (2004). Apuntes para caracterizar las similitudes y diferencias entre los proyectos de investigación-acción y el trabajo etnográfico. *Revista de Educación y Desarrollo, 1*. Centro Universitario de Ciencias de la Salud de la Universidad de Guadalajara, México.

Dagnino, R. (2008). Empezando por la extensión universitaria... (sintetizada de una conferencia del Dr. Renato Dagnino en el gremio DUNLUP). Recuperado de http://conadu.org.ar/conferencia-del-dr-renato-dagnino-en-el-gremio-adulp/[Consultado el 09 de octubre de 2017].

Ferres, J. (1997). *Video y Educación*– España, Paidós.

Ferres, J. (1997). *Televisión y Educación*. España, Paidós.

Freire, P. (1973 [1984]). *¿Extensión o comunicación?* México: Siglo XXI.

Foucault, M. (1975 [1998]). *Vigilar y Castigar*. México: Siglo XXI.

Guelman, A. (2014). La vinculación universidad-sociedad como eje de la discusión prospectiva acerca del papel de la Universidad. En Reflexiones prospectivas sobre

la universidad pública. En Llomovatte, S; Juarros, F.; Kantarovich, G. (comps). 1ª. ed. Editorial de la Facultad de Filosofía y Letras, Universidad de Buenos Aires.
Gumucio Dagron, A. (2011). El derecho a la comunicación: articulador de los derechos humanos. *Revista Razón y Palabra*.
Gumucio Dagron, A. (2014). Aproximación Al Cine Comunitario. En *El cine comunitario en América Latina y el Caribe*. Friedrich-Ebert-Stiftung FES.
Hall, S. (2004). Codificación y decodificación en el discurso televisivo en CIC. En *Cuadernos de Información y comunicación, 9*, Madrid.
Lander, E. (2000). Ciencias sociales: saberes coloniales y eurocéntrico. En Lander, E. (comp.). *La colonialidad del saber: eurocentrismo y ciencias sociales. Perspectivas Latinoamericanas*. Buenos Aires: CLACSO, Consejo Latinoamericano de Ciencias Sociales.
Lipovetsky, P. (1986). *La era del vacío. Ensayos sobre el individualismo contemporáneo*. Barcelona: Editorial Anagrama.
Lischetti, M. (2015). Abordajes para el trabajo con poblaciones. Participación Social y Prácticas Socio-Políticas. En *Redes de Extensión*. Revista de la Secretaría de Extensión de la Facultad de Filosofía y Letras, nº *1* (Digital).
Lischetti, M. (2015). Abordajes para el trabajo con poblaciones. Participación social y prácticas socio-políticas (versión extendida). En Apuntes internos del Posgrado "Universidad, Estado y Territorio: Abordaje integral de las prácticas socioeducativas territorializadas". Facultad de Filosofía y Letras UBA. [En Prensa].
Manso, M.; Pérez, P.; Libedinsky, M.; Light, D. y Garzón, M. (2011). *Las Tic en las aulas, experiencias latinoamericanas*. Buenos Aires: Paidós.- Martín Barbero, J. (1983). Comunicación popular y los modelos trasnacionales. En *Chasqui, 8*. Quito: CIESPAL.

Mata, M. C. (2009). Comunicación Comunitaria en pos de la palabra y la visibilidad social. En Área de Comunicación Comunitaria (comps). *Construyendo comunidades... Reflexiones actuales sobre comunicación comunitaria*. Buenos Aires: La Crujía.
Morduchowicz, R. (2001). *A mí la tele me enseña muchas cosas, la educación en medios para alumnos de sectores populares*. Buenos Aires: Paidós.
Morduchowicz, R.(2008). *La Generación multimedia, Significados, consumos y prácticas culturales de los jóvenes*. Buenos Aires: Paidós.
Nigro, P., (2008). *La educación en medios de comunicación, contenido transversal*. Magisterio.- Piscitelli, A.(2009). *Nativos digitales. Dieta cognitiva, inteligencia colectiva y arquitecturas del a participación*. Buenos Aires: Editorial Santillana, Colección Aula XXI.
Prieto Castillo, D. (2011). *La comunicación en la educación*. Buenos Aires: La Crujía.
Rinesi, E. (2015). *Filosofía y política de la universidad*. Buenos Aires: Ediciones UNGS.
Santos, Boaventura de Souza. (2006). *La Universidad en el siglo XXI. Para una reforma democrática y emancipadora de la universidad*. Cuba: CASA, Fondo Editorial Casa de las Américas.
Unzué, M. (2012). Historia del origen de la Universidad de Buenos Aires (A propósito de su 190º aniversario). En *Revista Iberoamericana de Educación Superior (ries)*, III *(8)*, 72-88 Recuperado de http://ries.universia.net/index.php/ries/article/view/262 –
Zemelman, H. (2000). Conocimiento social y conflicto en América Latina. En *Revista OSAL*.

Filmografía

Colectivo de estudiantes y docentes de la ES n° 16 y de la UNAJ. (Realizadores). (2012). *¿Y qué hacemos con la lluvia?* [Cortometraje Ficción]. Taller de Realización Audiovisual de la UNAJ en Villa Hudson, proyecto colectivo de la cátedra Prácticas Culturales. Recuperado de https://youtu.be/AkmCzuwaG8U [Consultado el 09 de octubre de 2017].

Colectivo de jóvenes y docentes de la ES n° 16 y de la UNAJ. (Realizadores). (2012). *La Tosquera mata*. [Videominuto Animación]. Taller de Realización Audiovisual de la UNAJ en Villa Hudson, proyecto colectivo de la cátedra Prácticas Culturales.

Mantero Mortillaro, I. (Docente/Director). (2003). Realizado colectivamente por estudiantes de la ES n°16 "Evita". *Centro de Estudiantes de la Escuela 16 de Villa Hudson.* [Cortometraje Documental]. Taller de Realización Audiovisual de la UNAJ en Villa Hudson. Recuperado de https://youtu.be/qKQBCvOl-Ec [Consultado el 09 de octubre de 2017].

Colectivo de niños, miembros de las organizaciones sociales y docentes de la UNAJ. (Realizadores). (2014). *El Penal* [Cortometraje Ficción]. Taller de Realización Audiovisual de la UNAJ en Villa Hudson perteneciente al proyecto de Voluntariado Universitario "Mostrando Villa Hudson", coord. Lic. Iván Mantero. Recuperado de https://youtu.be/7JlGJpLCZs4 [Consultado el 09 de octubre de 2017].

Colectivo de niños, miembros de las organizaciones sociales y docentes del taller de cine de la UNAJ en Villa Hudson. (Realizadores). (2014). *Mi casa* [Cortometraje Animación]. Proyecto de Voluntariado Universitario "Mostrando Villa Hudson", coord. Lic. Iván Mantero. Recuperado de https://youtu.be/dAwsWxMe-aw [Consultado el 09 de octubre de 2017].

Estudiantes de la ES n° 16 "Evita". (Realizadores). (2016). *Estudiantes Conectados* [Cortometraje Noticiero]. Proyecto del Centro de Estudiantes de la ES n° 16 "Evita". Recuperado de https://youtu.be/AJwiD46OxIA [Consultado el 09 de octubre de 2017].

Mantero Mortillaro, I. (Docente/Director). (2016). *NotiHudson*. [Cortometraje Noticiero]. Proyecto de Extensión "Mediateca comunitaria en Villa Hudson" UNAJ. Recuperado de https://youtu.be/0CBvJpthYfw [Consultado el 09 de octubre de 2017].

Mantero Mortillaro, I. (Docente/Director). (2017). *Informe ES16 21 03 2017.* [Cortometraje Documental]. Proyecto de Extensión "Mediateca comunitaria en Villa Hudson" UNAJ. Recuperado de https://youtu.be/X6hAxMJ-fitw[Consultado el 09 de octubre de 2017].

Mantero Mortillaro, I. (Docente/Director). (2017). *Tratame bien.* [Trailer Ficción]. Proyecto de Extensión "Mediateca comunitaria en Villa Hudson" UNAJ. Recuperado de https://youtu.be/Eop0ezTNBYU [Consultado el 09 de octubre de 2017].

Mantero Mortillaro, I. (Docente/Director). (2017). *Taller de Adultos Mayores en Villa Hudson.* [Cortometraje Documental]. Proyecto de Extensión "Mediateca comunitaria en Villa Hudson" UNAJ. Recuperado de https://youtu.be/YFGgixz9Hm4 [Consultado el 09 de octubre de 2017].

10

De *Lo último que se pierde* y lo que se encuentra sin esperarlo en el camino

La experiencia del CENMA UPN 8 – Villa Dolores, Córdoba

DIEGO MOREIRAS[1]

Introducción

A partir de la accesibilidad y diversificación de las tecnologías y herramientas que permiten el registro audiovisual, así como también de la existencia de programas de inclusión educativa digital, como por ejemplo el Conectar Igualdad, en las escuelas secundarias (aunque también en otras instituciones del sistema educativo) se ha vuelto posible producir videos / discursos audiovisuales, en tiempos y de maneras antes impensables. Nuestra investigación, en

---

[1] Profesor en Primer y Segundo Ciclo de EGB por la Escuela Normal Superior Dr. Agustín Garzón Agulla y Licenciado en Comunicación Social y Magíster en Investigación Educativa, ambas por la Universidad Nacional de Córdoba. Se desempeña en el campo de estudios de Comunicación/ Educación, con un interés particular por las imágenes en los procesos educativos. En su trabajo de tesis para el Doctorado en Semiótica está analizando producciones audiovisuales en escuelas secundarias de Córdoba. Actualmente ejerce la docencia en el Profesorado en Comunicación Social de la Facultad de Ciencias de la Comunicación de la Universidad Nacional de Córdoba y en Institutos de Formación Docente, también de la Ciudad de Córdoba. / diegoamoreiras@gmail.com

general, tiene por objetivo dar cuenta de esta diversidad de producciones realizadas en escuelas secundarias de la provincia de Córdoba, entre los años 2010 y 2015.

Este escrito parte de una hipótesis general que coincide, en parte, con la del Proyecto en el cual se inscribe. A partir de allí, asumimos a la producción audiovisual en escuelas secundarias como una práctica que moviliza diferentes lenguajes y discursos y desde este lugar, potencia la ocupación del espacio público y permite instalar y construir demandas y voces propias de los actores involucrados. Para nosotros, habilita cierto empoderamiento por parte de quienes se involucran, con un fuerte componente formativo (dado que se lleva adelante en un contexto de enseñanza sistemática). Además, puede pensarse también como una territorialización del paisaje audiovisual a través de la apropiación del acto de enunciar, construyendo representaciones de la realidad con patrones estéticos y comunicacionales propios.

En nuestro trabajo de tesis en curso, del que este escrito es parte[2], buscamos justamente identificar los rasgos comunes en estas producciones audiovisuales y proponemos el concepto de *género (discursivo)* para dar cuenta de ellos. De esta manera, situamos este escrito en el marco de reflexiones teóricas en torno a la proposición, el desarrollo y la caracterización del concepto de *género audiovisual escolar* como herramienta teórico-metodológica para el análisis, la reflexión y la sistematización de producciones audiovisuales realizadas en escuelas.

En este capítulo presentamos en primer lugar los rasgos sobresalientes de la experiencia pedagógica que dio lugar a la producción del video *Lo último que se pierde*. A partir de entrevistas, reconstruimos el proceso que desembocó

---

2   Este escrito forma parte de la tesis en curso titulada "Producciones audiovisuales en escuelas secundarias de Córdoba: géneros discursivos y prácticas de comunicación", desarrollada para optar al grado de Doctor en Semiótica, del Centro de Estudios Avanzados de la Facultad de Ciencias Sociales, Universidad Nacional de Córdoba bajo la dirección de la Dra. Eva Da Porta.

en esta producción. En la segunda parte, en cambio, nos dedicamos al análisis discursivo del cortometraje, también procurando dar cuenta de los rasgos más significativos.

De la experiencia

Presentación

Durante el año 2011 la profesora Ana Barral estaba ocupando un cargo suplente en las horas de Lengua Castellana de un primer año. La escuela en cuestión es una institución particular, ya que funciona dentro de la Unidad Penitenciaria Nro. 8 de Villa Dolores, Córdoba, (de aquí en adelante, UPN 8), y sus estudiantes son solo varones, jóvenes y adultos.

Además de su trabajo como profesora, Ana era la coordinadora CAIE[3] de un instituto terciario con sede en Mina Clavero, a 47 km. de la Penitenciaría. Ese año, como los

---

3   En el Documento General *Red de Centros de Actualización e Innovación Educativa* (2010), puede leerse: "El Proyecto Red de Centros de Actualización e Innovación Educativa (Red de CAIE) constituye una política focalizada que se inscribe dentro del Plan Nacional de Formación Docente (Resolución CFE N° 23/07) y que busca por medio de una estrategia específica realizar un aporte a las instituciones del nivel superior. (…) la Red de CAIE persigue fortalecer la formación inicial y el desarrollo profesional de los docentes, contribuir con la investigación educativa y el acompañamiento pedagógico de las escuelas, a partir de los lineamientos nacionales y de aquellos que se definen y desarrollan desde iniciativas jurisdiccionales y locales" (p.3). Una de las propuestas metodológicas que se impulsó desde los CAIE fue el trabajo con narrativas pedagógicas y una de las líneas de trabajo más fuerte tuvo a la reflexión y producción de los docentes de y sobre imágenes como su eje central. El equipo de investigación de Inés Dussel en FLACSO fue parte de las instancias de capacitación y generación de materiales. Esta es la línea de trabajo a la que hace referencia Ana cuando menciona sus vínculos previos con lo audiovisual. Más información sobre la Red CAIE puede obtenerse accediendo a: https://goo.gl/sdokaT o también a: https://goo.gl/HySWV1 [Consultados en julio de 2017]. Sugerimos revisar el Documento Marco del Proyecto Red de CAIE de 2010 y el Documento General, disponibles en el primer enlace.

anteriores, el trabajo con y desde lo audiovisual había sido un elemento fuerte de las instancias de formación promovidas desde Nación dentro de los CAIE. Ana había tenido la oportunidad no solo de hacer llegar esas instancias a los estudiantes de la Tecnicatura en Comunicación Social del instituto, sino que también se había comprometido ella. Y había descubierto una vocación frustrada. "Algún día, tendría que hacer algo de cine", cuenta.

Un tercer trabajo de Ana, también en el ámbito de la educación de adultos, era en una de las propuestas semipresenciales en Las Calles, pequeña localidad también de Traslasierra, Córdoba, a medio camino entre sus dos trabajos anteriores. Según ella misma reconoce, este trabajo era más de acompañamiento de los estudiantes en sus propios recorridos a través de los módulos de formación, y permitía menos "juego" que las instancias presenciales "comunes". El de Lengua, su área, no había generado en ella hasta ese momento la inquietud y la posibilidad de un trabajo con lo audiovisual, como sí ocurriría dentro de la UPN 8.

Ana reconoce, una y otra vez, que todo lo que se pudo lograr dentro de la UPN 8 de Villa Dolores fue gracias a la colaboración de muchas de las personas que trabajaban ahí, pero fundamentalmente de una: la coordinadora, Marcela Focaccia. Por lo tanto, en nuestro segundo encuentro con Ana, invitamos a Marcela. Entre ambas, dedicaron muchas horas de charla a reconstruir el proceso que llevó a la realización del cortometraje *Lo último que se pierde*[4].

Los primeros pasos

La idea original para trabajar con un corto dentro de la escuela llega a las manos de Ana desde fuera del CENMA (Centro Educativo de Nivel Medio para Adultos) de Villa Dolores – UPN 8. En el año 2011 se lanza la convocatoria,

---

[4] Recuperado de https://www.youtube.com/watch?v=NrX3pwDEG3s [Consultado en marzo de 2015].

desde Tarjeta Naranja y con el auspicio del INCAA, para Cortos de Genios, un concurso de cortometrajes de menos de cinco minutos de duración, que ese año correspondió a su 4ta. edición[5]. El tema propuesto para entonces era "La pasión por el fútbol".

A comienzos del ciclo lectivo 2011, entonces, y a partir del acceso a esta convocatoria, Ana se pone en contacto con el Lic. Carlos Abel Barnes, director y productor de cine y responsable de Cortos de Genios. Tanto en los relatos de Ana como de Marcela, no pareciera reconocerse el momento explícito de la decisión de participar. Abierta la convocatoria y compartida en el espacio del aula, un grupo de estudiantes hizo saber su voluntad de participación; mientras que otros, pocos dentro del total, plantearon en un comienzo que no pensaban participar ni aunque esto fuera una obligación -volveremos sobre este punto luego-.

"Pichuco" Barnes llega entonces a la cárcel de Villa Dolores y lleva con él dos cortometrajes para compartir e incentivar a los estudiantes. Tanto Ana como Marcela recuerdan haberse preguntado por qué este invitado había elegido aquellos dos cortos. Se trataba de dos producciones hechas en contextos carcelarios, que presentaban al menos una diferencia importante entre ellas: la primera se centraba en un intento de fuga, con represión y sangre incluidas; la segunda, desde una puesta en escena más metafórica, planteaba la posibilidad de una evasión de otro orden. Según recuerdan ambas, lo que intentó remarcar Barnes era la diferencia entre esas dos producciones, en términos de lo que era posible contar en un corto (desde la cárcel).

---

[5] La información correspondiente a los cortos ganadores de ese año se encuentra disponible en https://www.naranja.com/para-conocernos/sala-de-prensa/80-16-la-4ta-edicin-de-cortos-de-genios-naranja--ya-tiene-ganadores.html [Consultado en julio de 2017]. La información acerca de Cortos de Genio, como actividad institucional de Responsabilidad social, puede consultarse en el Informe correspondiente al año 2011, disponible en https://www.tarjetanaranja.com/advf/documentos/506470f0a6805.pdf [Consultado en julio de 2017].

Con ese antecedente, después de asegurarse que el visionado de esos cortos no les había traído mayores inconvenientes con las autoridades de la escuela y de la cárcel, Ana avanzó con el trabajo sobre el guion. Lo primero fue discutir ideas generales y posibles enfoques de trabajo. Desde el comienzo los estudiantes plantearon claramente que querían que el eje de su producción fuera la esperanza. Si pensaban en construir una historia desde su situación actual, tenía que ser mirando hacia el futuro y con esperanza.

En paralelo, Ana y sobre todo Marcela, en su calidad de coordinadora del CENMA dentro de la Unidad Penitenciaria, comenzaron con las solicitudes de permiso y las notas de información a las diversas autoridades: a las educativas, tanto de la Dirección de Educación de Jóvenes y Adultos como de Educación en contextos de encierro, por un lado y a las de la Unidad Penitenciaria, por otro. Ese camino de solicitudes las llevó hasta las máximas autoridades de la Provincia, en cada una de las esferas mencionadas. Ambas recuerdan que, un poco debido al entusiasmo, un poco por el auspicio del INCAA y quizá también un poco por desconocimiento, obtuvieron los permisos necesarios. Todas estas negociaciones aparecen bajo la forma de agradecimientos en los créditos del corto: "A las autoridades de Educación de Adultos de la Provincia de Córdoba. A las Autoridades de la Unidad Penitenciaria Nro. 8 Villa Dolores. A las Autoridades del Servicio Penitenciario de la Provincia de Córdoba". El recorrido que sortearon para lograr llevar adelante esta experiencia no fue sencillo. Eran dos lógicas institucionales superpuestas, la escolar y la penitenciaria, y debían coincidir. La férrea voluntad de Ana y de Marcela seguramente devino en un factor decisivo.

Si bien el inicio del proceso fue motivado por la convocatoria de Cortos de Genios, en algún momento del proceso perdió importancia. Una vez que el corto estuvo listo y fue cargado en la plataforma del concurso, por algún motivo, quedó excluido. De hecho, hoy no se encuentra en la lista de cortos participantes del año 2011. Ni para Ana ni para Marcela (tampoco para los estudiantes) este dato resultó, finalmente, significativo.

¿Quiénes participaron?

Los primeros convocados para participar de la experiencia fueron los estudiantes de ese primer año de la modalidad de jóvenes y adultos. Ana, por entonces, como mencionábamos anteriormente estaba como suplente a cargo del espacio Lengua y Literatura, un dato que resultó muy significativo porque al año siguiente, y luego de presentar un proyecto a la dirección del CENMA con todo el proceso de trabajo y solicitando permisos para continuarlo durante el año 2012, su cargo de suplente no fue renovado.

Del grupo de estudiantes invitados, la mayoría aceptó inmediatamente, y se conformó una lista de 23 participantes en el proyecto, que debió ser aprobada por las diferentes instancias superiores de Marcela, tanto educativas como penitenciarias, lo que derivó en un número fijo de involucrados, sin posibilidad de sumar interesados. Así, este grupo inicial se mantuvo en forma estable hasta el final, ya que, a lo largo del proceso, nadie pudo agregarse.

Como sucede habitualmente en este tipo de experiencias, cada uno de los estudiantes pudo participar en aquella actividad con la que se sentía más cómodo. Dos de ellos se involucraron en la construcción de la idea original y del guion del cortometraje y entre ellos eligieron a los dos protagonistas, Pedro y Juan. En la elección de Juan hubo algo de reconocimiento a sus cualidades más "paternales", en un rol que demandaría de él mostrarse como un hermano preocupado. Pedro, el joven futbolista que logra salir de la cárcel y triunfar en el mundo deportivo, fue elegido gracias a sus habilidades para ese deporte en cuestión.

Sobre este último estudiante, Ana va a detenerse en más de una oportunidad en los diferentes encuentros. Recuerda su nombre completo y su desempeño escolar hasta ese momento. Va a insistir más de una vez en que después de la filmación, Pedro abandonó su pasividad en el aula, comenzó un diálogo más fluido con ella, un compromiso con sus actividades escolares y con el trabajo de sus compañeros. Ana y Marcela saben que no hay cambios mágicos en educación, pero insisten en que, luego de su protagónico en el video, el aula logró acogerlo de modos que eran desconocidos por él. Todas sus experiencias anteriores dentro del sistema educativo colisionaron con un "protagonismo" nuevo y bienvenido.

Los 23 que aceptaron realizar el cortometraje debieron firmar un convenio de cesión de imagen y de conformidad con la publicación del video en una plataforma de Internet (originalmente la de Cortos de Genios; la de *Youtube*, después). Ana y Marcela fueron muy claras e insistentes con este tema, cada uno debía saber cuál era la propuesta del concurso de Tarjeta Naranja y cómo iban a circular sus imágenes.

Entre los estudiantes de ese primer año hubo unos pocos que expresaron una negación rotunda a participar de la experiencia. Ana recuerda que les parecía terrible ser parte de un video que iba a difundirse masivamente a través de Internet. Lo último que deseaban, decían, era estar recluidos y quedar estigmatizados como presos en un video público ¡y hacerlo además por voluntad propia!

Estos últimos estudiantes quedaron excluidos *a priori* de todo el trabajo preparatorio, aunque eventualmente realizaron comentarios o aportes. Debido a las restricciones al momento de la filmación, de las que hablaremos más adelante, luego les fue imposible participar ni siquiera como espectadores del proceso. Durante y luego del estreno del video, en la escuela y con todos los compañeros del resto de los cursos presentes, estos estudiantes tuvieron su momento de arrepentimiento. Ana recuerda particularmente a uno de ellos que expresaba el deseo de otros: "El año que viene, participamos profe, eh". La promesa de la repetición de la actividad estaba en marcha y Ana, como señalamos más arriba, ya había preparado el escrito para transformarla en proyecto curricular y obtener los múltiples permisos necesarios. Uno de los estudiantes había acercado dos posibles historias para ser trabajadas en guiones, una de ellas narraba el último día de uno de ellos en la cárcel. Sin embargo, la desvinculación de Ana del espacio curricular impidió la continuidad del proyecto.

Además de estos pocos estudiantes auto-apartados de la experiencia, muchos otros devinieron forzosamente en espectadores: los compañeros de otros años y todos aquellos reclusos que no participaban de la escuela. No obstante, resulta por demás interesante que todo el movimiento que se generó dentro de la cárcel alrededor de la producción del corto (sobre todo durante la filmación) no pasó desapercibido para ninguno de ellos. Para Marcela y Ana, la prueba de esto fue el silencio respetuoso con el que se acompañó desde los pabellones las escenas en el patio trasero de la Penitenciaría. Para ellas, es suficiente la comparación con otros usos del patio, por ejemplo, durante los actos escolares, en los que ruidos y silbidos hacían difícil escuchar a quienes hacían uso de la palabra. Cuando hizo falta silencio el día de filmación, en cambio, no se escuchó un solo ruido. Y al momento del gol, gritos y vítores estallaron desde dentro y, a través de las ventanas, asomaron papelitos, "igual que en la cancha". Afortunadamente, una de las cámaras fotográficas que acompañaba la filmación estaba cerca y pudo registrar, desde abajo, esta lluvia de papeles. Esa fotografía se transformó finalmente en la tapa del DVD que recibieron estos estudiantes y sus familias al finalizar el ciclo lectivo ese año.

La filmación

El trabajo de filmación propiamente fue llevado adelante por Julieta, una estudiante de la Escuela Figueroa Alcorta, de Ciudad de las Artes, que fue contactada por Ana al promediar el proyecto y aceptó participar con la cámara principal. La aceptación de Julieta fue una muestra más de la perseverancia de Ana, ya que antes había habido otros ofrecimientos a otros estudiantes que no habían prosperado.

Todo el proceso de filmación fue llevado a cabo en dos horas de trabajo en una sola jornada. Las autoridades de la Penitenciaría autorizaron la apertura de los diferentes espacios de la cárcel, el ingreso de los equipos y de los externos al servicio y al CENMA por un lapso que no podía ser mayor a esas dos horas. Por lo tanto, fueron necesarios varios acuerdos previos entre todos los participantes para comenzar y terminar con todas las etapas del rodaje.

Una vez que dos de los estudiantes del grupo definieron la historia, con las premisas que comentábamos antes (dentro del tema "La pasión por el fútbol", establecido por Cortos de Genios, y la idea de que la historia fuera esperanzadora, compartida por todos los estudiantes), esta fue convertida por Ana y por Julieta en un guion de filmación. No fue propiamente un guion técnico, aclara Ana, pero lo suficiente como para que pudieran orientar todo el proceso de filmación y las dos horas de tiempo fueran suficientes. Julieta envió ese guion por correo y Ana lo discutió con los estudiantes, en una jornada previa a la filmación.

El día del rodaje ingresaron a la Penitenciaría Ana, Julieta, tres profesoras y dos estudiantes del IFD Dr. Carlos M. Carena: Natalia, Mariela, Norma, Eduardo y Emanuel, respectivamente. Junto a Marcela, participaron de las intensas horas de trabajo. Las dos entrevistadas recuerdan que no solo fue un suceso que ingresaran tantas personas ajenas al penal, sino que además, era todo un hecho que la mayoría de ellas fueran mujeres en una cárcel de varones.

El acceso a las locaciones fue autorizado por las autoridades penitenciarias, asumiendo que el ingreso a los pabellones estaba prohibido. Por lo tanto, las escenas "de dormitorio" demandaban recrear ese espacio. Este trabajo fue acordado que estuviera a cargo de los propios estudiantes. Ellos fueron los responsables de movilizar todos los elementos necesarios desde los pabellones hasta la pequeña salita, normalmente de tránsito entre dos espacios mayores, ahora devenida en set de filmación. Así se acondicionó ese lugar.

El patio es un espacio habitualmente vedado a quiénes no sean reclusos. Marcela, después de diez años de trabajo en la Institución, recién pudo ingresar y conocerlo con la excusa de la filmación. Lo mismo vale, por supuesto, para el resto de los participantes. En exteriores se filmaron todas las escenas del partido. Si bien la cancha de fútbol existía previamente al cortometraje (eso estaba resuelto), Ana y Marcela, como parte del equipo de producción, se concentraron en la vestimenta de los jugadores. Se comunicaron con dos clubes de la zona (uno de Villa Dolores y otro de Las Calles) y solicitaron dos juegos de camisetas diferentes, para vestir a cada uno de los equipos. La producción también debió prever lo necesario para la instancia de internación de Pedro y luego la de entrevista periodística, una vez fuera de la cárcel, consagrado como jugador exitoso en la liga nacional.

Durante toda la duración del proceso de filmación un grupo de guardia-cárceles y el propio Director de la Penitenciaría acompañaron de cerca al equipo de docentes y estudiantes, sin dejarlos ni un minuto a solas. Las sensaciones recordadas en torno a esta "marca cuerpo a cuerpo", para utilizar una metáfora deportiva, son contradictorias. En gran medida, la presencia de mujeres en el equipo de filmación parecía justificar cualquier recaudo. Como contraparte, todos los espacios solicitados fueron abiertos a las cámaras, incluso la torre de vigilancia.

Cuando Ana y Marcela recuerdan todo este proceso, no parece excesivo el orgullo y la nostalgia con la que narran estos eventos. Todo lo que había sido planificado, salió de acuerdo a los papeles. Los estudiantes cumplieron con su parte y sobre todo Juan se movió delante de las cámaras con una interesante soltura. El tiempo otorgado permitió cumplir exactamente con lo planificado sin ningún contratiempo. Hubo un solo hecho que ha quedado confuso en el recuerdo y que incluso fue interpretado como un aprendizaje: en el recuento de camisetas, de las prestadas por los clubes, una de ellas no volvió. No fue claro su destino. Las docentes repusieron el dinero al club en cuestión y el asunto se zanjó definitivamente. Los estudiantes sostuvieron desde el comienzo que ese faltante no tenía nada que ver con ellos.

El estreno

Después de todo este proceso de trabajo, sin duda el momento central fue el del estreno.

Marcela recuerda más claramente el acto de fin de año que el momento del estreno en la sala de Aula. Ana, en cambio, se detiene en la rememoración de cada una de esas instancias. Si para Marcela fue especialmente significativo el final, al cierre del ciclo lectivo, por lo que comenzó a partir de él, para Ana sin duda cada uno de los momentos del proceso fueron importantes.

El video fue editado por Ana y por Julieta, por fuera de las horas de clase y de su tiempo de trabajo en la escuela. La versión definitiva no podía excederse de los cinco minutos, límite establecido por las bases del concurso de Cortos de Genios. Ana sonríe ahora, cuando recuerda que la versión finalmente disponible en Internet tiene unos siete minutos de duración, porque los estudiantes querían escuchar el tema del cierre del video completo. Es un tema de la Mona Jiménez. Esos minutos de diferencia entre el final de video y el final de la música son a pantalla negra: una vez que los créditos han pasado, queda aún para el espectador (y sus realizadores) la compañía y el relato de la música.

Una vez que se terminó la edición, había llegado el momento de presentarlo en la Penitenciaría. Después de todo el movimiento que había significado la filmación, se resolvió que los espectadores asistentes al estreno fueron más que los 23 participantes originales. Así fue que se invitó a todos los estudiantes. Ese día se suspendieron las clases y todos tuvieron la posibilidad de ver el video en el televisor que habían dispuesto en la escuela. Estaban presentes los realizadores y también sus compañeros del CENMA de otros años. Ana también había invitado a los estudiantes y a una profesora del Instituto Carena, de Mina Clavero, ya que también ellos habían participado de la filmación. Eran muchos más que 23. Esa instancia, sobran aclaraciones, se había constituido desde mucho antes como un momento muy especial.

El corto fue visto por los presentes muchas veces. Una sola no alcanzó para que todos pudieran ver y sentir todo lo que hacía falta.

La primera vez, lo que predominó en la platea, dice Ana, fueron las risas. Se reían de lo que veían: de los personajes, de sus actuaciones. También se abrazaban y se felicitaban, recuerda. Después del segundo visionado y en los sucesivos hasta el final, las reacciones fueron cambiando. Ana dice que la sorpresa que sobrevino quizá tuvo que ver con que se pensaron, mientras lo hacían, que el resultado final iba a ser una "truchada". Y los compañeros de otros años, que no habían participado más que como oyentes del proceso, seguro tenían menos expectativas aún que sus compañeros realizadores. Probablemente, las expectativas de unos y otros, generadas en torno a lo que se había producido, durante las dos horas de filmación y los días previos de preparación, no tenían ninguna experiencia previa con la que confrontar. ¿Cómo podían anticipar cómo iba a quedar aquello que habían hecho, si era la primera vez que participaban de un proceso semejante?

Así, conforme los sucesivos visionados fueron avanzando, las reacciones y comentarios fueron variando: llegaron la sorpresa y la sensación de que lo que estaban viendo estaba bueno. Era más parecido a una película de lo que esperaban, recuerda. Y sin duda, el cierre con un tema de la Mona había sido un acierto (decisión de Ana y Julieta, por cierto).

> (...) y mis cadenas romper, / me sobra el tiempo / para andar, / doy vueltas en mi conciencia / y estoy copado de ansiedad, / no tengo fronteras para ir más allá, / por eso recordé, / yo soy libre, libre. / La fantasía volverá / y dentro de tu alma, volverá a brotar, / la sensación de saber, / que sos libre, libre (...) (Jiménez, 1987).

Luego de esta instancia de estreno, suceden dos cosas importantes. Por un lado, surge una serie de reclamos. Por el otro, Ana les pide a algunos de los participantes que escriban qué significó para ellos participar de esta experiencia, como parte de una tarea áulica, propia del espacio curricular de Lengua Castellana, que ella atesora desde entonces como prueba de lo significativa de la experiencia desarrollada. De esas narrativas compartidas por Ana (y que incorporamos en el trabajo de tesis en los Anexos), podemos recuperar algunos pasajes:

> Mi experiencia en la tele. La experiencia de realizar el corto fue muy importante para el grupo y en lo personal, ya que fue una experiencia maravillosa el compartir algo como esto. Las personas con las que trabajamos eran tan buenas y muy profesionales al esperarnos ya que con nuestra falta de experiencia en la actuación, nuestro nerviosismo nos jugaba en contra, el tiempo, el lugar y el saber si hacíamos algo mal, no estamos acostumbrados a este tipo de cosas. Pero gracias a la paciencia y amabilidad de quiénes nos guiaban pudimos terminar nuestro trabajo y conocer nuevas apariencias que tenía ocultas. En lo personal la pasé muy bien, me sentí muy cómodo con todos y con todo... (Anónimo. Narrativa de la experiencia Nro. 3).

> [...] Sí, para mí la experiencia fue muy positiva a pesar del concurso. Fue muy positiva porque a pesar del lugar donde me encuentro no pensé nunca que podía llegar a tener la posibilidad de experimentar una experiencia como esta, la cual me hizo sentir muy bien y me distrajo mucho. Después, el verlo terminado me gustó mucho y me sentí muy feliz, igual que mi familia. (...) Y de todo esto también le estoy muy

agradecido a las maestras, que si no fuese por ellas esto nunca se hubiese logrado y creo que por eso fue tan positivo para mí (Anónimo, Narrativa de la experiencia Nro. 1).

Si bien no podemos detenernos en un trabajo específico sobre estas narrativas ahora, resulta central en ellas eso que el título de la primera pone en evidencia: "Mi experiencia en la tele". Plantea justamente una dimensión nueva y diferente de exhibición del yo (Sibilia, 2008) para estos estudiantes. Por otro lado, el trabajo de las docentes, "maestras" en el segundo relato, también es algo que los estudiantes rescatan.

Los reclamos en realidad no eran más que el mismo, multiplicado: los estudiantes querían tener también las fotografías que el equipo de filmación había sacado durante esas dos jornadas de rodaje. Esas fotos eran importantes para ellos. De ese modo nace el video de *backstage* que también puede verse en *Youtube* con el nombre de "Lo último que se pierde / El proyecto"[6].

Ana se detiene especialmente en el relato sobre el modo en que los estudiantes reciben su copia del cortometraje y del video de *backstage*. Con los fondos provenientes del CAIE del Instituto Carena que ella coordinaba, más algunos aportes del propio CENMA, se organizan con Marcela para el acto de fin de año. En él, junto a los diplomas de finalización de sus estudios a los compañeros de Tercer Año, ese diciembre se entrega una copia de DVD para cada uno de los estudiantes participantes. El DVD venía protegido en una cajita de plástico, con tapa y contratapa. La foto de tapa era la imagen de los papelitos volando desde las ventanas del penal festejando el gol de la ficción. La contratapa, daba cuenta de los esfuerzos que habían llevado a la realización del corto. Dentro del DVD, los espectadores encontraban un menú con dos opciones: por un lado, la visualización del

---

6 Recuperado de https://www.youtube.com/watch?v=9mnktm2D5ZU [Consultado en abril de 2015].

corto; por el otro, un video de los extras y de las fotografías tomadas durante la filmación. Ya lo señalamos: esas fotografías parecían tan importantes para los estudiantes, como el video en sí mismo.

Luego del acto de colación de fin año, al que habían asistido algunas familias, logrando ingresar al penal, los pedidos a Marcela se multiplicaron: muchas familias también querían tener su propia copia del DVD. Los costos del copiado y de la realización de las cajas contenedoras eran cada vez más difíciles de cubrir por parte de la escuela. No obstante, según recuerdan, todas las familias recibieron su copia. Los estudiantes que pudieron, "sacaron" los DVD de la Penitenciaría, entregándoselos a sus familias para que los guardaran.

Tanto de los relatos de las docentes como de las narrativas de los estudiantes, pareciera desprenderse un deseo que también está presente en otras de las experiencias relevadas. Para los que no pudieron participar e incluso para los que eligieron no hacerlo esa primera vez, esta experiencia inicial suponía una posibilidad, casi una suerte de obligación de continuar desarrollándola, de manera similar al menos, los años siguientes. Los estudiantes y las docentes estaban dispuestos. No obstante, durante el año 2012, el CENMA de la UPN 8 de Villa Dolores no tuvo oportunidad de realizar esta segunda vuelta.

Del análisis del corto *Lo último que se pierde*

Entre los cortos que conforman nuestro corpus, el realizado por los estudiantes del CENMA Villa Dolores Anexo UPN 8 se encuadra entre los que presentan un relato que podría inscribirse plenamente como una ficción.

Sin embargo, es difícil reconocer en este los trazos de melodrama mezclados con policial que pueblan algunas de las otras ficciones escolares analizadas. Si tuviéramos que enmarcarlo en alguna de las categorías establecidas por Xavier (2000), sin duda optaríamos por la de realismo: no encontramos trazas de melodrama y tampoco ciertamente de tragedia. Esta ausencia, ya de por sí, es una marca de novedad en este cortometraje. Como hemos mencionado en el apartado anterior, esto fue una decisión tomada al comienzo mismo del proceso de realización en donde los estudiantes deseaban una historia que hablara de esperanza y mucho más de la vida fuera que dentro de la Penitenciaría. Sin dudas, el título del corto da cuenta de esto mismo.

Lo último... comienza con los títulos de presentación que se intercalan y dan lugar a la presencia de los protagonistas: primeros planos de los rostros de los actores por un lado y la pantalla del televisor con la transmisión de la gran pasión argentina, partidos de fútbol, por el otro. De este modo, a partir de encuadres reducidos y cortes rápidos, se nos presentan la temática y los protagonistas. Hacia el final se presentan los créditos, acompañados de fotografías de los momentos de filmación y de la música popular cordobesa. En tan solo cinco minutos somos testigos del relato de una historia, pero también asistimos a aquello que del mundo de la penitenciaría se deja ver en esas imágenes.

De la Penitenciaría[7]

Ana menciona repetidamente durante las entrevistas un deseo de los estudiantes y una sospecha propia. Ellos no querían que se notara que estaban filmando dentro de una cárcel, para que el cierre del relato generara mayor sorpresa en el espectador; ella, aún hoy sospecha que esto no está plenamente logrado en el corto, generándole quizá cierta

---

[7] De aquí en adelante, utilizamos para el análisis un planteo teórico general proveniente de los trabajos de Eliseo Verón (1987) y, particularmente, de ciertas conceptualizaciones metodológicas provenientes de la narratología francesa, del estructuralismo de los '60 - '70 y de estudios de cine contemporáneos, reelaboradas por Ximena Triquell (sobre todo 2011) y Corina Ilardo (2014).

sensación de deuda. Este apartado busca dar cuenta de una variable fundamental del análisis de este cortometraje –antes que una respuesta para la preocupación de Ana– la dimensión espacial puesta en relación con las condiciones de producción del corto. ¿Qué de la Penitenciaría se observa, se *cuela*, en la dimensión espacial del análisis de este cortometraje?

Sin dudas, la dimensión de los espacios es fundamental en *Lo último*....

Las características y los atributos más evidentes con los que uno asocia una penitenciaría no aparecen en el cortometraje. No vemos en primer plano barrotes, rejas ni guardias. Aquellos elementos tradicionalmente asociados al encierro son cuidadosamente evitados. De este modo, la dimensión de la reclusión no es puesta en imágenes como parte central del relato.

La Penitenciaría aparece explícitamente, y como tal, en la dedicatoria que el personaje de Pedro envía a su hermano, preso aún, durante una entrevista en televisión y por supuesto en los créditos del final (placas 6 y sobre todo 7). Aún más sutil resulta la presencia de la prisión en el resto del video.

No obstante, algunos elementos durante la producción podrían apuntar en ese sentido. En primer lugar, llama la atención la estrechez del cuarto en el que transcurren las acciones de interiores en donde la cámara toma de frente una cama cucheta, a escasa distancia, de forma que apenas puede verse la cama superior. En ese espacio reducido y en ese encuadre más pequeño aún, se reúnen entre seis y siete compañeros a ver fútbol en un televisor (que ocupa, aproximadamente, la misma posición de la cámara, de forma que los personajes miran hacia ella cuando disfrutan del partido) o a dialogar sobre el partido que deberán jugar luego. Podemos observar con más detalle ese espacio a partir del minuto 3´44´´, en el que ingresan a la salita los compañeros de Pedro, para ver el partido de su consagración. El espacio desde el que ingresan a la sala tiene el aspecto de un pabellón (pasillo ancho, otras puertas que se observan en la pared opuesta) y desde la posición de la cámara puede apreciarse mejor las dimensiones reales del cuarto en el cual se encuentran: la cama ocupa todo su ancho y sobre ella pueden sentarse hasta cinco adultos. Los otros dos utilizan el piso y un banquito al costado. La estrechez de este espacio podría ser considerada un sinónimo inequívoco de encierro, o al menos así nos lo ha enseñado cierta filmografía sobre cárceles.

Un segundo momento en el que el encierro aparece, de fondo y alejado de las cámaras y de los protagonistas es en la filmación de exteriores, durante el partido de fútbol. El patio de la cárcel oficia de potrero. Desde el minuto 1´45´´ pueden observarse tanto alambrados como altos murallones que se encuentran a una distancia considerable de la cámara. Especialmente en 2´01´´ puede verse delante del muro, pequeño, un hombre vestido de azul-celeste. Lo mismo sucede con otros espectadores que asisten al partido. En el minuto 1´51´´ puede verse a la izquierda del rostro del jugador la torre de vigilancia. Y fundamentalmente pueden observarse los cercos perimetrales y los alambres de púa que cierran los extremos superiores, desde una cámara subjetiva, en el minuto 3´26´´, cuando Pedro es llevado en camilla luego de la lesión.

Los colores, las alturas, las tramas visuales pueden ser fácilmente reconocibles si el campo semántico es el de la seguridad. En cualquier caso, ninguno de estos elementos en sí mismos implica necesariamente una penitenciaría. De hecho, imágenes y escenas similares son fácilmente reconocibles para quienes asisten habitualmente a clubes de barrio y potreros improvisados (y no se trata en ellos específicamente de penitenciarías). Por lo tanto, en buena medida, un espectador desprevenido podría resignificar estos elementos *a posteriori* del primer visionado, si no hubiera advertido las condiciones de producción del cortometraje.

Aun así, parece poco probable que un espectador llegue a visionar *Lo último...* sin tener conocimiento de sus condiciones de producción y por lo tanto, no interprete los elementos que hemos mencionado en clave de *penitenciaría*. En cualquier caso, es notable el esfuerzo realizado por el equipo de producción para evitar los lugares comunes y, en gran medida, toda información relativa a la reclusión.

Por lo tanto, si se produce una identificación de los espacios de la filmación como *penitenciarios*, esto será producto probablemente de un conocimiento de las condiciones de producción del corto por parte del espectador más que de la información que se brinda en las imágenes en sí mismas.

De la cámara: de televisión y como jugadora

En *Lo último...* podemos identificar un uso de múltiples cámaras, que se adecuan a las diferentes situaciones que están narrando. Cámaras fijas, de encuadres estáticos, que permiten apreciar los escenarios y sus actores, por ejemplo al comienzo del corto (minuto 0´23´´ y en adelante); cámaras en movimiento, dinámicas, que siguen de cerca las acciones del partido (por ejemplo, minuto 2´24´´ en adelante); de encuadres cerrados y transiciones rápidas, que nos permiten seguir los rostros de quienes participan en un diálogo importante para los que intervienen en él (minuto 1´18´´ en adelante); algunas cámaras subjetivas muy breves (entre minutos 3´15´´ y 3´20´´) o algunas que están muy próximas a serlo, aun cuando se puedan reconocer en ellas fragmentos de los cuerpos de los personajes (por ejemplo, en las mismas escenas del partido ya mencionadas).

Este cambio constante entre diferentes encuadres, con diferentes intencionalidades comunicativas (Casetti y Di Chio, 1991, pp. 219 y ss.) va conformando un enunciado complejo en términos de su construcción.

La cámara asume en algunos momentos cruciales del cortometraje ciertos "estilos" que corresponden con aquello que está siendo narrado, de acuerdo a series discursivas que preceden al relato. Para decirlo de otro modo, las cámaras de este cortometraje se comportan, especialmente en los momentos de juego en la cancha, como otras cámaras pertenecientes al "mundo del fútbol" (por fuera del cortometraje) y que nos han acostumbrado a ser observadores de ese espectáculo de ciertos modos y no de otros. En concreto, mencionaremos dos ejemplos que nacen, dan forma y articulan la historia de *Lo último...* con el mundo del fútbol, *específicamente desde lo (audio) visual*, más allá de la historia del relato.

En primer lugar, se puede observar que la cámara en la presentación del momento del partido espera a los jugadores desde el centro de la cancha mientras ellos avanzan, árbitro de por medio, hacia la misma y luego, se mueve con un *travelling* lateral sobre los rostros de los jugadores, permitiéndonos reconocer rasgos y gestos de uno y otro equipo. Esto es parte de la presentación de los equipos y de la propia instancia de juego y genera un clima de expectativa, que es propio del comienzo de un partido televisado. Estos usos y costumbres de las transmisiones deportivas se repiten en diferentes instancias futbolísticas: desde competencias locales, entre equipos de una misma ciudad, hasta en las transmisiones globales de los campeonatos mundiales, una vez cada cuatro años. En estas últimas, por ejemplo, el *travelling* sobre los rostros de los jugadores coincide con el momento en que se escucha la canción patria de los equipos en juego. En *Lo último...* la banda de sonido acompaña este momento: no hay himnos, por supuesto, pero sí música con instrumentos de percusión que recuerdan tambores de batalla. El corto hace un uso particular de lo sonoro también aquí: junto a los tambores, mientras asistimos a los rostros de los jugadores, también reconocemos algunos sonidos de ambiente, que completan la situación de juego. Por lo tanto, en estos momentos del cortometraje reconocemos una *dinámica televisiva* de presentación de *lo futbolístico*: aquella que deviene de las transmisiones deportivas tanto de emisiones de aire como de cable, locales e internacionales.

Algo que no ocurre nunca en estas transmisiones es que la cámara participe *desde dentro* del partido, casi como si fuera un jugador más. Por supuesto que la cantidad de cámaras y de dispositivos sobre las que estas se fijan, permite una multiplicidad de aproximaciones a las jugadas en el fútbol contemporáneo, que casi es equivalente a "estar dentro de la cancha" para el espectador; desde las cámaras al costado del campo de juego, que siguen a los jugadores mientras la pelota avanza en el campo; hasta las *tradicionales* cámaras aéreas, desde un costado de la cancha; sumando las nuevas cámaras que recorren el campo de juego *desde arriba*, generando planos picados, vistas con asiduidad en el último campeonato mundial. Sin embargo, de manera literal, la cámara no ingresa al campo de juego.

En este sentido, la cámara que acompaña a los jugadores de *Lo último...*, desde dentro de la cancha, no se corresponde con ninguna de las anteriores. El modo en que la imagen se ralentiza y se concentra en el jugador que patea el tiro libre, siguiéndolo primero a él y luego a la pelota en su recorrido hasta el arco, tampoco es propio de las transmisiones en vivo de la televisión. Insistimos: las cámaras en estas transmisiones en muchos casos dan la impresión de ser parte de las jugadas desde dentro, pero sin serlo. En el cortometraje, la cámara está dentro de la cancha de manera literal, persigue a los jugadores desde los costados o desde atrás, los acompaña y se acerca a ellos cuando están en el piso, casi como un jugador más. No se debe a un *zoom in*, es el propio artefacto que se encuentra en la escena.

En este corto, esta segunda modalidad de uso de la cámara tiene filiaciones ya no con las transmisiones en vivo de lo televisivo, sino con las ficciones deportivas propias de lo cinematográfico. *Lo último...* se permite conjugar estas dos modalidades de lo audiovisual en un pequeño relato de cinco minutos: la serie discursiva del *vivo, en directo*, más la de lo cinematográfico, propio del mundo ficcional (Jost, 1997, 2007).

De la banda de sonido

Este es uno de los aspectos que más se diferencia de otras de las producciones analizadas. En este cortometraje se identifica rápidamente a la banda sonora como el resultado de un trabajo específico. En este sentido, resulta difícil encontrar en ella momentos de silencio. Música, sonido ambiente, diálogos, silbidos y gritos forman un continuo, muchas veces con más de uno de estos elementos a la vez, en el que es poco común encontrar una pausa. Considerarmos que esto contribuye a fundamentar la idea de que un guion y un relato audiovisual no necesariamente deben ser "una copia de la realidad", bajo la idea de la "similitud" con ella, sino que pueden constituirse como una construcción con sus propios rasgos[8]. Y en el caso de *Lo último...*, además, esto genera una realización con ritmo y cierta vertiginosidad, quizá ausente en otras producciones audiovisuales escolares.

En primer lugar, porque los momentos en que se ha elegido musicalizar el corto son muchos y además, la música elegida es diversa y persigue objetivos diferentes, según el caso. Mientras que por momentos pareciera ser un simple colchón, sobre el que se recuestan las imágenes, en otros momentos se percibe claramente que son los tambores los que marcan el ritmo de las imágenes. En este sentido, el cierre del cortometraje, utilizando una canción del más famoso de los cantantes y autores de cuarteto, como ya hemos dicho antes, no resulta un dato menor, sobre todo

---

[8] Invitamos al lector a confrontar las reflexiones de Ismael Xavier (2005) en torno a las diferentes formas de conceptualizar y llevar a la práctica las nociones de opacidad y transparencia en relación al discurso cinematográfico.

para los propios estudiantes. La pantalla en negro durante casi dos minutos refuerza justamente la centralidad de la banda sonora frente a lo visual, ya finalizado.

Luego, porque son varios los momentos en los que el sonido que escuchamos es múltiple: no se trata de una única línea de sonido (ambiental, por ejemplo), sino que se superponen capas de diferentes sonoridades. En la mayoría de esos momentos, se trata de sonidos de ambiente con algo de música extradiegética. Pero también se incluyen sonidos de relatos futbolísticos, al comienzo, cuando los personajes miran un partido por televisión, mientras la música acompaña la presentación del corto. Y mientras sonidos instrumentales dejan paso a los sonidos de los ambientes reales, disputando el centro de la sonoridad en cada momento, llega luego el momento de las voces, que se recortan sobre diferentes fondos.

A partir de este trabajo de análisis se impone la pregunta por el software con el que se realizó la edición. Sin entrar en tecnicismos, resulta altamente probable que la edición haya sido realizada utilizando algún programa de edición más cercano a las versiones familiares de los software profesionales que a los programas para principiantes que ya vienen instalados en las computadoras que utilizan software privativo. En estos programas básicos de edición, normalmente no resulta posible articular, por ejemplo, dos bandas de sonido diferentes, como hacen los realizadores en *Lo último...* Si bien es solo un aspecto, como hemos visto hasta aquí en los análisis y planteos previos y en el lugar central de la banda sonora en este corto, no puede ser considerada una cuestión menor.

El tratamiento de las voces y los diálogos es el tercer y último elemento que deseamos destacar y que resulta particular en este trabajo. Lejos de asumir que la historia tiene que ser explicada a través de lo que los personajes dicen, los intercambios verbales entre ellos están reducidos a un mínimo. Estos intercambios entre los personajes se limitan a cuestiones básicas, de contexto y que funcionan como la información imprescindible que el espectador necesita, identificar la rivalidad y, en cierta forma, el peligro de aceptar jugar un partido contra los otros. En el resto de los momentos, las imágenes construyen de manera privilegiada el hilo narrativo. Un momento fundamental en que puede observarse esto es en la resolución de la lesión de Pedro. Allí, desde la cancha es trasladado a la enfermería, y podemos observar médicos que intervienen, Juan que acompaña, carteles que desean la mejora del jugador. En ningún momento surgen diagnósticos médicos ni se resuelve esa situación de manera definitiva. Solo el avance de la narración nos permite dar cuenta de qué fue lo que ocurrió con Pedro. Finalmente, sus declaraciones a un periodista funcionan como el cierre del relato y a la vez de la historia, momento en que el espectador se entera fehacientemente de que Juan y sus compañeros están presos.

En relación a este aspecto, además, cabe mencionar que los diálogos y esos intercambios entre los personajes están propuestos de un modo que recuperan el *habla popular cordobesa*. El trabajo sobre los diálogos del guion está realizado de tal forma que resulta accesible y hasta podría pensarse, cotidiano, para los actores. Desde el punto de vista de la recepción, tanto aquello de lo que hablan como la forma en que lo hacen parece resultarles familiar a los sujetos involucrados. Esto se constituye entonces en un rasgo sobresaliente más de esta producción.

De la representación y la enunciación

Lo primero que podríamos asumir es que el cortometraje está construido desde el momento cero en torno a la temática del fútbol. En ese sentido, cumple a rajatabla con la consigna estipulada en la convocatoria de cortos para la cual fue realizado. "La pasión por el futbol" puede observarse en la construcción de la historia, en la vestimenta de los personajes (Juan utiliza camisetas de fútbol como parte de su ropa diaria), en la decoración de la sala en la que se ven los partidos (pueden observarse banderas de un club de fútbol colgando en una pared de la salita en la cual se reúnen los protagonistas, minuto 3´46´´, por ejemplo), en el fluido manejo de vocabulario específico por parte de los estudiantes, como ya hemos señalado. No resulta un dato menor que el patio de la Penitenciaría cuente, en efecto, con una cancha de fútbol.

En relación a la puesta en discurso de esta historia, uno de sus rasgos centrales es la cantidad de planos diferentes y la rápida sucesión de ellos en algunos tramos del cortometraje. De esta manera, se aleja de cierta idea que podríamos considerar "intuitiva" de que lo importante en el lenguaje audiovisual es mostrar los hechos tal cual suceden. Los usos del montaje en este corto están claramente trabajados para construir ciertas ideas de rapidez, de fluidez, de avance en el relato, antes que un detenimiento contemplativo en las escenas mostradas.

Un pequeño ejemplo al respecto que podemos mencionar transcurre al comienzo. Luego de la breve presentación, los hermanos toman mate mirando la televisión, uno al lado del otro, sentados en la cama. Cuando los compañeros ingresan a la salita, la cámara los toma uno a uno saludando a Juan y a Pedro. Sin embargo, en el momento de la edición se produce un corte directo que funciona como elipsis de ese entonces. Casi imperceptible, no obstante, es un recorte en el tiempo dedicado a una escena que no aportaría mayor información a lo ya visto. La decisión del montaje, de esta manera, está construida sobre la fluidez y el avance del relato, antes que sobre un seguimiento de las acciones de cada uno de los sujetos. Lo mismo podría decirse, como ya hemos establecido antes, en relación al sonido, puesto que son escasos los momentos de silencio.

Un aspecto más que nos parece central en este cortometraje tiene que ver con las voces y discursos recuperados e introducidos en el relato, aunque correspondientes a enunciadores televisivos. En concreto, nos referimos a las imágenes del partido de fútbol al que los personajes asisten durante los primeros segundos del corto. Esa pantalla, con el partido, nos es mostrada por los realizadores, incorporando la pantalla dentro de la pantalla. El segundo momento en que esto ocurre, en que la televisión ingresa en el corto, es producto de una recreación: la entrevista en la que el personaje de Pedro agradece por la victoria futbolística de ese día, el reconocimiento recibido como mejor jugador de la cancha y el saludo y recuerdo para sus compañeros del penal. Esta segunda instancia ya supone una reconstrucción *ad hoc* para ser integrada en el relato, a diferencia de la primera (Ana explica en una de las entrevistas cómo fue que lograron incorporar esas imágenes de la transmisión real de un partido en el corto).

En cualquier caso, no deja de ser notable el lugar central que ocupa, para estos sujetos, la televisión. Ana lo menciona también en las entrevistas cuando sostiene que el televisor que aparece en el relato es uno que ellos mismos consiguieron, dentro del penal. Además, muchos de ellos, si no van a la escuela y no realizan otras de las actividades que se les proponen dentro de la cárcel, probablemente dediquen su tiempo a ver televisión. Más allá de estos elementos "extra-textuales", el cortometraje comienza con la transmisión televisiva del partido y finaliza con la entrevista televisada al mejor jugador de otra cancha, de otro espacio, un espacio ante todo exterior al de la reclusión desde el que Juan y sus compañeros asisten como espectadores.

Para finalizar

Pensada esta experiencia de producción audiovisual desde el cine comunitario y desde nuestra preocupación específica por el *género audiovisual escolar*, son muchos los elementos que resultan significativos: los profílmicos en el primer caso y los discursivos, mayoritariamente, en el segundo. Todo aquello que hemos presentado en la primera parte de este artículo da cuenta del trabajo que todos los involucrados llevaron adelante para esta experiencia. Resulta significativa la preocupación específica por la construcción de los escenarios, tanto en términos "positivos" (aquello que los realizadores querían que apareciera dentro de cuadro), como "negativos" (aquello que querían evitar enfáticamente) y hemos puesto en evidencia la proximidad de los estudiantes con la temática trabajada ("La pasión por el fútbol").

De los relatos de Marcela y Ana podemos recuperar las transformaciones subjetivas de los sujetos involucrados, sobre todo a partir de sus dichos, de sus escritos y de la importancia dada al compartir sus imágenes en Internet, con sus familias y con sus compañeros de la UPN 8. Las voces de quienes se habían negado a participar de esta primera experiencia pero deseaban sumarse a la segunda, frustrada luego, también dan cuenta de lo que supuso para estos estudiantes el pensar la historia, actuar, mostrarse, decir y finalmente verse en público. Una experiencia que hizo posible la escuela a la que asistían, los sujetos que la constituían, así como las redes institucionales promovidas desde políticas públicas que incentivaron un trabajo con imágenes desde el campo educativo.

En términos discursivos, y a modo de resumen del apartado de análisis, podemos afirmar que este cortometraje presenta una mayor complejidad enunciativa que otros recopilados en el corpus de nuestro trabajo de Tesis, debido a la complejidad de la banda sonora, a la escasez de diálogos en favor de un trabajo más complejo con la imagen, a la diversidad de cámaras utilizadas y sus correspondientes intencionalidades comunicativas y a la utilización de discursos creados por otros enunciadores, vinculados a series discursivas televisivas, dentro del propio enunciado.

Todo esto hace de esta una experiencia notable, en la que *Lo último que se pierde* es la esperanza, y lo que se encuentra, quizá sin esperarlo, son las ganas de participar de proyectos colectivos, de construcción de discursos colaborativos, que devuelven una nueva imagen de sí mismos, renovada y llena de futuro.

Referencias bibliográficas

Casetti, F. y Di Chio, F. (1994). *¿Cómo analizar un filme?* Buenos Aires: Paidós.
Ilardo, C. (2014). Herramientas teórico-metodológicas para pensar los discursos audiovisuales. Acerca de la metodología empleada en Ilardo, C. y Moreiras, D. A. (comps.) *Mirando 25 miradas: análisis sociosemiótico de los cortos del Bicentenario.* Córdoba: Centro de Producción e Investigación en Artes de la Facultad de Artes y Secretaría de Extensión de la Facultad de Filosofía y Humanidades de la Universidad Nacional de Córdoba.
Jost, F. (1997). La promesse des genres. *Revista Réseaux, 81.*
Jost, F. (2003). La cotidianeidad como modelo de la realidad televisiva. *Revista Figuraciones, 1*(1-2), 107-119.
Jost, F. (2005). Lógicas de los formatos de tele-realidad. *Revista De Signis, 5*(7-8), 53-66.
Jost, F. (2007). Propuestas metodológicas para un análisis de las emisiones televisivas. *Revista Oficios terrestres, (XIII)*19, 154-164.
Sibilia, P. (2008). *La intimidad como espectáculo.* Buenos Aires: Fondo de Cultura Económica.
Triquell, X. (coord.). (2011). *Contar con imágenes. Una introducción a la narrativa fílmica.* Córdoba: Edit. Brujas.
Verón, E. (1987). *La semiosis social. Fragmentos de una teoría de la discursividad.* Buenos Aires: Gedisa.
Xavier, I. (2005). *O discurso cinematográfico. A opacidade e a transparencia* (3a ed.). São Paulo: Edit. Paz e Terra.
Xavier, I. (2000). Melodrama, ou a seducao da moral negociada. *Revista Novos estudos, 57,* 81-90.

Leyes y Resoluciones

Instituto Nacional de Formación Docente (2010). Red de Centros de Actualización e Innovación Educativa. Documento General. Ministerio de Educación de la Nación. República Argentina. Recuperado de http://cedoc.infd.edu.ar/upload/Documento_Marco_Proyecto_Red_de_CAIE_2010.pdf [Consultado en julio de 2017].

Discografía

Jiménez, C. (1987). *En vivo en el Estadio Atenas*. [Álbum Nro. 41]. Recuperado de www.cmj.com.ar [Consultado en abril de 2015].

11

Gestión cultural local

Estudio de caso: las políticas culturales del Partido de Berazategui (2005-2015)

ALEJANDRO OLIVERA[1]

Introducción

Como parte de nuestro intento por comprender la compleja dinámica intersubjetiva, social y cultural de la producción audiovisual comunitaria del Gran Buenos Aires Sur y el Gran Córdoba en el periodo 2005-2015, en este capítulo nos ocupamos de un actor cardinal para entender y profundizar algunas de nuestras reflexiones. Hablamos del Estado, y más específicamente, de las gobernanzas de los ámbitos locales. Lo hacemos porque una de nuestras hipótesis principales dice que en el proceso de empoderamiento de las organizaciones que realizan prácticas audiovisuales

---

[1] Licenciado en Artes (Orientación Artes Combinadas) y Profesor de Enseñanza Media y Superior en Artes por la Universidad de Buenos Aires (Facultad de Filosofía y Letras). Maestrando en Educación, Lenguajes y Medios (Universidad Nacional de San Martín). Diploma en Gestión Cultural y Producción en Espacios de la Cultura (UBA - FFyL - Centro Cultural Paco Urondo). Adscripto en la Cátedra de Estética de Cine y Teorías Cinematográficas (UBA - FFyL). Asistente de Producción en Festival de Cortometrajes Relatos Cortos (2011), Jurado en el XV Festival Internacional de Derechos Humanos (2013), Programador en I Jornada Tensión en la Red: Arte + Hacktivismo (2016). / amolivera85@gmail.com

y comunicacionales comunitarias – en sus estrategias de construcción de visibilidad y legitimación – es fundamental la tensión establecida entre resistencia y coparticipación con las instituciones del Estado y las industrias del espectáculo y de la información (Comolli, 2007; Molfetta, 2009), dominantes en el contexto globalizante del capital mundial integrado (Guattari, 2004; Guattari y Rolnick, 2005).

La primera etapa del proyecto nos permitió, a partir del trabajo de mapeo colectivo (Risler y Ares, 2013), identificar una serie notable de experiencias productivas y exhibitivas que suceden en los diferentes territorios de estos conurbanos. Para el caso de Buenos Aires, hemos trabajado de forma posterior con una selección de núcleos, llegando a campo de seis distritos: Avellaneda, Berazategui, Florencio Varela, Lanús, Lomas de Zamora y Quilmes, partidos bonaerenses con realidades a la vez similares y diferentes desde el punto de vista geosocial. En una segunda etapa, hemos desplegado una etnografía audiovisual (Ardevol, 1994) para encontrarnos con productores y actores intermediarios, entrevistarlos, escuchar relatos, observar modalidades de trabajo e investigar el impacto sociocultural de las prácticas analizadas. Hemos elegido, de entre aquellos distritos, el caso de Berazategui para presentarles nuestra aproximación – que de ningún modo pretende ser exhaustiva – a una experiencia de gestión cultural pública y local sostenida en el tiempo y con alcance comunitario verificable desde un punto de vista histórico.

Como nuestro objeto son las acciones que el Estado efectivamente realiza para desarrollar la vida cultural en los distritos, hemos considerado como primer criterio para nuestra elección la existencia de un área institucional municipal con rango de Secretaría[2] y específicamente orientada

---

[2] En la actualidad, Berazategui es el único de los distritos mencionados que denomina a su área como Secretaría de Cultura; es decir, un sector del organigrama municipal, con este rango y que no comparte su nomenclatura con otras áreas con las que suele fusionarse, por ejemplo, educación, turismo, artes, entre otras. Así, Florencio Varela cuenta con una Subsecretaría de

a la implementación de políticas culturales con continuidad de gestión durante los últimos años. En segundo lugar, si bien el enfoque cuantitativo no será dominante en nuestra observación, hemos prestado atención a los indicadores presupuestarios de las áreas culturales distritales, pues sin lugar a dudas los recursos económicos y financieros son un instrumento imprescindible para cualquier modelo de gestión que quiera desarrollar una política cultural inclusiva y efectiva. En este sentido, hemos recurrido al valioso estudio que la Universidad Nacional de Tres de Febrero (Tasat, 2009; Tasat y Mendes Calado, 2009) viene realizando desde el 2007 y que ha destacado al Partido de Berazategui por su inversión en el área de cultura. En tercer lugar, hemos ponderado la creación de un programa de trabajo específico orientado hacia el audiovisual[3], el cual funciona dentro del Área de Industrias Creativas municipal, conformada en el 2008. Desde entonces, esta se ha desarrollado de manera progresiva, con ofertas dirigidas a la comunidad a través de las instituciones estatales (escuelas, centros culturales municipales, etc.) y articulando acciones

---

Cultura y Educación, Lomas de Zamora con una Secretaría de Cultura y Comunicación, Lanús y Quilmes con una Secretaria de Cultura y Educación respectivamente, y Avellaneda con una Secretaría de Cultura y Promoción de las Artes.

3 Esto no significa, de ninguna manera, que la vida audiovisual de los distritos restantes no haya permitido el desarrollo de experiencias muy relevantes desde el punto de vista organizacional, territorial, pragmático y cultural, y gestionadas por organizaciones de la sociedad civil, instituciones del Estado nacional o provincial, gobiernos locales o todos ellos juntos. Solo por destacar algunos casos, en Florencio Varela, desde el año 2009, se realiza el Certamen Internacional de Cortometrajes Roberto Di Chiara, organizado por la Asociación de Artistas Visuales Independientes de Varela (AAVIV); en Lomas de Zamora, de 2010 hasta 2015 se realizó el Festival del Cine del Conurbano – FECICO, organizado por el Centro Cultural Padre Mugica de Banfield; por su parte, Avellaneda cuenta con el reconocido Instituto de Arte Cinematográfico y también con un cine municipal ubicado en la localidad de Wilde y emplazado a partir de una iniciativa vecinal; por último, Quilmes cuenta con tres Centros de Producción Audiovisual municipales que se suman a una cantidad importante de colectivos que organizan eventos audiovisuales abiertos a la comunidad, situación que se replica en Lanús, donde también se articulan acciones con la UNLA.

con empresas privadas, asociaciones de la sociedad civil y espacios culturales independientes del Distrito. Por último, hemos valorado la co-gestión entre la Secretaría de Cultura y representantes de los espacios culturales independientes radicados en el Distrito para redactar un anteproyecto de ordenanza que regule su funcionamiento. La propuesta legislativa para los ECIB (Espacios de Cultura Independiente de Berazategui) se encuentra en la Comisión de Cultura y Fomento del Honorable Concejo Deliberante para su tratamiento y posterior votación, consideramos que este hecho es una demostración efectiva de la voluntad de las partes por impulsar y enriquecer la vida cultural del Partido.

Hemos abordado nuestro estudio privilegiando una observación cualitativa sobre la experiencia de gestión y tomando como punto de partida un entorno conceptual que nos permita comprender nuestro objeto desde la alternativa del análisis local y desde la gestión cultural como campo disciplinar en proceso de emergencia. En segundo lugar, hemos construido una breve referenciación sobre el Distrito que, aunque introductoria, consideramos necesaria para contextualizar al lector en rasgos territoriales e identitarios pertinentes. En todo momento, adoptamos una perspectiva orientada más hacia la descripción de procesos (modos organizacionales, modelos de gestión y de trabajo, trayectos identitarios, etc.) que hacia los productos (Gumucio, 2014), con el fin de posicionarnos en el lugar analítico de una trayectoria histórica, política y cultural.

Nuestras reflexiones finales apuntan a repensar, en un contexto de cambios y retrocesos, tanto a nivel nacional como regional, algunas de las hipótesis de nuestro proyecto, en el sentido que decimos que los relatos comunitarios – narraciones de sí, "técnicas de sí" (Foucault, 2000) – que se construyen en esta tensión de resistencia/colaboración establecen una táctica de posicionamiento ético-político y una estrategia de desarrollo simbólico-material. Nos preguntamos cuáles son las alternativas posibles, tanto de las gobernanzas locales que quieran ejercer una política de desarrollo como de los colectivos y redes de trabajo comunitario, en un nuevo escenario tecno-sociocultural y económico-político donde el neo-neoliberalismo despliega con impulso – desde los estados y los mercados –, maniobras que reconfiguran los lazos sociales e intersubjetivos, profundizando conflictos en áreas claves como empleo, inclusión social o educación. En relación con ello, y a modo de cierre, realizamos dos breves menciones sobre la actualidad cultural del Distrito: la primera de ellas vinculada a las acciones que el municipio efectivamente realiza en este nuevo contexto para consolidar productos y servicios culturales ya legitimados en el territorio, con el fin de fortalecer una estrategia de identificación/pertenencia con el ciudadano y desplegar nuevas creatividades con los recursos disponibles; la segunda habla sobre la creación de la Red de Espacios Culturales Berazategui, una iniciativa que apunta a contrarrestar el debilitamiento de los tejidos sociales y solidarios en contextos de crisis y de promoción del individualismo y la meritocracia. Nos preguntamos en cuáles sentidos estos tipos de acciones constituyen, desde el punto de vista micropolítico, auténticas revoluciones moleculares (Guattari, 2004; Guattari y Rolnik, 2005), creadoras de técnicas, saberes y estéticas relevantes, y orientadas a la intervención y transformación positiva y real del campo social, las subjetividades y las narrativas.

Puntos de partida: gestión local y gestión cultural

Durante las dos últimas décadas, la gestión pública local se ha transformado de manera radical en nuestro país. Según coinciden diversos autores y autoras (Tecco, 2002; Salinas, 2003; Cravacuore, 2007, 2009; Pírez, 2012, 2014), la Reforma constitucional de 1994 – que incluyó la autonomía municipal – y el periodo de la postconvertibilidad – inaugurado por la intensa crisis institucional y socioeconómica del año 2001 – modificaron definitivamente la realidad de los municipios. En este sentido, Ariel Raidan (2009) describe una síntesis posible para esta trayectoria:

> Luego de las reformas neoliberales en los mercados y en las políticas públicas dominantes durante los noventa, que tuvieron como eje casi excluyente la reducción del papel del Estado, ha comenzado una nueva etapa en la que la cuestión de la gestión pública regresa al primer plano. La reformulación del concepto, las funciones y los límites del Estado, a su vez, van configurando una nueva geografía del poder, abriendo espacios a nuevas formas organizativas caracterizadas por la flexibilidad, la horizontalidad, la transversalidad y la coordinación entre distintos actores estatales y no estatales en el tratamiento y la solución de los asuntos públicos (p.4).

Los cambios ocurridos en los inicios del nuevo siglo, tanto a nivel global como regional y nacional en los entornos políticos, económicos y sociales, promovieron una nueva agenda de demandas y expectativas ciudadanas, que tuvo como lógico correlato una serie de exigencias estructurales, funcionales y estéticas para los gobiernos locales en los distintos territorios de nuestro país. Factores centrales, como la creciente descentralización de las administraciones provinciales – el caso de la provincia de Buenos Aires resulta paradigmático por su peso proporcional a nivel nacional -, configuraron un nuevo escenario en el cual los municipios, muchas veces con limitadas experiencias, capacidades y recursos, debieron adecuarse a una acelerada redefinición de responsabilidades – tal es el caso de Berazategui que nos ocupa en esta ocasión-. A la gestión de los servicios tradicionales (alumbrado, barrido, etc.), muchos distritos asumieron tareas de gobierno en áreas que hasta entonces quedaban fuera de su incumbencia directa, por ejemplo, en seguridad ciudadana (desde los primeros centros de monitoreo hasta el fenómeno de las policías locales) o en educación (desde proyectos de aprendizaje no formal hasta programas articulados con universidades nacionales).

Como resultado de este proceso de reforma estatal y diversificación de las demandas vecinales, el modelo de administración local burocrático tradicional ingresó en una etapa crisis, dando lugar a una nueva tendencia donde los gobiernos municipales incrementan sus funciones y competencias en el marco de modelos de gestión acordes a las nuevas realidades sociales (Salinas, 2003). Así, algunos distritos pudieron concretar saltos cualitativos en sus estructuras organizacionales y en sus esquemas de trabajo, obteniendo resultados favorables en muchos aspectos, mientras que muchos otros, hasta el día de hoy, se enfrentan con una serie de dificultades para dar una respuesta satisfactoria a las necesidades de sus comunidades. En simultáneo con esta serie de procesos, el campo académico ha manifestado un creciente interés por los temas relacionados con los gobiernos locales. Tal como señalan Cravacuore y Badía (2000), desde comienzos de los noventa han proliferado trabajos sobre los municipios argentinos, tanto estudios de caso con base empírica como otros de carácter más general y con un fuerte componente interpretativo y propositivo. En la última quincena de años, diversas investigaciones (Rofman, Suárez y Polo, 2002; Vilas, 2003; Otero, 2009; Nacke, M. y Cellucci, M, 2013) han intentado consolidar esa masa crítica, relativizando los enfoques puramente normativos y avanzando en nuevos marcos de análisis vinculados a la pragmática concreta de la gestión cotidiana de los distritos. De esta manera, se ha abierto un espacio de teorización y debate, con una fuerte presencia del análisis sobre la relación entre lo global y lo local, y con nuevos marcos que seguramente arrojarán líneas de trabajo pertinentes para abordar procesos críticos y de desarrollo sobre las dinámicas locales en América Latina y específicamente en nuestro país.

Por su parte, en las últimas dos décadas, la gestión cultural, como campo disciplinar teórico y práctico emergente hacia mediados de los años ochenta, atravesó un proceso de consolidación y desarrollo que se extiende hasta nuestro presente. A nivel regional, los procesos de democratización, la descentralización del Estado y el desarrollo de un mercado cultural sostenido, han dado lugar al surgimiento de nuevas exigencias institucionales, profesionales y formativas que son acompañadas, a su vez, por una progresiva importancia e influencia de la gestión cultural en la gestión local, tanto por su dinámica social integradora como por su potencialidad estratégica para el desarrollo. Al igual que con la gestión local, diversos autores han realizado valiosos aportes a la investigación de múltiples temáticas vinculadas al área (García Canclini, 1987, 1995, 2005; Eagleton, 2001; Martinell Sempere, 2001; Yúdice 2002; Ander Egg, 2005; Szurmuk y McKee Irwin, 2009; Hall, 2010; Vich, 2014). También en nuestro país, el campo de la gestión cultural ha tenido un notable crecimiento en la última década, al ritmo progresivo de publicaciones académicas (Getino, 2003, 2012; Olmos y Santillán Güemes, 2003, 2004, 2008; Schargorodsky y Elía 2009, Oliverio, 2009, Moreno, 2010; Maccari y Montiel, 2012), una marcada proliferación de nuevos cursos y trayectos formativos y la experimentación continua de prácticas gestoras, tanto en el ámbito estatal como en el privado.

Quizás un primer acierto de todas estas escrituras, emprendimientos y prácticas, haya sido la notoria voluntad de posicionar a las culturas como un objeto teórico-práctico articulado con otros campos científicos y simbólicos como el económico, el político o el mediático. Es decir, ya nadie afirma que *lo cultural* pueda ser una dimensión autónoma susceptible de ser observada sin comprender su inserción en una totalidad social, integrada y compleja. En este sentido, han aparecido interesantes abordajes en el plano nacional y latinoamericano, por ejemplo, el ya mencionado proyecto dirigido por José Tasat (2009) sobre políticas culturales de los gobiernos locales en el conurbano bonaerense, que justamente adopta un enfoque socioeconómico estableciendo una comparativa de los presupuestos ejecutados por los municipios y observando como esto influye en las concepciones sobre lo cultural y en la producción de las subjetividades locales. Otro ejemplo significativo es la articulación que Maccari y Montiel (2012) encuentran entre las nociones de "cultura" y "desarrollo", asignándole a la primera un rol central para la segunda en cuanto a la potencialidad de transformar la realidad de forma positiva:

> La gestión en el marco del binomio "cultura y desarrollo" exige un compromiso profundo con las sociedades: los gestores culturales trabajamos *para* y *con* un "otro" real, de carne y hueso; con inquietudes, necesidades, deseos, temores, aspiraciones, bagajes...Un "otro" igual a uno mismo, otro en sociedad, que también requiere de políticas y programas para la mejora de su calidad de vida, en comunidad (p. 65).

Por último, mencionamos el enfoque del profesor peruano Víctor Vich (2014), representado en gran parte en el verbo-concepto *desculturizar*, es decir, establecer una estrategia de pensamiento y acción destinada a deconstruir imaginarios, discursos y técnicas que plantean una realidad social como natural y definitiva. Esto significa, vincular el análisis sobre lo cultural con la lógica misma del poder como saber y como ejercicio, con costumbres arraigadas y hábitos sociales establecidos:

Toda política cultural debe proponerse cambiar el estilo de vida de las personas (visibilizando los poderes que excluyen, las prácticas que marginan, los hábitos culturales que se han sedimentado) y, a la vez, debe promover una mayor circulación de los objetos culturales. Activar nuevas formas de comunidad y democratizar el acceso a la producción y a consumo cultural son, en líneas generales, las tareas urgentes de las políticas culturales (p. 60).

Con mucho por desarrollarse, la gestión cultural se perfila como uno de los campos fundamentales para comprender las dinámicas globales y locales de un mundo en cambio permanente.

Breve referencia del Partido

Berazategui es uno de los 135 partidos de la provincia de Buenos Aires. Se ubica a 23 km al sudeste de la Ciudad Autónoma de Buenos Aires – capital nacional – y a 33 km de la Ciudad de La Plata – capital provincial. Tiene una ,superficie de 221 km² y limita al norte con el partido de Quilmes, al este con el Río de la Plata, al sur con los partidos de La Plata y Ensenada, y al oeste con el partido de Florencio Varela. Según la proyección del INDEC (2017), 354.447 personas habitan en Berazategui, de las cuales, según la Junta Electoral de la Provincia de Buenos Aires (2017), 264.695 pueden elegir a sus representantes en elecciones.

Junto con la Ciudad Autónoma de Buenos Aires y 23 partidos bonaerenses, Berazategui integra el Gran Buenos Aires, denominación que el INDEC ha adoptado desde el año 2003, desestimando la utilización de la palabra "conurbano" (INDEC, 2003), que sin embargo admite un uso considerable en el habla cotidiana, en programas de trabajo y en publicaciones diversas. Se trata del centro urbano más relevante del país y uno de los aglomerados más importantes de Latinoamérica (Maceiras, 2012), albergando once millones de habitantes en el 1% (3.680 km²) del territorio provincial, mientras que los seis millones restantes viven en los 303.891 km² ocupados por los Distritos del Interior (INDEC, 2017). La región ha sido subdividida por estudiosos y planificadores en cordones o coronas, periferias concéntricas en torno a la CABA, correspondiendo a Berazategui el segundo de ellos.

Como tantos distritos, Berazategui se ha desarrollado a la vera del ferrocarril, cuyas vías se comenzaron a emplazar en el último cuarto del siglo XIX en una parcela donada por el terrateniente José Clemente Berasategui. En aquel entonces, esas tierras pertenecían al Pago de los Quilmes, territorio que se había desprendido del Pago de la Magdalena hacia finales del siglo XVIII (Leyes, 2014). A principios del siglo XX, las primeras industrias comenzaron a instalarse en los alrededores de la estación y atrajeron a la población de las zonas rurales aledañas (Criado, 2011)[4]. A partir de 1930, se intensifican el pavimentado de caminos semirurales, la extensión del tendido eléctrico para alumbrado público y domiciliario, los movimientos de migración interna y el establecimiento de diversas instituciones sociales en la "zona céntrica" – por ejemplo, la Iglesia Católica de la Sagrada Familia, construida a mediados de la década del '40 y hoy patrona del Partido-. Desde 1948, un grupo de vecinos formó la Comisión Pro Autonomía de Berazategui, con el objetivo de escindirse de Quilmes, tal como había sucedido décadas atrás con partidos como Florencio Varela y Lomas de Zamora (Leyes, 2014). En 1949, Juan Perón – durante la gobernación de Domingo Mercante – expropia el Parque Pereyra Iraola, unas 10 mil hectáreas de extensión que constituyen uno de los lugares con mayor diversidad de la Provincia[5]. Tras diez años de gestiones de la comisión Pro Autonomía de Berazategui, en 1958 se presentó un proyecto de ley sobre la autonomía del distrito, que dos años más tarde tuvo sanción legislativa. Así, el 4 de noviembre de 1960, por ley provincial N° 6.317 y promulgado por decreto N° 12.676 del mismo año por el gobernador Oscar Alende, se creó el Partido de Berazategui, consolidándose – por ley provincial N° 6.318 – como cabecera distrital la Ciudad de Berazategui (González y Deluchi, 2004).

Durante los años siguientes, el nuevo Partido acompañó los avatares institucionales, políticos y socioeconómicos que el país, a su vez impactado por los agitados procesos de trasformación global, atravesó durante las décadas del

---

[4] Entre aquellas empresas se encontraban: Cristalería Rigolleau – primera de su tipo en Sudamérica, fue instalada en 1906 y hasta el día de hoy tiene su planta principal frente a la estación de trenes -, Primera Maltería Argentina – subsidiaria de Cervecería Quilmes S.A, ubicada en la actual localidad de Hudson, donde hoy funciona un predio multifuncional - y Textil Ducilo - de la firma francesa Du Pont, instalada en 1936 y que hoy da nombre a un importante club social y deportivo local -.
[5] Fue declarado Reserva de la Biosfera en 2008 por la UNESCO.

'60 y '70. Durante este periodo, Berazategui consolidó su organización administrativa-territorial, quedando conformado por las nueve localidades que lo integran en la actualidad: Berazategui (cabecera), El Pato, Hudson, Juan María Gutiérrez, Pereyra, Plátanos, Ranelagh, Sourigues y Villa España. Además, se fundaron e instalaron nuevas instituciones, como por ejemplo el Banco Provincia, el Aeroclub y la Escuela Politécnica – todas en 1966 –, la Asociación Deportiva Berazategui en 1975 y la sede actual del Centro Comercial e Industrial en 1979.

A partir de 1983, con el retorno de la democracia a nuestro país, Berazategui ingresó a un periodo de estabilidad política y un lento pero progresivo desarrollo socioeconómico. En 1987, asumió la intendencia Juan José Mussi, actual diputado provincial y principal referente político del Partido. Durante su gestión, que se extendió hasta abril de 1994, se municipalizaron algunos servicios públicos, acción un tanto contraria a la tendencia privatizadora que dominaba el contexto. En 1992, el partido emitió una ordenanza postulándose como Capital Nacional del Vidrio, debido a la importancia que esta actividad había tenido desde un comienzo en la Ciudad (en 2005 la Provincia rubricó este título, seguida por el parlamento nacional en el 2012). En 1996, el municipio toma la decisión de prohibir la instalación de centros de compras de gran escala, cadenas e hipermercados para fomentar el comercio pequeño y mediano del distrito y cuidar su trama urbana[6].

En diciembre de 2003, el Dr. Mussi asume la intendencia por segunda vez, el contexto nacional de reactivación económica le es propicio para concretar importantes avances en las áreas de infraestructura básica, salud, deporte y cultura, entre otras. En 2010, Mussi es sucedido por su hijo,

---

[6] La Ordenanza N° 2.960 – reglamentada en 1997 – estableció una medida proteccionista sorprendente para la época y sin parangón en los municipios vecinos. En la actualidad, se estima que el distrito cuenta con una red estimada en 11.000 comercios (http://www.berazategui.gob.ar/laciudad).

Juan Patricio, quien primero ocupa el cargo de manera interina y luego se presenta a elecciones en 2011, obteniendo el 71% de los votos. En 2015, el joven intendente es reelecto por el 51% de los electores[7]. Este mismo año, el distrito fue proclamado por la Legislatura Bonaerense como "Capital Provincial de los Parques Industriales", ya que funcionan 15 parques y 2 polos en su territorio. En la actualidad, Berazategui implementa un modelo de gestión proactivo con la intención de fortalecer de manera permanente el vínculo con su comunidad, llegando al punto de ofrecer una tarjeta de "identidad berazateguense" a sus ciudadanos[8]. En muchos casos, ha incorporado programas novedosos desde el punto de vista de la gestión local; en este sentido, mencionemos, por ejemplo, la construcción de la Clínica Veterinaria Municipal en el 2013 – una micropolítica de Estado para regular la fauna urbana y ocuparse de los derechos del animal – y la creación de la Inmobiliaria Municipal en 2014 – medida inédita desde el punto de vista local -, dos hechos que pueden ser observados como tendientes a mejorar la calidad de vida de los habitantes de la localidad.

---

[7] En agosto de 2016, el parlamento aprobó la modificación de los artículos 3 de la Ley Orgánica de las Municipalidades y 13 bis de la Ley Legislativa, por lo cual se limitan a dos las reelecciones posibles de intendentes, concejales, legisladores y consejeros escolares, al tiempo que determina, con excepciones, la incompatibilidad de cargos entre el Estado bonaerense, el nacional y los municipios. Sin dudas, esto genera una serie de cambios para el continuum de las gestiones locales, que en ocasiones ha servido para que los distritos ingresen a verdaderos procesos de desarrollo – es, según analizamos, el caso de Berazategui -; aunque también es posible admitir el caso contrario, donde la continuidad de los equipos dirigentes no siempre colabora al progreso de las localidades.

[8] Se trata de una tarjeta con la cual es posible acceder a descuentos y beneficios en comercios, turismo local, espacios gastronómicos, clubes deportivos, estacionamiento medido, entre otros servicios. De manera que la "ID de Berazategui", por un lado, apunta a fortalecer el sentido de pertenencia – en el sitio oficial http://www.berazategui.gov.ar/id se expresa con claridad: "Una forma más de mostrar tu orgullo de ser berazateguense" – y, por el otro, funciona como una verdadera micropolítica de fomento al consumo interno, subsidiando costos a través de la articulación con comercios y servicios del Estado e incentivando el esparcimiento ciudadano en la localidad.

Descripción del área institucional y sus políticas culturales

La Municipalidad de Berazategui formalizó su área cultural en marzo de 1988, asignándole el rol de Asesor de la Dirección de Cultura – que funcionaba desde mediados de los '70 – al Sr. Ariel López. Desde un primer momento, se trabajó a partir de tres conceptos guías: pertenencia, identidad y participación (Dellagiovanna, 2008). En 1991, la Dirección se transformó en Dirección General, y en 1994 pasó a ser Subsecretaría. En 1997 se amplió la cartera y se elevó el rango a Secretaría de Cultura y Educación. Finalmente, en el año 2015, ambas áreas se escindieron para dar paso a la Secretaría de Cultura[9]. Actualmente, el titular de la cartera es el Sr. Federico López, hijo de Ariel López, quien asumió el cargo en 2011 con tan solo 25 años. Se estima que la planta funcional del área cuenta con 300 agentes, entre autoridades, coordinadores, técnicos, administrativos, personal auxiliar, comunicadores, docentes, museólogos, arquitectos y gestores culturales. En su web oficial la Secretaría se presenta del siguiente modo:

> La gestión de la Secretaría de Cultura de la Municipalidad de Berazategui cuenta con un recorrido de casi 30 años, entendiendo a las políticas culturales municipales como una concatenación de acciones sostenidas en el tiempo destinadas a ampliar el ejercicio inclusivo de los derechos culturales y el desarrollo humano a partir de la recuperación del sentido de pertenencia, el amor "por lo propio" y una "voluntad de destino compartido" que otorgue *identidad a la vida comunitaria*. La descentralización operativa, la diversidad cultural, la gratuidad de los servicios, la consideración del entero ciclo vital para la participación cultural y la ampliación de

---

[9] En la actualidad, la Secretaría de Cultura de Berazategui está compuesta por una subsecretaría, cinco direcciones y cuatro coordinaciones generales. De estas últimas, una es la Coordinación General del Área Educativa, que cuenta a su vez con cinco direcciones y nueve coordinaciones de escuelas y áreas (http://www.berazategui.gov.ar/cultura/institucional/contacto).

la oferta con una siempre mayor pluralidad de propuestas y lenguajes expresivos, son estrategias que caracterizan el trabajo de la Secretaría (http://berazategui.gob.ar/cultura/institucional/la-secretaria).

En relación con algunas de las líneas planteadas en esta presentación institucional, hemos observado que uno de los puntos de partida a través de los cuales la Secretaría intenta fomentar ese sentido del *pertenecer*, esa *identidad local* que permitiría compartir a los habitantes un objetivo comunitario, es el continuo ensayo por generar un vínculo entre los ciudadanos y el espacio físico local (Dellagiovanna, 2008). Por este motivo, muchas de las iniciativas que el área viene llevando a cabo desde finales de los '80, tuvieron que ver con la puesta en valor del patrimonio tangible existente y la planificación urbana del territorio para impulsar la mejora del espacio público. En esta tarea, la Secretaría ha procurado promover la participación interdisciplinaria e inter-área dentro de la estructura del gobierno municipal, que a su vez en esta etapa ha articulado acciones con los niveles administrativos provincial y nacional. Tal como afirma Dellagiovanna, "la gestión cultural no es considerada un compartimento estanco regulado por leyes propias" (2008, p.8), más bien, la modalidad de trabajo, en muchos casos, se genera a partir de proyectos concretos, como ha señalado la actual Subsecretaria de Cultura, María Inés Criado: "Mediante la coordinación de acciones compartidas entre áreas de la cartera, con otras dependencias municipales o en co-gestión con instituciones y agentes locales, provinciales o nacionales" (2011, p.7). Sobre esta realidad, se sustentaron diversas obras para jerarquizar el espacio público, como el Paseo Peatonal (Calle 14), proyectado entre la Secretaría y el Centro de Arquitectos de Berazategui entre 2003 y 2005; el Paseo de las Artes (Calle 148), ejecutado junto con la Secretaría de Obras y Servicios Públicos del Distrito en el 2007; y el Proyecto Corredor Tiscornia – Centro de Actividades Roberto De Vicenzo, impulsado en 2008 por una convocatoria del Ministerio de Infraestructura, Vivienda y Servicios Públicos de la Provincia de Buenos Aires para el Programa de Espacios Públicos Provincial, entre otras.

A grandes rasgos, podemos señalar que en este objetivo que el proyecto cultural tiene para consolidar el vínculo comunidad/espacio público-cultural, se emprendieron tres líneas de trabajo: 1) construcción u obtención mediante subsidios, donaciones, etc. de edificios propios que funcionen como espacios polivalentes. La infraestructura cultural es así concebida como creadora de ámbitos públicos funcionales y estéticos donde se articulan y potencian actividades educativas, museológicas y de exhibición (Criado, 2011). En la actualidad, el distrito cuenta con cuatro Complejos Culturales Municipales ("León F. Rigolleau", "El Patio", "San Francisco" y "Roberto De Vicenzo"), tres Museos ("Histórico y Natural", "Taller César Bustillo" y "Del Golf") y una tanguería ("Buena Yunta"). También, debemos agregar que parte del patrimonio se difunde a través de la política local de turismo[10], a cargo del Área de Industrias Creativas, por ejemplo, con los "senderos de interpretación" que incluyen visitas guiadas por algunos de estos espacios (Sendero de las Artes, Sendero del Vidrio, Sendero del Golf, entre otros). Los directivos del área han señalado en distintas ocasiones que todos estos espacios son pensados como instituciones abiertas, con fuerte participación comunitaria. 2) Convenios con instituciones barriales para poder utilizar espacios

---

[10] "El Programa de Turismo Cultural pone en valor al patrimonio cultural y natural de Berazategui a través de senderos de interpretación para disfrutar lugares, saberes y sabores, sensitiva e integralmente dentro del concepto de *turismo de experiencia*. Los senderos de interpretación tienen una duración de tres horas y media aproximadamente en las que los visitantes recorren los distintos ámbitos de interés turístico que revelan la identidad local acompañados por guías especializados. Se organizan en dos categorías: Sendero Urbanos y Senderos Verdes que incluyen refrigerios in situ y meriendas en una confitería local, respectivamente. Los recorridos están sujetos a condiciones climáticas favorables y en todos los casos, los menores deben estar acompañados por adultos". (http://berazategui.gob.ar/cultura/areas/industrias-creativas/turismo-cultural).

no propios, colaborar a la visibilización de organizaciones barriales y promover la descentralización operativa territorial. De esta manera, Berazategui cuenta hoy con ocho Centros Culturales Barriales (CCB) – incluyendo uno para Nuevas Tecnologías y Producción Cultural – distribuidos en distintos puntos del distrito. En ellos se pueden cursar talleres en disciplinas variadas y se realizan eventos de pequeña escala. Entre otros, podemos mencionar el CCB Nº 2 – Círculo Italiano, el CCB Nº 5 – Sociedad de Fomento "San Carlos", el CCB Nº 7 – Centro de Jubilados y Pensionados El Pato y el CCB "Doña Conce y Don Santiago", donde recientemente se han comenzado a dictar cursos sobre producción audiovisual[11]. En este punto, debemos sumar el programa "Cultura Móvil", una iniciativa que busca complementar el trabajo de los CCB a partir de un vehículo refuncionalizado que recorre los barrios poniendo en escena conciertos, proyecciones al aire libre y shows infantiles con entrada libre y gratuita. 3) Utilización planificada del espacio público para la realización de eventos de distinto tipo y escala, por ejemplo, festivales, conciertos y exposiciones. La Plaza del Libertador, renovada íntegramente en los últimos años, se ha convertido en el espacio central para eventos masivos y también de mediana escala. Alternativamente, se utilizan espacios como el Jardín de la Estación de Trenes de Ranelagh, donde se realizan ferias, se celebran festividades y se proyectan ciclos de cine para los vecinos. El programa "Cultura Móvil" también contribuye a la utilización del espacio público, convirtiendo cualquier plaza barrial en un potencial "centro cultural" de escala pequeña.

    El segundo pilar, que acompaña la gestión patrimonial y que ha sostenido las políticas culturales en Berazategui, son las acciones realizadas por el Área Educativa de la Secretaría, su oferta progresivamente diversificada y las articulaciones emergentes durante la última década. El

---

[11] Recuperado de http://www.berazategui.gov.ar/cultura/espacios-culturales/centros-culturales-municipales

programa formativo en artes y oficios tiene su antecedente en los talleres desarrollados desde fines de la década del '70 e intensificados con la vuelta de la democracia. Hacia fines de los '80 y durante la década del '90, en un contexto de desindustrialización y caída del empleo, gran parte de esos talleres, que en este contexto fueron tanto espacios de contención social como de creatividad artística, se fueron integrando en las cinco Escuelas Municipales que hoy conforman la "Escuela Municipal de Bellas Artes Gerónimo B. Narizzano" (Música – 1986 -, Fotografía – 1987 -, Cerámica – 1988 -, Artesanías – 1990 – y Vidrio -1998). Al avanzar los años, se fueron agregando otras áreas disciplinares como artes plásticas, teatro, danza y literatura, situación que nos trae a la actualidad con una oferta cercana a los 400 talleres y cursos que hoy forman parte de la grilla cultural del distrito. El proyecto de educación no formal de Berazategui, ciertamente, es una de las fortalezas de su gestión cultural, con un número estimado en 10.000 alumnos cada año, resulta sin dudas una situación muy peculiar en el ámbito local[12]. A la oferta dominada por las disciplinas artísticas, desde el año 2003, se han agregado una serie de cursos en diferentes áreas. El ingreso en un periodo de estabilidad política e institucional permitieron la apertura de nuevos programas articulados con las administraciones provincial y nacional. De esta manera, en el año 2006, comenzó a funcionar el Área de Capacitación para el Trabajo, a partir de un convenio entre la Secretaría, el Ministerio de Trabajo de la Nación y sindicatos de la Provincia. Se trata de una oferta de cursos destinados a hombres y mujeres, entre otros podemos mencionar los de albañilería,

---

[12] La mayoría de los cursos y talleres son libres y abiertos a toda la comunidad, los requisitos son mínimos y acordes a las especificaciones de cada oferta, por ejemplo, para la Escuela de Vidrio se debe ser mayor de 17 años. En ocasiones, se abona de manera opcional un bono contribución que administra la Asociación Cooperadora de Centros Culturales a algún área específica para fines determinados (http://berazategui.gob.ar/cultura/educacion/cursos-y-talleres).

instalaciones eléctricas, operación de estaciones de servicios, gestión de empresas sociales, hotelería y reciclado de prendas. Además, desde el año 2010, se han diversificado de una manera intensiva la oferta de cursos y talleres libres que complementan el proyecto formativo sin integrar ninguna de las áreas mencionadas; entre ellos figuran, por ejemplo, bordado de piedras, cocina y repostería, arreglos florales, peluquería, títeres e idiomas. Tal como se ha señalado desde la Secretaria (Criado, 2011), el Programa Educativo de Berazategui es uno de los ejes medulares del proyecto cultural del Partido, buscando permanecer al servicio de las necesidades creativas y comunitarias de los vecinos. En este sentido, estamos de acuerdo con Tasat (2009) cuando afirma que las personas que desarrollan actividades culturales "adquieren visibilidad, se sienten jugando un rol activo dentro de la sociedad local, asumen una responsabilidad, no solo reciben, sino que producen y pretenden retribuir a la sociedad" (p.189).

Por último, la gran cantidad de espectáculos y eventos que se realizan en el territorio berazateguense han generado una dinámica sorprendente y promovido la cercanía del municipio con su comunidad, razón por la cual, junto con las políticas patrimoniales y educativas, la gestión de eventos se ha convertido en otro de los cimientos centrales de la política de la Secretaría. Muchos de estos acontecimientos locales han nacido en el seno del Área Educativa, mientras que otros tantos se fueron agregando, sobre todo en esta última década, al calendario cultural. La relevancia que han ido adquiriendo estas actividades en la vida cultural del Distrito llevó a que se creara una Dirección de Espectáculos y Eventos, que reemplazó al Área de Espectáculos que funcionaba con anterioridad. El modelo de gestión aplicado replica algunas directrices que caracterizan el trabajo general de la Secretaría: descentralización territorial, diversificación de la oferta y gratuidad de los servicios. Estas premisas se sostienen en una concepción de *deber* sobre la esfera lo público que intenta desprenderse de un modelo "clásico" que concibe nociones como "comunidad" y "bien común" como complementos decorativos de una "concepción homogénea, consensual y cerrada de la sociedad" (Szurmuk, 2009, p.97). Por el contrario – tal como han afirmado las autoridades del área en conversaciones para este trabajo -, gestionar es también *dejarse modelar por las comunidades*, entender el espacio público y lo que en él culturalmente acontece como un lugar y un tiempo colectivo de discusión y acción que moviliza las políticas mismas de la comunidad en su conjunto.

El mayor acontecimiento artístico-cultural del Partido, la Muestra Anual Educativa, se organiza desde 1989 (Dellagiovanna, 2008) con el fin de concentrar en un evento gran parte del trabajo institucional realizado por la Secretaría y mostrar a la comunidad los logros obtenidos por alumnos y alumnas, artistas locales y gestores culturales (http://www.berazategui.gov.ar/cultura/mae). Para tener una idea aproximada de la magnitud del encuentro, se observan las estimaciones de concurrencia en los últimos años: 40 mil en 2003, 60 mil en 2006, 50 mil en 2010 y 55 mil en 2014[13]. Otro ejemplo contundente de la potencia gestora del distrito es la Muestra Nacional "Berazategui Artesanías", inaugurada en el 2005 y que ya lleva doce ediciones consecutivas. Esta nuclea tres eventos en uno: la Feria Nacional de Artesanos, el Encuentro Nacional de Sogueros y Plateros y la Feria y Exposición Maestros y Aprendices; progresivamente se ha constituido como una referencia regional, obteniendo buena repercusión entre los participantes del rubro y entre los medios locales (http://berazategui.gob.ar/cultura/berazategui-artesanias). Al año siguiente, fue inaugurada la Feria del Libro, Arte y Afines "LibrArte", otro de los eventos de escala que ha adquirido notoriedad no solo a nivel local. El proyecto fue pensado estratégicamente desde el

---

[13] Recuperado de https://goo.gl/7tUUu5, https://goo.gl/1nk6fK, https://goo.gl/CbAWVt.

punto de vista territorial, ya que surgió con el objetivo de presentar una alternativa regional entre la tradicional Feria del Libro de Buenos Aires y La feria del Libro La Plata (http://berazategui.gob.ar/cultura/librarte). Por último, dentro de este conjunto de eventos pilares, debemos mencionar la gestión del festival de bandas Bera Rock, cuya primera edición se realizó en el 2009. En aquella ocasión, el argumento del show fue desplegar una maratón para establecer un Récord Mundial Guiness de 158 horas ininterrumpidas de música, galardón que se consiguió y sigue vigente hasta el día de hoy. Aquella primera edición fue una verdadera pantalla para una enorme cantidad de bandas locales oriundas del Distrito, el "Bera Rock" visibilizó además una demanda de los músicos de Berazategui por contar con lugares aptos para mostrar y expresar su práctica artística. A partir de ese momento, el Bera Rock se posicionó en el mapa de los festivales regionales, siendo una referencia en la zona sur del Gran Buenos Aires. Hasta el momento lleva siete ediciones consecutivas y ha convocado a artistas como Vox Dei, Pedro Aznar, Catupecu Machu, Los Cafres, Onda Vaga, La Mississipi, Eruca Sativa, entre otros (http://berazategui.gob.ar/cultura/berazategui-rock).

A estos eventos y espectáculos masivos, que se han convertido en verdaderas "marcas registradas" de la localidad, se suman una gran cantidad de eventos destinados a segmentos de públicos focalizados, por ejemplo, el Salón Nacional del Vidrio – que ya tiene una tradición en el distrito y forma parte de su singularidad histórica e identitaria- las Jornadas de Fotografías del Sur, el Ciclo "Berazategui Hace Teatro" y el Festival Permanente de Coros, entre tantos otros. La década 2005-2015 fue, por un lado, un periodo de consolidación para todas estas actividades y, por el otro, el contexto para que surjan nuevas propuestas vinculadas a estéticas contemporáneas y urbanas emergentes, ejemplo de ello fueron el Primer Encuentro Internacional de Arte Público "ArtexParte", realizado en 2012 con la participación de 100 artistas de todo el mundo, y la versión local del evento capitalino "La Noche de los Museos", realizado en el 2013 y para la cual los tres museos y los cuatro complejos del distrito abrieron sus puertas al público. Por su parte la municipalidad dispuso formas de transporte gratuitas para los visitantes, y en el Complejo De Vicenzo se expuso la muestra "El lenguaje gráfico de Picasso", que contenía más de 160 obras originales del artista malagueño, entre litografías y linografías, producidas a partir de los años '40 hasta sus últimos grabados eróticos de 1968, pertenecientes a la serie "Suite 347".

Quizás una muestra del reconocimiento a las políticas culturales en el Partido, y que en cierta forma fue el "broche dorado" de un periodo de desarrollo sin precedentes para la gestión de la Secretaría de Cultura, fue la designación de Berazategui, por parte del flamante Ministerio de Cultura de la Nación creado en 2014, para ser sede del MICA Produce Buenos Aires, la instancia regional del principal mercado de industrias creativas de Argentina (https://mica.cultura.gob.ar/), que a su vez forma parte del MICSUR, la red industrial a nivel latinoamericano (https://micsur.cultura.gob.ar/). El evento fue coordinado por la Dirección Nacional de Industrias Culturales del Ministerio desde el 26 al 28 de marzo de 2015, siendo el Complejo Municipal El Patio su sede central. Durante esos días del MICA, se realizaron actividades relacionadas a seis sectores de las industrias culturales: diseño, videojuegos, música, audiovisuales, artes escénicas y editorial. Se realizaron conferencias, talleres, rondas de vínculos y mesas interministeriales para emprendedores, además de capacitaciones en rondas de marketing, financiamiento de proyectos, planes de negocio y comunicación. El evento resultó en una acción verdaderamente legitimante para la gestión cultural local y posicionó al distrito para ingresar en una nueva etapa de trabajo.

La vida del audiovisual en Berazategui

El origen de la gestión del audiovisual por parte del gobierno local tiene sus orígenes en los Ciclos de Cine Infantil realizados por la Dirección de Cultura desde fines de la década del '80. Durante los años siguientes se fueron creando ciclos destinados a jóvenes y adultos que se fueron integrando en la programación de otros eventos, por ejemplo "Vacaciones en Familia" o, pos 2000, "Verano en el Patio". En un comienzo, se utilizaban las instalaciones del Centro Cultural Rigolleau y de los Centros Barriales existentes hasta el momento, y en forma posterior se fueron generando otros espacios para la exhibición, por ejemplo, lugares al aire libre como la Estación de Ranelagh o el Cine Rex, con el cual se firmó un convenio en 1998 para proyectar películas gratuitas. En 1999 se incorporó "Cine Móvil", una iniciativa de la Subsecretaría de Cultura de la Provincia de Buenos Aires (posteriormente Instituto de Cultura de la Provincia) que el municipio aprovechó para fomentar su estrategia de descentralización territorial. Las proyecciones se realizaban en escuelas, sociedades de fomento y centros de jubilados con frecuencias aún irregulares. En los años posteriores a la crisis de 2001, los ciclos se mantuvieron y se comenzó a trabajar en una curaduría para generar programas específicos de filmografías nacionales (cine argentino, español, italiano, entre otros) y de figuras consagradas (Fellini, Sellers, Kubrick, entre otros). Hasta aquel momento, el audiovisual aún no había tenido un desarrollo considerable en el distrito, los costos de producción seguían siendo muy altos, la logística para distribuir en el territorio compleja y solo se podía ocupar el espectro exhibitivo llegando a la comunidad con películas consagradas, casi siempre de la cartelera comercial, en proyecciones aisladas o integradas en los ciclos diseñados por el Municipio. El advenimiento del digital en la producción cinematográfica y la acelerada trasformación de los dispositivos tecnológicos y comunicacionales, revolucionaron los modos de realización, el acceso a contenidos y significaron una enorme ventana de oportunidades para diseñar nuevos proyectos que involucraran al audiovisual. La progresiva reactivación socioeconómica producida a partir del 2005 no alcanzó, sin embargo, para mantener abierta la última sala de cine comercial de Berazategui, el Cine Rex, que ya había sido mudado a mediados de los '90 y reemplazado por el "Bingo Begui", una de las dos casas de juego que actualmente tiene el distrito. La decisión política del municipio fue mantener la vigencia de la ordenanza anti-hipermercados para proteger el comercio mediano y pequeño, razón por la cual no fue posible instalar un complejo multisalas, como si sucedió en partidos vecinos como Quilmes, Avellaneda o Lanús con la instalación de cadenas como Jumbo, Norte o Coto.

En el año 2008, se creó la Dirección de Industrias Creativas del municipio, la cual quedó a cargo de la Lic. Liliana Porfiri. Entre sus proyectos de trabajo incluía uno dedicado al área audiovisual, posteriormente nombrado como Programa de Producciones Audiovisuales (www.berazategui.gov.ar/cultura/areas/industrias-creativas/producciones-audiovisuales). En octubre del año siguiente, se promulgó la Ley 26.522 de Servicios de Comunicación Audiovisual, la cual posibilitó la implementación de diversas políticas públicas, a través de organismos como la AFSCA o el INCAA, para impulsar y financiar la producción y difusión de contenidos con el fin de ampliar progresivamente el acceso social a los mismos. Sin lugar a dudas, más allá de las críticas que pueda admitir la llamada "Ley de Medios", produjo una reconfiguración en el horizonte audiovisual, además de generar un debate de un impacto social considerable donde por primera vez aparecían medios y voces alternativas a las narrativas establecidas durante muchos años por las empresas concentradas dominantes del sector.

Encuentros audiovisuales, capacitaciones y Mes de la imagen

En este marco, a partir del año 2010, el Programa Audiovisual de la Secretaría comienza a generar sus primeras acciones a través de la realización de Encuentros Audiovisuales, primero vinculados a las Jornadas de Fotografías del Sur. Los primeros encuentros nacieron como charlas y conversaciones con especialistas en el área (montajistas, guionistas, directores de fotografía, técnicos, etc.). En paralelo con ello, se comenzaron a dictar las primeras capacitaciones como parte de una propuesta educativa orientada a la formación audiovisual a través de talleres y cursos que contemplaban aspectos y disciplinas vinculadas a la industria cinematográfica (edición de imagen, montaje, animación, etc.). En la actualidad, estos se encuentran integrados en la grilla del Centro Cultural "Doña Conce y Don Santiago", donde desde 2015 se realizaron trabajos de refacción y puesta en valor para albergar el Área de Creatividad y Nuevas Tecnologías del Programa Producciones Audiovisuales, hoy a cargo de la Lic. Ivana Romano y el DG Mariano Santancini. Ese mismo año, se comenzó a trabajar en una evolución de los encuentros, que se integraron al año siguiente en la primera edición del "Mes de la Imagen". Este evento se realizó durante la última quincena de junio, organizado por las Áreas de Fotografía e Industrias Creativas de la Secretaría e integrando las VIII Jornadas de Fotografías del Sur, el Programa Capacitar – Herramientas para la Acción y el Programa de Producciones Audiovisuales. "Mes de la Imagen" ofreció numerosas actividades como muestras fotográficas, mesas de autores, encuentros audiovisuales, proyecciones, clínicas y charlas del programa Capacitar, y estuvo orientado al público estudiantil y profesional que deseaba actualizarse y recibir capacitación para llevar adelante sus emprendimientos, como así también para todas aquellas personas que disfrutan de la fotografía y el cine. También, varias de las actividades se transmitieron en *streaming*[14] y hoy se encuentran disponibles en el canal de *YouTube* de Cultura[15]. Como siempre, con algunas excepciones donde los aranceles fueron muy accesibles, las actividades fueron con entrada libre y gratuita.

Berazategui set de filmación

A partir del año 2013, ante el creciente desarrollo de la actividad audiovisual en nuestro país, el Programa de Producciones Audiovisuales del Área de Industrias Creativas comienza a diseñar una ordenanza para atender la demanda de utilización de los espacios públicos del Distrito para desarrollar proyectos fílmicos. El objetivo de la iniciativa fue acompañar el crecimiento productivo de la industria cinematográfica a nivel nacional y posicionar a Berazategui como ciudad destino para la producción audiovisual, promoviendo la difusión del capital patrimonial local y funcionando además como interlocutor entre el sector público y privado en la búsqueda de locaciones específicas. En junio de 2014, el Honorable Concejo Deliberante sancionó la Ordenanza N° 5.107, creando la Oficina "Berazategui Set de Filmación", responsable de establecer permisos y regular el funcionamiento de servicios para filmaciones en espacios públicos del distrito (https://goo.gl/NnnhpC). Un aspecto a destacar es que la norma diferencia, en su artículo

---

14 El municipio no cuenta en la actualidad con un canal propio de TV. Si bien el contexto de la Ley de Medios promovió oportunidades de creación para nuevas plataformas, y hoy algunos distritos, por ejemplo Tigre o Moreno, tienen señales y canales en TV, muchas de las iniciativas de estos últimos años pasaron por las universidades nacionales dispuestas en los territorios, ejemplo de ello son UNQtv (http://unqtv.unq.edu.ar) o Unisur TV, un canal administrado por un consorcio de cinco universidades (Lanús, Avellaneda, Quilmes, Jauretche y de la de Artes) y que funciona en la Televisión Digital Abierta (TDA).
15 Recuperado de https://www.youtube.com/user/CulturaBerazategui

séptimo, los proyectos comerciales de aquellos que tengan fines académicos e institucionales, adaptando las solicitudes y requisitos para cada caso.

Para desplegar el Programa, el Área audiovisual organizó un "Catálogo de Locaciones" digital que se encuentra disponible para productoras, organizaciones y particulares en la web institucional de la Secretaría (https://goo.gl/x9xTju). Junto con el catálogo, los interesados pueden consultar, además, los formularios necesarios para ser parte del programa y un instructivo que permite conocer su operatividad y alcance. Entre los roles de la Secretaría, el primero es brindar asesoramiento y asistencia administrativa y logística a los productores audiovisuales, por ejemplo, despejando calles, colaborando con la seguridad, etc.; pero también es su misión generar lazos entre aquellos y la comunidad, por ejemplo, con actores de la localidad que pueden participar como extras en las producciones o con comercios que puedan colocar algún producto o servicio necesario para las realizaciones en curso. En este sentido, los distintos testimonios de los funcionarios del área indicaron que para el municipio este proyecto tiene una importante significación distrital y promueve el sentido de pertenencia, pues se ponen en juego valores culturales que son propios de lo local y que luego son representados en la pantalla grande. Además, han remarcado que la idea es generar un acompañamiento no solo a las realizaciones que lleguen desde espacios o directores consagrados sino también a todas esas necesidades de decir que muchas veces vienen de la mano de creaciones más pequeñas.

Hasta el momento, ya se han realizaron más de 50 producciones en diferentes puntos del Partido, contando largometrajes – *Las Grietas de Jara* (Nicolás Gil Laavedra), *Angelita, la Doctora* (Helena Tritek) -, series –*Viento Sur, México 85, Bienvenida Brian, Animal que cuenta*-, cortos – *Cuerpos Iluminados* – y spots publicitarios de marcas reconocidas como Brahma y Speed, entre otras.

La Escuela hace foco

En el año 2015, junto con la Dirección General de Escuelas de la Provincia, la Municipalidad de Berazategui comenzó a planificar el proyecto "La Escuela hace Foco", cuya primera edición se concretó al año siguiente a través de la gestión de la Secretaría de Cultura. La motivación del proyecto fue, según las autoridades del área, apostar al audiovisual desde los más jóvenes. De esta manera, el programa reversiona múltiples experiencias donde se articulan políticas de juventud y acceso a nuevas tecnologías y medios, el ejemplo por excelencia es el *Programa Conectar Igualdad*, implementado desde el año 2010 con el fin de reducir las brechas digital, educativa y social en los territorios (http://educacion.gob.ar/conectar-igualdad/seccion/142/el-programa).

En su presentación institucional, se afirma que "La Escuela hace Foco" "aspira a fortalecer lazos institucionales y aportar herramientas para problematizar diferentes temáticas que preocupan a los jóvenes, al mismo tiempo que los acerca a la producción audiovisual" (http://www.berazategui.gov.ar/cultura/laescuelahacefoco/). Se trata de un certamen donde se convoca a los estudiantes de las escuelas secundarias públicas y privadas del Distrito para escribir un guion y filmar un cortometraje ficcional, documental y/o de animación. Los objetivos del Programa son: 1) Posicionar las producciones audiovisuales y el uso de las tecnologías digitales como instrumentos para la práctica educativa. 2) Propiciar el proceso de reflexión y creación a partir de los entornos, vivencias y experiencias de los estudiantes. 3) Promover la difusión de valores y prácticas saludables a través del lenguaje audiovisual.

La primera edición contó con la participación de treinta escuelas del distrito, las cuales presentaron cortometrajes sobre el respeto a la naturaleza, la prevención de adicciones; acciones cooperativas y propositivas del entorno comunitario y organizaciones estudiantiles en espacios escolares.

Todos ellos fueron evaluados por un jurado de especialistas que determinó los trabajos premiados. Además, los vecinos también dieron su veredicto eligiendo a un ganador a través de sus votos en la web municipal, donde aún se pueden visualizar las producciones (https://goo.gl/vT1ebR). El 1er premio fue para los alumnos de la Escuela Secundaria N°37 del Barrio Kennedy Norte, por su trabajo *En los ojos de Venus*, donde abordaron la contaminación en un arroyo de la zona. Por su parte, el público votó como mejor realización el corto *Los del fondo*, de la EES N° 33 del barrio Las Hermanas y que aborda la lucha por los derechos y la justicia social como solución a los estereotipos y al gatillo fácil que sufre la juventud. Es interesante destacar que, más allá del valor de las temáticas abordadas, lo que se pone en juego es un verdadero proceso comunitario activado por los jóvenes y donde las transformaciones son también de otra índole, en este sentido Vich afirma que cualquier proyecto de política cultural debe comprenderse "no tanto por las imágenes que *representa* sino por lo que *hace*, y lo que buena parte de la cultura *hace* es producir sujetos y producir (y reproducir) relaciones sociales" (2014, p.84).

Resulta interesante que la propuesta haya admitido diferentes formatos de grabación, ya sea con un celular, cámaras de foto o video estándar o profesional, para dar oportunidad de participar a diferentes sectores de la población educativa. Otro aspecto a destacar es como se han resuelto los premios a partir de recursos existentes – libros del catálogo de la Editorial Municipal EdiBer – y generados a través de articulaciones con otras instituciones – capacitaciones audiovisuales brindadas en la Universidad Nacional de Quilmes -; además, la Secretaría asume el compromiso de proyectar los cortos premiados en eventos culturales y asesorar a los equipos que lo deseen para participar en festivales provinciales y nacionales. En síntesis, "La Escuela hace Foco" se convirtió en una oportunidad concreta de escuchar la voz de los estudiantes, contribuyendo a la deconstrucción de discursos muchas veces estigmatizantes sobre ellos mismos y sobre sus problemáticas, además de incorporar las producciones audiovisuales como estrategias pedagógicas e incentivar la participación comunitaria utilizando las instituciones del Estado e involucrando a distintos actores del ámbito local.

Actualidad, desafíos y perspectivas de la gestión cultural de Berazategui

Como hemos mencionado, nuestras reflexiones finales apuntan a observar algunos aspectos de la actualidad cultural berazateguense en relación con un contexto de mayores restricciones para las gestiones locales. Sucesos de nivel nacional, como la crisis audiovisual vigente[16], o provincial, como la disolución del Instituto Cultural de la Provincia de Buenos Aires en diciembre de 2015[17], impactan en el horizonte de posibilidades de las gobernanzas. En Berazategui, uno de los efectos más negativos del cambio en las prioridades ejecutivas fue la suspensión de un proyecto vinculado directamente con una deuda pendiente del

---

16 Determinada en gran parte por la crisis institucional del INCAA, que incluyó la remoción de dos de sus directores en poco menos que dos años - Lucrecia Cardoso y Alejandro Cacetta -, el retraso en la presentación del nuevo plan de fomento del organismo – con nuevos esquemas de subsidios que perjudican actividades como el documental - y la recepción de una propuesta de la consultora FIEL en la que se sugería eliminar el impuesto del 10% a las entradas de cine, tributo cuya recaudación se aplica actualmente para fomentar la producción cinematográfica argentina. En este marco, surgieron múltiples críticas desde diferentes actores del sector, llegándose a formar una Multisectorial por el Trabajo, la Ficción y la Industria Audiovisual Nacional integrada por 17 organismos, gremios e instituciones que hoy ya son más de 40. Recuperado de https://www.facebook.com/MultisectorialAudiovisual/.

17 Fue primero trasformado en Secretaría de Cultura y posteriormente disuelto al crearse el Ministerio de Gestión Cultural. Sin embargo, aún no se conocen iniciativas concretas que apunten a las gestiones locales, reconociendo las realidades específicas de los distritos, ni acciones para fortalecer las acciones intermunicipios, necesarias para articular políticas regionales efectivas.

municipio: la falta de un espacio de exhibición audiovisual de calidad. En Berazategui, como hemos señalado, no hay un cine, y pese a la clara y respetable decisión que rechaza el esquema mercantil multisalas, esta situación impone un desafío importante. Desde el año 2013, en el marco del Plan Nacional "Igualdad Cultural" del Ministerio de Planificación Federal, Inversión Pública y Servicios, La Secretaría, en conjunto con el Colegio de Arquitectos de la Provincia de Buenos Aires, convocó a un Concurso Público Nacional de Anteproyectos del que participaron 101 trabajos, muchos de ellos aún están disponibles en la web, incluido el proyecto ganador del equipo conformado por los arquitectos platenses Nevio Sánchez, Leandro Eid Martínez y Gonzalo Gentile[18]. Más allá de que se superó el proceso de adjudicación y se cumplieron los pasos legales y administrativos pertinentes – incluso una serie de auditorías que un conjunto de universidades remitían al Ministerio –, la nueva gestión de la Provincia decidió suspender el proyecto sin razón aparente. En este contexto, el municipio buscó alternativas para atender esta necesidad, emprendiendo desde 2017 la puesta en valor del Centro Cultural León F. Rigolleau, renovando su auditorio e instalando equipamiento y mobiliario modernos. Además, se mejoró la accesibilidad y se agregó un área gastronómica, en relación a la tendencia municipal de crear espacios polivalentes.

Entre otro de los grandes desafíos del área cultural para esta nueva etapa de trabajo, se encuentra la necesidad de fortalecer sus lazos con los espacios independientes emergentes en los últimos años. Esto sucede en un momento donde las políticas culturales tienden a *descentrarse* con mayor evidencia; es decir, el modelo que posiciona al Estado como agente único y central se debilita en contextos donde aparecen otros actores y dinámicas que modifican los escenarios. En este sentido, es que Vich se

---

[18] Recuperado de https://goo.gl/4phJaF, https://goo.gl/EKG4UM, https://goo.gl/n4ty7X, https://goo.gl/dPdePR, https://goo.gl/N8pLdw

interesa en presentar la tensión de un Estado que "debe asumir ciertos roles dirigentes, y al mismo tiempo observar como la sociedad lo obliga a posicionarse como un *promotor* o *facilitador* de iniciativas propuestas desde otros lugares" (2014, p.61). Quizás el mejor ejemplo de esta situación sea la creación hacia fines de 2016 de la Red de Espacios Culturales Berazategui, integrada por diversos colectivos del distrito[19] y que ha lanzado de forma exitosa el Primer Festival de Cultura Autogestiva, realizado en septiembre de 2017 en la Plaza del Libertador. El mismo fue articulado a nivel municipal con la Secretaría y a nivel nacional con el Ministerio de Cultura a través del *Programa Festejar* (https://convocatorias.cultura.gob.ar/festejar). Con respecto a ello, los funcionarios responsables del área – según hemos podido conversar -reconocen que la multiplicación de los actores culturales es muy positiva para la vida cultural de Berazategui, pues fortalece la gestión social comunitaria y genera nuevos canales de reciprocidad y sustentabilidad. Una evidencia de la buena fe de las partes por cooperar fue, como hemos mencionado, la co-gestión para redactar el anteproyecto de ordenanza que establece un régimen de promoción municipal y una serie normas para regular el funcionamiento de los ECIB (Espacios Culturales Independientes de Berazategui)[20]. Se trata de una iniciativa creativa

---

19 Conformada por los espacios "Choclo Cultural", "La calabaza", "Queruba" y "Mentes abiertas". Se presenta como "una iniciativa de compañeros y compañeras de distintos espacios culturales de Berazategui. Surge bajo la necesidad de conocernos, fortalecer nuestros proyectos culturales y enriquecer nuestras prácticas cotidianas. De esta manera, la red busca ser una herramienta de difusión de nuestras actividades (compartiendo en redes sociales los eventos, talleres, etc.) para la creación de una agenda cultural común; busca ser un espacio de encuentro entre quienes formamos parte de espacios y/o proyectos culturales, autogestivos y comunitarios, un instrumento colectivo que nos permita intercambiar saberes, experiencias, recursos y todo aquello que contribuya al enriquecimiento de nuestras prácticas". Recuperado de https://www.facebook.com/espaciosculturalesberazategui/.
20 Esta denominación incluiría los espacios no convencionales, experimentales o multifuncionales que tengan como actividad principal la producción, capacitación, distribución, investigación y promoción de bienes culturales

considerando el contexto descripto, que, además, parte desde una perspectiva que aborda el acceso a la cultura como parte fundamental de los Derechos Humanos. La ordenanza prevé la creación de un Registro Municipal de los ECIB, el cual será público y de inscripción gratuita; la creación de una "Comisión Municipal de Coordinación de Políticas Culturales" que tendrá a cargo la articulación de todos los aspectos referentes al tema; y, por último, la exención de tasas municipales que serán contempladas por el término de un año. En este caso, sin lugar a dudas, las perspectivas de desarrollo local son promisorias en el corto plazo.

Existen otras tantas tareas pendientes para "Cultura" de Berazategui, entre ellas revisar su misma estructura organizacional del área, readecuándola al nuevo panorama político, territorial y cultural con el fin de mejorar su productividad. Estrechamente vinculado a esta tarea, se encuentra la necesidad permanente de capacitación en RRHH que demanda el mundo actual. Por otra parte, la búsqueda de políticas culturales innovadoras y las evaluaciones para mejorar la planificación estratégica tienen una importante presencia en las expectativas de las gestiones locales, más aún en tejidos sociales que mantienen una dinámica e intensa relación con la vida cultural de su territorio. Innovar no implica necesariamente agregar elementos "nuevos" o "novedosos" al modelo de trabajo, innovar es también gestionar a la vez que se deconstruyen aquellos elementos que se presentan como obstáculos de una política cultural que se pretenda inclusiva y transformadora. En el periodo que nos ocupa, Berazategui ha marcado una tendencia al apostar por métodos de mediano y largo plazo; tal como sugiere el autor chileno Roberto Guerra (2010), podemos afirmar que existió una correcta combinación entre "evento y proceso",

---

en sus diversas manifestaciones: teatro y artes performáticas, música, artes visuales, artes mediales (audiovisuales, telemáticas y multimedia), literatura, exhibiciones, conferencias, cursos, seminarios y toda expresión de arte y cultura tangible e intangible.

quizás un desafío hacia adelante sea mejorar los registros de estas experiencias, así como su análisis e interpretación, con el fin de optimizar la calidad gestora, en este sentido afirma Guerra:

Al sistematizar y devolver los aprendizajes a las comunidades y grupos que participaron en el proceso, la experiencia puede constituirse en una poderosa herramienta de empoderamiento, fortaleciendo su carácter de sujetos portadores de conocimientos, experiencias y posibilidades de ser actores de transformación social. Un primer paso en esta dirección lo constituye el documentar las prácticas y los procesos que con ellas se generen, para posteriormente analizar y proyectar los aprendizajes que la propia experiencia va entregando (2010, p.7).

Debemos mencionar, además, que uno de los campos más fértiles para la innovación es el mundo digital. Tal como indica el teórico catalán Santi Martínez Illa: "Es en el ámbito local dónde se puede evidenciar el impacto de las TIC en la cultura, con las oportunidades que el nuevo entorno puede suponer para el desarrollo y con todas sus tensiones y problemáticas" (2004, p.3). La emergencia del concepto de *e-cultura* ha abierto la posibilidad de promover acciones culturales alternativas utilizando las plataformas de la Internet y las redes sociales. Para ello, es necesario que los gobiernos locales se doten de recursos, que capaciten a su personal y que modulen sus políticas públicas para crear nuevos procesos innovadores. Se trata, en fin, de generar vínculos con productos y servicios convencionales y alternativos, como, por ejemplo: software libre, contenidos transmedia, licencias alternativas como Creative Commons, streaming media, etc.

Para finalizar, creemos que la experiencia estudiada y expuesta en estas páginas nos permite afirmar que, más allá del contexto adverso que hemos de transitar, existen oportunidades genuinas para que las comunidades continúen o emprendan procesos de autovisibilización y empoderamiento. En este caso, analizamos la incidencia de un actor fundamental en este sentido, considerando que un verdadero desafío para aquellos Estados -sobre todo en sus versiones locales – que quieran contribuir a procesos de este tipo es posicionarse como agentes protagonistas, por un lado, e intermediarios, por el otro, para de esta manera potenciar esa gran cantidad de productores comunitarios que quieren expresarse artística, comunicacional y políticamente desde un *lenguaje propio* que los legitime como sujetos activos del mapa socioterritorial y cultural. Retomamos, para concluir, una de las definiciones de Gumucio Dagron sobre los proyectos comunitarios:

Abarcan aquellos procesos que nacen y se desarrollan impulsados desde una comunidad organizada, cuya capacidad es suficiente para tomar decisiones sobre los modos de producción y difusión, y que interviene en todas las etapas, desde la constitución del grupo generador, hasta el análisis de los efectos que el trabajo produce en la comunidad, tanto en lo inmediato como en las proyecciones de largo plazo (2014, p.32).

De esta manera, las gestiones culturales de los gobiernos locales que se quieran adscribir a esta tendencia – creemos que la experiencia analizada en el periodo 2005-2015 se ha dirigido en este sentido-, deberán establecer como criterio de evaluación de sus resultados las instancias en las cuales efectivamente se involucre y promueva la apropiación de los procesos de producción y difusión por parte de la comunidad, pues en este sentido es que estas acciones constituyen, desde el punto de vista micropolítico, auténticas revoluciones moleculares (Guattari, 2004; Guattari y Rolnik, 2005), creadoras de técnicas, saberes y estéticas relevantes, y orientadas a la intervención y transformación positiva y real del campo social, las subjetividades y las narrativas.

Referencias bibliográficas

Ander-Egg, E. (2005). *La política cultural a nivel municipal*. Buenos Aires: Lumen Hvmanitas.

Ardévol, E. (1994). *La mirada antropológica o la antropología de la mirada*. Tesis doctoral. Barcelona: Universidad Autónoma de Barcelona. Recuperado de https://carmenguarini.files.wordpress.com/2007/11/ardevol_tesis.pdf

Comolli, J. (2007). *Ver y Poder. La inocencia perdida*. Buenos Aires: Editorial Aurelia Nieva.

Cravacuore, D. y Badía. G. (2000). *Experiencias positivas en gestión local*. Buenos Aires: Universidad Nacional de Quilmes – Universidad Nacional de General Sarmiento.

Cravacuore, D. (2007). Los municipios argentinos (1990 – 2005). En Cravacuore, D. e Israel, R. (comp.). *Procesos políticos municipales comparados en Argentina y Chile (1990 – 2005)*. Buenos Aires: Editorial de la Universidad Nacional de Quilmes – Universidad Autónoma de Chile.

Cravacuore, D. (2009). Perspectiva de los gobiernos locales en Argentina. En Molina, G. (coord.). *Territorio y Gestión Municipal. Pautas de Gestión Territorial hacia un Municipio Innovador*. Buenos Aires: CONICET – Instituto de Ciencias Humanas Sociales y Ambientales (INCIHUSA).

Criado, M. (2011). *Las Políticas Públicas de la Cultura en la Municipalidad de Berazategui, a tres décadas de gestión*. Ponencia inédita. Buenos Aires: Universidad Nacional de Tres de Febrero.

Dellagiovanna, D. (comp.). (2008). *20 años de cultura popular*. Berazategui: EdiBer -Editorial Municipal de Berazategui.

Eagleton, T. (2001). *La idea de cultura. Una mirada política sobre los conflictos culturales*. Buenos Aires: Paidós.

Foucault, M. (2000). *Tecnología del yo. Y otros textos afines.* Barcelona: Paidós.

García Canclini, N. (ed.) (1987). *Políticas culturales en América Latina.* México: Grijalbo.

García Canclini, N. (1995). *Consumidores y ciudadanos. Conflictos culturales en la globalización.* México: Grijalbo.

García Canclini, N. (2005). Todos tienen cultura: ¿quiénes pueden desarrollarla? Washington: Conferencia del 24 de febrero de 2005 para el *Seminario sobre Cultura y Desarrollo del Banco Interamericano de Desarrollo.*

Getino, O. (coord.). (2003). *Industrias culturales: mercado y políticas públicas en la Argentina.* Buenos Aires: CICCUS – Secretaría de Cultura de la Nación.

Getino, O. (coord.). (2012). *Cine Latinoamericano. Producción y mercados en la primera década del siglo XXI.* Buenos Aires: DAC Editorial.

González, G. y Deluchi, F. (2004). *Berazategui. Quinientos años de historia 1500-2003.* Buenos Aires: Edición de los autores.

Guattari, F. (2004). *Plan sobre el planeta. Capitalismo mundial integrado y revoluciones moleculares.* Buenos Aires: Traficante de Sueños.

Guattari, F. y Rolnik, S. (2005). *Micropolítica. Cartografías del deseo.* Buenos Aires: Tinta Limón – Traficante de Sueños.

Guerra, R. (2010). Gestión cultural, asociatividad y espacio local. Apuntes desde la experiencia chilena. Ponencia. *2º Encuentro Estatal de Regidores y Directores de Cultura de Jalisco.* Dirección General de Vinculación Cultural del Gobierno de Jalisco, Guadalajara, México.

Gumucio, A. (coord. regional) (2014). *El cine comunitario en América Latina y el Caribe.* Venezuela: Centro de Competencia en Comunicación para América Latina. Fundación del Nuevo Cine Latinoamericano y Centro Nacional Autónomo de Cinematografía.

Hall, S. (2010). *Sin garantías: trayectorias y problemáticas en estudios culturales*. Lima: Eduardo Restrepo, Catherine Walsh y Víctor Vich (eds.) – IEP.

Instituto Nacional de Estadísticas y Censos INDEC. (2003). *¿Qué es el Gran Buenos Aires?* Recuperado de http://www.indec.gov.ar/nuevaweb/cuadros/4/folleto%20gba.pdf

Instituto Nacional de Estadísticas y Censos INDEC. (2017). Proyecciones por departamentos. Cuadros Estadísticos. Años 2010-2025. Recuperado de https://goo.gl/k8b4sq

Junta Electoral de la Provincia de Buenos Aires (2017), Datos generales de la Provincia de Buenos Aires. Datos generales de la Sección. Recuperado de http://www.juntaelectoral.gba.gov.ar/sistemas/mapa_eleccion/seccion.php?sec=3#

Leyes, R. (2014). *Del Pago de la Magdalena al Partido de Berazategui*. Buenos Aires. Recuperado de http://origenesberazategui.blogspot.com.ar/2014/06/del-pago-de-la-magdalena-al-partido-de.html

Maccari, B. y Montiel, P. (2012). *Gestión cultural para el desarrollo. Nociones, políticas y experiencias en América Latina*. Buenos Aires: Ariel.

Maceiras, V. (2012). *Notas para una caracterización del AMBA*. Buenos Aires: Instituto del Conurbano – Universidad Nacional de General Sarmiento (UNGS). Recuperado de https://goo.gl/eSx4Tj

Martinell Sempere. A. (2001). *La gestión cultural: singularidad profesional y perspectivas de futuro*. Madrid: Cátedra UNESCO de Políticas Culturales y Cooperación.

Martínez Illa, S. (2004). TIC y gestión de la cultura: ¿Políticas e-culturales? *Boletín Gestión Cultural Nº 10: Cultura Digital*. Portal Iberoamericano de Gestión Cultural.

Molfetta, A. (2009). El documental como técnica de sí: el cine político como práctica de una ética de la finitud. En Lusnich, Ana L. y Piedras, P. (organizadores).

Una historia del cine político y social en Argentina. Formas, estilos y registros (1969-2009). Buenos Aires: Nueva Librería.

Moreno, O. (coord.). (2010). *Artes e industrias culturales. Debates contemporáneos en Argentina*. Buenos Aires: EDUNTREF.

Nacke, M. y Cellucci, M. (2013). *La planificación estratégica: herramienta para la transparencia y la rendición de cuentas en el gobierno local*. Buenos Aires: CIPPEC. Programa de Desarrollo Local. Área de Instituciones y Gestión Pública. Documento de trabajo N°107. Recuperado de https://www.cippec.org/wp-content/uploads/2017/03/1555.pdf

Oliverio, E. (2009). *Políticas públicas y sector cultural. Análisis comparativo del desarrollo de las Industrias Culturales en la Ciudad de Buenos Aires y las provincias*. Ciudad de Buenos Aires: Observatorio Cultural de la Facultad de Ciencias Económicas de la UBA.

Olmos, H. y Santillán Güemes, R. (2003). *Educar en cultura. Ensayos para una acción integrada*. Buenos Aires: CICCUS.

Olmos, H. y Santillán Güemes, R. (2004). *El gestor cultural. Ideas y experiencias para su capacitación*. Buenos Aires: CICCUS.

Olmos, H. y Santillán Güemes, R. (2008). *Culturar. Las formas del desarrollo*. Buenos Aires: CICCUS.

Otero, E. (2009). Democracia Participativa como forma de Gestión Pública en los Gobiernos Locales. Ponencia. *X Seminario de la RedMuni: "Nuevo rol del Estado, nuevo rol de los Municipios"*. 13 y 14 de agosto de 2009. Recuperado de http://municipios.unq.edu.ar/modules/mislibros/archivos/Otero_RedMuni2009.pdf

Pírez, P. (2012). Servicios urbanos y urbanización en américa latina: su orientación entre el bienestar y la reestructuración. Río de Janeiro: *Revista Geo Uerj*, 14, 793 – 824.

Pírez, P. (mayo-agosto 2014). El gobierno metropolitano como gobernabilidad: entre la autorregulación y la orientación política. Toluca, México. *Economía, Sociedad y Territorio*, XIV, 45, 523-548.

Raidan, A. (2009). La implementación de mecanismos de coordinación para superar los desafíos de la Gestión Pública. Ponencia. *X Seminario de la Red-Muni: "Nuevo Rol del Estado, Nuevo Rol de los Municipios"*. 13 y 14 de agosto de 2009. Universidad Nacional de La Matanza. Buenos Aires. Recuperado de http://biblioteca.municipios.unq.edu.ar/modules/mislibros/archivos/RaidanRedMuni2009.pdf

Risler, J. y Ares, P. (2013). *Manual de mapeo colectivo: recursos cartográficos críticos para procesos territoriales de creación colaborativa*. Buenos Aires: Tinta Limón.

Rofman, A., Suárez, F. y Polo, P. Articulaciones interinstitucionales para el desarrollo local. Perspectivas, políticas y estrategias de desarrollo local en áreas metropolitanas. Ponencia. *IV Seminario Nacional de RedMuni: Articulaciones interinstitucionales para el desarrollo local*. Recuperado de http://municipios.unq.edu.ar/modules/mislibros/archivos/Rofman_Su_rez_Polo.pdf

Salinas, M. (2003). El municipio: estudio sobre un modelo de gestión gerencial. Ponencia. *V Seminario Nacional de la Red de Centros Académicos para el Estudio de Gobiernos Locales*. 9 y 10 de octubre de 2003. Recuperado de https://goo.gl/7d8WQz

Schargorodsky, H. y Elía, C. (comp.). (2009). *Economía de la cultura*. Ciudad de Buenos Aires: Observatorio Cultural de la Facultad de Ciencias Económicas de la UBA.

Szurmuk, M. y McKee Irwin, R. (coord.). (2009). *Diccionario de estudios culturales latinoamericanos*. México: Siglo XXI Editores.

Tasat, J. (2009). Políticas Culturales de los gobiernos locales en el conurbano bonaerense. En Piñón, F. (ed.), *Indicadores Culturales. Argentina 2009*. Buenos Aires: EDUNTREF.

Tasat, J. y Mendes Calado, P. (2009). Indicadores Culturales Presupuestarios. Dispositivos para la Gestión de los Gobiernos Locales. En Piñón, F. (ed.). *Indicadores Culturales. Argentina 2009*. Buenos Aires: EDUNTREF.

Tecco, C. (2002). Innovaciones en la gestión municipal y desarrollo local. En Cravacuore, D. (comp.). *Innovación en la Gestión Municipal*. Buenos Aires: Universidad Nacional de Quilmes – Federación Argentina de Municipios.

UNESCO (2005). *Formación en Gestión Cultural y Políticas Culturales. Directorio Iberoamericano de Centro de formación*. Madrid: Red iberoamericana de centros y unidades de formación en gestión cultural – IBERFORMAT.

Vich, V. (2014). *Desculturizar la cultura. La gestión cultural como forma de acción política*. Buenos Aires: Siglo XXI editores.

Vilas, C. (2003). *Descentralización de Políticas Públicas: Argentina en la Década de 1990*. Buenos Aires: Instituto Nacional de la Administración Pública – Dirección de Estudio e Información.

Yúdice, G. (2002). *El recurso de la cultura. Usos de la cultura global*. Barcelona: Gedisa.

12

Redes comunitarias-redes digitales

De los festivales de cine en el Conurbano a los festivales online

Gonzalo Murúa Losada[1]

Introducción

Un acercamiento al cine comunitario: aspectos de la recepción

La producción cinematográfica, si es que aún podemos llamarla así, ha cambiado en el mundo actual. El cine se ha liberado de las ataduras ideológicas del Primer y Segundo cine[2], ligadas tanto al soporte como al modo de producción que demandaba el uso del aparato fílmico como reproducción de la ideología de una clase dominante (Primer cine) o la pertenencia a un círculo artístico institucionalizado (Segundo cine). Como reacción a esos dos primeros cines

---

[1] Magíster en cine documental y licenciado en cinematografía con orientación en compaginación (FUC). Desde el 2011 se desempeña como productor independiente y director en su productora Obsidiana Films habiendo estrenado films como Las lágrimas de Thays (2014), Los fantasmas de Losada (2015) y Te quiero obsceno (2016). Recientemente ha publicado su libro El pixel hace la fuerza. Narrativa, cine y videojuegos en la era de las hipermediaciones (2016) donde desarrolla con profundidad temas vinculados a las estéticas tecnológicas. / gonzalo.murua.losada@gmail.com

[2] Pensadas desde las categorías de Pino Solanas y Octavio Getino en su escrito *Hacia un tercer cine* del año 1969.

—que aún persisten— surge un Tercer cine de presentación materializado en el Grupo Cine Liberación, que a través de recursos vanguardistas activa la mirada del espectador negando la representación clásica o el éxtasis de las imágenes dispersivas.

Hoy nos encontramos a la luz de un Cuarto cine, concepto que he desarrollado en mi texto "Por un cuarto cine, el webdoc en la era de las narraciones digitales" (2017). Este cine brilla demasiado fuerte para reconocerlo, nuestros ojos están acostumbrándose a las nuevas constelaciones que surgen de él, algunos vemos en los transmedia ciertos destellos, otros como Andrea Molfetta (2015) cuestionan un "nuevo tercer cine" en el cine comunitario. Escuchamos tal vez un murmullo que hace eco desde el surgimiento de las teorías vinculadas al poscine, desde la llamada muerte del cine que tanto ha obsesionado a directores como Jean-Luc Godard o Roberto Rosellini. Para Peter Greenaway, la fecha de defunción del cine fue en el año 1983, cuando se introdujo el control remoto a la vida cotidiana respondiendo a la voluntad del telespectador. Pero sin ir tan profundo en el análisis ya podemos afirmar que el cine no es el que conocíamos, como afirma Robert Stam el cine siempre ha convivido con diferentes formas que lo retroalimentaban: "el cine en sus inicios colindaba con los experimentos científicos, el género burlesco y las barracas de feria, las nuevas formas de post-cine limitan con la compra desde el hogar, los videojuegos y los CD-ROM" (2001, p.363).

El poscine sigue haciendo uso de ciertas herramientas técnicas y narrativas del cine clásico pero constantemente se deconstruye a sí mismo, rompe su modo de producción, situando la mirada y liberándose de la parafernalia técnica soltando las ataduras del lugar estático del equipo técnico en el cine clásico, dando paso a nuevos lenguajes y textos surgidos de la experimentación con el propio dispositivo por parte de los espectadores/usuarios. En este océano de ruptura y resignificación, a lo que se suman corrientes de hibridación de lenguaje y formas, es donde navega el cine comunitario. Los tripulantes somos nosotros mismos, los propios participantes de la realidad histórica, que hemos adquirido con el correr de los años algo más que la dispersión del espectáculo, que de a poco hemos incorporado la gramática fílmica y formas de contar que ya develamos casi sin esfuerzo en las estructuras dramáticas del cine clásico que aún persiste en el mundo contemporáneo. Del mismo modo, los canales de distribución también han mutado en estos poscines.

En este capítulo acercaré dos mundos aparentemente alejados. En primer lugar, trataré los Festivales del Conurbano, espacios que visibilizan el cine comunitario dado que el perfil de estos festivales apunta a exhibir los filmes producidos en el propio territorio y por los propios protagonistas. Dichos espacios funcionan como una casa de espejos, ya que los actores sociales y protagonistas de los filmes son a su vez productores de contenido audiovisual que impulsan la creación de estos festivales intentando generar nuevas redes, algo similar sucede en otros espacios como el Clúster Audiovisual de la Provincia de Buenos Aires que también es tratado en este libro. Los encuentros en Festivales presentan una serie de redes comunitarias –que a su vez hacen uso de la comunicación comunitaria para conectarse– que intentan reconstruir un tejido social debilitado e intentan restituir y fortalecer esos lazos, sin embargo, hemos detectado como parte de esta investigación la falta de conexión entre los propios actores sociales. Es aquí donde surge este segundo mundo del que hablaba: las redes digitales se vuelven un campo de batalla y un canal único por donde se establece otro lugar de lucha que expande los hilos de las redes comunitarias, aquellos grupos desconectados se reconectan a través de esta gran red de redes llamada Internet. Además, las redes digitales encierran una gran potencia y es en la segunda parte del texto donde analizaré en dónde radica; ante la falencia y la dificultad de organizar espacios en el mundo real surgen medios virtuales como ventanas de exhibición más allá de los festivales *offline*.

Por otro lado, cabe destacar que, en el marco general del presente trabajo, hemos observado que, en estos últimos años que atiende nuestro corpus (2010-2015), ha evolucionado notablemente el denominado cine comunitario en la zona del conurbano, lo que permite la representación de la misma comunidad, yendo más allá de los estándares dominantes de los filmes comerciales y abriendo nuevos tópicos que reflejan la vida del barrio. Dicha evolución, producto de la necesidad de expresarse como colectivos, se amplía como una onda expansiva produciendo el desarrollo de ciertas tecnologías portátiles —y no al revés, donde la tecnología haría que esta necesidad surja—. Igualmente, la reivindicación del derecho a la comunicación a través de Ley de Servicios de Comunicación Audiovisual (26.522) y la cristalización de los modos de producción audiovisuales[3] son algunos de los múltiples factores que permiten la expansión del cine comunitario. No debemos olvidar —citando a Rodolfo Kusch— que:

> Hacer arte supone una revelación, porque implica sacar a relucir la verdad, que yace en lo más profundo del país, para llevarla a escena, al papel o al cuadro. Pero hacer eso entre nosotros, significa crearlo todo de nuevo [...]. Se plantean entonces dos cosas: o se escribe para la gente feliz y limpia o se trabaja para darle al pueblo una expresión. Nuestra verdad está en el charco y no en la traducción de *La divina comedia* [...]. Pero no nos asustemos. *La Ilíada* y *La Odisea* fueron escritas por analfabetos y José Hernández escribió el *Martín Fierro* con el material brindado por un pueblo igualmente analfabeto. Los poemas griegos y el poema argentino expresaban a un pueblo, condensaban la cultura de ese pueblo. (2014, p.587).

---

[3] El cine ha develado su artificio, el espectador-actor o usuario se adelanta a los puntos de giro del guion, al uso de los elementos estéticos del cine, el aparato cinemático pierde eficacia.

Es importante repensar la distribución en el cine que nos afecta de una forma u otra a todos, ya sea a los realizadores o a los investigadores. Latinoamérica es un terreno complicado a la hora de analizar los circuitos de exhibición y distribución de nuestros propios filmes, e incluso cuando uno accede a un subsidio por parte del INCAA (y ya resulta compleja también esta cuestión porque entran otros factores en juego) es difícil encontrar ventanas de distribución. El caso del cine comunitario no escapa a esta cuestión, pero nos enseña a encontrar soluciones alternativas de canales de difusión que serán aquí atendidas. Getino y Solanas ya en su manifiesto sobre el Tercer cine (1969) advertían que el espectador deviene actor; hoy en día, las comunidades empoderadas toman la cámara y deciden hacer cine.

Siguiendo la misma línea, es importante destacar al cine comunitario como una nueva forma de cine o, como algunos teóricos lo han llamado, de "poscine". En mis trabajos anteriores (2015, 2016, 2017) he tratado estos poscines haciendo hincapié en cuestiones vinculadas a la teoría de la recepción del espectador cinematográfico y a una nueva necesidad de activar las narraciones, convirtiendo al espectador en usuario. Volviendo al Tercer cine, debo resaltar el manifiesto *Hacia un tercer cine* (1969) como pionero en el asunto de las nuevas teorías de la recepción; en él, Pino Solanas y Osvaldo Getino reconocen la necesidad de un espectador actor en el ámbito de la mal llamada "Revolución Argentina" de Onganía durante el año 1969. El filme *La hora de los hornos* tenía como objeto, a través de innovaciones estéticas y narrativas, interpelar al espectador convirtiéndolo en actor.

Ya sea activando las narraciones o interviniendo en ellas desde la producción o el debate, el cine se vuelve algo abierto que necesita ser construido de manera cooperativa por el usuario/actor. Esta cuestión ya había sido abordada por Eco en *Obra abierta* (1962). Cada filme, como destaca Susana Velleggia (2007):

[Es] concebido como obra abierta (que) apunta a promover la construcción colectiva del significado y a partir del sentido de la realidad, ya sea en el debate posterior a su visionado o en los espacios previstos como intervalos para la discusión a lo largo de la proyección (p.29).

Estas nuevas películas comunitarias marcan nuevos modos de ver. Como destaca Santaella en *Estéticas tecnológicas: nuevos modos de sentir* (2012), los videojuegos como poscine generan en la recepción por parte del usuario/actor una identificación encarnada: efectivamente manejo mi personaje a través de un mando/joystick. En relación con lo mencionado, en el caso del cine comunitario la identificación ya no es simbólica, dado que los personajes son los mismos protagonistas/productores del filme que construyen, en conjunto, los conflictos que ocurren en él.

Desarrollo

Producción comunitaria y nuevas formas de distribución

Como remarqué, la forma de distribución ya es un asunto complejo en el cine, pues tanto ficción como documental atraviesan una falta significativa de pantallas que, si bien se ha intentado subsanar, persiste en la actualidad. Los motivos son variados: desde la complejidad que requiere entrar en un circuito "in" para las producciones más independientes, hasta la falta de cumplimiento o estrategias para violar la permanencia de los filmes nacionales en cartelera.

Por su parte, el cine comunitario ha encontrado diversas experiencias de producción y distribución en los últimos años, consecuencia de políticas públicas que estimularon su expansión. Como bien analiza Horacio Campodónico en su capítulo sobre Argentina incluido en el libro *Cine comunitario en América Latina y el Caribe* (2014), se lanzan algunas políticas, entre ellas, el Departamento de Acción Federal del INCAA impulsa, durante 2010, el Plan Operativo de Promoción y Fomento de Contenidos Audiovisuales y Digitales, donde se incluye la convocatoria de presentación de proyectos por parte de TV comunitarias. Por otro lado, durante 2011, el Ministerio de Desarrollo Social firma un convenio con el INCAA con el objeto de invitar a reflexionar e incluir en el centro de la escena a los ciudadanos de toda la Argentina, para pensar cuestiones vinculadas a los derechos, la familia y el trabajo, y fortaleciendo otras como la economía social que lleva adelante el Ministerio. En el marco del convenio mencionado se lanzan los Concursos Federales de Series de Ficción, Animación y Cortometrajes para la Televisión Digital Abierta, junto con la realización de talleres de producción audiovisual en los Centros Integradores Comunitarios.[4] En este apartado simplemente hablaré de políticas, pero es motivo de otro trabajo desarrollar la aplicación de las mismas en territorio, puesto que es dificultosa la tarea de articulación con cada región del país y la comunicación con jefes comunales, el cumplimiento de objetos sociales y la rendición de cuentas de la construcción de los CIC en cuestión. De igual forma, obsérvese que en muchos de los CIC en funcionamiento existen los Núcleos de Acceso al Conocimiento (NAC), que consisten en salas especialmente equipadas con prestaciones que incluyen proyectores para llevar a cabo la visualización de filmes.

En cuanto a las universidades, gracias a la Ley de Servicios de Comunicación Audiovisual, tienen garantizada una señal exclusiva para ser difundida en forma local:

---

[4] Los CIC son espacios públicos edificados de encuentro, participación y organización donde se coordinan políticas de desarrollo social, se brinda atención primaria a la salud, se desarrollan actividades educativas, se atienden las necesidades de los sectores más vulnerables, se integran instituciones y organizaciones comunitarias y se promueven actividades culturales, recreativas y de educación popular.

ARTÍCULO 89. — Reservas en la administración del espectro radioeléctrico. En oportunidad de elaborar el Plan Técnico de Frecuencias, la Autoridad Federal de Servicios de Comunicación Audiovisual deberá realizar las siguientes reservas de frecuencias, sin perjuicio de la posibilidad de ampliar las reservas de frecuencia en virtud de la incorporación de nuevas tecnologías que permitan un mayor aprovechamiento del espectro radioeléctrico: [...] d) En cada localización donde esté la sede central de una universidad nacional, una (1) frecuencia de televisión abierta, y una (1) frecuencia para emisoras de radiodifusión sonora. La autoridad de aplicación podrá autorizar mediante resolución fundada la operación de frecuencias adicionales para fines educativos, científicos, culturales o de investigación que soliciten las universidades nacionales.

Los canales universitarios también resultan un modo de producción y difusión comunitaria, y contienen la potencia de ser generadores de excelentes producciones audiovisuales; empero, nuevamente la idea dista de la aplicación. Las señales universitarias, los estudios de producción y mismo el consumo de materiales audiovisuales terminan siendo cerrados únicamente a la comunidad universitaria, sin poder ser explotadas por los vecinos de la zona. De acuerdo con lo expresado, se genera un cortocircuito en la interacción del uso de los medios de producción por parte de los habitantes de la misma comunidad.

En cuanto a la realización, cabe señalar pequeñas organizaciones que contribuyen a impulsar y distribuir el cine comunitario, sobre todo en sectores del Conurbano. Puntualmente en el Conurbano sur, me gustaría destacar a la Asociación Civil Cine en Movimiento, a cargo de Ramiro García. En una entrevista realizada por el grupo de investigación, el joven realizador nos cuenta cómo la organización se acerca a los grupos sociales cambiando el rol del cineasta como intelectual alejado y único en el proceso de creación del filme. Es interesante pensar en cómo se redefine —pensando en términos documentales— el cine etnográfico, porque las experiencias anteriores se basaban en directores instalados en las comunidades durante cierta cantidad de años. García remarca que ese proceso ha cambiado y es la sociedad la que filma, la que habla "mirando situada". Incluso las experiencias de cine autoetnográfico han sido manipuladas de una forma u otra por un director. Ya sea en rodaje o en la mesa de montaje, Cine en Movimiento corre del lugar central a la técnica (aunque sin dejar de reconocerla como herramienta) para pensar en los actores sociales y cómo ellos narran sus propias historias sin ningún tipo de manipulación ni mediadores. Diversas instituciones han sido visitadas y capacitadas por la Asociación Civil, que se ha encargado de acompañar e instruir a jóvenes (Centros de día), adultos mayores (Centros de jubilados de PAMI), veteranos de Malvinas y mujeres en situación de riesgo (Programa Ellas Hacen), entre otros.

Festivales de cine del Conurbano. FECICO

El Festival de Cine del Conurbano nació originalmente como un ciclo de cine de filmes nacionales que se realizaba en el Centro Cultural Padre Mugica, situado en la localidad de Banfield, partido de Lomas de Zamora. Gracias a la repercusión positiva de la gente, el ciclo decidió incorporar filmes de realizadores locales (Lanús, Lomas de Zamora, entre otros) que se mostraron interesados y enviaron sus trabajos para ser proyectados. El crecimiento del Ciclo y la acumulación de variadas obras, ya sea en duración o temática, dio como resultado la idea de realizar un festival. Julio Rivero, principal creador del FECICO, se inspiró sobre todo en el Festival de Rosario, que ya había conocido de cerca por haber organizado su muestra itinerante en el mismo Centro Cultural Padre Mugica que él dirige. Inmediatamente, Rivero convocó en forma improvisada a un pequeño equipo organizativo compuesto, entre otros, por Aníbal Maza, docente de la Universidad de Lomas de Zamora (Producción de contenidos para medios audiovisuales). La primera convocatoria se llevó a cabo en el año 2009 y el festival, en noviembre de 2010. Aún se puede visitar el blog, donde se pueden ver algunas imágenes y el anuncio de los ganadores, lo que resulta muy relevante para esta investigación pues conforma un corpus de filmes del Conurbano y es un archivo relevante para el período histórico[5].

El primer FECICO se organizó a los empujones: los propios organizadores tuvieron que improvisar salas de cine en el mismo predio del Centro Cultural tapando los ventanales y adaptando el espacio de la mejor manera posible; la respuesta del público fue satisfactoria, vecinos y personas de las zonas aledañas del Conurbano sur disfrutaron de filmes que reflejaban sus propios lugares de pertenencia. El diseño de los premios de FECICO, así como su gráfica, ya evidencian el objetivo del Festival: es una suerte de entramado de vías que representan el ferrocarril Roca, que conecta los partidos del sur. En el blog de la entrega 2014 se introduce el Festival de la siguiente manera:

> El primer festival del conurbano nació hace cinco años con el objetivo de generar un espacio de encuentro, difusión y discusión de las artes audiovisuales, entendiendo que el cine realiza un aporte fundamental a la construcción, conservación y transmisión de la cultura popular y la identidad de las ciudades.

Existen cinco categorías en FECICO: "Desde el cordón", para películas realizadas en la provincia de Buenos Aires; "País real", para los trabajos a nivel nacional; "Patria grande", destinada a las realizaciones del resto de Latinoamérica; "Ultramar", dedicada a los filmes producidos en Europa; y "Escuelas argentinas", para las producciones de alumnos de instituciones educativas.

---

[5] Recuperado de http://fecico2014.blogspot.com.ar/, http://fecico2013.blogspot.com.ar/, http://fecico2012.blogspot.com.ar/, http://fecico2011.blogspot.com.ar/ [Consultados el 5 de julio 2017].

La categoría que remarcaré aquí es "Desde el cordón", integrada por filmes realizados en el Conurbano que son los que le dan un envión al Festival, dado que resultan innovadores y atractivos dentro del marco del cine comunitario. Los textos fílmicos mencionados representan algo diferente respecto de la estética del cine argentino: la identidad del Conurbano y sus paisajes cobran un nuevo aire al ser captados por los realizadores oriundos del lugar, los colectivos y centros comunitarios renuevan en imágenes procesos históricos que se respiran en los cordones de la provincia de Buenos Aires, de ese modo es que se pueden pensar como constitutivos de un "archivo del conurbano", tópico que trataré en trabajos posteriores.

El ganador de la primera edición del FECICO 2010 fue *El cuenco de las ciudades mestizas*, de la Productora Escuela Cultural Comunitaria «El Culebrón Timbal», ubicada en la localidad de Cuartel V, en Moreno. La productora está conformada por artistas, comunicadores y docentes cuyo objetivo —como dice su sitio web— es: "Trabajar sobre la instalación de un modo particular de enfocar la Acción Cultural Comunitaria en el seno de las organizaciones sociales, que privilegie las iniciativas públicas barriales y tienda a ampliar sustantivamente la participación de los vecinos". Esta producción en particular es un híbrido interesante que mezcla ciencia ficción, policial negro y realismo mágico con elementos de animación que incluyen una estética cómic, y está musicalizada con rock barrial y cumbia villera. Además, lo llamativo de esta producción es que fue distribuida en forma de pack: incluye un cómic, un disco y un juego de tablero llamado "Oráculo Popular Infinito".

El director del FECICO observa que, a lo largo de las ediciones, en las producciones se repiten, de manera directa o indirecta, temas vinculados a la historia y el contexto de los barrios, y hace mención a un cortometraje relacionado con el cierre de las fábricas en el año 2001, donde uno de los protagonistas debe atravesar diversos conflictos como consecuencia de la terrible crisis que aquejó a nuestro país.

Este tema ha sido ya mencionado por Molfetta, que analiza el auge del cine nacional de estos últimos años como *Pantallas reactivadas* (Molfetta, 2008), donde los espectadores comienzan a apropiarse de su propio contexto vinculando las narrativas a tópicos que los identifican más fuertemente. En el caso de los filmes comunitarios, activan una serie de procesos que exceden al cine de espectáculo dispersivo, un nuevo cine que ve los problemas argentinos y los pone en escena combinando nuevos procesos estéticos y narrativos, que consideran a los sujetos no como personajes sino como actores de la realidad.

Rivero también toma como ejemplo a José Campusano, realizador que se inspira en los paisajes del conurbano, puntualmente en el barrio de Berazategui, a partir de lo cual logra marcar una estética particular en cada una de sus películas. Asimismo, Campusano tiene un innovador sistema de trabajo, puesto que produce desde el cooperativismo y, así, ha impulsado el Clúster Audiovisual de la Provincia de Buenos Aires, entidad sin fines de lucro con más de 1.000 miembros que este año filmó 10 largometrajes sin ningún tipo de subsidio. El director concibe ya desde la propia realización y el guion una forma diferente de hacer cine, tendiente a lo comunitario, hace un cine que trata de registrar:

> [...] los verdaderos modos del habla, exponer los rostros de los verdaderos habitantes, el interior de los verdaderos hogares, la vida en las calles... pero todo de una forma autocrítica. Nuestra mirada no es nada complaciente, y a partir de ahí se espera que ese material quede como un testigo vivo que haga ver cómo es la vida en ciertos entornos, qué errores cometemos, y por qué estamos como estamos [...] Nosotros le concedemos el papel protagonista a todo tipo de personas, tengan o no tengan método actoral. Es más, si no lo tienen, mejor. No tenemos ningún problema con los actores porque también son parte de la sociedad, pero sí es importante que

no sean parte del mercado. No queremos que la película se legitime por los condicionantes de éste, sino por el trabajo coral (Campusano, 2015).

Según los organizadores del FECICO, las producciones en el Conurbano aumentan cada año; se producen cortometrajes, largometrajes, documentales, generalmente fuera del sistema (sin subsidios de ningún tipo). Se nota que existe una industria latente, que reconoce nuevas formas de hacer cine y de realizarlo (es el caso del Clúster Audiovisual de Buenos Aires, la Escuela Cultural Comunitaria «El Culebrón Timbal» y Cine en Movimiento, entre otros). La necesidad de hacer arte y cine resulta un canal de expresión único, y es singular cómo, sin ley provincial de cine que regule y fomente la actividad, se multiplica la producción. Ahora bien, seguimos encontrando el cine comunitario como sinónimo de producciones independientes ligadas a entidades civiles, grupos sin fines de lucro o instituciones que no incluyen estas obras dentro de un circuito de exhibición, y las ventanas siguen siendo sobre todo a través de Internet, exhibiciones locales o festivales emergentes.

A raíz de las necesidades mencionadas surgen espacios como el Clúster, que socializa los saberes, así como escuelas de cine que se encuentran particularmente concentradas en el conurbano sur. Por ejemplo, en Almirante Brown, la escuela de cine municipal que funciona en "La cucaracha"; en Lomas de Zamora, la "Escuela Municipal de Cine y Video" y la "Escuela Argentina de Medios Audiovisuales CreArteCine"; en Avellaneda, el IDAC (Instituto de Arte Cinematográfico de Avellaneda), etcétera. Si bien hay movimientos mínimos de dinero (se pagan alquileres, técnicos, catering, etc.), la realidad es que sin subsidios los filmes tardan más en producirse. Lo mismo sucede al intentar conseguir uno: ha habido películas paradas cuatro o cinco años por lidiar con cuestiones administrativas.

Una problemática puntual surgida de nuestra corriente de investigación y objeto de análisis del mapeo colectivo realizado en el corriente año (2015) es la paulatina extinción de las salas de cine en el conurbano sur. Al observar el mapa construido por los diferentes actores (productores, distribuidores, realizadores independientes, participantes de talleres, etc.), nos damos cuenta de que las salas de cine se han convertido en negocios, iglesias evangelistas o han cerrado por falta de mantenimiento. No hay que dejar pasar estas cuestiones, y es indispensable prestar atención a estos síntomas que han permitido que el entretenimiento avance sobre la cultura, anulándola.

Para concluir con el relevamiento del FECICO revisaré algunos puntos. En primer lugar, el festival creció edición tras edición; de hecho, la última edición de 2014 contó con apoyo del INCAA y la Secretaría de Cultura (Presidencia). No obstante, este año no se ha realizado. Desconocemos los motivos, pero consideramos que es un asunto que no debe ser perdido de vista. Por otro lado, el acceso a la información del festival ha resultado dificultoso, dado que este se maneja por cuentas de Blogspot, con imágenes pequeñas en baja calidad y una interfaz incómoda para el usuario de internet: así, no se encuentra información relevante sobre cada período del festival ni una memoria fotográfica clara, el *teaser* disponible del año 2013 resulta incómodo visualmente y poco atractivo para los espectadores y, además, el sitio de internet que figura en los blogs de cada año aparece fuera de línea. Uno de los blogs vinculados a la cuenta de FECICO se denomina "Archivos de cine del conurbano" pero está vacío y vincula al sitio web que está caído. Estos temas, no menores, también generan una pérdida de posibles espectadores, potenciales directores y el eco que necesita este tipo de festivales comunitarios. Con todo, resulta muy positiva la evolución del festival con el paso de los años, la cantidad de materiales valiosos que se fueron sumando y el estímulo que esto representa para realizadores independientes, algo que se ve reflejado en los apoyos institucionales que se ganaron.

Certamen Internacional de Cortometrajes Roberto Di Chiara

El Certamen de cortometrajes Di Chiara nace un año antes que el FECICO y se ha constituido como uno de los eventos culturales más importantes del Conurbano sur. Según el catálogo de festivales del INCAA, el festival ha crecido año tras año tanto en convocatoria como en público. La organización del certamen es llevada a cabo por la Asociación de Artistas Visuales Independientes de Varela (AAVIV) y tiene secciones de documental, animación y ficción de cortos nacionales e internacionales, mediometrajes, videoclips y categorías especiales apuntadas a estudiantes en las que pueden participar tanto escuelas como organizaciones comunitarias (comedores, talleres audiovisuales y demás).

El festival cuenta con apoyo de diversos organismos de importancia como Presidencia (Cultura), Provincia de Buenos Aires, Paka Paka, Encuentro, DxTV y la Universidad Nacional Arturo Jauretche, que es la sede del festival. Asimismo, se realizan proyecciones al aire libre en la peatonal de Florencio Varela.

La difusión parece expandirse con el clásico "boca en boca", que ha sido tan efectivo a nivel barrial y territorial que los materiales son abundantes, así como la recepción de obras. En Internet, el festival se encuentra más mencionado en sitios externos que él mismo materializado en la red de redes, dado que no tiene una página web base sino un *Facebook* como principal canal de comunicaciones. Llama la atención, no obstante, cómo ese medio le ha sido tan útil para expandirse. Además, posee un canal de *Youtube*. Es mencionado en varios sitios de internet como Wikipedia, Varela en Red, Universidad Arturo Jauretche e incluso está asociada a «Click for festivals», una plataforma internacional destinada a facilitar la inscripción a festivales virtualmente.

El certamen también es un espacio para otros objetivos: desde el año 2013 han incorporado la Feria de la Industria Audiovisual, descrita por María González (organizadora) como una "feria destinada a todas aquellas empresas y profesionales que brindan servicios para que esta industria se siga desarrollando con cada vez más ímpetu en el área metropolitana del conurbano bonaerense".[6] La feria permite la implementación de stands a empresas vinculadas con la prestación de servicios (alquiler de equipos, desarrollo tecnológico), así como técnicos, actores, publicistas, fotógrafos, productores, etcétera. Lo expuesto es alentador para el cine del Conurbano, en especial para lo planteado anteriormente sobre el problema de las producciones comunitarias e independientes que carecen de medios para ser realizadas, dado que el contacto y el armado de redes, conocerse entre los actores, resulta vital para el desarrollo de la industria.

A partir del material fílmico, en particular de los ganadores de los años 2014-2015 de todas las categorías y duraciones (ficción, documental, animación y estudiantes), se puede concluir que llegan al festival materiales audiovisuales internacionales pero con una premisa fuertemente social, especialmente los documentales que problematizan temas vinculados a las crisis, la recuperación de fábricas, las cooperativas, los espacios barriales y los personajes míticos que surgen de la tradición de los pueblos. Me gustaría señalar algunos trabajos que me han sorprendido tanto por su calidad en el relato fílmico como por la premisa social presente en la estructura.

---

6   Nota publicada en el sitio web de Florencio Varela. Recuperado de http://www.varelaenred.com.ar/5656-1606013.htm. [Consultado el 20 de diciembre de 2015].

Para comenzar, *Eslabón 16*, de Aldana Juárez, narra la historia de la fábrica de cadenas Ancla que, con 105 años de historia, para sus máquinas en 2007 por un cierre fraudulento de sus dueños. De los 40 operarios que perdieron su trabajo, 16 resistieron y lograron formar la cooperativa Ancla, que funciona hoy en día en el mismo lugar. El cortometraje realizado por alumnas de la FADU recibió varios premios, entre ellos el Premio INCAA TV en el 6º Festival REC de Universidades Públicas. *Voces en el aire*, de Jimena Echeverría, Nicolás Cuiñas y Diego Burguer, cuenta la historia de una pequeña radio barrial que transmite —desde una casa de familia— tango, historias y vivencias de sus vecinos al mundo. La actual directora de la radio, llamada Patricia, continúa sus tareas en forma *ad honorem*. Se trata de una radio que nació de la mano del tango y poco a poco fue sumando voces.

Como destaqué, el certamen también selecciona y otorga menciones a trabajos fílmicos de estudiantes y organizaciones. En el año 2015, la ESS Nº 7 de Florencio Varela fue premiada por *Memorias de militancia*, un corto vinculado al Programa Jóvenes y Memoria llevado a cabo por la Comisión por la Memoria de la Provincia de Buenos Aires.[7] El cortometraje repasa períodos destacados de la historia y la militancia para finalizar con una entrevista a Carlos Martínez, que da su testimonio sobre los procesos históricos tratados. La técnica en este trabajo queda en segundo plano, pues se despliega en particular la realización comunitaria e interactiva de los estudiantes que, en la primera parte,

---

7 La Comisión por la Memoria de la provincia de Buenos Aires, creada el 13 de julio de 2000, es un organismo público extra-poderes que funciona de manera autónoma y autárquica. Está integrada por referentes de organismos de derechos humanos, sindicalistas, funcionarios judiciales y universitarios, legisladores y religiosos de distintos credos. En el camino transitado como institución pueden leerse no solo los ciclos de la memoria, sino también los vaivenes políticos de la sociedad argentina posdictatorial. Sobre ese cambiante telón de fondo se nos fueron imponiendo nuevas formas de interrogar el pasado. Por eso, la Comisión interviene públicamente en temas variados.

actúan y se empapan de lo lúdico del cine poniéndose en el cuerpo de los militantes, para luego pasar detrás de cámara a entrevistar directamente al protagonista de lo recreado.

Para finalizar, *Todo por ella*, de Pepe Valdez y Enrique Jenaro Miranda, recibe el tercer premio del certamen en la categoría cortometraje de ficción. El corto, realizado por el Centro de Veteranos de Quilmes en el marco del Programa de Promoción y Prevención Socio Comunitaria "Prevenir para seguir creciendo", de PAMI, y con la asistencia técnica del equipo de Cine en Movimiento, trabaja con dos tiempos: un presente del cortometraje, en el que participan los propios veteranos como actores, y un pasado ficcionalizado de la guerra de Malvinas que se dispara como una imagen recuerdo desde el presente en el corto.

Repensar los festivales, nuevas necesidades del sector audiovisual comunitario

Desbordar los límites, repensar el cine desde los nuevos medios

Es hora de que los estudios de cine acepten y abracen las nuevas narrativas, por momentos seguimos estancados en cines que ya no son cines como tal, no solo por la especificidad del soporte, que ya ha variado hace años del analógico al electrónico y del electrónico al digital, sino también por el lenguaje, la recepción y la distribución.

Esto implica, un poco a modo de manifiesto, ampliar nuestras miradas, siguiendo el destino que enfrentan los medios, hibridándonos con otros campos, no en el sentido estrictamente sociológico al que remite el término de Bourdieu sino también en nuestra forma de analizar el cine. Esto es: aceptar que no podemos solo pensar en el texto, remitirnos una y otra vez al mismo método ignorando la economía, la política, la industria y la convergencia tecnológica que afectan al cine.

¿Por qué pensar texto vs. Economía política? Al fin y al cabo ambos conforman grandes relatos, grandes narraciones a la que como *homo fabulators* (Scolari, 2013) recurrimos para configurar el mundo. Son dos pero que a la vez son uno, la economía –al menos en el aspecto que aquí señalo- no deja de ser un relato que narra el surgimiento de una lucha, un protagonista capitalista que se enfrenta con un(os) antagonista(s) y que en una violenta danza uno se impone sobre el otro. El mundo que nos rodea, entonces, se conforma de ese dos, de este par de opuestos donde la lucha nunca deriva en una síntesis definitiva, sino que es constante agonística. Somos testigos de un constante juego donde varias fuerzas ideológicas van moviéndose en sentido espiralado, y nuestra forma de pensar el mundo, de darle sentido, oscila entre dos modos de construirlo. El narratólogo Jerome Brunner sostiene que existe una manera lógico-formal, basada en argumentos, y otra narrativa, fundada en relatos.

Volviendo al tema puntual de los "nuevos medios", debemos pensar que estudiarlos también involucra analizar algunos temas de los propios artefactos tecnológicos (hardware) así como las aplicaciones y programas que son contenidos en ellos (software). Cada artefacto, como afirma Tarleton Gillespie en su texto *The stories digital tools tell*, contiene ideología. En sintonía con textos como el de Jean-Louis Baudry *Cine: los efectos ideológicos producidos por el aparato de base*, que analiza el dispositivo cinematográfico como aparato reproductor de ideología o Jean-Louis Comolli que desarrolla en su texto *Técnica e ideología* cómo el cine existe no por azar sino por intereses identificables de una ideología de lo visible y el aparato cámara como reproductora del sistema de perspectiva del quatroccento. Textos contemporáneos no dejan de perder de vista estas cuestiones pero revisándolas respecto de los aparatos tecnológicos actuales donde la tecnología está "completamente embebida de una matriz de instituciones, actividades y valores"[8] (Gillespie, 2003, p.108) y donde debemos considerar que "la tecnología, así como las personas, oscurecen sus políticas, en un intento de parecer universales, naturales o justas"[9] (Gillespie, 2003, p.111).

Estas advertencias que señala Gillespie no son menores, Vivian Sobchack, siguiendo a Martin Heidegger señala que la tecnología nunca es meramente usada, sino incorporada y esa asimilación afecta con un efecto encadenado los estudios audiovisuales contemporáneos. Hasta hoy, había un reconocimiento del dispositivo cinematográfico clásico, estudiado en profundidad por Metz (aparato cinemático), Baudry (aparato de base) y tantos otros, sin embargo con la llegada del multimedia y la interactividad esto muta y en estos últimos años vuelve a cambiar con la llegada de la convergencia y los transmedia, modificando la relación del cine (audiovisual) con el espectador (prosumidor) y a su vez con el propio investigador.

Es la televisión la primera que genera un quiebre con la linealidad y pasa al mundo online, planteándose nuevas estrategias en base a la convergencia tecnológica. Como analiza John Caldwell en su texto *Second- shift media aesthetics*, el televidente es disparado fuera del televisor a un mundo digital de consumismo, las narraciones van más allá de la pantalla y los usuarios las completan en nuevas estrategias narrativas materiales, como la compra del merchandising, el autor señala que el concepto de marca en este sentido se vuelve mucho más complejo y extenso que en la era analógica. Asimismo, las grandes cadenas comienzan a aplicar nuevas tácticas de programación como el *aggregation,* es decir, la suma de diferentes nichos demográficos para la generación de un mercado de múltiples canales. Esta proliferación de canales a la vez segmenta aún más la industria televisiva, por lo que las grandes empresas también incorporan el

---

[8] Traducción del autor.
[9] Traducción del autor.

tiering, diversos canales y estilos en una misma señal donde los diferentes segmentos pueden seguir disfrutando de la programación con la misma premisa de la cadena elegida. A su vez, hoy en día podemos reconocer en un gran grupo como Fox Networks Group Latin America infinidad de señales como Fox life, Fox Movies, Fox News, Fox Family Movies, Fox Traveller, Nat Geo, Nat Geo Wild, Canal Viajar, Canal M, Cinecanal, Film Zone, etc.

Este paso que da la televisión donde el concepto de marca se potencia y salta de la pantalla se vuelve un fenómeno particular que se reproduce también en el cine, los *majors*[10] no pierden tiempo y comienzan a producir filmes, sobre todo vinculados a la ciencia ficción, con todo tipo de universos expandidos. Cine y televisión comienzan a hibridarse en cuanto a sus estrategias de marketing para luego dialogar entre sí a través de sus recursos técnicos y narrativos. Los estudios académicos, más que todo vinculados a la comunicación, no se cierran a estas cuestiones de la denominada industria cultural que tal vez en los estudios de cine son vistos de una forma más crítica o desde el análisis del texto que ya mencionaba con anterioridad.

El lugar común de los estudios cinematográficos por momentos se cierra no solo al análisis del texto, sino al análisis de la obra desde un lugar adorniano, haciendo duras críticas al arte como mercancía. Lo cierto es que la obra contemporánea digital –refiriéndonos al cine- no solo ha perdido su aura analógica como vínculo de índice con la realidad, sino que se encuentra en un circuito, en mayor o menor medida, comercial. El concepto de David Marshall de *mercancía intertextual* nos obliga a pensar los textos en relación a la economía política, dado que los textos se

---

[10] Anglicismo para denominar a un número reducido de estudios cinematográficos que desde la época de la fundación del sistema de estudios (los años 1910 y 1920), han dominado la industria del cine estadounidense.

producen, distribuyen y consumen; esto es aprovechado por las grandes industrias culturales que adoptan ciertas tácticas para la captación de públicos.

El circuito "off" de cine no deja de ser un segmento de la industria que existe en diversas salas de cine como museos o centros culturales, con la única diferencia que los requisitos para estrenar en las mismas no es el mismo que frente al circuito in de las salas de cine comerciales. No debemos negar el origen del cine monstruo (Comolli, 2007) que nace como espectáculo de feria para llenar los ojos de los espectadores, un filme no puede subsistir y no será visto si no se encuentra en una rueda de consumo, más segmentada, sí, pero como arte de masas al fin. Los festivales de cine, por ejemplo, ya han adquirido el estatus de pequeñas empresas, pequeñas empresas culturales con objetivos, metas, dirigidas a un cierto tipo de público, que reciben fondos de diversas instituciones para llevarse a cabo. El desafío del cine no es emular un cuadro colgado en la pared de un museo clásico, sino romper el reflejo hipnótico de la pantalla como espejo conmoviendo los afectos del espectador, generando un cambio que mueva acciones que se actualizan en el mundo real.

¿Cuáles son las estrategias del cine comercial contemporáneo? El cine industrial, que sigue congregando a las masas a las grandes salas, no debe ser criticado sino observado como objeto de estudio que sigue vigente. En su afán de generar nichos de mercado y segmentos, este cine ha incluido en las salas el "otro" cine. Por otro lado, nuevas producciones de carácter comercial toman numerosos elementos técnicos y narrativos de esos "otros" cines; en el mundo contemporáneo no solo convergen medios sino formas narrativas que nos han dado como producto grandes obras.

Narrativas transmedia, del consumidor al prosumidor

Hablar solo de cine queda corto en el mundo contemporáneo, está correcto por una cuestión de circunscribirnos a un tema, pero corremos el peligro de pensar el cine como un elemento aislado. Henry Jenkins en el 2003 nos invita a pensar en que las historias actuales no se cierran a un solo medio, sino que atraviesan varios expandiéndose en cada uno. En su artículo online publicado en *Technology Review* incluye el concepto de Narrativas Transmedia: "hemos entrado en un nueva era de convergencia de medios que vuelve inevitable el flujo de contenido a través de múltiples canales". Las Narrativas Transmedia son historias contadas a través de múltiples medios pero aprovechando la potencialidad de cada uno, por ejemplo, uno de los casos emblemáticos en cine es *Star Wars*, donde la historia surge de la película de George Lucas pero se expande a libros, series, merchandising, videojuegos y las propias historias que los fans van desarrollando basados en el mundo que plantean los filmes, a todo este conjunto se lo denomina "universo expandido".

Para entender las narrativas transmedia Henry Jenkins establece una serie de principios fundamentales:

- Expansión (*spreadability*) vs. Profundidad (*drillability*): la primera está relacionada a la expansión de una narrativa a través de prácticas virales en las redes sociales, muy vinculado a lo que hoy llamamos "marketing digital" donde se piensa la instalación del propio producto ya no por los medios convencionales del marketing clásico, sino por la participación del usuario en el universo narrativo, estimulando no solo la captación del público como capital económico sino también el capital simbólico.

Profundidad se refiere a la penetración dentro de las audiencias "que el productor desarrolla hasta encontrar el núcleo duro de seguidores de su obra, los verdaderos militantes, los que la difundirán y ampliarán con sus propias producciones" (Scolari, 2013, p.40). Cabe destacar aquí que el rol que tienen las audiencias hoy ha tomado fuerza respecto de las narraciones clásicas, justamente por eso existe esta profundidad aludida por Jenkins, los potenciales "espectadores" se vuelven también narradores y mutan la historia pudiendo volverla incluso un enorme hipertexto en la red.

- Continuidad (*Continuity*) vs. Multiplicidad (*multiplicity*). La primera debe ser enmarcada dentro de los principios del relato clásico pero que atraviesa varios medios, si vamos a contar varias historias debemos mantener una unidad entre todas, una suerte de núcleo duro con principios inamovibles que definan nuestro universo. Si por ejemplo, tenemos un personaje en film, no podremos eliminarlo en una historia interactiva online o en un comic, la idea es expandir a través de los diferentes medios guardando una verosimilitud. La multiplicidad entra en juego con la continuidad, es justamente esa variación de la historia original que no altera el núcleo duro pero que permite enriquecer el universo narrativo, pudiendo alterar el espacio, la época, personajes secundarios, etc.
- Inmersión (*Immersion*) vs. Extraibilidad (*Extractability*). Las narraciones traen consigo aparejadas cierto nivel de inmersión en la historia, originalmente la literatura proponía relatos que envolvían a los lectores en largas jornadas de lectura sumergiéndolos en el océano de la narración a través de recursos como identificación con los personajes. Hoy, los videojuegos alcanzan uno de los mayores niveles de inmersión no solo por las historias, sino también por la manipulación del propio personaje en los espacios que nos ponen en un lugar de "identificación encarnada" (Santaella, 2012). Extraibilidad como lo indica la palabra refiere a extraer elementos del relato y ponerlos en el mundo real, este

punto nos remite al *merchandising*. Scolari ejemplifica al respecto: "así como los niños pueden ver a Harry Potter en el cine o jugar con él en la Wii, pero también crear nuevas historias con los muñecos de Lego inspirados en ese mundo narrativo" (2013, p.40).
- Construcción de mundos (*worldbuilding*). Las Narrativas Transmedia son relatos que no dejan de mantener los principios de las narrativas clásicas, donde el universo propuesto siempre obliga a una "suspensión" de la incredulidad del consumidor. Siempre son importantes los detalles del relato que lo hacen más verosímil y tridimensional, y que resultarán el motor de los fans para formar una base de conocimiento sobre la producción en cuestión.
- Serialidad (*Seriality*). El mundo de las Narrativas Transmedia no puede pensarse más de modo lineal de las producciones únicas monomediáticas. Las producciones Transmedia atraviesan varias plataformas y abren diversas dimensiones en paralelo convirtiéndose en relatos hipertextuales.
- Subjetividad (*Subjectivity*). En las historias Transmedia la exigencia al lector es mayor que en los medios clásicos, estamos ante espectadores casi expertos que han adquirido una maestría tal en los relatos clásicos que pueden desentrañarlos fácilmente (es común que si la estructura es evidente conozcamos el final de la película). Es por eso que las Narrativas Transmedia no solo multiplican los medios sino que complejizan las tramas con mayor cantidad de personajes y conflictos subsidiarios. Se caracteriza, en palabras de Scolari, por "la presencia de subjetividades múltiples donde se cruzan muchas miradas, perspectivas y voces" (2013, p.41).
- Realización (*Performance*). La figura del consumidor es esencial en las Narrativas Transmedia, ya nos cuesta denominarlo como espectador, lector, jugador, etc. Lo más apropiado aquí será llamarlo prosumidor, dado que produce y consume a la vez, los fans crean textos,

arman videos en *Youtube* debatiendo sobre las historias, expanden los universos a través de relatos en grupos de *Facebook*, etc. Lo destacable es esta nueva figura que surge a través de las narrativas y que será el motor de mi próximo apartado.

Una de las características notables de estas nuevas narrativas que me gustaría resaltar y creo indispensable dentro de este capítulo es el rol de los consumidores que se vuelven activos en el proceso de expansión de las historias, se vuelven prosumidores, dado que consumen y producen a la vez. Esta noción, ya tratada por otros autores como Umberto Eco dentro de *Lector in fabula* (1979) donde el texto nos ofrece una dimensión cooperativa y no debe ser pensado como un elemento plano escrito por el autor sino más bien una historia que se actualiza al momento de ser leída, el lector trae consigo una enciclopedia, una ideología y un posicionamiento que lo hacen único. Por estos motivos, el escritor debe contemplar al lector en el texto, autor y lector deben estar presentes en la estrategia textual. Pero en el mundo transmedia no solo debemos contemplar las instancias enunciativas, sino también las reales, los autores como personas y no como instancias y los fans como sujetos que no pueden ser contenidos y reescriben a cada minuto el texto original del autor. La figura del autor y el lector comienza a ser puesta en duda, los propios lectores se vuelven autores expandiendo más el universo, la semiosis del mundo que construye un autor primero. De hecho, ciertos autores intentan controlar a los propios fanáticos advirtiéndoles que no expandan sus historias, dado que muchas veces arman sitios webs o foros para debatir pero también para desarrollar nuevos relatos a partir del relato original, ciertamente estas experiencias de restricción nunca han dado resultado.

Pero, ¿por qué considero este punto del prosumidor indispensable? Porque es un nuevo modo de encarar lo que destaqué en el inicio del capítulo sobre el cine comunitario, es la forma en la que los relatos y las narraciones se cuentan la que genera un espíritu de época donde los espectadores son quienes toman la cámara y repiensan el modelo productivo del cine clásico. Resulta particular cómo llegamos a estos nuevos modos de narrar, donde varios medios se encajan extendiendo una historia, ¿por qué no pensar la propia realidad como narración?, una conjunción de grandes relatos que nos posicionan en un configuración social y cultural de las que nos habla el cine comunitario a través de sus filmes. La narratología, denominación utilizada por primera vez por Tzvetan Todorov a finales de los años '60, justamente dirá que las narrativas nos rodean y nos constituyen, el narratólogo es un biólogo.

Por otro lado, como señalaba al inicio del apartado, no debemos dejar de leer los movimientos de la industria en la generación y estimulación de estas nuevas narraciones, aquí la industria no solo impone sobre el usuario sino que el propio usuario va guiando la industria y respondiendo por los placeres que su psicología (también ligada a una época y anhelos culturales) le genera, Janet Murray en su libro *Hamlet en la holocubierta* (1999) señala cómo las narrativas donde el usuario elige entre múltiples caminos para llegar a un final producen un mayor placer al ser activadas que las historias lineales, de esto se tratan textos como videojuegos multilineales o webdocs.

Cabe aclarar que las narrativas transmedia son más antiguas que los medios online, si bien los teóricos ven su exaltación a partir de la convergencia tecnológica e Internet, el mundo online no determina su nacimiento. El origen de las narrativas transmedia incluso puede remontarse, como se arriesga a pensar Scolari, con el relato cristiano que desde hace veinte siglos se expande a diferentes medios y plataformas ampliándose a cada momento, esto también abre nuevos debates en torno a su visión y a su propia representación. A su vez, no debemos olvidar las nuevas generaciones que se criaron viendo *Pokemon*, *Star Wars*, *Harry Potter* y la llamada hipertelevisión (televisión que contempla múltiples medios y contenidos multimediáticos) que ya traen consigo este nuevo concepto donde un libro, una película, no puede ser el fin de una historia.

La necesidad de compartir y de posicionarnos en el mundo, de que nuestra voz sea escuchada de forma permanente a través de Internet, instala las narrativas transmedia como una forma de vida. Este correlato permanente con la realidad, donde sacar una foto con un Smartphone sin subirla a una red social y compartirla es casi como no sacarla o donde los sucesos –ya sean aberrantes o dispersivos– de la realidad también encuentran su espacio en la web, no dejan de formar parte de las narrativas transmedia.

Este trayecto de captura de la realidad o "mundo histórico" (Nichols, 1997) para ponerlo en circulación en la red por parte del prosumidor nos obliga a deconstruir el concepto mismo de cine documental, por ejemplo, ¿podemos pensar que quien capta esa impresión de realidad es un documentalista? ¿La popularización de los dispositivos de captura nos vuelve realizadores en potencia más allá de la sintaxis clásica cinematográfica? Grabar un video que se pone en marcha a través de Internet, ¿nos vuelve realizadores? Son preguntas que también nos ayudan a pensar aún más el audiovisual comunitario, en el fin de la era del realizador como figura distante y el inicio de los realizadores con la mirada situada.

Un posible recorrido para este tipo de narrativas podría ser: Mundo histórico → foto/video → red social → diario/televisión/radio → expansión por parte del prosumidor que da como resultante una posible reproducción de un circuito similar con opiniones similares o contrarias, por ejemplo → red social (compartir contenidos, ya sea foto/video, etc.) → opinión sobre la noticia generando nueva noticia → diario/televisión/radio → prosumidor → documental/canción/film/videojuego… Y así podríamos seguir, lo importante aquí es saber que la red no tiene límites, existen incluso videojuegos que hacen uso de las noticias para campañas presidenciales, como fue el caso emblemático *El pueblo contra los candidatos buitres*, un juego del Frente de Izquierda y de los Trabajadores que puede jugarse online. En la pantalla de inicio, Del Caño junto a Bregman dan la premisa del juego: "Hola, amigxs, nuestra misión es derrotar a los candidatos buitres y así frenar el ajuste que viene. Podés empezar por el que más bronca te dé: Massa, Macri o Scioli", todo bajo una estética de videojuegos clásicos (8 bits) donde suenan los acordes de *La Internacional* con una música del estilo también correspondiente a los clásicos.

Nuevas formas de festivales, ponerse en línea

Este es el momento clave para preguntarse, ¿qué finalidad tienen los festivales? ¿Están puestos al servicio de los realizadores y del cine como institución cerrada o al público? Los festivales del audiovisual comunitario que aquí he tratado no se sienten cómodos con la premisa del cine para unos pocos, su breve tradición está más bien inclinada a la difusión de la obra vinculada a la noción de revolución molecular[11] (Guattari, 2017) que a la visualización por parte de gente de la propia elite del cine que bajo el velo de la institución conjura una política existencial molar (Guattari, 2017) para juzgar filmes, un orden discursivo que no deja de dividir el cine en dos, constituye una dicotomía: el film que pertenece a ese circuito del festival y el que no, el que es avalado por el perfil del festival y el que no, el que gana y el que no.

---

[11] Bajo el punto de vista de Félix Guattari, la revolución molecular, por otro lado, elimina dicotomías (hombre/mujer; bien/mal; izquierda/derecha; norte/sur) en beneficio de la afirmación de un presente ocupado por indefinidas nebulosas expresivas al mismo tiempo económicas, culturales, étnicas, simbólicas, animales, componiendo metamórficos procesos semióticos híbridos, marcados por devenires mujer, niño, animal, mineral, negro, molecular, los cuales, rizomáticamente, eliminan unidades discursivas y transforman ejes molares en transversalidades subjetivas, ambientales y sociales que se complejizan, inventando otras posibilidades institucionales, mundos, cosmos.

Internet y por consiguiente los festivales puestos en línea, comienzan a eliminar esa dicotomía film "que pertenece" vs. film "que no pertenece" a la institución del cine. Los nuevos festivales en línea, más allá del mero hecho de estar conectados a una red de redes que eventualmente nos expulsa de modo hipertextual fuera del sitio, también mutan el criterio de selección de piezas, se elimina el rito de la asistencia al festival donde el relacionamiento directo y el *lobby* podían asegurar la victoria ante los jurados. El audiovisual comunitario no deja pasar esta oportunidad digital, si bien ya había tenido un acercamiento a Internet no se había apropiado de la herramienta sino que más bien generó blogs y noticias que se perdieron rápidamente en la red digital, me refiero a los primeros FECICO o al propio Di Chiara. Sin embargo, con la popularización de las redes sociales gracias al acceso móvil, la expansión de planes y antenas 3G y 4G, nace una real puesta en marcha de las conexiones interpersonales virtuales dentro de Internet, el audiovisual comunitario maximiza su propio dispositivo: la red comunitaria se hermana con la red digital y la utiliza como herramienta para suplir las necesidades estratégicas del sector.

La comunicación y la conformación de grupos de *Facebook* es una de las primeras iniciativas del sector que refiere el capítulo: organizaciones como el Clúster Audiovisual de la Provincia de Buenos Aires, cuyo objetivo es propiciar comunitariamente la producción de piezas audiovisuales sin hacer uso de dinero sino con la propia fuerza de trabajo de la organización y los equipos de los miembros, hace uso semana a semana de la plataforma para convocar a sus 1.700 miembros a las reuniones periódicas para organizar los filmes que mes a mes graban. A su vez, estas reuniones debaten temas como los problemas del sector, la realidad política y la ampliación de tópicos surgidos en *Facebook*, que considero como una asamblea permanente donde se establecen temas, dudas, debates, convocatorias a subsidios y festivales, etc. La asamblea digital se hermana con la asamblea comunitaria, dos núcleos que se integran acomodándose nuevamente a los objetivos que el Clúster considera indispensables para la producción comunitaria.

Por otro lado, las redes sociales también hacen eco de la organización de Festivales, algunos de ellos organizados casi íntegramente por *Facebook*. Es el caso del Festival Internacional de Cine Próximo que según su sitio web tiene por objetivo incentivar la producción para la realización de futuros largometrajes y fortalecer la producción promoción y difusión del cine de Latinoamérica, Asia y África. Los *teasers* deben ser de dos minutos de duración (incluyendo títulos y placa final) y a diferencia de los festivales clásicos no existen los jurados externos, el único jurado es el público que responde a la premisa de "¿Qué película querés ver terminada?". Es importante señalar que si bien existe un sitio web oficial del festival no es difícil concluir que no se pone atención en este punto: su dominio gratuito no lo posiciona en las búsquedas de Google[12], está diseñado de una forma muy pobre con un fondo blanco y tipografía sencilla, no proporciona información de los *teasers* seleccionados, etc. Por otro lado, en su *Facebook* oficial encontramos videos, información, fechas y una especial invitación al Clúster Audiovisual de la Provincia de Buenos Aires, uno de los principales impulsores del Festival.

Más allá de cómo se promociona, es importante destacar la mecánica innovadora del Festival de Cine Próximo, donde se evidencia que la industria cinematográfica requiere una gran inversión de dinero y resulta imperante incorporar nuevas formas de financiamiento y métodos de trabajo (que el propio Clúster ha creado). Particularmente en el caso del cine comunitario identificamos una mixtura de realizadores que no pertenecen a la elite cinematográfica,

---

[12] Posicionamiento en Google refiere a una serie de logaritmos mediante los cuales se realizan cambios en la estructura e información de una página web con el objetivo de mejorar su visibilidad en los resultados orgánicos del buscador Google. También es frecuente encontrar la denominación en inglés, *search engine optimization*, y especialmente sus iniciales SEO.

periodistas, docentes, habitantes de un barrio, ONG y grupos que espontáneamente toman la cámara para narrar su realidad, esta cuestión se contrapone con las fuentes clásicas de financiamiento como el Instituto Nacional de Cine y Artes Audiovisuales (INCAA) cuyos mecanismos burocráticos exigen un nivel de especialización que la producción comunitaria muchas veces no posee, además de requisitos en cuanto antecedentes de productores y realizadores que impiden a este perfil de realizadores filmar sus películas. El INCAA ha proporcionado soluciones a estas cuestiones mencionadas como el lanzamiento de propuestas como "ópera prima" para las primeras películas de realizadores, pero lo cierto es que no deja de ser compleja la presentación, los plazos largos y la comunicación con el ente autárquico mencionado. También el INCAA ha lanzado propuestas innovadoras respecto de series web, series para TV digital y otros tantos formatos que necesitan y deben ser incorporados en los tiempos contemporáneos donde cine y audiovisual han desdibujado sus fronteras. Incluso las propias siglas del INCAA "Artes Audiovisuales" nos obligan a pensar en otras artes audiovisuales que se han incorporado de forma muy tímida en gerencias del Instituto con poca fuerza como los videojuegos o los webdocs.

Otra forma de financiamiento surgida de los medios digitales al que varios realizadores comunitarios han recurrido es el *crowfunding*: un modo de desintermediación financiera por la cual un individuo u organización sube a un sitio web un proyecto (exponiéndolo mediante videos y fotos) solicitando una cierto monto de dinero y ofreciendo recompensas a cambio vinculadas con el proyecto (figurar en los títulos de la película, copias del film, fotos del rodaje, firma de los actores, etc.). Algunos sitios como Ideame ofrecen líneas de financiamiento: "todo o nada" donde se fija un tope de dinero y si se llega al monto el emprendedor se lleva el total o "todo suma" donde fijamos un tope máximo pero tenemos la posibilidad de elegir el momento que queremos cerrar la financiación y llevarnos lo recaudado al momento. El sitio web lo explica de la siguiente manera:

> Si eliges el método "Todo o Nada" deberás recaudar el 100% del objetivo económico en un plazo de hasta 55 días. En caso de no llegar a la meta, los colaboradores recibirán el reintegro por el total de sus aportes. Este es el sistema de recaudación ideal para proyectos que sí o sí requieren de determinada suma de dinero para hacerse realidad. En este caso, recomendamos que el objetivo económico sea el mínimo indispensable para concretar tu idea. Por ejemplo, si quieres editar un libro y la imprenta sólo trabaja por una tirada mínima de 1000 ejemplares, tu objetivo debe cubrir esa cantidad.

"Todo Suma" te permite cobrar el dinero recaudado sin que hayas alcanzado el 100% de tu objetivo económico. En este caso las recompensas no podrán estar 100% asociadas al producto final, para evitar que no puedas cumplir con su producción y/o entrega por no haber alcanzado el dinero necesario para hacerlo. Especialmente en estos casos, es fundamental la forma en la que presentes tu idea y la empatía que generes en tus potenciales colaboradores. Para garantizar la transparencia y darles tranquilidad, solicitamos a todos los creadores de proyectos TODO SUMA que presenten un plan de acción, indicando qué etapas del proyecto podrán cubrir en el caso de recaudar sólo el 10%, 25%, 50% y 75% de su objetivo económico. Podrás contar con hasta 65 días de campaña para recaudar el dinero[13].

Uno de los grandes problemas que sufre la industria del cine general es la exhibición, al finalizar una película, sea cual sea, es un gran esfuerzo trazar una estrategia de difusión, por un lado por la falta de apoyo del propio Instituto de Cine, que no contempla en los subsidios esta etapa, por el otro por la falta de acatamiento de la Resolución 2016/2004

---

[13] Recuperado de: https://www.idea.me/ [Consultado el 10 de agosto de 2017].

de la cuota mínima de pantalla[14] por parte de las grandes salas de cine comercial. De todos modos, estamos hablando de producciones con todos los "libre deuda" requeridos por el Instituto, es decir los certificados que emiten los sindicatos correspondientes donde consta que el film pagó a sus técnicos, actores, extras, músicos, ergo el cine comunitario rara vez puede llegar a una sala oficial. Con todo, el audiovisual comunitario una vez más hace uso de las redes digitales para reinventarse a través de las nuevas pantallas que ponen los materiales en línea como *Youtube* y *Vimeo*, aunque corriendo el riesgo de no tener reproducciones por la falta del posicionamiento o difusión correspondiente. Además, el INCAA ha lanzado una plataforma *on demand* con filmes argentinos, primero denominado Odeón y ahora CineAr.play que acepta cualquier tipo de film. Empero, las estrategias de distribución han variado mucho con el correr del tiempo y al estar en la red debemos considerar nuevas técnicas que pesan más que la tradicional forma *offline* del cine clásico; el marketing digital es una nueva herramienta que consta de la aplicación de un planeamiento de comercialización llevado a cabo en los medios digitales. En el ámbito digital aparecen nuevas premisas como la inmediatez, las redes sociales con sus múltiples conexiones, y la posibilidad de mediciones reales de cada una de las estrategias empleadas. Entonces, tenemos que considerar que por más que nuestra producción no sea costosa, sí está bien promocionada puede tener un alcance a diversos públicos que a la vez viralizarán la pieza.

Todo lo antedicho pone en evidencia cómo el audiovisual comunitario pretende reprogramar las barreras que impone la industria del cine, ya sea a nivel producción combinando nuevas formas de financiamiento *online* con entidades que fomentan el trabajo colaborativo a través de

---

14 La cantidad mínima de películas argentinas que deben exhibirse obligatoriamente en un período determinado, en cada una de las salas cinematográficas del país inscriptas en el registro correspondiente.

las redes digitales + las redes comunitarias, como a nivel distribución con los nuevos Festivales puestos en línea o las nuevas ventanas de exhibición. Pero, ¿por qué el audiovisual comunitario niega la industria del cine? Como mencioné hay dos factores que me interesa destacar, en el primero reconozco el cuestionamiento a la propia producción del film en cuanto a las figuras del equipo técnico, la verticalidad del director como autoridad máxima y la profesionalización extrema en rodaje, antes del surgimiento del soporte digital también se podría haber mencionado la especificidad del medio donde el soporte fílmico requería además más cantidad de dinero y equipamiento especializado. El segundo factor está en un nivel más esencialista cuestionando el propósito del cine: el audiovisual comunitario abraza la idea del cine como cambio, como posible motor de revolución pensado como una poderosa herramienta ideológica, como *tercer cine* capaz de quebrar su propio dispositivo para transformar la realidad.

Sin embargo, el cine adquiere un grado tal de institucionalidad que quiebra estos ideales primeros, los festivales justamente son la materialización de un *avant garde* del arte cinematográfico, que si bien en su origen negaban rotundamente la espectacularidad hoy han caído en ella al volverse un segmento más del capital; el cine como arte no deja de ser dispersivo por estar en un circuito de festivales que apunta al arte por el arte, de hecho los festivales clase A europeos compiten entre ellos, generan publicidad y público, cuentan con sus equipos de marketing, configuran un *star system* (tanto de directores como de actores) para sus alfombras rojas, la diferencia con Hollywood cada vez es menor. Esta rivalidad, como señala Bordwell, no es nueva:

> Desde la década de los ochenta, el circuito de festivales de cine se ha convertido en el único sistema de distribución que rivaliza con el alcance global de Hollywood. Un festival de renombre publicita una película, algunos críticos de alto nivel en el festival escriben sus reseñas y, a partir del estreno

de la película en alguna región o país, más críticos publican las suyas. Poco a poco, festivales menores van recogiendo la película de los grandes, hasta que acaba por llegar a ciudades pequeñas por todo el mundo. Este proceso es paralelo al que orquestan los estudios, aunque éstos tienen un control más centralizado (2011, p. 186).

Así los directores y productores del "cine de autor" se dan cuenta que deben hacer *lobby* y su propio marketing dentro de los festivales para ser conocidos. Pero muy a pesar de esto, el audiovisual comunitario no tiene tales pretensiones, su objetivo está más emparentado al cine de los inicios, a ser visto, a darse a conocer y generar pequeñas revoluciones personales, vinculadas a quebrar los discursos enraizados, despertar al espectador del propio lugar en el mundo para transformarlo. Dicha mutación del espectador, sin embargo, poco tiene que ver con las revoluciones clásicas como las conocemos. Debemos primero pensar que el cine como lo conocíamos, en crisis o no, ha pasado a una etapa diferente, la globalización estimulada por el capitalismo neoliberal trae consigo un cine transnacional.

El circuito de exhibición y las múltiples pantallas se reproducen de forma acelerada, la sala de cine no puede ser pensada como único modo de ver filmes / audiovisual comunitario. Se producen guetos globales, el audiovisual y la cultura toda comunitaria, también hace eco en el mundo, identificando los sectores locales con los sectores globales. Como analiza Ivana Bentes:

> [...] De las favelas y las periferias surgen prácticas de cultura, estéticas y redes de sociabilidad y política forjadas dentro de los guetos, más conectadas a los flujos globales ... grupos y territorios locales apuntan salidas posibles, rompiendo con el velo "nacional popular" populista y paternalista o las ideas ingresadas de la "identidad nacional" y surgiendo como expresiones de un gueto global de los "guetos-mundo" como llamamos hoy a las ciudades globales, con cuestiones y problemas comunes (2009, p.55).

La cuestión de las culturas transnacionales y el audiovisual comunitario, entonces, guarda una estrecha relación, más aún el surgimiento de estos festivales que se establecen en redes digitales haciendo eco de las redes comunitarias, es por eso que también estos guetos transnacionales encuentran su propio lugar en la web y estimulan experiencias y producciones conjuntas como las del Clúster pero a nivel global, es la propuesta del Festival de Cine Próximo: Latinoamérica, África y Asia unidos. La idea es comenzar a derribar también un imperio de festivales que, si bien tuvieron un inicio con ideales auténticos y diferentes, ahora reproducen la fórmula de Hollywood y no hacen más que retrasar un inevitable final que destila ideas del viejo mundo del arte para unos pocos, como señala Fernando Redondo Neira: "Las fuerzas que han precipitado el declive del cine europeo obran también en la decadencia más generalizada de Europa: la globalización, la transformación digital y el desplazamiento del poder económico desde el área del Atlántico-Europa al área Asia-Pacífico" (2015, p.6).

Es necesario remarcar que surgidos estos cambios entra en crisis el propio concepto de cine comunitario, de hecho en todo este capítulo he utilizado la palabra "audiovisual comunitario" la que encuentro más adecuada para definir a lo que referimos muchas veces como cine comunitario. En realidad, ya de por sí el cine comunitario es un objeto cambiante y muy difícil de definir, como señala Ramiro García uno de los referentes del campo, existen varios principios de este cine que lo diferencian del quehacer en el cine en general, uno de ellos es la propia construcción de la película, la ausencia del director, los actores, la mirada situada y la propia transformación del espacio. A su vez, la sintaxis cinematográfica clásica si bien es absorbida por algunos realizadores no siempre es un determinante para la creación de la pieza, muchas veces la cámara es guiada por los conocimientos absorbidos a través de la propia cultura televisiva que por una gramática clásica del cine. Es por eso que para mí el cine comunitario debe llamarse audiovisual comunitario, nos enfrentamos más a la necesidad de comunicar a través de la cámara que de crear por el arte mismo, aquí lo que más pesa es justamente la creación de una pieza por medio de la suma de miradas de una comunidad para comunicar algo ya sea por un documental informativo como por un western en el Conurbano.

Por último, no puedo dejar de señalar que con la llegada de la convergencia tecnológica, las redes sociales y la democratización de los dispositivos móviles con cámaras, debemos considerar nuevas formas de audiovisual comunitario que ya no solo se dedican a retratar situaciones particulares o contar historias surgidas de grupos sociales olvidados o relegados, sino de la acción directa a través del audiovisual. Esta forma de modificar la propia realidad, ha sido desarrollada por la compilación de Francisco Sierra y David Montero, *Videoactivismo y movimientos sociales. Teoría y praxis de las multitudes conectadas*, que subrayan cómo el videoactivismo ha comenzado a erosionar las visiones que emergen desde el sistema mediático dominante mostrando su capacidad de influenciar en la agenda política, a través de formas de resistencia y subversión, construyendo nuevos sentidos de identidad. Si bien no se tratará en este capítulo, cabe destacar que el videoactivismo debe ser estudiado con atención. Hasta el día de hoy la relación entre vídeo, discurso audiovisual y acción colectiva se ha revisado de forma superficial o desarrollada como muestreos de mercado y pruebas de marketing de nuevos productos tecnológicos.

Conclusiones

Es necesario repensar el cine en base a los nuevos cines que surgen en la actualidad. No solo los medios comunitarios aquí mencionados, que están atravesados de la ideología y el pensamiento de cada molécula de la sociedad, sino también nuevos medios interactivos y de poscine que ya se han instalado en el arte y la forma de recepcionar el audiovisual. A partir de la comúnmente denominada "Ley de Medios", se ponen en cuestión estas nuevas formas del audiovisual que merecen ser atendidas.

El cine comunitario como nueva forma de cine contribuye a la visibilización de otros sectores de la sociedad que se han acercado a la industria de modo interactivo, lo que ha modificado los modos de ver clásicos. Existen nuevas organizaciones que exceden lo institucional o gubernamental, asociaciones civiles —como Cine en Movimiento— que estimulan la necesidad de expresarse (reconocida por la institución del derecho como constitucional), situando la mirada en problemas sociales y puntuales de contextos particulares y únicos (jóvenes, adultos mayores, ciudadanos en situación de cárcel, entre otros). La visualización de las producciones da como resultado la repetición de un patrón en el que se reconocen, por un lado, la identidad por el lugar de pertenencia y, por otro, variados tópicos sociales que se repiten desde diferentes estéticas y géneros.

En este trabajo se analizaron puntualmente dos festivales a partir de entrevistas y relevamiento de archivo audiovisual: el FECICO y el Certamen Internacional de Cortometrajes Di Chiara. Ambos han sido circuitos de exhibición del cine comunitario que se topa con un problema al enfrentarse a las exigencias de los grandes festivales clase A.

Se ha hecho un sucinto análisis de diferentes textos fílmicos, a partir del cual se puede afirmar que las producciones ganadoras y destacadas de cada festival comprueban lo mencionado en esta ponencia. Respecto de los filmes, encontramos elementos estéticos y narrativos que dan cuenta de la realidad a través de las "pantallas reactivadas" que, poco a poco, van ganando terreno y difusión y que expresan tópicos vinculados a temas autoetnográficos (descripción literal del pueblo por el propio pueblo) como sus lugares de pertenencia, sus costumbres y problemáticas.

Las formas de producción también han mutado: el cine comunitario ha hecho uso de modalidades cooperativas, como el caso del Clúster Audiovisual de la Provincia de Buenos Aires o de la Productora Escuela Cultural Comunitaria «El Culebrón Timbal». Por otro lado, en el Conurbano sur se observa una fuerte presencia de nuevas formas de hacer cine activadas por numerosas escuelas con nuevas miradas sociales, estéticas y políticas.

Es imperioso destacar que existen ciertas problemáticas detectadas en la difusión de los festivales, entre las que se encuentra el acceso a la información digital, un tanto trunco y complejo para el usuario medio. Al parecer, los medios virtuales y el archivo no han sido prioritarios en los festivales analizados, sino el "boca en boca" de los vecinos de las poblaciones aledañas. Así como el cine comunitario encuentra obstruido su camino por la falta de ventanas de distribución, los festivales del Conurbano se tropiezan con la misma traba pero en los medios de divulgación, la difusión a través de la red y las piezas audiovisuales de promoción. Por el contrario, otros festivales similares apoyados por el INCAA se difunden en forma exitosa, por ejemplo, el Festival Rojo Sangre, que exhibe cine de género fantástico con amplia respuesta del público.

Por otro lado, debemos reconsiderar cómo el surgimiento de nuevos medios desborda el propio concepto de cine comunitario transformándolo en audiovisual comunitario. Es el "gigante tímido", la televisión, la que comienza a experimentar con los saltos de pantallas, disparando al televidente a la computadora y extendiendo sus narraciones a productos y charlas de café. Los resultados son óptimos y los televidentes piden más, nuevas narraciones interactivas, hipertextuales. Los nuevos medios explotan, sin inocencia ni desposeídos de ideología, nos harán entrar en una era donde la especificidad del medio muta, se vuelve digital y se pone en línea. El surgimiento de los nuevos dispositivos y la tecnología de la red de redes interconectadas genera las famosas convergencias tecnológicas, varios medios se interconectan para crear nuevos horizontes narrativos. El cine no deja de perder el tiempo, Hollywood y ahora también Europa, se alían con el capital generando nuevos segmentos y nichos de mercado, los festivales son un lugar más para que cada film brille, la alfombra roja se extiende de Estados Unidos a Francia, los filmes están dentro o fuera, en un sistema o en el otro.

Y de ese pequeño germen brota la semilla, el bombardeo de las luces y las alfombras no se comparan con el placer de la inmersión, de sumergirse en las narraciones y sin ser actor o gran director, poder protagonizar la propia historia. El prosumidor se despierta, es quien produce las narraciones, pero que también las consume, es el usuario de Internet que se posiciona en el mundo de las redes sociales, que comparte para obtener placer, que apela al hipertexto para sentir ese placer de la historia que no termina, del sendero que se bifurca. La cámara surge ante este curioso prosumidor y seducida por el encanto *online* se deja manejar, el usuario también pone sus creaciones en línea, alguno se vuelve un *youtuber* famoso, otro se encarna en la protesta y viraliza sus vivencias.

Con todo este cambio, ¿qué sucede con los festivales? Destilan tal vez olor a viejo, un glamour de cartón tal vez, un lugar donde pertenecer es lo importante, una institución que nos convierte en una elite cinematográfica que por momentos permanece en un castillo de cristal, reflejado en una imagen invisible. Algunos festivales se reinventan, sin embargo, festivales que piensan en que el público es el jurado, festivales que piensan en las estrategias de su propio sector y se reinventan como el FICIPROX que apunta a producir nuevas obras, a dar oportunidades ante un sector debilitado, que necesita apoyo sin trabas ni burocracia kafkiana, grabar ahora, crear y poner en línea.

Las redes comunitarias se hermanan con las redes digitales, las raíces se vuelven más profundas, los vínculos se fortalecen. Espacios como el Clúster Audiovisual de la Provincia de Buenos Aires encuentran sus asambleas en el mundo real pero las extienden al mundo virtual, cosas suceden en la red que requieren la inmediatez que no puede esperar la próxima asamblea. Nuevamente el sector comunitario ancla sus redes en Internet y esas propias redes digitales también brindan soluciones, ya sea los mencionados en línea o las fuentes de financiamiento *crowfunding*, las alternativas comienzan a surgir. Como afirma Ivana Bentes, los guetos globales se empiezan a unir, las expresiones artísticas entran en contacto, comparten experiencias. El festival internacional es permanente y el audiovisual comunitario se expande a través de la red, toma variadas formas con extremos nunca vistos, grita a través del videoactivismo en las redes sociales y canta una prosa a través de *Voces en el Aire* recostado en los campos de *Vimeo*.

Referencias bibliográficas

Benavente, S. y García, R. (2012). Cine comunitario y organización popular. *Página 12*. Recuperado de http://www.pagina12.com.ar/diario/laventana/26-206247-2012-1024.html [Consultado el 05 de febrero de 2016].

Bentes, I. (2012). *Redes Colaborativas e Precariado Produtivo*. Periferia. Recuperado de http://www.e-publicacoes.uerj.br/index.php/periferia/article/…/2344 [Consultado el 05 de julio de 2017].

Comolli, J. (2007). *Ver y poder*. Buenos Aires, Argentina: Nueva Librería.

Corona, A. (2015). Entrevista a José Campusano ('Placer y martirio'): "Si cuento historias de violencia es porque conozco la violencia". Sensacine. Recuperado de http://www.sensacine.com/noticias/cine/noticia-18535871/ [Consultado 20 de julio de 2017].

Dagron, G. (Ed.). (2014). *El cine comunitario en América Latina y el Caribe*. Bogotá, Colombia: FES.

Elsaesser, T. (2015). Cine transnacional, el sistema de festivales y la transformación digital. Fonseca, *Journal of Communication, n.11*. Recuperado de: http://revistas.usal.es/index.php/2172-9077/article/view/13440 [Consultado el 22 de junio de 2017].
Getino, O. y Vellegia, S. (2007). *El cine de las historias de la revolución*. Buenos Aires, Argentina: Altamira.
Gillespie, T. (2003). The Stories Digital Tools Tell. En Caldwell, J. y Everett, A. (Eds.). *New Media: Theories and practices of digitextuality*. Londres, Inglaterra: Routledge.
Guattari, F. (2017). *La revolución molecular*. Madrid, España: Errata Naturae.
Jenkins, H. (2009). *The Revenge of Origami Unicorn: Seven Principles of Transmedia Storytelling*. Recuperado de http://henryjenkins.org/blog/2009/12/the_revenge_of_the_origami_uni.html [Consultado 05 de agosto de 2017].
Kusch, R. (2007). *Obras completas, Tomo IV*. Rosario, Argentina: Editorial Fundación Ross.
Ley de Servicios de Comunicación Audiovisual (N° 26.522) (10 de octubre de 2009). *Boletín Oficial de la República Argentina, Boletín Oficial N° 31.756*, 2009, 10, octubre.
Molfetta, A. (2008). *Cinema argentino: a representação reativada Pantallas reactivadas*. SP, Brasil: Papirus.
Molfetta, A. (2015). *Cinema en redes*. Campinas, Brasil: Papirus.
Nichols, B. (1997). *La representación de la realidad*. Barcelona, España: Paidós
Redondo Neira, F. (2015). *Cine trasnacional, el sistema de festivales y la transformación digital*. Recuperado de: revistas.usal.es/index.php/2172-9077/article/download/13440/13719 [Consultado el 10 de septiembre del 2017].
Santaella, L y Arantes, P. (2012). *Estéticas Tecnológicas, novos modos de sentir*. San Pablo, Brasil: Educ.
Scolari, C. (2013). *Narrativas transmedia: cuando todos los medios cuentan*. Barcelona, España: Deusto.

Sobchack, V. (1994). *The Scene of the Screen: Envisioning Cinematic and Electronic Presence*. Stanford, Estados Unidos: Stanford University Press.
›Solanas, P. y Getino, O. (1969). *Hacia un tercer cine: Apuntes y experiencias para el desarrollo de un cine de liberación en el tercer mundo*. Recuperado de: http://www.scribd.com/doc/47785176/Hacia-Un-Tercer-Cine-Octavio-Getino-yPino-Solanas#scribd [Consultado el 20 de junio de 2016].
Stam, R. (2001). *Teorías del cine*. Barcelona, España: Paidós.
Velleggia, S. (2009). *La máquina de la mirada. Los movimientos cinematográficos de ruptura y el cine político Latinoamericano*. Buenos Aires, Argentina: Altamira.

Filmografía

Alumnos de la Escuela de Educación Secundaria N7 "Dr. Florencio Varela" (productores y directores). (2014). *Memorias de Militancia*. [Cortometraje documental]. Argentina. Recuperado de: https://youtu.be/ZZzPJevhL5k [Consultado el 16 de diciembre de 2016].
Echeverría, J., Cuiñas, N., Bürger, D. (productores y directores). (2014). *Voces en el aire*. [Cortometraje documental]. Argentina: Tres Tipos.
Giuliana, B. (productor), y Aldana, J. (directora). (2014). *Eslabón 16*. [Cortometraje documental]. Argentina.
Grupo de Cine Liberación (productor), y Solanas, F. y Getino, O. (directores). (1968). *La hora de los hornos*. [Largometraje documental]. Argentina: Grupo de Cine Liberación.
Valdez, P., Miranda, J., Alsina, E. (productores), y Valdez, P., Miranda, J. (directores). (2015). *Todo por ella*. [Cortometraje ficción]. Argentina. Recuperado de: https://youtu.be/B1Z-cvaE7-Y [Consultado el 08 de mayo de 2017].

13

INVICINES, el cine de los invisibles

Subjetividades políticas en pantalla para pensar el audiovisual comunitario en Córdoba

ANA KAREN GRÜNIG[1]

INVICINES, el cine de los invisibles[2], es un festival de cine social que desde 2015 se lleva a cabo en la ciudad de Córdoba. Con el propósito de visibilizar temáticas, estéticas y poéticas que quedan excluidas en las pantallas de mayor hegemonía, el festival se instituye como medio de exhibición de obras audiovisuales realizadas en el marco de diversas prácticas socio-comunitarias. Asimismo, durante el encuentro se desarrollan otras actividades paralelas como capacitaciones para la producción audiovisual, talleres de cine exprés, espacios de cine-debate, entre otras. Por otra parte, y promoviendo una alianza estratégica con otros actores ligados al audiovisual comunitario, desde INVICINES se realizaron convocatorias a encuentros y foros para la creación de la

---

[1] Licenciada en Diseño y Producción Audiovisual (UNVM), doctoranda en Ciencias Sociales (UNRC) y becaria doctoral de CONICET. Desde el año 2011 integra equipos de investigación abocados al estudio de la serialidad televisiva de ficción. También colabora en la investigación sobre cine y audiovisual socio-comunitario de la Ciudad de Córdoba, en el marco del proyecto que reúne el presente volúmen. / karengrunig@gmail.com

[2] Sitios Web del Festival disponibles en: http://invicines.blogspot.com.ar/ y https://www.facebook.com/invicines/

Red de Cine Social y Comunitario de Córdoba[3], experiencia que se concretó con el objetivo reivindicar este tipo de prácticas audiovisuales para la transformación social, a través del intercambio de ideas y experiencias de cada uno de sus participantes.

La propuesta de INVICINES, en tanto ventana de exhibición de producciones audiovisuales socio-comunitarias, al mismo tiempo que articuladora de otras actividades relacionadas en las que convergen diversos actores sociales e institucionales, resulta oportuna para trazar algunas reflexiones acerca del cine y audiovisual comunitario desarrollado en el territorio cordobés.

Específicamente, importa analizar el sentido político del cine y audiovisual comunitario como procesos en devenir que interpelan a distintos actores y momentos. Por un lado, interesa abordar el audiovisual como práctica emancipatoria mediante la cual diferentes colectivos e instituciones se expresan desde sus territorios con el objetivo de transformar las posiciones que ocupan en la esfera social. Por otra parte, se intenta comprender el lugar de los realizadores audiovisuales en tanto intermediarios de la cultura que facilitan herramientas para la producción audiovisual comunitaria. Y finalmente, se considera la formación en redes de colectivos de realizadores audiovisuales e instituciones relacionadas al sector, como respuesta a una necesidad asociativa en búsqueda de cierta legitimidad del cine social y comunitario en el ámbito del arte y la comunicación audiovisual, pero también como fortalecimiento de lazos sociales que disputan un nuevo ordenamiento del discurso[4] en el espacio social.

---

3   Sitio Web de la Red disponible en: goo.gl/2N4aM9
4   Se emplea el término "orden del discurso" en clave foucaultiana, retomando el supuesto sobre una producción discursiva que regula prácticas sociales mediante operaciones de exclusión, prohibición, control y dominio, entre otras cuestiones, del sujeto que habla (Foucault, 1992).

Bajo la lupa de los estudios sobre cultura y visualidad, abordar las imágenes desde su aspecto político implica considerar las tensiones, los movimientos, las rupturas, que surgen de la formación y expresión de subjetividades que se encuentran en diversas formas de marginalidad, de invisibilidad. Y en esa clave, advertir las significaciones que emergen sobre los modos en que operan y se articulan determinadas modalidades de subjetivación y socialización (Brea, 2005), atravesadas por pensamientos y afectos, valores e ideologías, experiencias y cosmovisiones.

Siguiendo esta dirección, se asume el sentido político de la práctica audiovisual desde una perspectiva ampliada; es decir, no solo en términos de las intervenciones realizadas por sujetos organizados en colectivos y mediados por instituciones que buscan transformar un estado de situación dispuesto hegemónicamente, sino además como la interpelación hacia uno mismo a partir de la experiencia con otros. Así, se plantea un tratamiento analítico-reflexivo de un estudio de caso a partir de la relación entre subjetividades particulares y subjetividades colectivas para (re)pensar el audiovisual social y comunitario.

Metodológicamente, se aplicaron técnicas de la antropología visual. Por un lado, se realizó observación participante en distintos encuentros, foros y mapeos en los cuales el colectivo INVICINES y la Red de Cine Social y Comunitario de Córdoba asumieron significativas intervenciones. Esta operación se complementó con la realización de entrevistas etnográficas efectuadas a los creadores del festival y a otros integrantes que conforman el colectivo y que se desempeñan como intermediarios de la cultura a través de su participación en prácticas audiovisuales comunitarias en el territorio. Estas actividades estuvieron mediadas por una exhaustiva revisión de fuentes documentales ligadas especialmente a la gestación del INVICINES y la realización de sus distintas ediciones; asimismo, fueron de gran utilidad los mapas y otros estudios de caso producidos en el marco de la investigación *El cine que empodera: mapeo, antropología y análisis del cine del Conurbano porteño y cordobés (2004-2014)*[5], proyecto que invita a repensar el cine y audiovisual comunitario en nuestros territorios actuales.

Reflexionar sobre las movilidades que hacen al cine social y comunitario desde su dimensión política, habilita otra vía de comprensión hacia la expresión de identidades sociales y audiovisuales del territorio cordobés, contribuyendo así a su revalorización como lenguaje estético y político, y en efecto como dimensión socio-simbólica.

La imagen política

INVICINES es un festival de cine social que se constituye como pantalla alternativa de obras audiovisuales que, por sus características, no consiguen visibilidad en los canales de exhibición establecidos.

Se trata de producciones provenientes de diversos ámbitos socio-comunitarios como instituciones educativas no formales, escuelas secundarias y terciarias, asociaciones civiles, centros de salud, cárceles, ONG, entre otras. La premisa del festival es que lo social atraviese las producciones audiovisuales en cualquiera de sus niveles o dimensiones. Por ejemplo, lo social puede estar presente en las dinámicas de realización, mediante procesos de creación colectiva y comunitaria; igualmente, puede encontrarse en la temática del audiovisual; o también, puede intervenir en los propios realizadores, cuando se hallen atravesados en alguna problemática social.

Así, se han recibido obras audiovisuales realizadas en el marco de los CAJ (Centro de Actividades Juveniles) de escuelas secundarias de toda la provincia de Córdoba,

---

[5] Directora: Dra. Andrea C. Molfetta (UBA-CONICET). Proyecto con aval y subsidio de CONICET (PIP 0733). Período: 2015-2017.

de instituciones ligadas al contexto de encierro (cárcel de mujeres y hospital neuro-psiquiátrico), y también de realizadores independientes, entre otros.

En las tres ediciones del festival se exhibieron más de 200 cortometrajes (alrededor de 70 por año) de los 350 recibidos en cada convocatoria por aspirantes de Argentina, Latinoamérica y otros países del mundo. Las proyecciones fueron realizadas en espacios culturales, como el Auditorio Luis Gagliano del Sindicato Regional Luz y Fuerza, el Auditorio Leonor Marzano del Centro Cultural Alta Córdoba, el Cine Club Municipal de la Ciudad de Córdoba y la sala del subsuelo de Radio Nacional, además de otros espacios públicos como la plaza del barrio Villa Libertador.

Asimismo, las programaciones se organizaron a partir de secciones temáticas que fueron renovándose año a año en función a los filmes enviados a convocatoria. Por ejemplo, en la sección "Primeras luces" se proyectaron cortos en los que los niños realizaron sus primeras experiencias en contar con imágenes y sonidos sus múltiples mundos. Otras secciones fueron "El último rayo de Sol", donde adolescentes y realizadores independientes narran leyendas argentinas e historias de terror; también, "Ojos de Cielo", en la cual la temática alude al medio ambiente y la naturaleza humana; y "Más que el mundo", donde se abordan las problemáticas de incomunicación, embarazo, adicciones y *bullying*; entre otras secciones[6].

---

[6] Durante la edición 2015 del festival, las secciones fueron: Biografía del tiempo, Más que el mundo, El último rayo de Sol, Desde un lugar en el mundo, Primeras luces, Ojos de Cielo, y Resistencia Rural. En 2016 las secciones fueron: El último rayo del Sol, Berretín Visual Ventana Iberoamericana, Disrupciones juveniles, Ojos de Cielo, Aeropuerto, Ciclamen en verano, Primeras luces. Finalmente, la edición del año 2017 se organizó en función a las siguientes secciones temáticas: Desde un lugar en el mundo, El suspiro de los peces, Planeta Corazón, Barro y semilla, Me matan si no trabajo, Juventudes disruptivas, y Primeras Luces.

En la mayoría de los casos, tanto las temáticas abordadas como las limitadas posibilidades técnicas y realizativas, implicaron su exclusión de los circuitos de exhibición establecidos tanto en el ámbito comercial como profesional.

Afiche promocional de la tercera edición del Festival INVICINES en el año 2017

Esta breve descripción del festival anuncia posibles lecturas políticas del audiovisual social y comunitario. Sin embargo, lo interesante de INVICINES es que detrás de la propuesta como ventana alternativa de exhibición, se cuelan otros procesos que vuelven más complejo al objeto. Se activan diferentes movimientos que generan transformaciones y rupturas en lo establecido a partir de la relación entre subjetividades individuales o particulares y subjetividades colectivas.

Al referirse a los distintos usos de la imagen que pueden reconocerse actualmente en el espacio social, Polanco Uribe y Aguilera Toro (2011) acercan una concepción de *imagen-política* que ayuda a pensar el audiovisual social y comunitario. Al respecto, establecen que la imagen es política cuando manifiesta "el resultado del reconocimiento por parte de ciertas comunidades de la posición que ocupan en las relaciones que se establecen en nuestra sociedad y del propósito de transformarlas" (p.25).

Y en esa dirección, es pertinente la puesta en relación de la performatividad de la imagen con el sentido político de las prácticas audiovisuales socio-comunitarias; pues, en primer lugar porque el carácter simbólico de las imágenes no solo produce efectos desde la acción que constituye en su enunciación sino que además implantan situaciones, condiciones y un contexto que antes de su puesta en acto eran inexistentes (Aguilar, 2007). Además, el sentido político de la práctica audiovisual se profundiza cuando las imágenes se piensan como actos complejos que involucran disputas de poder mediadas por subjetividades individuales y subjetividades colectivas. En ese sentido, tal como señala Brea (2005)

> [...] La enorme importancia de estos actos de ver –y de la visualidad así considerada, como práctica connotada política y culturalmente- depende justamente de la fuerza performativa que conllevan, de su magnificado poder de producción de realidad, en base al gran potencial de generación de efectos de subjetivación y socialización que los procesos de identificación/diferenciación con los imaginarios circulante conllevan (p.9).

Entonces, articulando estas ideas con el caso de estudio se disparan varias cuestiones. ¿Qué tipo de comunidades se constituyen e interpelan alrededor de INVICINES? ¿Qué posiciones ocupan en el espacio social y que características pueden advertirse en las expresiones de tal reconocimiento? ¿Qué aspectos de la subjetividad se movilizan en los procesos de subjetivación individual y colectiva mediadas por las prácticas audiovisuales? En fin, ¿cómo son las transformaciones de subjetividades y sociabilidad que movilizan los procesos de producción audiovisual socio-comunitaria desarrollados en relación a la experiencia de INVICINES?

Con el objetivo de aproximar posibles respuestas a estos interrogantes, las reflexiones siguientes se organizan en función a tres dimensiones que atraviesan el audiovisual comunitario como proceso. Estas se reconocen distintivas en el caso estudiado por los modos en que se constituyen subjetividades colectivas a partir de procedimientos diversos de subjetivación individual. Se piensa, entonces, en las comunidades territoriales que toman el audiovisual como medio de empoderamiento, en los realizadores audiovisuales en su rol de gestores intermediarios de la cultura y en los colectivos de realizadores que, asociados en redes, buscan incidir en la creación y desarrollo de políticas culturales específicas.

Comunidades hacen-cine

Como se hizo referencia previamente, la experiencia de INVICINES permite abordar el audiovisual social y comunitario desde diferentes aristas y dimensiones. Una primera entrada posible es abordar el objeto desde las comunidades territoriales en las que se desarrollan prácticas audiovisuales socio-comunitarias (algunas de las cuales se hallan facilitadas o mediadas por integrantes del colectivo INVICINES) y que luego, las realizaciones resultantes de tales procesos son exhibidas en la pantalla del festival quedando a disposición para circular en otros canales complementarios principalmente alojados en las redes sociales. En ellas, los procesos de creación audiovisual comunitaria son articulados con otras instituciones sociales.

Una primera vinculación se observa en el ámbito educativo, a través de los talleres audiovisuales de los Centros de Actividades Juveniles (CAJ) en los que jóvenes y adolescentes expresan sus posicionamientos respecto a temáticas que los atraviesan. Así por ejemplo, se realizan cortometrajes sobre *bullying* como problemática cotidiana en el espacio áulico, el código de faltas en la provincia de Córdoba, la inclusión social, la incomunicación en un mundo hiper-conectado, y también mitos y leyendas urbanas bajo la modalidad genérica del terror. Cuestiones todas que remiten a un modo de concebir y habitar el mundo (Bonvilliani, 2014; González Rey, 2008) que, en la expresión de la identidad colectivas, son subjetivados mediante la práctica audiovisual.

Igualmente, el festival recibe obras producidas en talleres de cine y audiovisual en contextos de encierro, como por ejemplo experiencias de arte-terapia en el Hospital Neuropsiquiátrico Provincial de Córdoba, y proyectos audiovisuales desarrollados en el Pabellón de Mujeres de la Cárcel de Bouwer y el Centro Educativo de Mujeres Adolescentes. De igual modo, se incluyen experiencias de cine comunitario vinculado al área de salud pública, como los procesos de producción audiovisual comunitaria en el Centro de Salud (dispensario municipal) Nº57 IPV de barrio Argüello de la Ciudad de Córdoba.

Si bien los procedimientos y experiencias fueron particulares en cada caso, en todos ellos se canalizó la necesidad de contar en imágenes y poner en pantalla distintos tipos de invisibilidades en los que se reconocen los participantes[7]. Pero además, la introducción del audiovisual en otras esferas sociales permite generar movilidades y desplazamientos en los alcances de las instituciones intervinientes,

---

[7] Los casos señalados muestran que el lugar enunciativo marginal que ocupan estos relatos no se reduce a la cuestión geográfica (Román, 2010), sino más bien a la construcción simbólica que socialmente se efectúa sobre determinadas subjetividades colectivas, como los locos, los negros, los jóvenes, etc.

porque se producen ciertas transformaciones de las subjetividades que no fueron contempladas en su totalidad ni exclusivamente desde el ámbito de la salud, de la educación o de la cárcel, etc.

Así, por ejemplo, en el caso de los procesos de producción audiovisual comunitaria en el dispensario municipal IPV de Argüello, se parte de una práctica de salud pública concebida y ejecutada desde lo comunitario (distanciándose de la lógica de funcionamiento que suelen incorporar los centros de salud privados que priorizan el aspecto clínico-individual sobre lo socio-comunitario). Así, se llevaron adelante numerosos proyectos audiovisuales que abordan la salud, como por ejemplo, la educación sexual y la prevención del embarazo adolescente. La dinámica encontrada dispuso una primera instancia de transmisión de saberes técnicos del audiovisual entre los profesionales que trabajan en el dispensario (enfermeros, psicólogos, asistentes sociales, entre otros); y luego, estos profesionales se convirtieron en agentes organizadores y articuladores de distintos grupos de producción en el barrio. El objetivo del proyecto era generar concientización sobre aspectos de la salud pública desde un trabajo colectivo que consiga articular los diversos actores e instituciones del barrio. Sin embargo, en la construcción de audiovisuales también se despertaron otras instancias reflexivas que pudieron subjetivarse colectivamente a través de la imagen. De modo tal que haciendo cine comunitario se habilitaron procesos de generación de conciencia social vinculado a la salud pública, al mismo tiempo que se favoreció el reconocimiento entre pares fortaleciendo lazos sociales y redefiniendo la identidad como barrio.

Con todo ello, interesa precisar que los procesos de subjetivación que permiten la emergencia de nuevos modos de habitar lo real y, en efecto, disputar el reconocimiento en el orden de lo discursivo (Foucault, 1992), es posible en la formación de subjetividades colectivas y su articulación con instituciones, porque tal como señala Rancière (2000), los procesos de subjetivación "son la formación de un uno que no es un yo, sino la relación de un yo con otro" (p.148). En ese sentido, la imagen es política y la subjetivación política es entonces un modo de emancipación.

A estas experiencias, es importante añadir otro momento de producción social y comunitaria efectuada durante el transcurso del festival, tal como son los talleres de *cine-express*. La consigna de esta actividad es la realización en una jornada de un audiovisual que aborde una temática social a partir de la creación colectiva.

Así, el primer día del festival se reúnen actores del territorio y facilitadores audiovisuales en distintos barrios de la ciudad de Córdoba y alrededores (en 2016 participaron la localidad de Unquillo y Cuesta Blanca, barrio Villa El Libertador y Argüello) para la elaboración de los guiones y el rodaje. Luego, los organizadores de INVICINES se ocupan de la edición para su proyección en el cierre del festival.

La actividad adquiere dimensión política en tanto incorpora otro tipo de articulación, que en este caso se da entre-barrios; pero además porque se anima a un nuevo modo de concebir la programación, que va más allá de las proyecciones y de lo realizativo para dotarla de mayor dinamismo y autenticidad.

Todas estas experiencias invitan a pensar las imágenes emanadas de la experiencia social y deviniendo en expresión social, especialmente cuando la pantalla otorga visibilidad a la propia realidad contada, interpelando a los actores intervinientes a re-pensar sus subjetividades expresivas. De modo tal que la práctica audiovisual revaloriza también su sentido político; pues, en la emergencia de estéticas, temáticas, poéticas, etc., que son puestas en actos mediante procesos de subjetivación política se van produciendo ciertas operaciones de ruptura de los modelos de producir audio-visualidades como así también de los regímenes espectatoriales (Rancière, 2013) de la mirada instaurados hegemónicamente.

Por cierto, la performatividad de la imagen en el plano del espectador puede pensarse no solo en su relación con otros, sino también en sí mismo.

En este sentido, se torna relevante la presencia de pantallas que movilicen a los sujetos desde el encuentro con sus propias creaciones o con obras que lo interpelen directamente. Así, desde INVICINES sus creadores hacen hincapié en la importancia de la propuesta por cuanto los sujetos creadores se asumen en el acontecimiento de la proyección -es decir, en el encuentro consigo mismo en la pantalla- primero como artistas, y luego a partir de la asignación social que han recibido (joven, delincuente, loco, homosexual, etc.). De modo tal que en el encuentro del sujeto con la imagen convergen profundos procesos de reflexión y reconocimiento en términos identitarios. Y en la modalidad de recepción colectiva que habilita la proyección en salas de cine con el debate posterior a la proyección, contribuye a que esos procesos de subjetivación particular puedan socializarse y disparar posibles puntos de encuentro para la configuración de subjetividades colectivas.

Haciendo cine con la comunidad: el lugar del realizador audiovisual

Frecuentemente, cuando se alude al cine y audiovisual comunitario se hace referencia a experiencias de producción audiovisual de distintas comunidades que buscan expresar sus identidades desde sus propios territorios; es decir, suele hacerse referencia a un cine mediante el cual la comunidad se cuenta a sí misma para sí y para otros.

Así, Gumucio Dagrón (2014) precisa que la propia comunidad interviene en el proceso de producción, de modo que

[...] esa participación se da desde el momento de la elección del tema y en la toma de decisiones sobre la forma de abordarlo, así como en el establecimiento del equipo humano de producción, en la atribución de tareas y en la definición de los modos de difusión. En este marco, los cineastas y comunicadores tienen solamente la tarea de facilitar ese proceso, sin imponer los contenidos ni los métodos, sino simplemente impulsar (p.29).

Pues así como en las líneas previas puntualizamos el análisis haciendo caso a dicha afirmación sobre el audiovisual social y comunitario, en esta instancia interesa aventurar la reflexión desde la perspectiva de los colectivos de cineastas, realizadores audiovisuales y comunicadores que participan de estos procesos.

Situar el análisis desde esta perspectiva invita a pensar si necesariamente la creación colectiva es comunitaria y si hacer cine con la comunidad es siempre un proceso de creación colectiva. Pues, los diálogos que han podido concretarse con los integrantes de INVICINES que participan como facilitadores en procesos de cine y audiovisual comunitario han manifestado ciertas complejidades que vale la pena recuperar. En la mayoría de sus experiencias, los realizadores son asumidos como agentes externos a la comunidad que proveen sus saberes técnicos y colaboran en la organización del proceso creativo. Sin embargo, la significativa intervención que adquieren en los procesos de creación colectiva en la comunidad reclama su reconocimiento como un participante más. Por tanto, si bien cuando se desenvuelven como facilitadores en los talleres de cine y audiovisual comunitario se definen como externos a la comunidad, y en ese sentido al proceso de creación colectiva y comunitaria, se preocupan por cuestiones que los interpela como miembros activos de dichos procesos. Principalmente se cuestionan por los roles en la creación colectiva y por la calidad de las obras resultante. En ese sentido, insisten en que es importante la división en roles en determinados momentos de la creación para atender a las preferencias de cada participante (algunos se sienten más cómodos con la cámara, otros actuando, otros editando, etc.) y al mismo tiempo organizando la producción con mayor eficiencia para alcanzar mejores niveles de calidad y así obtener una mejor recepción. Pero también hacen referencia a una necesidad de reconocimiento como profesionales del audiovisual comunitario, lo cual se revela significativamente en su consideración a la hora del financiamiento, porque muchas veces otros profesionales de las prácticas comunitarias (agentes de la salud y educación) son asumidos como trabajadores permanentes del Estado mientras que ellos suelen recibir un tratamiento laboral bajo modalidades terciarizadas en contratos temporales y que no son suficientes para acreditar su identidad como trabajadores del audiovisual. En ese marco, se advierte cierto malestar cuando reconocen su condición precarizada en el sentido que Standing (2011) le otorga a dicha categoría.

Algo similar ocurre en la búsqueda de recursos para la realización del festival. Los canales de apoyo, tanto públicos como privados, que suelen contribuir al desarrollo de los festivales de cine independiente, no lo hacen con el INVICINES, lo cual se debe en principio al carácter emergente que disminuye su reconocimiento como pantalla legitimada. Como respuesta a ello, se activaron nuevos modos de financiamiento colectivo articulado en plataformas digitales. De manera tal que se abre otra arista para pensar la autoría de las obras producidas en su fase de exhibición.

Integrantes del colectivo INVICINES durante la segunda edición del festival en 2016

Pero más allá de su rol como mediadores en experiencias de cine y audiovisual comunitario, también son quienes se dispusieron en la creación de una pantalla alternativa que visibilice estas producciones. En una de las entrevistas realizadas a los creadores de INVICINES, Rodrigo del Canto[8] afirmaba lo siguiente:

> [...] por más que puntualmente INVICINES sea proyectar cosas de otros y no cosas propias, no dejo de verlo como algo mío porque está trazado por mi recorrido y por una elección de la obra que yo quiero hacer vivir como realizador, y también pongo mucho de eso en la organización del festival y marca un poco mi impronta de acuerdo a mi característica como realizador y como artista. Desde ese lado yo lo veo como algo personal.

---

[8] La entrevista fue realizada en noviembre de 2016 y publicada en Revista TOMA UNO (Nº 5): Páginas 155-164, 2016. ISSN 2250-452x (impreso) / ISSN 2250-4524 (electrónico) del Dpto. de Cine y TV de la Facultad de Artes de la Universidad Nacional de Córdoba, Argentina. Se encuentra disponible en: https://revistas.unc.edu.ar/index.php/toma1/index

Todas estas cuestiones no son menores para repensar el cine y audiovisual comunitario en el propio territorio. Más allá de su rol de talleristas y como programadores del festival, los miembros del colectivo INVICINES consideran cada participación en el universo del audiovisual socio-comunitario como parte de su propia obra. Es decir, los realizadores audiovisuales forman parte de la creación colectiva en la comunidad igualando jerarquía en roles, tanto en lo profesional como en lo social, especialmente si se considera el audiovisual comunitario como proceso que atraviesa diferentes etapas (desde la gestación de una idea hasta la exhibición al público) e interpela a diversos actores.

Entonces lo que se tensiona es la figura de la autoría. ¿De quién es la obra? El recorrido que hacen los INVICINES a través de sus múltiples experiencias advierten que quizás la obra es de todos, en sentidos distintos, por cierto. Porque cada subjetividad individual (y acá se incluyen desde los agentes invisibilizados de los territorios hasta gestores intermediarios de distintos ámbitos sociales, y los propios integrantes de INVICINES) puede ligar esa experiencia a otras previas e imaginar continuidades en el futuro, construyendo obras mayores que van hacia distintas direcciones.

Pero además, en la propia creación del festival se cuela un posicionamiento político, desde el momento en que deciden gestar una pantalla a los "invisibles sociales" promoviendo y fortaleciendo la práctica audiovisual comunitaria como medio de empoderamiento. Al respecto, Carolina Rojo (2016) reflexiona:

> ¿Quiénes consideramos que son los *invisibles*? Bueno, un poco esto que escribimos en la editorial del primer año[9]: los rotulados como *los locos, los presos, los peligrosos, los negros...* todos ellos son los que consideramos que son invisibles, y que está

---

[9] Se refiere a la editorial del primer año del festival, en el año 2015, en la cual dan a conocer sus principios y objetivos.

bueno que tengan esa oportunidad de ser considerados artistas, o que puedan hacer sus denuncias sociales a través de este medio que es el cine (p.159).

Así, el audiovisual comunitario permite ser ese punto de encuentro de trayectorias expresivas, comunicacionales, artísticas y políticas de diversas subjetividades individuales. En ese sentido, la obra es de autoría individual y colectiva al mismo tiempo. Y en ella convergen distintos modos de habitar el mundo que contribuyen a los procesos de subjetivación individual a partir de su sociabilidad con otros.

Construyendo redes

El carácter emergente del INVICINES como festival de cine social y comunitario, despertó cierta urgencia en el colectivo de realizadores que planifica cada año su realización de redefinir concepciones y prácticas sobre el cine comunitario en la ciudad de Córdoba. Como parte de un proceso de debates internos, en julio de 2016 tomaron la iniciativa de convocar a un foro para generar un espacio de encuentro, intercambio de experiencias y discusión entre los realizadores audiovisuales que exponen un sentido de pertenencia, de diversos modos, en este tipo de prácticas.

En el reconocimiento de las variadas formas de invisibilidades que atraviesan los procesos de cine y audiovisual comunitario, tanto de los movimientos de las periferias que se apropian del audiovisual como herramienta de expresión y empoderamiento, como del propio cine comunitario como lenguaje, se advierte que lo marginal no tiene que ver exclusivamente con una percepción económica de los sujetos ni de la geografía en la que habitan, sino más bien con la dimensión simbólica desde la cual son asumidos en la esfera social. Desde esta perspectiva, el cine comunitario emerge como respuesta cultural que denuncia la mediatización de los sujetos marginales como "objetos de discurso" (Bentes, 2009). Y en ese sentido, se comparte desde el colectivo INVICINES y los participantes del foro, la necesidad de plantear una discusión política desde el arte y el audiovisual que encare una lucha por la transformación más igualitaria de lo social desde una dimensión simbólica y no solo material.

Como reacción inmediata, emerge una reflexión acerca de las propias experiencias, y en efecto, sobre los modos de hacer y pensar el cine y audiovisual comunitario en Córdoba. Un primer obstáculo para la propia definición identitaria como colectivo fue dar cuenta de la gran diversidad de experiencias que se organizan en torno al audiovisual comunitario, en las que se incluyen los talleres de capacitación, propuestas arte-terapia, arte-educación, y otras de índole político-organizativas relacionadas mayormente a la creación de nuevas pantallas.

Asimismo, se abrieron otras aristas de discusión como, por ejemplo, las amplias posibilidades de acceso a tecnologías de la comunicación y la multiplicación de los canales de difusión en las redes sociales que inauguran nuevo desafíos en cuanto a la calidad técnica y la formación de nuevos públicos de audiovisual socio-comunitario. Estas cuestiones se ligan directamente a la preocupación por experimentar un nuevo lenguaje que atienda a las especificidades de los procesos de creación audiovisual de este tipo.

Todas estas particularidades dan cuenta de un cine y audiovisual comunitario como una construcción, que en su devenir, se vuelve subjetivante del lenguaje audiovisual así como de los propios actores que lo ponen en acto.

Y por ello es imprescindible considerar las complejidades que hacen a la formación de los colectivos que son interpelados por la práctica audiovisual. En ellos se tejen lazos sociales siempre complejos, imprevisibles, rizomáticos. Las alianzas entre subjetividades invisibilizadas implican la reunión de sujetos que habitan el mundo de diversas maneras, aunque sí son motivadas por un objetivo común que radica en la transformación del orden social.

Ello constituye otra arista para pensar la subjetivación política, porque es "el planteamiento de la igualdad –o el manejo del daño- por parte de gente que está junta en la medida en que está entremedio" (Rancière, 2000, p.149).

Estas conformaciones espontáneas adquieren una potencial riqueza a la hora de erigir propuestas culturales como mecanismos subjetivantes de sus propios modos de habitar el mundo, y en la relación social que habilita la conformación de redes, tanto territoriales como digitales, los movimientos a escala local pueden adquirir formas mayores.

En esa dirección, en un estudio sobre políticas culturales en Brasil, Ivana Bentes (2009) propone: "Estamos vendo surgir também novas alianças entre as favelas e grupos antes isolados, a idéia de constituição de redes, inclusive eletrônicas, pode ser a próxima etapa nesse salto dos movimentos culturais locais e globais" (p.55).

A propósito de la cita, los debates e intercambios en el foro resultaron en la creación estratégica de la Red de Cine Social y Comunitario de Córdoba como primer paso para dar una discusión política desde el arte, disputando legitimidad en el orden discursivo y en el espacio social. Pero también, con la intensión de intervenir en las políticas públicas que afectan al campo del audiovisual en el propio territorio[10]. Pues, "[…] la relación entre el arte y la política es la relación entre la creación y la transformación de la sociedad" (Rancière, 2005, p.6).

---

[10] Durante el foro se hizo explícita alusión a la intervención en la Ley Audiovisual de Córdoba -en tratamiento legislativo presentado a través del Ministerio de Industria, Comercio y Minería de la Provincia de Córdoba-, para que también el cine comunitario pueda acceder a los beneficios de la política pública. Lo cual se encuentra en sintonía con la perspectiva de Ivana Bentes (2009) respecto a la sustitución de un Estado paternalista de asistencialismo por uno que sea sensible a las propuestas emergentes de las periferias y desarrolle políticas culturales de apoyo y fomento a tales propuestas.

Con todo ello, el colectivo de cineastas comunitarios aliados en redes revela otra arista en la que el audiovisual comunitario puede pensarse desde su sentido político. Disputando la legitimidad del sector, y en un proceso que se erige de abajo hacia arriba, se fortalecen las alianzas colectivas para avanzar en la lucha por una transformación social que visibilice y legitime a los "invisibles". Estas acciones se traducen en movimientos de subjetivación política del cine comunitario como práctica artística, profesional y socio-cultural.

Reflexiones finales

Las lecturas y reflexiones desarrolladas en torno a la experiencia de INVICINES y su abordaje desde las transformaciones de subjetividades y sus formas de sociabilidad que movilizan los procesos de producción audiovisual socio-comunitaria en Córdoba permiten dar cuenta de las complejidades y especificidades de un objeto que no acaba de precisar sus fronteras y alcances.

Por un lado, por la multiplicidad y diversidad de actores que intervienen en cada proceso y que, en general, no son tenidos en cuenta cuando se elaboran descripciones y definiciones sobre cine comunitario. Y así también, por la introducción de nuevas tecnologías y dispositivos de la comunicación que, si bien intervienen en gran medida en las condiciones de producción y difusión, no son cualidad suficiente para desarrollar un lenguaje audiovisual propio de los procesos comunitarios.

Uno de los puntos de mayor interés del caso estudiado es que la motivación por establecer precisiones respecto al cine y audiovisual comunitario, no proviene únicamente de la academia; sino más bien, surge como una demanda propia de los realizadores audiovisuales a los fines de organizarse estratégicamente para disputar legitimidad en el orden simbólico-social.

La imagen, entonces, es tensión, es ruptura de lo establecido hegemónicamente, y en ese sentido, es performativa. Pero sobre todo, el hacer-cine comunitario aplica en su sentido más literal el verbo infinitivo, porque da cuenta de procesos en devenir que se van reconfigurando y resignificando en la medida en que las subjetividades particulares y sus modos de sociabilidad también lo hacen, atendiendo a las condiciones establecidas en cada territorio. En definitiva, se presencian transformaciones múltiples que ponen en valor los variados sentidos políticos de la imagen en los procesos de cine y audiovisual comunitario.

Referencias bibliográficas

Aguilar, H. (2007). La performatividad o la técnica de construcción de la subjetividad. *Revista Borradores*, Segunda Época, *Vol.7*, 1-9. Recuperado de: goo.gl/quFq1D [Consultado el 25 de agosto de 2017].
Bentes, I. (2009). Redes Colaborativas e Precariado Produtivo. *Periferia, Vol.1*(1), 53-61. Recuperado de: goo.gl/zdxmaU. [Consultado el 01 de agosto 2017].
Bonvilliani, A. (2014). Saberes apasionados: horizontes de construcción de conocimiento de las subjetividad(es) política(s). En C. L. Piedrahita, Á. Díaz Gómez y P. Vommaro (Eds.) *Acercamientos metodológicos a la subjetivación política: debates latinoamericanos* (pp.83-100). Bogotá, Colombia: Universidad Distrital Francisco José de Caldas – Clacso.
Brea, J. L. (2005).*Estudios visuales. La epistemología de la visualidad en la era de la globalización*. Madrid, España: Ediciones Akal.

Foucault, M. (1992). *El orden del discurso*. Buenos Aires, Argentina: Tusquets Editores.
González Rey, F. (2008). Subjetividad social, sujeto y representaciones sociales. *Diversitas: perspectivas en Psicología*, Vol. 4(2), 225-243.
Gumucio Dagrón, A. (2014). *El cine comunitario en América Latina y el Caribe*. Bogotá, Colombia: Fundación del Nuevo Cine Latinoamericano.
Polanco Uribe, G. y Aguilera Toro, C. (2011). *Luchas de representación. Prácticas, procesos y sentidos audiovisuales colectivos en el sur-occidente colombiano*. Cali, Colombia: Universidad del Valle Programa Editorial.
Rancière, J. (2000). Política, identificación y subjetivación. En Benjamín Arditi (Ed.). *El reverso de la diferencia: identidad y política*, (145-152). Caracas: Nueva sociedad.
Rancière, J. (2005). *Sobre políticas estéticas*. Barcelona, España: Museud'ArtContemporani de Barcelona.
Rancière, J. (2013). *El espectador emancipado*. Buenos Aires, Argentina: Manantial.
Román, M. J. (2010). Mirar la mirada: para disfrutar el audiovisual alternativo y comunitario. *Folios*. (21), 141-164. Recuperado de: goo.gl/vBjcT3[Consultado el 01 de agosto 2017].
Siragusa, C. y Grünig, A. (2016). Multiplicar las pantallas para el cine comunitario. Conversando con los organizadores del Festival de Cine Social Invicines. *Toma Uno*, 5 (155-164).
Standing, G. (2011) *The precariat: the new dangerous class*. London, England: Bloomsburry.

14

Cine comunitario y revolución molecular

ANDREA MOLFETTA[1]

"Si esto (la producción industrializada de la subjetividad capitalista) es verdad, no es utópico considerar que una revolución, una transformación a nivel macropolítico y macrosocial, concierne también a la producción de subjetividad, lo que deberá ser tomado en cuenta por los movimientos de emancipación". (Félix Guattari en *Revolución molecular y lucha de clases*)

Hubo un tiempo en que la imagen era algo a ser descubierto en sí; luego, algo a través de lo cual descubrir el mundo, embellecerlo y espiritualizarlo, tal como anunciaba Deleuze (1992, p.60) en su carta a Serge Daney[2]; al mismo tiempo, anticipaba en esta misiva la violencia con que la imagen, por último, se constituía como engranaje estratégico de la sociedad de control, al servicio del poder económico. Así,

---

[1] Escritora e investigadora del CONICET. Fundadora y primera presidenta de la AsAECA (Asoc. Argentina de Estudios de Cine y Audiovisual). Fue profesora visitante de universidades argentinas y brasileñas. Autora de los libros Arte electrónica en Buenos Aires (1966-1993) y Documental y Experimental: los diarios de viaje de los videoartistas sudamericanos en Francia (1984-1995). Trabaja en la Sección de Antropología Social de la UBA y es directora del Grupo de Investigación DocSa/Estéticas y Políticas del Cine Sudamericano. / andreamolfetta@conicet.gov.ar
[2] Deleuze, G. (1992). *Conversacoes. Carta a Serge Daney*. Rio de Janeiro: Editora34.

vivimos hoy un tiempo en que las imágenes se consolidaron como armas contra nosotros y vivimos, como decía el maestro, el tiempo de *rivalizar* contra ellas.

Existe de este modo, ya flagrada, una batalla en ese campo simbólico, una disputa política en las imágenes y por las imágenes, que refleja la lucha dada por tanto grupo de la periferia de Bueno Aires, contra los medios masivos en defensa tanto de la supervivencia de la diversidad cultural como del uso de las imágenes en nuestro beneficio, empoderándonos frente a los ya poderosos detentores de los grandes medios de comunicación. Este conglomerado mediático, instrumento estratégico del neoliberalismo, asume y desempeña una operación semiótica según la cual enuncia a los ciudadanos y sus realidades, sin su autorización. Secuestra y se apodera del lugar de esas voces, las voces de los comunes, representa "una" realidad cuyos significantes determina. Así es como detenta una autoridad textual para el colectivo frente al que se impone. Estos conglomerados mediáticos constituyen medios que dicen representar lo comunitario, dicen representarnos mientras, de hecho, manipulan. ¿Qué manipulan? El acto mismo de la enunciación, la representación de nuestras vidas y de nosotros mismos, así como una serie de prácticas y procesos socio-culturales colectivos y masivos que, cuando nos auto-representamos, ejercemos nosotros mismos. Nos enuncian y forman opinión incluso sobre nuestras culturas y territorios, representaciones que no son ni fueron debatidas ni construidas por la comunidad. En las prácticas y procesos del cine y la comunicación comunitarios, el conjunto participa de las decisiones sobre los mensajes transmitidos. La maquinaria de la comunicación masiva del audiovisual impone, de este modo, una cierta mudez, a través de una efectiva seducción/procesos de identificación. Así, los medios masivos nos desdoblan, sometiéndonos a una maquinaria enunciativa que promueve otro tipo de subjetividad, la neoliberal, que pone en práctica valores y patrones de la cultura del consumo. Según esta subjetividad, el ciudadano es un mero consumidor pasivo de lo que ofrece el capitalismo y su cultura de masas. No quiero con esto desestimar la acción del sujeto que adopta estos significantes como propios por un acuerdo ideológico tácito. El sujeto puede, aún, decidir, incluso en este escenario de construcción industrializada de sentido y subjetividades.

En este sentido, la obra de Félix Guattari (Francia, 1930-1992) se dedica a desmontar, a partir de una crítica al concepto freudiano de inconsciente, el modo en el que lo que él denomina de Capitalismo Mundial Integrado (CMI)[3] trabaja semióticamente en una dimensión del inconsciente vinculada a los medios masivos de comunicación, y que sucede, notoriamente, en el nivel de lo micropolítico[4]. Para Guattari (2013, p.25)

> La cultura de masas produce individuos normalizados y articulados unos con otros según sistemas jerárquicos, sistemas de valores, sistemas de sumisión (…) disimulados.

Y prosigue:

> La producción de los medios de comunicación de masas, que es también la producción de la subjetividad capitalística, genera una cultura con vocación universal. Se trata de una

---

[3] "Este nuevo modo de producción, que llamaremos de capitalismo mundial integrado, se desliga cada vez más del poder centralizado en el Estado. Para reproducirse, sin dudas necesita disponer de un ejército de fuerzas represivas a pequeña y gran escala que controle. También necesita, esencialmente, dominar el inconsciente por medio de múltiples equipamientos colectivos y por la intervención de los mass media, a fin de garantizar lo que yo llamaría de sujetamiento semiótico de la fuerza de trabajo. (…) Así, pues, no sólo necesita del ejército tal como lo está usando en Nicaragua y en Irán, sino también de otro tipo de ejército, de un ejército mucho más diferenciado, al que difícilmente se le puede localizar dentro de las coordenadas políticas tradicionales: un ejército que (…) depende menos de la iglesia y de los partidos políticos, y siempre más de todo tipo de castas de especialistas y tecnócratas" (Guattari, 1978, p.58).

[4] "Estrategias de la economía del deseo en el campo de lo social: esto es lo micro-político", Suely Rolnik (2013), en el prefacio de *Micropolíticas: cartografías del deseo*.

dimensión esencial en la confección de la fuerza colectiva de trabajo y en la confección de aquello que yo llamo *fuerza colectiva de control social*. (p.29).

Para Guattari, es necesario pensar un nuevo concepto de inconsciente acorde a la experiencia de nuestra sociedad actual. Estando esta atravesada y organizada a través de la trama mediática, es preciso pensar que este nuevo inconsciente – que no excluye la dimensión de su versión freudiana clásica – está compuesto por *cadenas de significantes que circulan por estos medios*[5], modelizando tanto a los sujetos como a su forma de pensar la realidad. Para este filósofo, existe un continuum entre el CMI y el inconsciente, establecido por estos medios que operan como *agencias colectivas de producción de subjetividad*. Estas agencias colectivas de producción de subjetividad nunca demandan al sujeto de modo integral, sino que se dedican a segregar a los sujetos entre sí, comenzando por escindirlo en relación a sí mismo, sujetándolo a asumirse apenas como una parte o función aislada de sí mismo, que sirva para integrarlo sin autonomía en alguna práctica social, cual pieza de una maquinaria.

Así, estas cadenas de significantes constituyen el inconsciente actual, y su camino *real* ya no pasa por la esfera de lo imaginario y sus representaciones, sino por las prácticas sociales reales, sean individuales o colectivas, abrazando dimensiones que van de lo intra-personal a lo familiar, grupal y colectivo[6]. De este modo, Guattari nos llama la atención sobre el foco que el psicoanálisis clásico hace sobre el análisis de las representaciones imaginarias del inconsciente, estimadas en el campo de lo semántico y en el círculo familiar, y desvenda el poder ejercido en las prácticas comunicacionales actuales, tanto en el plano semántico como en el pragmático, ampliando el foco analítico y demandando

---

5 El itálico es de A.M.
6 "Lo que el capitalismo pone a trabajar no es nunca un individuo total, sino una función u otra que entra en relación con sistemas de máquinas o conjuntos sociales". (Guattari, 1978, p.66).

del psicoanálisis un abordaje político más amplio, profundo y colectivo, que lo coloque a la par de las luchas sociales por un mundo más igualitario.

Al escribir sobre esto en los años '70, el filósofo tiene por referencia las luchas de los movimientos de radios libres en Italia y Francia, y el movimiento de video popular en América Latina. Cuatro décadas después, Argentina es escenario del proceso de implementación de la Ley de Servicios y Medios de Comunicación Audiovisual, ley de referencia mundial en la defensa del derecho a la comunicación, a partir de la cual pequeñas comunidades de todo el país recuperan y practican sus voces, distribuyendo el derecho a la comunicación, así como abriendo espacio para la pluralidad y la diversidad en el mapa mediático nacional. Estas comunidades se enuncian a sí mismas, producen sus propias representaciones y desatan, a través de este trabajo y con el amparo y apoyo de esta ley, una serie de experiencias comunicativas y socio-culturales vinculadas e integradas a otras políticas de inclusión social, como por ejemplo, políticas para la juventud, la tercera edad, empleo, políticas para la mujer, etc.

Sin embargo, no siempre enunciar o narrarse a sí mismo es sinónimo de una liberación. Las técnicas y tecnologías que utilizamos para enunciarnos no tienen un significado *per se*, sino que este está vinculado al cómo las usamos[7]. El cine es utilizado tanto para imponer una cultura colonial, como para producir las singulares narrativas que relatan nuestra propia historia; puede ser utilizado tanto para vender un producto, como para divulgar un saber provechoso a todos. El cine puede desvendar una realidad, así como ocultarla. En nuestro caso, filmar las historias comunitarias es un modo de hacer del dispositivo fílmico

---

[7] En este sentido, es oportuno recordar la reflexión de Foucault respecto a la evolución de las técnicas de sí, que pasaron de un sentido formador y emancipador en la antigua Grecia, al carácter represivo y castrador con que las moldeó el mundo romano a partir del cristianismo.

una máquina de otro tipo de subjetividad, muy distinta a la de los medios masivos, así como es tomar al cine como herramienta o motor de un proceso de conciencia histórica. El cine comunitario es un dispositivo que, como vimos aquí, no es de uso individual, sino colectivo, y proyecta su accionar a otros campos de lo social, valorizándose más como cine-proceso, que como fabricante de un "producto" audiovisual. En el cine comunitario, hacer cine es mucho más que hacer filmes. La utilización del dispositivo está atravesada por innumerables prácticas y procesos socioculturales, y más específicamente en el campo audiovisual, el cine comunitario reifica y singulariza paisajes e identidades del conurbano porteño, para construir paso a paso un futuro para esos vecinos, que no guarda ninguna relación con lo que propone la industria del espectáculo masivo sobre las periferias urbanas. Esa industria se especializa en negarnos el deseo, el plan para el futuro, trabaja para que seamos pasivos consumidores y olvidemos que el poder, de hecho, está en nuestras manos. El cine realizado por comunidades, o cine comunitario, empodera, usa el dispositivo al servicio de una construcción y fortalecimiento de nuevas formas de subjetivación colectiva: aquella que da lugar a *singularizaciones* que diferencian a los diversos grupos entre sí, y que consideramos, en la línea de Guattari (1978), revolucionarias. En Berazategui, hacer cortometrajes a través de los talleres de UPAMI afianzó los vínculos de un grupo de abuelos que impactó fortaleciendo el Centro de Jubilados. En Villa Hudson, el proceso del taller de cine en la escuela secundaria dio oportunidad a expresar las diversas demandas y pensar en construir un espacio donde regular estas diferencias, el centro de estudiantes. En Quilmes, los grupos de ex combatientes de Malvinas filman sus historias de vida y se proyectan grupalmente fortaleciendo la asociación civil con la creación de una productora y una radio comunitarias.

¿Por qué se las considera revolucionarias? Porque a través de este trabajo enunciativo y expresivo, grupos de personas fortalecen sus vínculos entre sí y con sus barrios, recuperan historias locales, revalorizan sus paisajes y territorios, contribuyendo así a una diversidad y pluralidad cultural que trabaja en el sentido absolutamente contrario al que lo hacen los medios masivos. Lo que estos medios hacen es estigmatizar el conurbano, uniformizar y homogeneizar a la población de lo que tratan como "territorios de pobreza", poniendo en marcha una maniobra que es central y estratégica para los procesos de globalización económica y cultural de la cultura de masas: debilitar, enmudecer y conseguir hacer sentir vergüenza de pertenecer a estos barrios. Nada mejor que la tristeza, la falta de amor propio y la sensación aplastante de impotencia para seguir dominados. Así, comprendemos que el trabajo del cine comunitario es una genuina resistencia a los conglomerados mediáticos del audiovisual en general, incluyendo el del propio cine-espectáculo del *mainstream*, porque operan en el sentido contrario, el de la singularización, territorialización y multiplicación de la diversidad.

El cine comunitario constituye una producción simbólica proveniente de la misma base social, generando nuevas oportunidades de enunciar sus propios problemas y las soluciones encontradas, relatos protagonizados por ellos mismos, destacando la riqueza de la experiencia de luchas y conquistas sociales, recuperando así el acto mismo de expresarse con imaginación. ¿Qué cambió en la vida de un ex combatiente de Malvinas el poder narrar su experiencia de la guerra desde adentro y compartirla entre sus pares, amigos, familiares, vecinos y otros ex combatientes del país y del exterior? ¿Qué cambió en la vida de los jubilados que comenzaron a relatar la experiencia de vivir la tercera edad en el pos-industrial Conurbano sur? ¿Qué cambió en la vida de los adolescentes de Villa Hudson o de Florencio Varela cuando pudieron comunicar con autonomía sus dificultades, pensamientos y perspectivas, enfrentando las estigmatizaciones que de sus barrios se hacen en los medios? El cine comunitario cambia y transforma, especialmente en el plano micropolítico, la posibilidad de agenciar subjetividades antes enmudecidas, y produce transformaciones que exceden, en mucho, el campo audiovisual y apuntan al campo de la experiencia social, empoderándolo. Para todos estos vecinos, hacer cine comunitario se transformó en un modo de empoderarse, y esto ocurre no solo en los barrios que estudiamos, sino en todos los lugares de nuestra América Latina donde se lo hace. Sin embargo, el plano molecular de esta lucha se muestra impotente en relación a la generación de cambios en otros niveles.

Cuando Guattari dice que estas enunciaciones singularizantes y territorializantes son revolucionarias, ¿estaba hablando del mismo modelo de revolución de la modernidad industrial? No. ¿De qué clase de "revolución" nos habla? Como venimos afirmando, de una revolución que hoy sucede en el campo de la producción de subjetividad, una revolución micropolítica que desmonta e inutiliza uno de los principales instrumentos de dominación del CMI, el semiótico, el que produce una subjetividad sujetada al consumo global, neoliberal y extractivista. En el agenciamiento subjetivo que pone en marcha el cine comunitario, se practican valores, normas y prácticas que apuntan a la filosofía del "buen vivir", haciendo del cine una herramienta de lucha en una coyuntura en la que incluso la democracia surge como un significante vaciado según el cual la inclusión social por derecho es substituida por una inclusión a través del consumo.

Revoluciones molares y moleculares

Gran parte del esfuerzo intelectual de la dupla Deleuze/Guattari se orientó a construir una crítica propositiva a la experiencia histórica de la izquierda. Contemporáneos del mayo francés y de las derivas autoritarias de la izquierda, estos filósofos presenciaron el surgimiento y evolución del capitalismo tardío, en su pasaje de lo mundial a lo global e integrado. Ellos hablan de la filosofía como un campo de creación de conceptos que nos permite volver a pensar y crear caminos en defensa de la igualdad entre los seres humanos. Era evidente, desde los propios textos de Marx, la necesidad de desenvolver una crítica y una contrapropuesta al modelo revolucionario etapista y lineal, y comprender la genética de su fracaso para, a partir de ahí, crear nuevos conceptos – tarea central y política de la filosofía.

En la visión lineal y etapista de la revolución leninista, los *poderes constituyentes* se desarrollan hacia la consolidación de *poderes constituidos*, cometiendo – por su fijación en estructuras sociales cerradas – una inevitable traición a los valores inicialmente planteados a lo largo de la resistencia al régimen anterior. Esta visión lineal de la revolución consta de tres etapas: resistencia, insurrección y poder constituido. Estas etapas son comprendidas por Guattari (1978) como piezas de una "máquina revolucionaria", es decir, como piezas que están intrincadas y desenvuelven sus funciones y sentidos en las interrelaciones entre sí. Una "máquina revolucionaria" no es tecnológica, sino social y colectiva, y en la teoría del caso ruso se cristaliza en la llamada "dictadura del proletariado" – aunque de hecho no fue otra cosa que un eufemismo, dado el proceso de centralización y control autoritario y terrorista ejercido desde el "partido" contra el proletariado. El Partido Comunista nunca procedió, como anunciaba la teoría leninista, a la muerte del Estado sino, muy por el contrario, lo hizo crecer a puntos extremos en los que se perdió toda libertad y, desde su aparato de terror, sistematizó la represión y la muerte.

Frente a esto, Guattari estudia el modo en que evolucionaron los micro-procesos en estas tres etapas de resistencia, insurrección y constitución de nuevos poderes, vislumbrando la posibilidad de un nuevo tipo de revolución que fundamentase su accionar material y simbólico en un movimiento constante que no concluyese en una consolidación partidaria, sindical o estatal de los distintos sectores militantes. De hecho, al filósofo poco le importaba qué nombre ponerle, si utilizar "revolución" u otro, ya que para él, lo estratégico era resistir y divergir frente a las agencias de la subjetividad impuestas por el capitalismo y sus tramas de cultura y comunicación masivas.

> Observamos que un cierto tipo de revolución no es posible, pero al mismo tiempo comprendemos que otro tipo de revolución se hace posible, no mediante una cierta forma de lucha de clases, sino mediante una revolución molecular que no sólo pone en movimiento clases sociales e individuos, sino también una revolución maquínica y semiótica (Guattari, 1977).

Así, la máquina revolucionaria que piensa Guattari aspira a una resistencia sostenida de las tres etapas, orgánicas y socialmente productivas y reproductivas. Al mismo tiempo, piensa este tipo de revolución como máquina, en un sentido figurado, por su poder de reunir y agenciar grupos de individuos en sentidos diversos al de la máquina capitalista; además, la piensa semiótica, por fundarse en una producción de nuevos significantes, enunciaciones y sentidos, dispuestos a ir en contra de los medios de comunicación y la cultura de masas, produciendo diferencias y pluralidades en cada lugar donde se lo hace, es decir, generando *singularizaciones* y *territorializaciones* que van en la contramano de los poderes centrales y globales. Al influjo de esta movilización y su impacto en el campo micropolítico es lo que bautiza como "revolución molecular", en oposición a la revolución molar, identificada con el modelo leninista[8].

---

8 "No hay en la revolución molecular rígidas estructuras ni identidades cerradas, sino agentes de diferencia que producen intercambio y enunciación: las máquinas son vasos comunicantes, agenciamientos fluidos abiertos cuyos materiales y componentes semióticos se combinan con fuerzas sociales y ecológicas" Raunig (2008, p.1).

Al mismo tiempo, la revolución molecular abarca aspectos que van de lo intra-personal a lo social y grupal, ya que sus transformaciones inciden tanto en la conformación del imaginario y del inconsciente, como en la organización de grupos. En este sentido, revolución molecular y molar no son excluyentes: una y otra pueden y deberían cruzarse, siendo indispensablemente la primera una base fundamental para la segunda. Una revolución de abajo hacia arriba, y de adentro hacia afuera.

Para Guattari, la revolución molecular es semiótica y material – en ese orden –, y da lugar al surgimiento de prácticas que son primero simbólicas, ya que el modo de pensar la realidad altera la forma como concebimos y operamos en ella, cuestión coherente en tiempos de capitalismo cognitivo. El CMI crece a través de la alianza entre sectores heterogéneos que promueve desde su semio-esfera mediática, porque no cuenta con una base social homogénea en la cual apoyarse – como fue la burguesía francesa del siglo XVIII –, y es por eso que recurre a estos nuevos mecanismos de control. Al mismo tiempo, al integrar los problemas macropolíticos en el Estado y los micropolíticos en el nivel del individuo y la familia, podemos concluir que el CMI opera como un sistema doble de sumisión colectiva y que, por este motivo, cada vez se escapa más de las manos del estado. Por todo esto, Guattari advierte el surgimiento de un "nuevo proletariado" distante de los aparatos políticos y sindicales, que quien escribe identifica con lo que Standing (2011) denomina de *precariado*. El neoliberalismo erosiona el estado de bienestar y las conquistas sociales de los trabajadores desde hacen más de 50 años, y la teorización de Guattari sirve precisamente para comprender cómo el capitalismo avanzó desarrollando estrategias en el campo simbólico de los medios de comunicación, entendidos como principales instrumentos de sumisión al consumo masivo, y transformando al Estado en un actor meramente regulatorio y, en algunos casos, de resistencia en salvaguarda de los derechos sociales. Así, esta dimensión micropolítica y subjetiva del capitalismo no es una invención teórica del filósofo, sino una formalización de la experiencia sensible de una cultura masivamente mediatizada. Comprender en profundidad este mecanismo y proponer formas de reversionarlo ha sido su principal contribución.

Si el CMI opera sobre las cadenas de significantes fabricadas y operadas en los medios masivos, necesitamos – según este autor -, un nuevo concepto de inconsciente que nos permita comprender lo individual en lo colectivo, un inconsciente que ya no está hecho solo de palabras e imágenes, sino por significantes que ponen en juego elementos de lo biológico, del espacio, de la percepción, de las matrices culturales específicas que los medios masivos ponen en juego, y todo esto, para producir un tipo de subjetividad específico, la capitalista. Es en este punto en el que interpretamos la producción de cine comunitario como revolución molecular: por el hecho de que promueve procesos de singularización que rechazan tanto las codificaciones pre-establecidas como el control y la manipulación a distancia; porque para producir este rechazo genera modos de la sensibilidad y de relación con el otro; y que coinciden en un deseo, en un gusto por vivir y construir un lugar único, de valores singulares. En la filosofía de Guattari, los años '70 inauguran un enfrentamiento entre los procesos de reapropiación y captura capitalista y los procesos de singularización y territorialización.

Nos dice:

> Todo lo que es producido por la subjetivación capitalística (...) se trata de sistemas de conexión directa entre las grandes máquinas productivas, las grandes máquinas de control social y las instancias psíquicas que definen la manera de producir el mundo (...) La noción de ideología no nos permite comprender esta función, literalmente productiva, de la subjetividad. La ideología permanece en la esfera de la representación, cuando la producción esencial del CMI no es sólo la representación, sino la de una modelización de los

comportamientos, de la sensibilidad, la percepción, la memoria, las relaciones sociales, las relaciones sexuales, los fantasmas imaginarios, etc. (Guattari, 2013, pp.40-41).

Estas agencias colectivas de la enunciación dominan al sujeto desde una maquinaria que lo quita del centro en cuanto individuo, porque funcionan en lo extra-personal –estos sistemas no necesariamente son antropológicos, como una agencia de noticias, por ejemplo -, así como apuntan a la esfera de lo intra-personal, generando patrones y sistemas de percepción, sensibilidad, afecto y deseo. Cuando los cineastas comunitarios generan una comunicación distinta y adversa al modelo de subjetividad neoliberal, producen lo que Guattari llama de *multicentrado de los puntos de singularización*, en los cuales el individuo, por otra vía, continúa sin ser el centro, pero ya no por una sujeción dominante y homogeneizante, sino por la construcción y fortalecimiento de comunidades generadoras de una diferencia cultural, tal la labor productiva de la revolución molecular que el cine comunitario protagoniza.

En cuanto al correlato entre una revolución molecular y una molar, nos dice:

> Sólo en la cabeza de los generales y de los déspotas de la cultura existe la idea de que se puede planear una revolución, aunque ésta sea cultural. Por esencia, la creación es siempre disidente, transindividual, transcultural (2013, p.53).

Subjetividad, neoliberalismo y democracia

Hay una revolución molecular en las prácticas y procesos del cine comunitario argentino producido con (y sin) el apoyo de la Ley de Medios. Pero, ¿el cine comunitario es realmente divergente del control social semiótico, o hasta qué punto y cómo lo reproduce? Como ya afirmamos, la Ley de Medios impulsó la comunicación audiovisual comunitaria, proceso del que participaron cineastas, referentes de comunidades y asociaciones civiles en barrios donde la población ya estaba organizada, y utilizando el dispositivo cinematográfico para potencializar políticamente otras prácticas de inclusión social. Primero era necesario alfabetizar para, después, estimular el gran salto a la creación de nuevos medios de comunicación.

Esta renovación del potencial político del cine comunitario argentino se basa no solo en la producción de una subjetividad más liberada que permitió el surgimiento de nuevas voces, sino en que este cine fue colocado en la perspectiva de la ampliación del derecho a la comunicación, lo cual le imprimió un nuevo sentido a la política pública del audiovisual, enmarcado en un proceso general de federalización y descentralización de la producción audiovisual. Talleres, jornadas y ciclos estimularon, entre 2009 y 2015, nuevos productores de cine y medios comunitarios (radios y televisiones), proceso que impactó en la producción de una cantidad importante de cortometrajes.

Una nueva concepción del poder introducida a partir de la obra de Foucault trae implícita esta nueva noción de lo revolucionario propuesta por Guattari, y en este sentido, la revolución molecular surge frente a la revolución clásica en la misma clave con la cual lo político se abre a lo micropolítico. En las prácticas y procesos del cine comunitario, el dispositivo audiovisual funciona como máquina revolucionaria de nuevas subjetividades. Muchos precarizados enuncian sus historias por primera vez, narran conquistas y demandas. Mientras hacen cine, fortalecen sus vínculos comunitarios y organizan su lucha, incluyendo aquella en la cual el cine es un arte para todos.

Como resistencia al neoliberalismo, el cine comunitario pone en juego dos nuevas formas de producción: la cinematográfica, vinculándose a la economía social y solidaria, (ESS), y un nuevo modo de producción de subjetividad, confrontada al modo de producción de subjetividad capitalista. Contra esta subjetividad neoliberal, el cine comunitario adoptó estrategias grupales de producción que enfrentan el principio universal e individual de la competencia y la auto-exigencia, a través de la puesta en práctica de una horizontalidad y un colectivismo que permite que cualquier persona elabore su propio mensaje, enunciando su historia de vida. El cine comunitario argentino ha encontrado una solución de producción y propagación que está basada en la constitución de asociaciones civiles que trabajan con el objetivo de compartir y transferir saberes técnicos y artísticos del cine. Son asociaciones integradas por cineastas y comunicadores que trabajan tanto para y entre colegas profesionales – fomentando un cine genuinamente independiente del Estado y de la industria-, como para con grupos de vecinos interesados en iniciarse, en modo a principio *amateur*, en el quehacer fílmico, realizando así sus primeros cortometrajes.

Ya como resistencia a la subjetividad producida por el neoliberalismo, el cine comunitario propone una producción de subjetividad abierta y colectiva, vinculada a lo *común*, y responsable por relatos que tratan problemas de sus propios barrios. La subjetividad neoliberal se caracteriza como individualista, circular, cerrada y eternamente insatisfecha en el consumo; rompe y erosiona, de a poco, los lazos sociales tradicionales del sujeto, generando una afectividad pobre en empatía, que Deleuze y Guattari describieron en su *Anti-Edipo* (1972) como *producción de esquizofrenia capitalista*. Algunos filósofos caracterizan a la subjetividad neoliberal en la figura del "emprendedor", ya que el sujeto se escinde y pasa a pensarse a sí mismo como empresa: vive su vida como un emprendedor de sí mismo, haciendo una empresa-de-sí, exceso super-yoico que concreta uno de los avances más profundos del capitalismo en el plano micropolítico intra-personal. El precario (Standing, 2011) es, de alguna manera, este sujeto expuesto a vivir dependiendo apenas de sí mismo, en un contexto neoliberal que lo priva de una cantidad de lazos, garantías y derechos sociales que antes lo contenían y protegían, colectiva y socialmente. El sujeto pasa a ser objeto del mismo, en una dinámica esquizoide que le des-organiza todos los campos de su existencia. Esta clase de subjetividad ya no deriva de las sociedades disciplinares – que procuran una homogeinización de las personas-, sino de la *sociedad de control* que utiliza los medios masivos y casi la totalidad de la producción audiovisual para que el sujeto introyecte una serie de mecanismos que terminan llevándolo a cosificarse y segmentarizarse a sí mismo.

Como sintetiza Alemán (2014), el neoliberalismo no es solo una ideología económica que busca eliminar el Estado para liberar las fuerzas del campo financiero, sino una ideología constructiva que produce esta idea del *emprendedor*, demostrando que la subjetividad es su blanco estratégico y central. Así, el neoliberalismo

> es un permanente productor de reglas institucionales, jurídicas y normativas, que dan forma a un nuevo tipo de "racionalidad" dominante. (...) El neoliberalismo no es sólo una máquina destructora de reglas, si bien socava los lazos sociales, a su vez su racionalidad se propone organizar una nueva relación entre los gobernantes y los gobernados, una "gubernamentabilidad" según el principio universal de la competencia y la maximización del rendimiento extendida a todas la esferas públicas, reordenándolas y atravesándolas con nuevos dispositivos de control y evaluación: como insistió Foucault, explicando la génesis del neoliberalismo, es la propia población la que pasa a ser objeto del saber y el poder.

En este otro sentido, la lucha del cine comunitario ofrece también una resistencia al neoliberalismo. Lo *comunitario*, como su nombre lo indica, va en contra de la figura del *autor* – por su individualidad -, y del cine industrial – por su serialismo. En el cine comunitario se pone en juego la agencia de una subjetividad que Lacan llama de "santo", y que surge como una posible salida a la circularidad de la subjetividad capitalista, por su altruismo y abertura directa a la experiencia. El trabajo que el cine comunitario desencadena produce una transformación única e irreversible, porque este cine es expresión de grupos que, de este modo, reafirman sus vínculos con una historia y una geografía singular, dando lugar a una re-territorialización de la experiencia vital colectiva de los vecinos en sus barrios. Esta experiencia vital colectiva, tema principal de la mayor parte de los relatos que aquí estudiamos, surge en este cine para dar visibilidad a poblaciones, en un contexto que las invisibiliza y estigmatiza.

A través de estos relatos, sintomáticamente, podemos percibir aquello que en la sociedad ya no funciona, así como aquello que resiste. En nuestro caso, el apabullante dominio de los relatos personales, en donde la voz es víctima de una serie de introyecciones que parten de las condiciones materiales (el *personal computer*, las pequeñas cámaras móviles), tan dominante en el documental y en Internet[9]. Esta primera persona del singular nos habla de un sujeto sujetado y aislado en un atomismo que lo clausura en una modalidad individual del relato. En este atomismo neoliberal, el sujeto se limita a su condición de consumidor eternamente insatisfecho y posible de satisfacerse. Esta (con)fusión ciudadano/consumidor que propone lo neoliberal, hace que estos relatos sostengan un estilo de vida y un modo de la existencia que reproduce en otros, a su vez, esta misma forma de la subjetividad atomizada. El youtuber, e incluso cierto narciso documentalismo, son síntomas de esto. A través del proceso de subjetivación, hacemos y reproducimos estilos de vida, con una ética y una estética que se consolidan al ciudadano como identidad personal e individual (Tassat, 2014).

Nos dice Alemán:

---

[9] Molfetta, A. El documentario performativo en el cine, la televisión y la internet. En *Actas del encuentro Socine*. Universidad de Brasilia, 2009.

> En esa encrucijada surge la figura de santo, que interrumpiría la promoción del consumidor consumido en el movimiento circular del discurso capitalista. El "santo" realizaría una operación en cierto modo semejante a la gelassenheit heideggeriana, esa posición de "serenidad" que sabe habitar en el interior de la Técnica, pero que también está situada en su exterior; otra topología donde se dan a la vez un "si" y un "no" (2014, p.43).

Así, existen experiencias como las aquí estudiadas, en las que se propone el trabajo fílmico como modo de agenciar este otro tipo de subjetividad, una que produce un sujeto único y colectivizado, así como desencadena procesos de subjetivación entre vecinos que buscan la consolidación de un tipo de identidad grupal, lo que refuerza la existencia de los distintos grupos de comunes y sus culturas. Como pueden observar, no vine a hablar de filmes y, sí, de procesos fílmicos. Un grupo de ex combatientes de Malvinas, en Quilmes, filma una ficción en la que narran cómo conviven con la experiencia traumática de la guerra. Un grupo de adolescentes de Florencio Varela filma una ficción en la que cuentan una historia de amor ambientada en barrios que se ven muy distintos a como los muestran la televisión. Un grupo de vecinos de Villa Hudson producen un documental mostrando cómo funciona la red homónima que fundaron hace 10 años, para así, fortalecerla para que otros vecinos la conozcan mejor y se sumen.

En los tres casos, respectivamente, se asume la comunicación comunitaria como vía para la expresión y la autorrepresentación y reproducción de las comunidades, como nuevas y emancipadas agencias de producción de subjetividad, agencias singulares que luchan contra la estigmatización impuesta por los medios masivos respecto a sus barrios. Así, son herramientas estratégicas en la lucha por la inclusión social de y en el barrio. En las entrevistas etnográficas que realizamos, ninguno de los casos refiere la necesidad de un autor, de una industria cultural o siquiera de una inscripción en el campo del arte. Protagonizan, de distintas maneras, revoluciones moleculares que, a través del cine, transforman la vida comunitaria, reafirmando con sus enunciaciones la génesis de territorios invisibilizados en otras dimensiones del cine y de la comunicación nacionales.

Así, este texto tiene por propósito exponer cómo las práctica del cine y la comunicación comunitaria repercuten en la transformación de la vida de estos colectivos, porque son prácticas y procesos socio-culturales que desafían los agenciamientos de la subjetividad capitalista, disponiéndola en un sentido que se escapa, en mucho, de las ideas del consumo, del individualismo e, incluso, de la Nación que éstos proponen. Estos diversos procesos que interpretamos como revoluciones moleculares, instauran nuevos agencias para la subjetividad a partir de la experiencia creativa de los barrios, haciendo que nuevas enunciaciones nazcan y desplieguen opiniones, demandas y críticas. A la subjetividad cerrada, individual y consumista, se le enfrenta una subjetividad abierta, colectiva y ocupada por lo común, abrazando cuestiones que van de la salud pública al medio ambiente, pasando por políticas para grupos sociales como juventud, tercera edad o minorías sexuales.

Desde nuestro punto de vista, la lucha está, además de en el modo en cómo se usa la cámara, en la concepción de la política cultural que tornó posible disparar estos procesos. El texto quiere apuntar un diagnóstico de la instigante y productiva política cultural que puso en marcha en materia de nuevos medios y agentes culturales, horizontal y generadora de transferencias de bienes y saberes técnicos, artísticos y comunicacionales. El hecho de que una de las primeras medidas del flamante gobierno neoliberal argentino fuese intervenir la Agencia Federal de Servicios de Comunicación Audiovisual en su primera semana de gobierno, así como que hoy, a dos años de gestión, imponga el cierre de las voces opositoras y una censura velada, como síntomas elocuentes del poder que, en la reversa, detentaron y detentan los procesos de descentralización y pluralización de los medios.

En el período estudiado, sucedieron diversas revoluciones moleculares que instalaron prácticas y una experiencia histórica de la cultura popular que no será fácil de borrar, porque instauraron en los colectivos nuevas formas de auto-percibirse y percibir sus territorios a través del cine. A pesar del cambio de gestión en el Estado, la gran mayoría de los grupos mapeados continúan productivos, desenvolviendo sus procesos con los saberes y tecnologías ya adquiridos, así como abriendo sus indagaciones a nuevos caminos en los que activar, multiplicar y reproducir esta nueva agencia colectivas de la subjetividad, singularizante y territorial, que es el cine comunitario.

Referencias bibliográficas

Alemán, J. (2014). *En La Frontera. Sujeto y Capitalismo. El malestar en el presente neoliberal.* Barcelona: Gedisa.
Bentes, I. (2012). Redes Colaborativas e Precariado Produtivo. *Revista PERIFERIA. Volume 1(1).*
Bentes, I. (2015). *Midia multidao: estéticas da comunicacao e biopolíticas.* Rio de Janeiro: Mauad X.
Berardi, F. (2013). FELIX. *Narración del encuentro con el pensamiento de Guattari, cartografía visionaria del tiempo que viene.* Buenos Aires: Cactus.
Deleuze, G. (1992). *Conversacoes.* Rio de Janeiro: Editora 34.
(2017). *Deseo y revolución. Diálogo con Paolo Bertetto y Franco Bifo Berardi.* Buenos Aires: LoboSuelto, edición original de 1977.
Guattari, F. (1978). *Revolución molecular y lucha de clases.* Recuperado de https://artilleriainmanente.noblogs.org/post/2016/04/16/felix-guattari-revolucion-molecular-y-lucha-de-clases/ [Consultado en noviembre de 2017).
Guattari, F. (1992). *Caosmose. Um novo paradigma estético.* Rio de Janeiro: Editora 34.

Guattari, F. (2008). *Plan sobre El planeta. Capitalismo mundial integrado y revoluciones moleculares*. Buenos Aires: Rey Larva Ediciones.
Guattari, F y Rolnik, S. (2013). *Micropolíticas. Cartografías del deseo*. Buenos Aires: Tinta Limón.
Raunig, G. (2007). Revoluciones moleculares y prácticas artísticas transversales. Traducción castellana de Marcelo Expósito, revisada por Joaquín Barriendos. En *Brumaria*, nº 8: Arte y revolución. Madrid. Recuperado de http://marceloexposito.net/pdf/trad_raunig_revolucionesmoleculares.pdf, [Consultado el 01 de noviembre de 2016].
Raunig, G. (2008). *Mil máquinas. Breve filosofía de las máquinas como movimiento social*. Buenos Aires: Traficantes de sueños. Recuperado de https://www.traficantes.net/sites/default/files/pdfs/Mil%20m%C3%A1quinas-TdS.pdf [Consultado el 29 de noviembre de 2017].
Rolnik, S. (s/f). La hora de la micropolítica-Entrevista en el Goethe Institute. Recuperado de http://www.goethe.de/ins/co/es/bog/kul/mag/fok/der/20784480.html [Consultado el 01 de noviembre de 2016].

Printed in Poland
by Amazon Fulfillment
Poland Sp. z o.o., Wrocław